High School

Common English 1

자습서

"The beautiful thing about learning is
that no one can take it away from you."

배움의 아름다움은 아무도 그것을 당신에게서 빼앗을 수 없다는 것이다.

B.B. King (1925-2015)

Introduction ✶✶

💭 교과서의
**완전한 이해를 도와주는
친절한 자습서**

❶ 스크립트와 본문, 지시문 등 모든 항목에 대한 **해석!**

❷ 스크립트와 본문에 대한 상세한 **구문 해설!**

❸ 교과서 속 문제에 대한 친절한 **해설과 정답, 예시 답안!**

❹ 본문 암기 **장치**와 다양한 확인 문제 및 **평가 문제!**

단원 핵심 어휘 및 표현

단원의 핵심 어휘와 표현을 문제 형식으로 제시함으로써
자신의 실력을 점검해볼 수 있습니다.

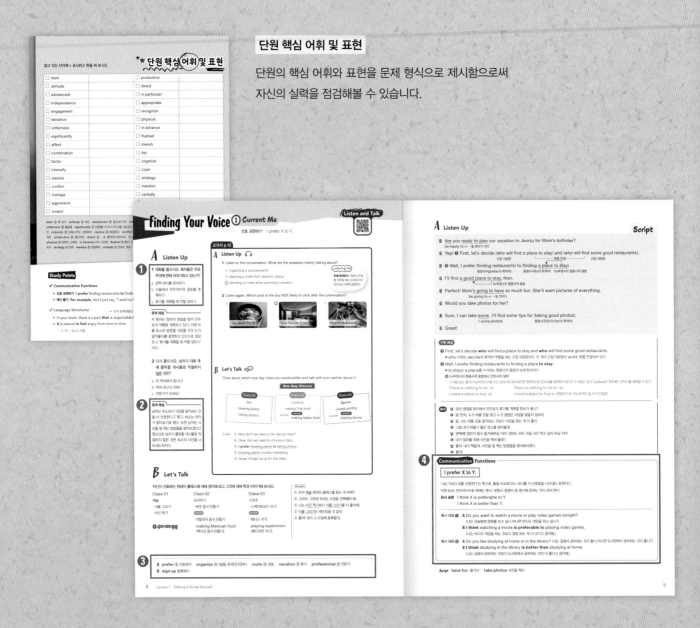

❶ **해석** 교과서에 있는 모든 영문에 대한 해석을 제공하여 자기주도적 학습을 도와줍니다.

❷ **문제 해설** 교과서에 있는 문항에 대한 자세한 해설을 제공함으로써 깊은 이해를 도와줍니다.

❸ **어휘** 주요 어휘 및 표현을 정리하여 암기를 쉽게 합니다.

❹ **Communicative Functions**

교과서에 제시된 의사소통 기능에 대한 설명과 유사한 표현 및 추가 예문을 제공하여 수행평가 대비를 돕습니다.

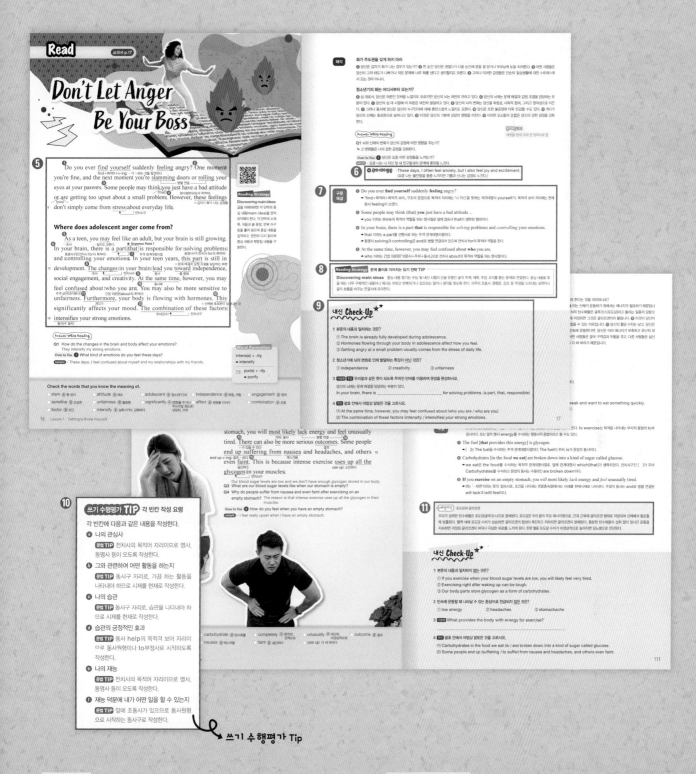

5 **구문 분석** 교과서에 있는 스크립트와 본문에는 자세한 구문 분석을 제공하여 정확한 이해를 도와줍니다.

6 **추가 예시 답안** 스스로 답을 찾는 데 참고할 수 있는 예시를 추가로 제공합니다.

7 **구문 해설** 중요하거나 더 자세히 알아야 하는 구문과 문법에는 따로 구문 해설을 제공하여 깊이 있는 학습이 가능합니다.

8 **Reading Strategy Tip** 본문에 제시된 읽기 전략을 문제 풀이와 연결 지어 설명함으로써 전략을 실질적으로 적용할 수 있도록 도와줍니다.

9 **내신 Check-Up** 본문에 대한 이해도를 측정하고 서술형 문제 및 문법 문제에 대비할 수 있는 확인 문제를 제공합니다.

10 **각종 작성 Tip** 본문 마지막에 있는 Your Own Topic Sentence와 쓰기 코너의 수행평가 Tip, 단원 마무리의 Big Question에 대한 답안 작성 Tip을 제공함으로써 학생 스스로 작성할 수 있게 합니다.

11 **배경지식** 교과서의 내용 이해에 도움이 되는 다양한 배경지식을 수록했습니다.

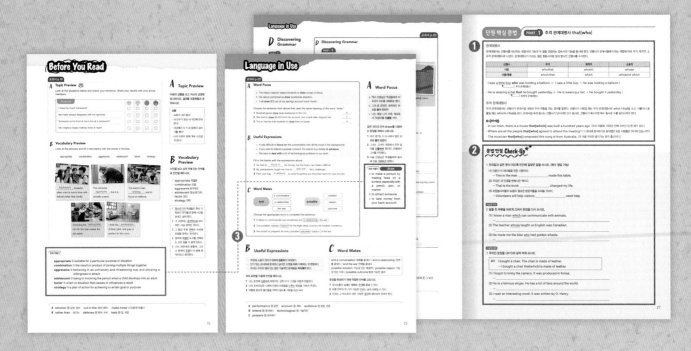

① **문법 설명** 문법 항목을 쉽게 이해할 수 있도록 자세한 추가 설명과 추가 예문 등을 제공합니다.

② **문법만점 Check-Up** 해당 문법에 대한 풍부한 추가 문제를 제공하여 학교 시험에 대비할 수 있습니다.

③ **영영 뜻풀이** Before You Read, Language in Use의 어휘 부분에서는 영영 뜻풀이를 제공하여 내신 대비를 도와줍니다.

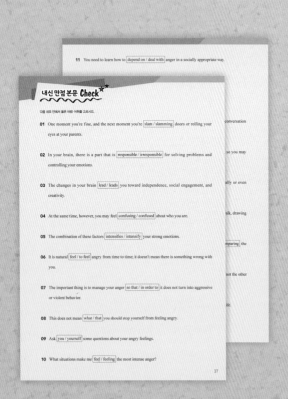

내신 만점 본문 Check 어법/어휘가 중요한 문장을 따로 모아 제시하여 본문을 보다 완벽하게 이해하고, 학교 시험에도 대비할 수 있습니다.

단원평가 학습한 내용을 종합적으로 점검하고 학교 시험에 대비할 수 있도록 각 단원의 마지막에 단원평가를 수록했습니다.

Contents

Getting to Know Yourself

너 자신에 대해 알아가기

 **BIG QUESTION Q**

How can you design your life as a teen?

십 대로서 여러분은 어떻게 자신의 삶을 설계할 수 있을까요?

Listen and Talk

Finding Your Voice

자신의 목소리를 찾기

Watch and Communicate

Embracing Yourself

자신을 포용하기

Read

Don't Let Anger Be Your Boss

화가 주도권을 갖게 하지 마라

Think and Write

Writing about Myself

나 자신에 관해 글쓰기

알고 있는 단어에 v 표시하고 뜻을 써 보시오.

단원 핵심 어휘 및 표현

☐ slam		☐ productive	
☐ attitude		☐ direct	
☐ adolescent		☐ in particular	
☐ independence		☐ appropriate	
☐ engagement		☐ recognize	
☐ sensitive		☐ physical	
☐ unfairness		☐ in advance	
☐ significantly		☐ flushed	
☐ affect		☐ clench	
☐ combination		☐ fist	
☐ factor		☐ organize	
☐ intensify		☐ cope	
☐ resolve		☐ strategy	
☐ conflict		☐ mention	
☐ manage		☐ verbally	
☐ aggressive		☐ explore	
☐ violent			

slam [동] 쾅 닫다 **attitude** [명] 태도 **adolescent** [형] 청소년(기)의 **independence** [명] 독립, 자립 **engagement** [명] 참여 **sensitive** [형] 민감한 **unfairness** [형] 불공평 **significantly** [부] (영향을 주거나 두드러질 정도로) 상당히, 크게 **affect** [동] 영향을 미치다 **combination** [명] 조합 **factor** [명] 요인 **intensify** [동] 심화시키다, 강화하다 **resolve** [동] 해결하다 **conflict** [명] 갈등 **manage** [동] 다루다 **aggressive** [형] 공격적인 **violent** [형] 폭력적인 **productive** [형] 생산적인 **direct** [동] …로 향하다[겨냥하다] **in particular** 특히 **appropriate** [형] 적절한 **recognize** [동] …를 인식하다 **physical** [형] 육체의, 신체의 **in advance** 미리, 사전에 **flushed** [형] 빨간, 상기된 **clench** [동] 꽉 쥐다 **fist** [명] 주먹 **organize** [동] 정리하다 **cope** [동] 대처하다 **strategy** [명] 전략 **mention** [동] 언급하다 **verbally** [부] 언어로, 말로, 구두로 **explore** [동] 탐구하다

Study Points

✔ Communicative Functions

▶ **선호 표현하기 I prefer** finding restaurants **to** finding a place to stay.

▶ 나는 머물 곳을 알아보는 것보다 식당을 찾는 게 더 좋아.

▶ **예시 들기 For example**, don't just say, "I want to be a writer."

▶ 예를 들어, 단지 "나는 작가가 되고 싶어."라고 말하지 마세요.

✔ Language Structures

▶ 주격 관계대명사 that[who]

▶ In your brain, there is *a part* **that** is responsible for solving problems.

▶ 당신의 뇌에는 문제 해결을 담당하는 부분이 있다.

▶ **It** is natural **to feel** angry from time to time.

▶ 「it ~ to-v」 구문

▶ 때때로 화가 나는 것은 자연스럽다.

Finding Your Voice ① Current Me

선호 표현하기 I prefer X to Y.

Listen and Talk

교과서 p.12

A Listen Up

1 Listen to the conversation. What are the speakers mainly talking about?

a organizing a surprise party

b planning a route from Seoul to Jeonju

ⓒ deciding on roles when planning a vacation

Listening Tip

주제 파악하기 대화의 주제를 파악할 때는 반복되거나 강조되는 어휘에 집중한다.

2 Listen again. Which post is the boy NOT likely to click after the conversation?

a 
You Must Try It!

ⓑ 
Best Review Ever!

c 
Be a Professional!

B Let's Talk

Think about which one-day class you would prefer and talk with your partner about it.

One-Day Classes

Class 01	Class 02	Class 03
Art	Cooking	Sports
· drawing plants	· making Thai food	· skateboarding
· taking photos	Your Idea [sample] making Italian food	Your Idea [sample] playing tennis

[Example]

A Why don't we take a one-day art class?

B Okay. But we need to choose a class.

A **I prefer** drawing plants **to** taking photos.

B Drawing plants sounds interesting.

A Great! I'll sign us up for the class.

A Listen Up

1 대화를 들으시오. 화자들은 주로 무엇에 관해 이야기하고 있는가?

a 깜짝 파티를 준비하기

b 서울에서 전주까지의 경로를 계획하기

c 휴가를 계획할 때 역할 정하기

문제 해설

두 화자는 엄마의 생일을 맞아 전주로의 여행을 계획하고 있다. 이때 머물 숙소와 방문할 식당을 각각 누가 알아볼지를 결정하고 있으므로 정답은 c '휴가를 계획할 때 역할 정하기'이다.

2 다시 들으시오. 남자가 대화 후에 클릭할 게시물로 적절하지 않은 것은?

a 꼭 먹어봐야 합니다!

b 역대 최고의 리뷰!

c 전문가가 되세요!

문제 해설

남자는 숙소보다 식당을 알아보는 것을 더 선호한다고 했고, 숙소는 여자가 찾아보기로 했다. 또한 남자는 사진을 잘 찍는 방법들을 찾아보겠다고 했으므로 남자가 클릭할 게시물로 적절하지 않은 것은 숙소의 사진을 나타내는 b이다.

B Let's Talk

자신이 선호하는 원데이 클래스에 대해 생각해 보고 그것에 대해 짝과 이야기해 보시오.

Class 01	Class 02	Class 03
예술	요리하기	스포츠
· 식물 그리기	· 태국 음식 만들기	· 스케이트보드 타기
· 사진 찍기	[sample]	[sample]
	· 이탈리아 음식 만들기	· 테니스 치기
+ 추가 예시 답안	· making Mexican food (멕시코 음식 만들기)	· playing badminton (배드민턴 치기)

[Example]

A 우리 예술 원데이 클래스를 듣는 게 어때?

B 그러자. 그런데 우리는 수업을 선택해야 해.

A 나는 사진 찍기보다 식물 그리기를 더 좋아해.

B 식물 그리기는 재미있을 것 같네.

A 좋아! 내가 그 수업에 등록할게.

A **prefer** [동] 선호하다 **organize** [동] (일을) 준비[조직]하다 **route** [명] 경로 **vacation** [명] 휴가 **professional** [명] 전문가

B **sign up** 등록하다

A Listen Up

B Are you ready to plan our vacation to Jeonju for Mom's birthday?
be ready to-v: …할 준비가 되다

G Yep! ❶ First, let's decide [who will find a place to stay] and [who will find some good restaurants].
간접 의문문　　　　　　　　　병렬 연결　　　　　　간접 의문문

B ❷ Well, I prefer [finding restaurants] to [finding a place to stay].
동명사구(prefer의 목적어)　　동명사구(to의 목적어)　to부정사의 형용사적 용법

G I'll find a good place to stay, then.
to부정사의 형용사적 용법

B Perfect! Mom's going to have so much fun. She'll want pictures of everything.
be going to-v: …할 것이다

G Would you take photos for her?

B Sure, I can take some. I'll find some tips for [taking good photos].
= some photos　　　　　동명사구(전치사 for의 목적어)

G Great!

구문 해설

❶ First, let's decide **who** will find a place to stay *and* **who** will find some good restaurants.
➡ who 이하는 decide의 목적어 역할을 하는 간접 의문문이다. 두 개의 간접 의문문이 and로 병렬 연결되어 있다.

❷ Well, I prefer finding restaurants to finding a place **to stay**.
➡ to stay는 a place를 수식하는 형용사적 용법의 to부정사이다.
➕ to부정사의 형용사적 용법에서 전치사의 생략
수식을 받는 명사가 to부정사구에 쓰인 전치사의 목적어라면 원칙적으로 전치사를 생략하지 않지만 수식받는 명사가 place인 경우에는 전치사를 생략할 수 있다.
There is nothing to sit. (x)　　　　There is nothing to sit on. (o)
I need a place to live. (o)　　　　I need a place to live in. (문법적으로 가능하지만 잘 쓰이지 않음)

해석

남 엄마 생일을 맞이해서 전주로의 휴가를 계획할 준비가 됐니?
여 응! 먼저, 누가 머물 곳을 찾고 누가 괜찮은 식당을 찾을지 정하자.
남 음, 나는 머물 곳을 알아보는 것보다 식당을 찾는 게 더 좋아.
여 그럼 내가 머물기 좋은 장소를 찾아볼게.
남 완벽해! 엄마가 몹시 즐거워하실 거야. 엄마는 모든 것을 사진 찍고 싶어 하실 거야.
여 네가 엄마를 위해 사진을 찍어 줄래?
남 좋아, 내가 찍을게. 사진을 잘 찍는 방법들을 찾아봐야겠다.
여 좋아!

Communicative Functions

I prefer X to Y.

'나는 Y보다 X를 선호한다'는 뜻으로, 둘을 비교해 어느 하나를 더 선호함을 나타내는 표현이다.

이때 to는 전치사이므로 뒤에는 명사, 대명사, 동명사 등 명사에 준하는 것이 와야 한다.

유사 표현　I think X is preferable to Y.
　　　　　　I think X is better than Y.

예시 대화 ❶　**A** Do you want to watch a movie or play video games tonight?
　　　　　　　(너는 오늘밤에 영화를 보고 싶니 아니면 비디오 게임을 하고 싶니?)
　　　　　　B I think watching a movie is preferable to playing video games.
　　　　　　　(나는 비디오 게임을 하는 것보다 영화 보는 게 더 낫다고 생각해.)

예시 대화 ❷　**A** Do you like studying at home or in the library? (너는 집에서 공부하는 것이 좋니 아니면 도서관에서 공부하는 것이 좋니?)
　　　　　　B I think studying in the library is better than studying at home.
　　　　　　　(나는 집에서 공부하는 것보다 도서관에서 공부하는 것이 더 좋다고 생각해.)

Script have fun 즐기다　take photos 사진을 찍다

9

Finding Your Voice ② Future Me

예시 듣기   For example … .

교과서 p.13

A Listen Up

1 담화를 들으시오. 그것에 대한 제목으로 가장 적절한 것은?

a 영감을 얻어라: 자신의 미래를 꿈꿔라

b 불타는 열정: 무한한 가능성

c 우리의 재능으로 사람들을 격려하는 방법

문제 해설

화자가 담화의 시작부터 미래에 무엇을 하고 싶은지에 대한 질문을 하며, 미래의 꿈을 설계하고 계속해서 영감을 얻는 방법에 대해서 말하고 있으므로 정답은 a '영감을 얻어라: 자신의 미래를 꿈꿔라'이다.

2 다시 들으시오. 담화를 적절하게 이해한 사람을 고르시오.

a 나는 디자이너가 되고 싶어.

b 나는 내 노래로 사람들을 행복하게 하고 싶어.

c 나는 진정한 나의 꿈을 찾고 싶어.

문제 해설

화자는 특정한 직업을 목표로 삼을 경우 목표를 성취하고 난 이후에 더 이상 영감을 얻지 못할 수 있기 때문에 직업이 아니라 행위를 목표로 설정하라고 말하고 있다. 그러므로 정답은 b이다.

A Listen Up 🎧

1 Listen to the talk. What is the best title for it?

ⓐ Get Inspired: Dream Your Future

b A Burning Passion: Unlimited Possibilities

c How to Encourage People with Our Talents

2 Listen again. Choose the person who understood the talk properly.

a

I want to be a designer.

ⓑ
I want to make people happy with my songs.

c

I want to find my real dream.

B Let's Talk 💬

Write down what you will do in ten years and talk with your partner about it.

travel to other countries	make small items from wood	Your Idea **sample** change home interiors
record my experiences	build furniture like chairs	get questions from others
write a book about them	start my own furniture line	suggest different interiors

(Example)

A What do you want to be doing in ten years?

B I love traveling to other countries. I want to do something related to that.

A Do you have an idea in mind?

B **For example**, I could record my experiences and write a book about them.

> **Speaking Tip**
> '생각해 둔 게 있니?'라는 의미로 'Do you have an idea in mind?'를 사용할 수 있다.

⊘ **Self-Check**   1. 'I prefer X to Y.' 표현을 이해하고 선호를 나타내는 대화를 할 수 있다. □ 🎧 □ 💬
2. 'For example … .' 표현을 이해하고 예시를 들어 대화할 수 있다. □ 🎧 □ 💬

B Let's Talk

10년 후에 자신이 어떤 일을 할지 쓰고 그것에 대해 짝과 이야기해 보시오.

다른 나라를 여행한다   나무로 된 작은 물품을 만든다   **sample** 집 인테리어를 바꾼다

· 내 경험을 기록한다   · 의자 같은 가구를 만든다   · 다른 사람의 질문을 받는다

· 그것들에 대해 책을 쓴다 · 나만의 가구 사업을 시작한다 · 다른 인테리어를 제안한다

➕ **추가 예시 답안**

· paint pictures of nature (자연 그림을 그린다)

· display my paintings in a gallery (미술관에 내 그림들을 전시한다)

· open an art exhibition for my paintings (내 그림들을 위한 미술 전시회를 연다)

(Example)

A 10년 후에 너는 무엇을 하고 있기를 원하니?

B 나는 다른 나라를 여행하는 것을 좋아해. 나는 그것과 관련된 것을 하고 싶어.

A 생각해 둔 게 있니?

B 예를 들어, 나는 내 경험들을 기록하고 그것들에 대한 책을 쓸 수 있어.

A **inspire** ⑧ 고무하다, 영감을 주다   **passion** ⑲ 열정   **encourage** ⑧ 격려[고무]하다

B **furniture** ⑲ 가구   **line** ⑲ (상품의) 종류   **related to** …와 관련 있는

W What <u>would</u> you <u>like to do</u> in the future? Maybe you want to become a writer.
        would like to-v: …하고 싶다

But if you simply aim for a job, <u>what</u> <u>happens</u> <u>when</u> you achieve your goal?
                        주어   동사   접속사(…할 때)

❶ <u>Once</u> you become a writer, you <u>may</u> <u>no longer</u> feel <u>inspired</u>.
    접속사(일단 …하면)   …일지도 모른다(추측)   feel+과거분사: …하게 느끼다

<u>Therefore</u>, you should dream of actions, not just jobs.
부사(그러므로)

<u>For example</u>, don't just say, "I want [to be a writer]."
   예를 들어   to부정사의 명사적 용법(want의 목적어)

Say something like, "I want to inspire people <u>by telling</u> interesting stories."
                                        by+v-ing: …함으로써

❷ That way, you will always have <u>something</u> [to work towards].
                                        to부정사의 형용사적 용법

<u>One day</u>, you <u>could</u> write children's stories. <u>Another day</u>, you could give inspirational lectures.
   언젠가   …할 수도 있다(추측·가능성)   또 다른 날의 언젠가

So, what do you dream about <u>doing</u>?
                    동명사(about의 목적어)

구문 해설

❶ **Once** you **become** a writer, you may no longer *feel inspired*.
- ➡ 접속사 once는 '일단 …하면'의 의미로, 때를 나타내는 부사절에서는 미래를 현재시제로 표현하므로 will become이 아닌 become이 쓰였다.
- ➡ 감각동사 feel 뒤에 형용사나 과거분사가 오면 '…하게 느끼다'라는 의미를 나타낸다.

❷ That way, you will always have something **to work** towards.
- ➡ to work 이하는 something을 수식하는 형용사적 용법의 to부정사구이다.

 여 당신은 미래에 무엇을 하고 싶나요? 아마 당신은 작가가 되고 싶을 수도 있습니다. 하지만 만약 단순히 직업을 목표로 한다면, 당신이 목표를 달성했을 때 무슨 일이 일어날까요? 일단 작가가 되고 나면, 당신은 더 이상 영감을 받지 않을 수도 있습니다. 그러므로, 당신은 단지 직업이 아니라 행동을 꿈꿔야 합니다. 예를 들어, 단지 "나는 작가가 되고 싶어."라고 말하지 마세요. "나는 흥미로운 이야기를 해 줌으로써 사람들에게 영감을 주고 싶어."와 같은 말을 하세요. 그렇게 하면, 당신에겐 항상 노력해 나아갈 것이 있을 겁니다. 언젠가, 당신은 동화를 집필할 수도 있습니다. 또 다른 날에는, 영감을 주는 강연을 할 수도 있습니다. 자, 당신은 무엇을 하는 것을 꿈꾸나요?

Communicative Functions

For example … .

'예를 들어'라는 뜻으로, 앞 내용에 대한 예시나 사례를 들 때 쓰는 표현이다.

유사 표현   For instance … .
             A good example of this is … .
             To give you an example … .

예시 대화 ❶   **A** Do you think social media has any benefits? (소셜 미디어가 좋은 점을 지녔다고 생각하니?)
                B Yes. **For instance,** it allows us to stay connected with friends and family.
                   (응. 예를 들면, 그것은 우리가 친구와 가족들과 연결되어 있도록 해 줘.)

예시 대화 ❷   **A** Why is it important to have hobbies? (취미가 있는 것이 왜 중요하니?)
                B Hobbies help reduce stress. **A good example of this is** that painting helps me relax.
                   (취미는 스트레스 완화에 도움이 돼. 이것의 좋은 예로 그림 그리기는 내가 휴식을 취하는 데 도움이 된다는 거야.)

Script **aim for** …를 목표로 하여 나아가다   **achieve** 동 달성하다, 해내다   **no longer** 더 이상 …를 하지 않는[…이 아닌]   **lecture** 명 강의

Embracing Yourself

▶ 동영상 해설
십 대들에게 자기 자신을 사랑하는 것의 중요성을 강조하고, 그 방법으로 자신이 잘하는 일을 찾아보고 작은 성취에도 스스로를 칭찬할 것을 제안하는 내용의 강연이다.

A Watch

1 영상을 보고 그것이 전달하는 메시지에 대해 생각해 보시오.

2 다시 보시오. 영상의 목적은 무엇인가?

a 시청자들이 자기 자신을 더 사랑하도록 권장하기 위해
b 다른 사람과 좋은 관계를 갖는 방법을 소개하기 위해
c 기억할 만한 성취의 중요성을 강조하기 위해

문제 해설
화자는 스스로를 더욱 사랑하는 방법을 소개하면서 자신의 모습을 그대로 사랑하라고 말하고 있다.

3 진술이 올바르면 T에, 그렇지 않으면 F에 표시하시오.

a 화자는 낮은 자신감으로 고민해 왔다.
b 화자는 자기애란 타인을 사랑하듯이 자신을 사랑하는 것을 의미한다고 말한다.
c 화자는 자기 자신을 축하하는 것이 새로운 것을 시도하게끔 이끌 수 있다고 생각한다.

교과서 p.14

A Watch ▶

1 Watch the video and think about the message it conveys.

2 Watch again. What is the purpose of the video?

ⓐ to encourage viewers to love themselves more
b to introduce ways to have good relationships with others
c to emphasize the importance of memorable achievements

3 Check T if the statement is true or F if it is not.

	T	F
a The speaker has been struggling with low self-confidence.	○	[V]
b The speaker says self-love means loving yourself like you love others.	[V]	○
c The speaker thinks celebrating oneself can lead one to try new things.	[V]	○

문제 해설
a 화자는 십 대들이 자신을 타인과 비교하고 자신의 결점을 부끄러워한다는 것을 알게 되었다고 언급했을 뿐, 본인이 낮은 자신감으로 고민했다고는 말하지 않았다.
b 화자는 자기애가 타인을 사랑하는 것과 같이 스스로를 사랑하는 것을 의미한다고 말하고 있다.
c 화자는 성취에 대해 스스로를 축하하는 것이 자신감을 높여 주고 새로운 일을 시도하도록 영감을 줄 것이라고 말하고 있다.

A **relationship** [명] 관계 **emphasize** [동] 강조하다 **memorable** [형] 기억할 만한 **achievement** [명] 성취, 달성
struggle with …로 고심하다

M I've been an inspirational speaker for many years.
현재완료(계속)   여러 해 동안

I've learned [that teenagers often compare themselves to others and are ashamed of their flaws].
          명사절(have learned의 목적어)   compare A to B: A를 B와 비교하다   be ashamed of: …을 부끄러워하다

Do you have the same problems? If so, you need to practice self-love.
                              = you have the same problems

❶ Self-love means [loving yourself just like you love your friends or family].
                  동명사구(means의 목적어)   접속사(…처럼)

It also means [that you put your happiness first]. Here's how to love yourself more.
              명사절(means의 목적어)   how to-v: …하는 방법

First, think about your skills and talents.
                                        복합 관계대명사(…하는 것은 무엇이든)
❷ Write down [whatever comes to mind].
              명사절(write down의 목적어)

For example, you might be good at playing sports.
                        be good at+v-ing: …을 잘하다

❸ You'll probably be surprised at [how long the list is].
                              간접 의문문(at의 목적어)

Next, celebrate yourself for your achievements.

They can even be small ones, like [not being late for school this morning].
                  = achievements   동명사구(전치사 like의 목적어)

This will increase your self-confidence and inspire you to try new things.
= Celebrating yourself for your achievements   inspire+목적어+to-v: …가 ~하도록 영감을 주다

So, love yourself as you are right now.
              접속사(…대로)

구문 해설

❶ Self-love means **loving** yourself just *like* you love your friends or family.
➡ loving 이하는 동명사구로 means의 목적어로 쓰였다. 접속사 like는 '…처럼'이라는 의미이며 뒤에 「주어+동사」의 어순이 이어진다.

❷ Write down **whatever** comes to mind.
➡ whatever는 복합 관계대명사로, '…하는 것은 무엇이든지'의 의미를 나타내며 anything that으로 바꿔 쓸 수 있다. write down의 목적어 역할을 하는 명사절을 이끈다.

❸ You'll probably be surprised at **how long the list is**.
➡ 의문사 how가 이끄는 간접 의문문은 전치사 at의 목적어 역할을 하며, 「의문사+주어+동사」의 어순을 취한다.

해석 **남** 저는 수년간 동기 부여 강연자였습니다. 저는 십 대들이 자주 그들 스스로를 다른 사람들과 비교하고 자신의 결점을 부끄러워한다는 것을 알게 되었습니다. 여러분도 같은 문제를 가지고 있나요? 만약 그렇다면, 여러분은 자기애를 연습할 필요가 있습니다. 자기애는 여러분이 여러분의 친구나 가족들을 사랑하는 것과 같이 여러분 스스로를 사랑하는 것을 의미합니다. 그것은 또한 여러분의 행복을 1순위로 두는 것을 의미합니다. 여러분 스스로를 더 사랑하는 방법을 알려 드리고자 합니다. 첫 번째로, 여러분의 기술과 재능에 대해 생각해 보세요. 마음에 떠오르는 것이 무엇이든 적어 보세요. 예를 들어, 여러분은 스포츠에 능할지도 모릅니다. 여러분은 아마도 그 목록이 얼마나 긴지 보면 놀랄 것입니다. 다음으로, 여러분의 성취에 대해 여러분 스스로 축하해 주세요. 그것들은 오늘 아침 학교에 늦지 않은 것과 같이 작은 것들조차 가능합니다. 이것은 여러분의 자신감을 높여 주고 여러분이 새로운 일을 시도하도록 영감을 줄 것입니다. 그러니까, 바로 지금의 여러분 모습 그대로 스스로를 사랑하세요.

배경지식 'LOVE MYSELF' 캠페인

2017년 11월 BTS와 유니세프 한국위원회가 함께 'LOVE MYSELF' 캠페인을 시작하였다. 이 캠페인은 '나 자신을 사랑하고, 그 사랑으로 세상을 더 나은 곳으로 만들자'는 취지로 시작되었으며, 전 세계 아동·청소년의 안전과 건강을 위해 다양한 봉사와 지원 활동을 펼쳐 왔다. 'Love Myself Campaign'을 키워드로 검색하면 관련 영상과 활동 내역을 찾아볼 수 있다.

Script inspirational 혱 영감을 주는   compare 동 비교하다   ashamed 혱 부끄러운   flaw 몡 결점, 결함   probably 퉌 아마

B Share

1 자신이 스스로에 대해 좋아하는 점에 관한 표를 완성하시오.

나는 내가 …하는 점을 좋아한다
- 다른 사람의 말을 주의 깊게 듣는다
- 사소한 일에서 즐거움을 찾는다

[sample]
- 나쁜 기억을 쉽게 잊는다

⊕ 추가 예시 답안
- am good at sharing with others (다른 사람들과 나누는 것을 잘한다)

그것은 나를 …로 만든다
- 힘이 되는 친구
- 긍정적인 사람

[sample]
- 정신적으로 건강한 사람

⊕ 추가 예시 답안
- a generous person (관대한 사람)

2 자신의 생각을 짝과 공유하시오.

[Example]
A 최근에, 나는 내 자신에 관해 좋아하는 점에 대해 생각해 보고 있어.
B 정말? 너의 어떤 점을 좋아하는데?
A 나는 내가 다른 사람의 말을 주의 깊게 듣는다는 점을 좋아해.
B 잘됐다! 왜 너의 그런 부분을 좋아하니?
A 그것은 나를 힘이 되는 친구로 만들어 줘.

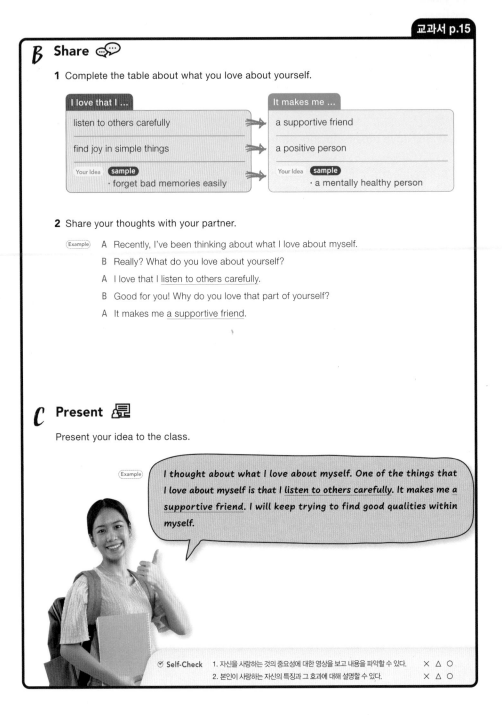

교과서 p.15

B Share

1 Complete the table about what you love about yourself.

I love that I ...	It makes me ...
listen to others carefully	a supportive friend
find joy in simple things	a positive person
Your Idea [sample] · forget bad memories easily	Your Idea [sample] · a mentally healthy person

2 Share your thoughts with your partner.

[Example]
A Recently, I've been thinking about what I love about myself.
B Really? What do you love about yourself?
A I love that I listen to others carefully.
B Good for you! Why do you love that part of yourself?
A It makes me a supportive friend.

C Present

Present your idea to the class.

[Example]
I thought about what I love about myself. One of the things that I love about myself is that I listen to others carefully. It makes me a supportive friend. I will keep trying to find good qualities within myself.

Self-Check
1. 자신을 사랑하는 것의 중요성에 대한 영상을 보고 내용을 파악할 수 있다. × △ ○
2. 본인이 사랑하는 자신의 특징과 그 효과에 대해 설명할 수 있다. × △ ○

C Present

자신의 생각을 학급에 발표하시오.

[Example]
저는 제 자신에 관해 좋아하는 점에 대해 생각해 보았습니다. 제가 저에 대해 좋아하는 점들 중 하나는 제가 다른 사람의 말을 주의 깊게 듣는다는 것입니다. 그것은 저를 힘이 되는 친구로 만들어 줍니다. 저는 계속해서 제 안에 있는 좋은 자질들을 찾기 위해 노력할 것입니다.

B supportive [형] 도와주는, 지원하는 positive [형] 긍정적인
C quality [명] (사람의) 자질

Before You Read

교과서 p.16

A Topic Preview

Look at the situations below and check your emotions. Share your results with your group members.

Situations				
I have too much homework!	☐	☐	☐	☐
My friend always disagrees with my opinions!	☐	☐	☐	☐
Someone cut in front of me in line at a restaurant!	☐	☐	☐	☐
My neighbor keeps making noise at night!	☐	☐	☐	☐

B Vocabulary Preview

Look at the pictures and fill in the blanks with the words in the box.

appropriate	combination	aggressive	adolescent	factor	strategy

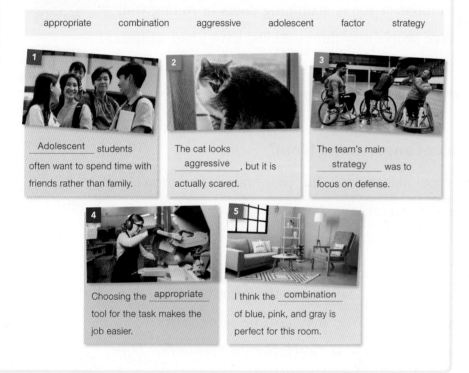

1. Adolescent students often want to spend time with friends rather than family.

2. The cat looks aggressive, but it is actually scared.

3. The team's main strategy was to focus on defense.

4. Choosing the appropriate tool for the task makes the job easier.

5. I think the combination of blue, pink, and gray is perfect for this room.

영영 뜻풀이

- **appropriate** ⓐ suitable for a particular purpose or situation
- **combination** ⓝ the result or product of joining multiple things together
- **aggressive** ⓐ behaving in an unfriendly and threatening way and showing a willingness to attack
- **adolescent** ⓐ being or involving the period when a child develops into an adult
- **factor** ⓝ a fact or situation that causes or influences a result
- **strategy** ⓝ a plan of action for achieving a certain goal or purpose

---

A emotion 몡 감정, 정서   cut in line 새치기하다   make noise (시끄럽게) 떠들다
B rather than …보다는   defense 몡 방어, 수비   task 몡 일, 과업

A Topic Preview

아래의 상황을 보고 자신의 감정에 표시하시오. 결과를 모둠원들과 공유하시오.

상황

· 숙제가 너무 많다!
· 내 친구가 항상 내 의견에 반대한다!
· 식당에서 누가 내 앞에서 새치기를 했다!
· 나의 이웃이 밤에 계속 시끄럽게 한다!

B Vocabulary Preview

사진을 보고 상자 안에 있는 단어들로 빈칸을 채우시오.

· appropriate 적절한
· combination 조합
· aggressive 공격적인
· adolescent 청소년(기)의
· factor 요인
· strategy 전략

1 청소년기의 학생들은 흔히 가족보다 친구들과 함께 시간을 보내고 싶어 한다.
2 그 고양이는 공격적으로 보이지만, 사실 겁먹은 것이다.
3 그 팀의 주된 전략은 수비에 초점을 맞추는 것이었다.
4 업무에 적절한 도구를 선택하는 것은 일을 더 쉽게 만든다.
5 나는 파란색과 분홍색, 그리고 회색의 조합이 이 방에 최적이라고 생각한다.

Read 교과서 p.17

Don't Let Anger Be Your Boss

❶ Do you ever find yourself suddenly feeling angry? ❷ One moment you're fine, and the next moment you're slamming doors or rolling your eyes at your parents. ❸ Some people may think (that) ❹ you just have a bad attitude or (you) are getting too upset about a small problem. However, these feelings don't simply come from stress about everyday life.

find+목적어+v-ing: …가 ~하는 것을 발견하다 / 병렬 연결 / 명사절(think의 목적어) / = 갑자기 화가 나는 감정들 / 전치사구

Where does adolescent anger come from?

❺ As a teen, you may feel like an adult, but your brain is still growing. ❻ In your brain, there is a part that is responsible for solving problems and controlling your emotions. ❼ In your teen years, this part is still in development. ❽ The changes in your brain lead you toward independence, social engagement, and creativity. ❾ At the same time, however, you may feel confused about who you are. ❿ You may also be more sensitive to unfairness. ⓫ Furthermore, your body is flowing with hormones. ⓬ This significantly affects your mood. ⓭ The combination of these factors intensifies your strong emotions.

…로서 / …일지도 모른다 / ★ Grammar Point 1 / 동명사구2(전치사 for의 목적어) / 주격 관계대명사절 / 동명사구1(전치사 for의 목적어) / = 문제 해결과 감정 조절을 담당하는 부분 / 주어 / 전치사구 / 동사 / …를 향해 / 동시에 / 주격 보어(과거분사) / 간접 의문문(about의 목적어) / 게다가 / = 신체에 호르몬이 넘쳐나는 것 / 주어(단수) / 전치사구 / 동사(수 일치)

Answer While Reading

Q1 How do the changes in the brain and body affect your emotions?
They intensify my strong emotions.

Over to You ❶ What kind of emotions do you feel these days?

[sample] • These days, I feel confused about myself and my relationships with my friends.

Reading Strategy

Discovering main ideas
글을 이해하려면 각 단락의 중심 내용(main idea)을 먼저 파악해야 한다. 각 단락의 소제목, 처음과 끝 문장, 반복 어구 등을 훑어 읽으며 중심 내용을 짐작하고, 천천히 다시 읽으며 중심 내용과 뒷받침 내용을 구분한다.

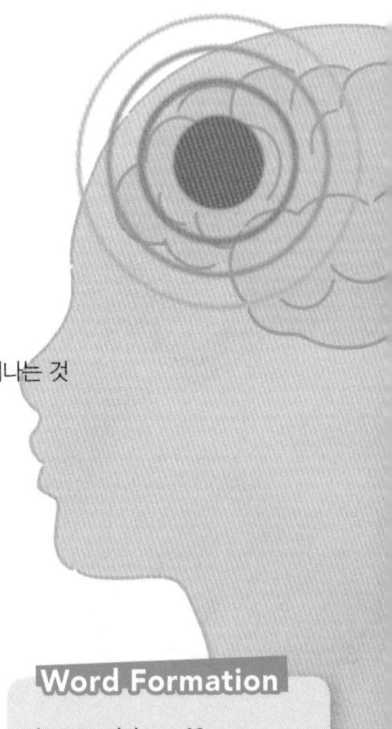

Word Formation

intens(e) + -ify
➜ intensify

e.g. pur(e) + -ify
➜ purify

Check the words that you know the meaning of.

- ☐ slam [동] 쾅 닫다
- ☐ attitude [명] 태도
- ☐ adolescent [형] 청소년(기)의
- ☐ independence [명] 독립, 자립
- ☐ engagement [명] 참
- ☐ sensitive [형] 민감한
- ☐ unfairness [명] 불공평
- ☐ significantly [부] (영향을 주거나 두드러질 정도로) 상당히, 크게
- ☐ affect [동] 영향을 미치다
- ☐ combination [명] 조합
- ☐ factor [명] 요인
- ☐ intensify [동] 심화시키다, 강화하다

화가 주도권을 갖게 하지 마라

❶ 당신은 갑자기 화가 나는 경우가 있는가? ❷ 한 순간 당신은 괜찮다가 다음 순간에 문을 쾅 닫거나 부모님께 눈을 치켜뜬다. ❸ 어떤 사람들은 당신이 그저 태도가 나쁘거나 작은 문제에 너무 화를 낸다고 생각할지도 모른다. ❹ 그러나 이러한 감정들은 단순히 일상생활에 대한 스트레스에서 오는 것이 아니다.

청소년기의 화는 어디서부터 오는가?

❺ 십 대로서, 당신은 어른인 것처럼 느낄지도 모르지만 당신의 뇌는 여전히 자라고 있다. ❻ 당신의 뇌에는 문제 해결과 감정 조절을 담당하는 부분이 있다. ❼ 당신의 십 대 시절에 이 부분은 여전히 발달하고 있다. ❽ 당신의 뇌의 변화는 당신을 독립성, 사회적 참여, 그리고 창의성으로 이끈다. ❾ 그러나 동시에 당신은 당신이 누구인지에 대해 혼란스럽게 느낄지도 모른다. ❿ 당신은 또한 불공정에 더욱 민감할 수도 있다. ⓫ 게다가 당신의 신체는 호르몬으로 넘쳐나고 있다. ⓬ 이것은 당신의 기분에 상당히 영향을 미친다. ⓭ 이러한 요소들의 조합은 당신의 강한 감정을 강화한다.

문해력 UP!
여럿을 한데 모아 한 덩어리로 쨤

Answer While Reading

Q1 뇌와 신체의 변화가 당신의 감정에 어떤 영향을 주는가?
↳ 그 변화들은 나의 강한 감정을 강화한다.

Over to You ❶ 당신은 요즘 어떤 감정들을 느끼는가?
sample · 요즘 나는 나 자신 및 내 친구들과의 관계에 혼란을 느낀다.

➕ **추가 예시 답안** · These days, I often feel anxiety, but I also feel joy and excitement.
(요즘 나는 불안함을 종종 느끼지만 기쁨과 신나는 감정도 느낀다.)

❶ Do you ever **find yourself** suddenly **feeling** angry?
➡ 「find+목적어+목적격 보어」 구조의 문장으로 목적어 자리에는 '너 자신'을 뜻하는 재귀대명사 yourself가, 목적격 보어 자리에는 현재분사 feeling이 쓰였다.

❸ Some people may think (that) **you** just have a bad attitude ...
➡ you 이하는 think의 목적어 역할을 하는 명사절로 앞에 접속사 that이 생략된 형태이다.

❻ In your brain, there is a part **that** is responsible for *solving* problems and *controlling* your emotions.
➡ that 이하는 a part를 선행사로 하는 주격 관계대명사절이다.
➡ 동명사 solving과 controlling은 and로 병렬 연결되어 있으며 전치사 for의 목적어 역할을 한다.

❾ At the same time, however, you may feel confused about **who** you are.
➡ who 이하는 간접 의문문(「의문사+주어+동사」)으로 전치사 about의 목적어 역할을 하는 명사절이다.

Reading Strategy 문제 풀이로 이어지는 읽기 전략 TIP

Discovering main ideas 중심 내용 찾기는 수능 및 내신 시험의 단골 유형인 글의 주제, 제목, 주장, 요지를 묻는 문제와 연결된다. 중심 내용을 찾을 때는 너무 구체적인 내용이나 예시는 피하고 반복되거나 강조되는 말이나 생각을 찾도록 한다. 의무의 조동사, 명령문, 강조 등 주장을 드러내는 표현이나 글의 흐름을 바꾸는 연결사에 유의한다.

내신 Check-Up

1 본문의 내용과 일치하는 것은?

① The brain is already fully developed during adolescence.
② Hormones flowing through your body in adolescence affect how you feel.
③ Getting angry at a small problem usually comes from the stress of daily life.

2 청소년기에 뇌의 변화로 인해 발달하는 특징이 **아닌** 것은?

① independence   ② creativity   ③ unfairness

3 서술형 문법 우리말과 같은 뜻이 되도록 주어진 단어를 이용하여 문장을 완성하시오.

당신의 뇌에는 문제 해결을 담당하는 부분이 있다.
In your brain, there is ＿＿＿＿＿＿＿＿＿＿＿＿＿＿＿＿ for solving problems. (a part, that, responsible)

4 문법 괄호 안에서 어법상 알맞은 것을 고르시오.

(1) At the same time, however, you may feel confused about (who you are / who are you).
(2) The combination of these factors (intensify / intensifies) your strong emotions.

Read

교과서 p.18

Guide to the Big Q

❶ How do you think looking back at your past can help you grow?

sample
• I can think about my mistakes and be careful not to make them again.

Getting to Know Your Anger

❶ ★ Grammar Point 2
It is natural to feel angry from time to time; it doesn't mean there is
가주어   진주어   가끔   명사절(mean의 목적어)
(that)
❷   ❸
something wrong with you. Anger can sometimes be a useful tool. For
                                                                    예를 들어
example, an angry but open conversation can resolve a conflict between
              병렬 연결   전치사구
❹
friends. The important thing is to manage your anger so that it does not   5
                                to부정사의 명사적 용법(보어) ❺   …하도록
turn into aggressive or violent behavior. This does not mean that you
…로 변하다   병렬 연결   ❻   명사절(mean의 목적어)
should stop yourself from feeling angry. Rather, you should express
stop+목적어+from v-ing: …가 ~하는 것을 막다 ❼   오히려
it in a productive way. Ask yourself some questions about your angry
❽   간접목적어(…에게)   직접목적어(…을)
feelings. This can help you to better understand your anger.
= 앞 문장 전체 help+목적어+(to-)v: …가 ~하는 것을 돕다

Questions to Ask Yourself

❾ ✔ How often do I feel angry?

❿ ✔ What situations make me feel the most intense anger?
            make+목적어+동사원형: …가 ~하게 하다

⓫ ✔ Is my anger directed at anyone or anything in particular?
                                                        특히

⓬ ✔ Do I focus on the causes of my anger instead of solutions?
                                        … 대신에

⓭ ✔ Can I control my emotions when I get angry?
                        접속사(…할 때)

⓮ ✔ How do I react and behave when I get angry?
                                접속사(…할 때)

10

15

Q2 What example of anger being a useful tool is mentioned above?
An angry but open conversation can resolve a conflict between friends.

Q3 Why should you ask yourself some questions about your angry feelings?
I should ask myself questions because it can help me to better understand my anger.

Over to You ❷ When was the last time you were angry?

sample • The last time I was angry was when my sister wore my jeans without asking me.

☐ resolve ⑤ 해결하다   ☐ conflict ⑲ 갈등   ☐ manage ⑤ 다루다   ☐ aggressive ⑲ 공격적인   ☐ violent ⑲ 폭력적인

☐ productive ⑲ 생산적인   ☐ direct ⑤ …로 향하다 [겨냥하다]   ☐ in particular 특히

당신의 화를 알아보기

❶ 때때로 화가 나는 것은 자연스러우며 그것은 당신에게 문제가 있다는 것을 뜻하지 않는다. ❷ 화는 가끔 쓸모 있는 도구가 될 수 있다. ❸ 예를 들어, 격앙되지만 진솔한 대화는 친구들 사이의 갈등을 해결할 수 있다. ❹ 중요한 것은 당신의 화가 공격적이거나 폭력적인 행동으로 변하지 않도록 조절하는 것이다. ❺ 이는 당신이 화를 내지 말아야 한다는 것을 의미하지 않는다. ❻ 오히려 당신은 화를 생산적인 방식으로 표현해야 한다. ❼ 당신의 성난 감정에 대해 스스로에게 몇 가지 질문을 해 봐라. ❽ 이는 당신의 화를 더 잘 이해하는 데 도움이 될 수 있다.

스스로에게 물어볼 질문

문해력 UP!
기운이나 감정이 격렬히 일어나 높아짐

❾ 나는 얼마나 자주 화가 나는가?

❿ 어떤 상황이 나에게 가장 극심한 화를 느끼게 하는가?

⓫ 나의 화는 특히 어떤 사람 혹은 어떤 것을 향해 있는가?

⓬ 나는 해결책보다는 내 화의 원인에 초점을 두는가?

⓭ 화가 날 때 나는 내 감정을 조절할 수 있는가?

⓮ 화가 날 때 나는 어떻게 반응하고 행동하는가?

Guide to the Big Q ❶ 과거를 되돌아보는 것이 어떻게 당신을 성장하게 도울 수 있다고 생각하는가?

sample · 나는 나의 실수에 대해 생각해 보고 다시는 실수하지 않도록 조심할 수 있다.

➕ 추가 예시 답안 · Looking back at our past can help us understand ourselves better.
(과거를 되돌아보는 것은 우리가 자신을 더 잘 이해하도록 도와줄 수 있다.)

Answer While Reading

Q2 화가 쓸모 있는 도구가 될 수 있는 예로 위에서 언급된 것은 무엇인가?

↳ 격앙되지만 진솔한 대화는 친구들 사이의 갈등을 해결할 수 있다.

Q3 왜 당신은 화난 감정에 대해 스스로에게 몇 가지 질문을 해야 하는가?

↳ 나의 화를 더 잘 이해하는데 도움이 되기 때문에 나는 내 스스로에게 질문을 해야 한다.

Over to You ❷ 당신이 화가 났던 마지막 때는 언제였는가?

sample · 내가 화가 났던 마지막 때는 내 여동생이 나에게 물어보지 않고 내 청바지를 입었을 때였다.

➕ 추가 예시 답안 · The last time I was angry was when I found out that my friend lied to me.
(내가 화가 났던 마지막 때는 내 친구가 내게 거짓말한 것을 알았을 때였다.)

구문 해설

❶ **It** is natural **to feel** angry from time to time; *it* doesn't mean there is something wrong with you.
➡ 첫 번째 It은 가주어이고 to feel … to time이 진주어이다. 두 번째 it은 대명사로, 앞 절의 to부정사구 to feel … to time을 가리킨다.

❹ The important thing is to manage your anger **so that** it does not turn into aggressive or violent behavior.
➡ so that은 '…하도록' 혹은 '…하기 위해'라는 의미로, 목적의 부사절을 이끈다.

❽ This can **help you to** better **understand** your anger.
➡ 「help+목적어+to부정사/동사원형」 구조로, help의 목적격 보어로는 동사원형 또는 to부정사가 모두 올 수 있다.

❿ What situations **make me feel** the most intense anger?
➡ 「make+목적어+동사원형」의 구조로, 사역동사 make의 목적격 보어로는 동사원형이 온다.

내신 Check-Up ★★

1 본문의 내용과 일치하지 <u>않는</u> 것은?

① Getting angry sometimes is normal.

② An open-minded conversation can help resolve conflicts with friends.

③ When you are angry, you should stop thinking about your own feelings.

2 **서술형** **문법** 본문의 내용과 일치하도록 괄호 안의 단어를 이용하여 문장을 완성하시오. (필요시 형태를 바꿀 것)

You should try to ＿＿＿＿＿＿＿＿＿＿＿＿＿ to prevent it from ＿＿＿＿＿＿＿＿＿＿＿＿＿ behavior.
(manage, your anger, lead to, aggressive)

3 **문법** 괄호 안에서 어법상 알맞은 것을 고르시오.

(1) It doesn't mean there is (wrong something / something wrong) with you.

(2) This can help you (to understand / understanding) your anger.

Read

교과서 p.19

First Aid to Calm Yourself Down

❶ You need to learn how to deal with anger in a socially appropriate way. ❷ Remember: anger is a feeling, but behavior is a choice. ❸ The first step is [recognizing the physical signs of anger]. ❹ It is possible [to recognize those signs in advance]. ❺ They include an increased heart rate, a flushed face, and the clenching of your fists. ❻ When these things happen, take action [to reduce your anger]. ❼ For example, you could try [taking a break to organize your thoughts] or [ending a conversation before it gets too intense].

(how to deal with — how to-v: …하는 방법 / ❹ ★ Grammar Point 2 / recognizing … anger — 동명사구(보어) / It — 가주어 / to recognize … — 진주어 / in advance — 미리 / When — 접속사(…할 때) / try taking — try v-ing: 한번 시도해 보다 / to reduce your anger — to부정사의 부사적 용법(목적) / taking a break … thoughts — 동명사구1(try의 목적어) / to organize — to부정사의 부사적 용법(목적) / ending … intense — 동명사구2(try의 목적어) / before — 접속사(…하기 전에) / it = the conversation)

Guide to the Big Q

❷ What will you have to do to become a good adult?

[sample]
- I need to understand my emotions and learn proper coping skills.

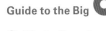

Q4 What do the physical signs of anger include?
They include an increased heart rate, a flushed face, and the clenching of my fists.

Over to You ❸ What do you do to manage your anger?

[sample] • I take some time alone and think about the cause of my anger.

- ☐ appropriate [형] 적절한
- ☐ recognize [동] …를 인식하다
- ☐ physical [형] 육체의, 신체의
- ☐ in advance 미리, 사전에
- ☐ flushed [형] 빨간, 상기된
- ☐ clench [동] 꽉 쥐다
- ☐ fist [명] 주먹
- ☐ organize [동] 정리하다

해석

스스로를 진정시키기 위한 응급 처치

❶ 당신은 사회적으로 적절한 방식으로 화를 다스리는 방법을 배워야 한다. ❷ 기억하라. 화는 감정이지만 행동은 선택이다. ❸ 첫 번째 단계는 화의 신체적 징후를 알아차리는 것이다. ❹ 그러한 징후를 미리 알아차리는 것은 가능하다. ❺ 그것들은 증가한 심박수, 빨개진 얼굴, 그리고 주먹을 꽉 쥐는 것을 포함한다. ❻ 이러한 것들이 발생할 때 당신의 화를 줄이기 위해 조치를 취해라. ❼ 예를 들어, 당신의 생각을 정리하기 위해 휴식을 취하거나 대화가 너무 격해지기 전에 중단하는 것을 시도해 볼 수 있다.

Guide to the Big Q ❷ 좋은 어른이 되기 위해서 당신은 무엇을 해야 하는가?

(sample) · 나는 내 감정을 이해하고 적절한 대처 기술을 배워야 한다.

➕ 추가 예시 답안

· I will have to learn how to be responsible to become a good adult.
(나는 좋은 어른이 되기 위해 책임감을 갖는 방법을 배워야 할 것이다.)

Answer While Reading

Q4 화의 신체적 징후들로 어떤 것이 해당되는가?
↳ 그것들에는 증가한 심박수, 빨개진 얼굴, 그리고 주먹을 꽉 쥐는 것이 해당된다.

Over to You ❸ 당신은 화를 다스리기 위해 무엇을 하는가?

(sample) · 나는 얼마간 혼자 시간을 보내고 내 화의 원인에 대해 생각한다.

➕ 추가 예시 답안

· I manage my anger by taking deep breaths in order to calm down.
(나는 진정하기 위해 깊은 숨을 쉬어 내 화를 다스린다.)

구문 해설

❶ You need **to learn** *how to deal with* anger in a socially appropriate way.

➡ to learn 이하는 동사 need의 목적어로, 명사적 용법의 to부정사구이다.

➡ how to-v는 '…하는 방법'의 의미이다. 「의문사＋to부정사」는 문장의 주어, 목적어, 보어 역할을 할 수 있으며, 이 문장에서는 learn의 목적어 역할을 한다.

❹ **It** is possible **to recognize** those signs in advance.

➡ It은 가주어이고 to recognize 이하가 진주어에 해당한다.

❻ **When** these things happen, take action *to reduce* your anger.

➡ When은 '…할 때'라는 의미로 「when＋주어＋동사 …」 형태의 부사절을 이끄는 접속사이다. to reduce 이하는 목적을 나타내는 부사적 용법의 to부정사구이다.

❼ For example, you could try **taking** a break to organize your thoughts or **ending** a conversation *before* it gets too intense.

➡ taking ... thoughts와 ending ... intense는 try의 목적어로 쓰인 동명사구로 접속사 or에 의해 병렬 연결되어 있다. before는 '…전에'라는 의미의 시간을 나타내는 부사절 접속사이다.

1 본문의 내용과 일치하는 것은?

① When dealing with anger, you can't make choices about your behavior.
② You can recognize physical signs of anger in advance.
③ Anger should be ignored until it goes away.

2 다음 영영 뜻풀이에 해당하는 단어를 본문에서 찾아 쓰시오.

having become red and hot, often due to sickness or strong emotion

3 서술형 화를 줄이기 위해 시도할 수 있는 조치로 언급된 것 두 가지를 우리말로 쓰시오.

_____

4 문법 괄호 안에서 어법상 알맞은 것을 고르시오.

(1) You need to learn how (dealing / to deal) with anger in a socially appropriate way.
(2) (It / That) is possible to recognize those signs in advance.

Finding Proper Coping Skills

Knowledge +

청소년기의 발달 과정 심리학자 에릭 에릭슨은 인간의 발달 단계를 8단계로 나누어 설명하고 있는데, 청소년기는 그중 5단계에 해당한다. 그는 청소년기를 자신의 사회적, 직업적 역할을 탐색하며 객관적인 자아 정체성을 확립해 나가는 시기라고 보며, 특히 이 시기에 '소속감 형성'과 '자아 탐색'이라는 두 가지 과제를 모두 잘 해내야 성공적인 정체성을 형성할 수 있다고 말한다.

❶ In some cases, the strategies [mentioned above] may
주어   과거분사구
not be enough, so you may need to find proper coping
동사
skills for your personal situation. ❷ Without the right
…가 없다면
coping skills, you may find yourself becoming   5
find+목적어+v-ing: …가 ~하는 것을 발견하다 ❸
verbally or even physically aggressive. Explore
병렬 연결
various strategies [to discover [what is best for
to부정사의 부사적 용법(목적) 간접 의문문(discover의 목적어)
you]] such as [taking a walk], [drawing a picture], or [writing down things
…와 같은   동명사구1   동명사구2   동명사구3
★ Grammar Point 1
[that] come to your mind.] ❹ You can also try to find possible solutions to
주격 관계대명사절   try to-v: …하려고 노력하다   solution to: …에 대한 해결책
a problem and then compare the advantages and disadvantages of each   10
(try to)
❺ one. By developing problem-solving skills, you will learn [that there are
= solution   by v-ing: …함으로써   명사절(learn의 목적어)
many ways [to solve a problem without getting angry.]
to부정사의 형용사적 용법   동명사구(전치사 without의 목적어)

❻ Anger is an emotion [that we all experience.] ❼ By managing your
목적격 관계대명사절   by v-ing: …함으로써
anger properly, you can be the boss of your feelings, not the other way
반대로
around. ❽ This is an important step in [finding your true self] and [taking   15
동명사구1(전치사 in의 목적어)   동명사구2(전치사 in의 목적어)
control of your life.]

➕ Source https://childmind.org 외(122쪽 참고)

I may find myself becoming verbally or even physically aggressive.
Q5 What could happen if you don't have the right coping skills?

Q6 What will you learn by developing problem-solving skills?
I will learn that there are many ways to solve a problem without getting angry.

Over to You 4 Which strategy do you want to try in order
to prevent becoming angry and why?

sample · I want to try drawing pictures because it might help me organize
my thoughts.

📍 **Your Own Topic Sentence**

Teens naturally experience 1) ___**sample** anger___ due to brain
development and hormonal changes, but it can be 2) ___**sample** managed___
with certain coping skills.

Word Formation

dis- + advantage
➡ disadvantage

e.g. dis- + ability
➡ disability

☐ cope 동 대처하다   ☐ strategy 명 전략   ☐ mention 동 언급하다   ☐ verbally 부 말로, 언어로 ☐ explore 동 탐구하다

적절한 대처 기술 찾기

❶ 어떤 경우에는 위에 언급한 전략이 충분하지 않을 수 있으므로 당신의 개인 상황에 대한 적절한 대처 기술을 찾아야 할지도 모른다. ❷ 올바른 대처 기술이 없다면 당신은 스스로가 언어적으로 혹은 심지어 신체적으로 공격적이 되는 것을 발견할지도 모른다. ❸ 무엇이 당신에게 가장 좋은지 찾기 위해 산책하기, 그림 그리기, 혹은 마음에 떠오르는 것들을 적기와 같은 다양한 전략을 탐구해라. ❹ 당신은 또한 문제에 대한 가능한 해결책들을 찾고 각각의 장점과 단점을 비교하려고 노력할 수 있다. ❺ 문제 해결 능력을 발전시킴으로써 당신은 화를 내지 않고 문제를 해결할 많은 방법이 있다는 것을 배울 것이다.

❻ 화는 우리 모두가 겪는 감정이다. ❼ 화를 적절하게 다룸으로써 당신은 그 반대가 아니라 (화가 주도권을 갖는 게 아니라) 당신이 감정의 주도권을 가질 수 있다. ❽ 이것은 진정한 자아를 찾고 당신의 삶을 장악하는 데 있어 중요한 단계이다.

문해력 UP!
마음대로 할 수 있게 휘어잡음

Answer While Reading

Q5 만약 당신이 적절한 대처 기술을 가지고 있지 않다면 무슨 일이 일어날 수 있는가?
↳ 나 스스로가 언어적으로 혹은 심지어 신체적으로 공격적이 되는 것을 발견할지도 모른다.

Q6 문제 해결 능력을 발전시킴으로써 당신은 무엇을 배울 수 있는가?
↳ 나는 화를 내지 않고 문제를 해결할 많은 방법이 있다는 것을 배울 것이다.

Over to You ❹ 화나는 것을 예방하기 위해 당신은 어떤 전략을 시도해 보고 싶고 그 이유는 무엇인가?
sample · 그림을 그리는 것이 내 생각을 정리하는 데 도움을 줄 것 같기 때문에 그림 그리는 것을 시도해 보고 싶다.

➕ 추가 예시 답안
· I want to try taking a walk to prevent myself from becoming angry because it is easier to do and it is healthy for me. (나는 내가 화나는 것을 예방하기 위해 산책을 시도해 보고 싶은데, 그 이유는 그것이 하기 쉽고 나의 건강에 좋기 때문이다.)

📍 **Your Own Topic Sentence**

십 대들은 뇌 발달과 호르몬의 변화로 인해 자연스럽게 ¹⁾화를 경험하지만, 그것은 특정한 대처 기술로 ²⁾다뤄질 수 있다.

작성 TIP 본문은 청소년기에 겪는 화의 원인과 대처 방법에 관한 글이므로, 핵심어인 '화'(anger)와 '대처하다', '조절하다', '다루다' 등의 의미를 나타내는 동사(manage, deal with, cope with, handle 등)를 반드시 포함하여 주제문을 작성한다.

---

❸ Explore various strategies **to discover** *what* is best for you, such as taking a walk, drawing a picture, or writing down things **that** come to your mind.
➡ to discover ... for you는 목적을 나타내는 부사적 용법의 to부정사구이다. what ... for you는 간접 의문문으로 discover의 목적어 역할을 하는 명사절이다. that 이하는 things를 선행사로 하는 주격 관계대명사절이다.

❺ ..., you will learn **that** there are many ways *to solve* a problem without getting angry.
➡ that 이하는 동사 learn의 목적어 역할을 하는 명사절이다. to solve 이하는 many ways를 수식하는 형용사적 용법의 to부정사구이다.

❻ Anger is an emotion **that** we all experience.
➡ that 이하는 an emotion을 선행사로 하는 목적격 관계대명사절이다.

❽ This is an important step in **finding** your true self and **taking** control of your life.
➡ finding ... self와 taking 이하는 전치사 in의 목적어 역할을 하는 동명사구들이다. 두 동명사구가 접속사 and로 병렬 연결되어 있다.

내신 Check-Up ⭐⭐

1 본문의 내용과 일치하지 <u>않는</u> 것은?

① Taking a walk can be a good coping strategy for managing anger.
② With problem-solving skills, you can find solutions without becoming upset.
③ Anger management is unnecessary for finding your true self.

2 서술형 문법 괄호 안의 단어를 바르게 배열하여 문장을 완성하시오.

Explore various strategies (best / discover / is / to / what) for you.

3 문법 다음 문장에서 어법상 틀린 부분을 찾아 바르게 고치시오.

(1) Without the right coping skills, you may find yourself to become verbally or even physically aggressive.
(2) Anger is an emotion what we all experience.

After You Read

A Organize on You Own

상자 안에 있는 단어를 이용하여 그 래픽 오거나이저를 완성하시오.

· appropriate 적절한
· brain 뇌
· personal 개인적인
· conflict 갈등
· violent 폭력적인

청소년기의 화

이유

성장하면서 겪는 1)뇌와 신체의 중대한 변화

화를 이해하기

공격적이거나 2)폭력적이 되지 않기 위해 화를 다스리기

화를 다스리기

· 화를 사회적으로 3)적절한 방법으로 다스리기
· 화를 줄이고 생각할 시간 갖기

대처 기술 찾기

· 자신의 4)개인적인 상황에 대처하기 위한 전략들
· 문제 해결 기술을 발전시키기

B Think Critically

오늘의 기분 변화 그래프를 그리고 그것을 짝과 공유하시오.

(Example)

나는 학교 버스를 놓쳐서 슬펐다. / 나는 친구들과 축구를 해서 신이 났다.

(sample) 나는 오늘 아침에 늦게 일어나서 초조했다. / 나는 학교 점심이 맛있어서 행복했다.

A Organize on Your Own

Complete the graphic organizer with the words in the box.

| appropriate | brain | personal | conflict | violent |

Adolescent Anger

- **Reason**: significant changes in the 1)___brain___ and body while growing
- **Understanding Anger**: managing anger in order not to become aggressive or 2)___violent___
- **Controlling Anger**:
  - dealing with anger in a socially 3)___appropriate___ way
  - reducing anger and having time to think
- **Finding Coping Skills**:
  - strategies to cope with one's 4)___personal___ situation
  - developing problem-solving skills

B Think Critically 💬

(PERSONALIZE) Draw a mood change graph for today and share it with your partner.

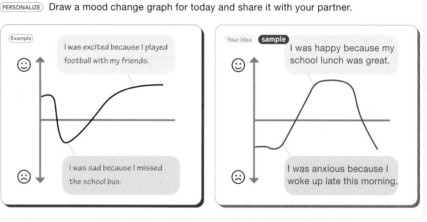

Example
☺ I was excited because I played football with my friends.
☹ I was sad because I missed the school bus.

Your Idea (sample)
☺ I was happy because my school lunch was great.
☹ I was anxious because I woke up late this morning.

➕ 추가 예시 답안

· I was excited because our class was going on a field trip. (나는 우리 학급이 현장 체험 학습을 갈 예정이어서 신이 났다.)
· I was sad because it was raining and the field trip was canceled. (비가 오고 현장 체험 학습이 취소되어서 나는 슬펐다.)

A significant (형) 중요한   reduce (동) 줄이다, 감소시키다
B mood (명) 기분   miss (동) 놓치다

내신 Check-Up ➕⭐⭐⭐

본문의 내용과 일치하면 T, 일치하지 않으면 F에 표시하시오.

	T	F
1 There are times when anger can be useful.	☐	☐
2 It is advisable that you don't feel any anger at all.	☐	☐
3 You should try different strategies to find out what works best for managing your anger.	☐	☐
4 You should express your anger in a productive way.	☐	☐

Language in Use

교과서 p.22

A Word Focus

a The history teacher asked students to **draw** a map of Africa.
b His dance performance **drew** worldwide attention.
c I will **draw** $70 out of my savings account each month.

Choose the sentence from above that uses the same meaning of the word "draw."

1 Baseball games <u>draw</u> large audiences in this city. _b_
2 She tried to <u>draw</u> $5,000 from her account, but a bank teller stopped her. _c_
3 The art teacher told students to <u>draw</u> lines on paper. _a_

B Useful Expressions

• It was difficult to **focus on** the conversation with all the noise in the background.
• If you want to attend a popular concert, it's wise to buy tickets **in advance**.
• We have to **deal with** a lot of technological problems in our work.

Fill in the blanks with the expressions above.

1 He tried to ___focus on___ his driving, but the heavy rain made it difficult.
2 My grandparents taught me how to ___deal with___ life's challenges.
3 Pack your bag ___in advance___ to avoid forgetting any important items for your journey.

C Word Mates

Choose the appropriate word to complete the sentence.

1 A failure to communicate can sometimes end (a relationship)/ the war .
2 One possible solution /(reason) for the flight delay could be the weather conditions.
3 We should be prepared for every possible (outcome)/ solution of the test.

A Word Focus

a 역사 선생님은 학생들에게 아프리카 지도를 **그리라고** 했다.
b 그의 춤 공연은 세계적인 관심을 **끌어 모았다.**
c 나는 매달 나의 저축 계좌에서 70달러를 **인출할** 거야.

같은 의미의 단어 draw를 사용하는 문장을 위에서 고르시오.

1 야구 경기는 이 도시에서 많은 관중을 **끌어 모은다.**
2 그녀는 그녀의 계좌에서 5천 달러를 **인출하려** 했지만, 은행원이 그녀를 저지했다.
3 미술 선생님은 학생들에게 종이에 선을 **그리라고** 말했다.

영영 뜻풀이   draw

a to make a picture by making lines on a surface, especially with a pencil, pen, or marker
b to attract someone
c to take money from your bank account

B Useful Expressions

• 주변에 소음이 있어서 대화에 **집중하기** 어려웠다.
• 인기 있는 콘서트에 참석하고 싶다면, 티켓을 **미리** 구매하는 게 현명하다.
• 우리는 우리의 일에 있는 많은 기술적인 문제들을 **처리해야** 한다.

위의 표현을 이용해 빈칸을 채우시오.

1 그는 운전에 집중하려 애썼지만, 강한 비가 그것을 어렵게 만들었다.
2 나의 조부모님은 나에게 인생의 어려움을 <u>다루는</u> 방법을 가르쳐 주셨다.
3 여행에 중요한 물건들을 까먹지 않도록 가방을 <u>미리</u> 싸라.

C Word Mates

end a conversation 대화를 끝내다 / end a relationship 관계를 끝내다 / end the war 전쟁을 끝내다
possible solution 가능성 있는 해결책 / possible reason 가능성 있는 이유 / possible outcome 발생 가능한 결과

문장을 완성하기 위해 적절한 단어를 고르시오.

1 의사소통의 실패는 때때로 관계를 끝낼 수 있다.
2 비행 연착의 한 가지 가능한 이유는 날씨 상태일 수 있다.
3 우리는 그 테스트의 모든 가능한 결과에 대비되어 있어야 한다.

A performance 명 공연   account 명 계좌   audience 명 청중, 관중
B attend 동 참석하다   technological 형 기술적인
C prepare 동 준비하다

25

D Discovering Grammar

D Discovering Grammar

POINT **1**

문장을 읽고 굵게 표시된 구조에 유의하시오.

· 너의 뇌에는 문제 해결을 담당하는 부분이 있다.

· 화성에 첫 발을 딛는 사람은 누가 될 것인가?

POINT **1**

Read the sentences and pay attention to the structure in bold.

In your brain, there is *a part* **that** is responsible for solving problems.

Who will be *the person* **that[who]** takes the first step on Mars?

PRACTICE **1**

1 밑줄 친 부분을 바르게 고치시오. 만약 올바른 경우 O를 쓰시오.

1) 우리는 최소 일 년 동안 다른 나라 에서 살았던 학생들을 찾고 있다.

2) Steve는 학생들에게 인기 있는 만화책을 읽고 있다.

3) 나는 이 청바지와 잘 어울리는 새 로운 셔츠를 사고 싶다.

PRACTICE **1**

1 Correct the underlined part. If it is correct, write O.

1) We're looking for students who have lived in another country for at least one year. O

2) Steve is reading a comic book it is popular with students. that[which]

3) I want to buy a new shirt who goes well with these jeans. that[which]

2 Combine the two sentences into one by using "that" or "who."

1) I like to write poems. The poems show the power of language.
→ I like to write _____ poems that show the power of language _____.

2) The boy has a brother. The brother won a swimming championship.
→ The boy has _____ a brother that[who] won a swimming championship _____.

3) The writer will have a book signing event. The writer wrote this novel.
→ The writer _____ that[who] wrote this novel will have _____ a book signing event.

4) I had a chance to interview the student. The student won the music contest.
→ I had a chance to interview _____ the student that[who] won the music contest _____.

Your Idea Write your own sentence using the same structure as above.

I'm thankful for (sample) my friend that[who] always gives me useful advice

문제 해설

1) 선행사가 students로 사람이 고 관계대명사가 뒤의 절에서 주 어 역할을 하므로 주격 관계대명 사 who는 올바르다.

2) 두 절이 접속사 없이 연결되어 있 으므로 어법상 틀린 문장이다. 밑 줄 친 부분을 a comic book을 선행사로 하는 주격 관계대명사 that 또는 which로 고쳐야 한 다.

3) 선행사가 a new shirt로 사물 이고 관계대명사가 뒤의 절에서 주어 역할을 하므로 주격 관계대 명사 that 또는 which로 고쳐 야 한다.

2 that이나 who를 사용하여 두 문장을 한 문장으로 결합하시오.

1) 나는 시를 쓰고 싶다. 그 시는 언어의 힘을 보여 준다. → 나는 언어의 힘을 보여 주는 시를 쓰고 싶다.

2) 소년에게는 형이 있다. 그 형은 수영 대회에서 우승했다. → 소년에게는 수영 대회에서 우승했던 형이 있다.

3) 그 작가는 책 사인회를 할 것이다. 그 작가가 이 소설을 썼다. → 이 소설을 쓴 작가는 책 사인회를 할 것이다.

4) 나는 그 학생을 인터뷰할 기회를 얻었다. 그 학생은 음악 대회에서 우승했다. → 나는 음악 대회에서 우승했던 학생을 인터뷰할 기회를 얻었다.

문제 해설

1)~4) 두 문장에서 공통으로 언급되는 단어를 찾고, 나중에 나오는 단어를 주격 관계대명사로 받아 문장을 연결한다.

Your Idea 위와 동일한 구조를 사용하여 자신만의 문장을 작성하시오.

sample 나는 항상 내게 유용한 충고를 해 주는 내 친구에게 감사한다.

➊ 추가 예시 답안

I'm thankful for the stranger that[who] gave me directions when I got lost. (나는 내가 길을 잃었을 때 길을 가르쳐 준 그 낯선 사람에게 감사한다.)

D at least 적어도   go well with …와 잘 어울리다   poem 명 시   novel 명 소설

관계대명사

관계대명사는 선행사를 대신하는 대명사의 기능과 두 절을 연결하는 접속사의 기능을 동시에 한다. 선행사가 관계사절에서 하는 역할에 따라 주격, 목적격, 소유격 관계대명사로 나뉜다. 관계대명사가 이끄는 절은 형용사처럼 앞의 명사인 선행사를 수식한다.

선행사	주격	목적격	소유격
사람	who/that	who(m)	whose
사물/동물	which/that	which	whose/of which

· I saw a little boy **who** was holding a balloon. (← I saw *a little boy*. + *He* was holding a balloon.)
　주격 관계대명사

· He is wearing a hat **that** he bought yesterday. (← He is wearing *a hat*. + He bought *it* yesterday.)
　목적격 관계대명사

주격 관계대명사

주격 관계대명사는 선행사가 관계사절 내에서 주어 역할을 하는 경우를 말한다. 선행사가 사람일 때는 주격 관계대명사로 who나 that을 쓰고, 사물이나 동물일 때는 which나 that을 쓴다. 관계사절 속의 동사는 선행사가 단수이면 단수 동사로, 선행사가 복수이면 복수 동사로 수를 일치시켜야 한다.

➕ 추가 예문

· In our town, there is *a house* **that[which]** was built a hundred years ago. (우리 마을에, 100년 전에 지어진 집 한 채가 있다.)

· Where are *all the people* **that[who]** agreed to attend the meeting? (그 회의에 참석하기로 동의했던 모든 사람들은 어디에 있습니까?)

· *The musician* **that[who]** composed this song is from Australia. (이 곡을 작곡한 음악가는 호주 출신이다.)

문법 만점 Check-Up ✯✯

1 우리말과 같은 뜻이 되도록 빈칸에 알맞은 말을 쓰시오. (복수 정답 가능)

(1) 이분이 이 테이블을 만든 사람이다.
　→ This is the man ＿＿＿＿＿＿＿＿ made this table.

(2) 저것은 내 인생을 변화시킨 책이다.
　→ That is the book ＿＿＿＿＿＿＿＿ changed my life.

(3) 자원봉사자들이 도움이 필요한 방문객들을 도와줄 것이다.
　→ Volunteers will help visitors ＿＿＿＿＿＿＿＿ need help.

[서술형 대비]

2 밑줄 친 부분을 바르게 고쳐서 문장을 다시 쓰시오.

(1) I know a man <u>which</u> can communicate with animals.
　→ ＿＿＿＿＿＿＿＿＿＿＿＿＿＿＿＿＿＿＿＿＿

(2) The teacher <u>whose</u> taught us English was Canadian.
　→ ＿＿＿＿＿＿＿＿＿＿＿＿＿＿＿＿＿＿＿＿＿

(3) He made me the bike <u>who</u> had golden wheels.
　→ ＿＿＿＿＿＿＿＿＿＿＿＿＿＿＿＿＿＿＿＿＿

[서술형 대비]

3 주어진 문장을 〈보기〉와 같이 바꿔 쓰시오.

> 보기　I bought a chair. The chair is made of leather.
> 　→ I bought a chair that[which] is made of leather.

(1) I forgot to bring the camera. It was produced in Korea.
　→ ＿＿＿＿＿＿＿＿＿＿＿＿＿＿＿＿＿＿＿＿＿

(2) He is a famous singer. He has a lot of fans around the world.
　→ ＿＿＿＿＿＿＿＿＿＿＿＿＿＿＿＿＿＿＿＿＿

(3) I read an interesting novel. It was written by O. Henry.
　→ ＿＿＿＿＿＿＿＿＿＿＿＿＿＿＿＿＿＿＿＿＿

D Discovering Grammar

교과서 p.24

POINT 2

문장을 읽고 굵게 표시된 구조에 유의하시오.

· 때때로 화가 나는 것은 당연한 일이다.

· 안전 장비 없이 자전거 타는 것은 위험하다.

· 그녀가 사람들 앞에서 말하는 것은 쉬웠다.

POINT 2

Read the sentences and pay attention to the structure in bold.

It is natural **to feel** angry from time to time.

It is dangerous **to ride** a bike without safety gear.

It was easy *for her* **to speak** in front of people.

PRACTICE 2

1 밑줄 친 부분을 바르게 고치시오.

1) 배우들이 자신들의 모든 대사를 암기하는 것은 중요하다.

2) 학생들이 그 축구 시합에서 이긴 것은 흥미로웠다.

3) 회의의 시작을 미루는 것은 불가능하다.

PRACTICE 2

1 Correct the underlined part.

1) This is important for actors to memorize all their lines. This → It

2) It was exciting students to win the soccer game. students → for students

3) It is impossible delay the start of the meeting. delay → to delay

2 Put the given words in the correct order to complete the sentences.

1) <u>It is a tradition for Koreans to eat *tteokguk*</u> on New Year's Day.

(is / for Koreans / a tradition / eat *tteokguk* / it / to)

2) <u>It would be better to wear warm clothes</u> because it is freezing this morning.

(would be / to / it / wear warm clothes / better)

3) <u>It was amazing to watch the play</u> from the front row.

(amazing / it / to / was / watch the play)

4) <u>It is unusual for wild animals to become friends</u> with people.

(unusual / to / is / become friends / it / for wild animals)

문제 해설

1) to memorize 이하가 진주어이므로 가주어 역할을 하도록 This를 It으로 고쳐야 올바르다.

2) 진주어 to win의 의미상 주어 역할을 해야 하므로 students를 for students로 고쳐야 올바르다.

3) 가주어 It에 대한 진주어 자리이므로 delay를 to delay로 고쳐야 올바르다.

2 주어진 단어들을 올바른 순서대로 배열하여 문장을 완성하시오.

1) 새해 첫날에 한국인들이 떡국을 먹는 것은 전통이다.

2) 오늘 아침은 매우 추워서 따뜻한 옷을 입는 것이 더 나을 것이다.

3) 앞 열에서 연극을 본 것은 대단했다.

4) 야생 동물들이 사람들과 친구가 되는 것은 흔치 않은 일이다.

Your Idea Write your own sentence using the same structure as above.

It was easy for me **sample** to organize the things in my room .

☑ **Self-Check** 1. 주격 관계 대명사 that[who]의 쓰임을 이해하고 적용할 수 있다.   × △ ○
2. 「it ~ to-v」 구문의 쓰임을 이해하고 적용할 수 있다.   × △ ○

문제 해설

1)~4) 「It ~ to-v」 형태의 가주어-진주어 구문이 되도록 배열한다. to부정사구의 의미상의 주어인 「for+목적격」은 to부정사 앞에 위치한다.

Your Idea 위와 동일한 구조를 사용하여 자신만의 문장을 작성하시오.

sample 내가 내 방의 물건들을 정리하는 것은 쉬웠다.

➕ 추가 예시 답안

It was easy for me <u>to fall asleep last night</u>. (내가 어젯밤에 잠드는 것은 쉬웠다.)

D **gear** 명 (특정 활동에 필요한) 장비   **memorize** 동 암기하다   **delay** 동 지연시키다   **freezing** 형 너무나 추운

가주어-진주어

· to부정사구가 주어로 올 경우에 그것을 대신하여 주어 자리에 가주어 it을 쓸 수 있으며 to부정사구는 뒤쪽으로 이동시킨다. 이때 to부정사구를 진주어라고 하고, it은 가주어라고 한다.

To eat noodles with a spoon is very difficult. (숟가락으로 면을 먹는 것은 매우 어렵다.)

It is very difficult **to eat** noodles with a spoon.
가주어   진주어

➕ 접속사 that이 이끄는 명사절이 진주어로 쓰일 수도 있다.

It is very important **that** we don't leave our passports at home. (우리가 여권을 집에 두고 가지 않는 것은 매우 중요하다.)

의미상의 주어

· 「it ~ to-v」의 구문에서 to부정사구가 나타내는 동작의 주체를 명시하고자 할 때 「for+목적격」을 써서 행위자를 나타내는데, 이를 to부정사의 의미상의 주어라고 한다.

It is really difficult *for me* **to get up** early in the morning. (내가 아침에 일찍 일어나는 것은 몹시 어렵다.)

· 사람의 성격이나 성질을 나타내는 형용사(kind, nice, honest, polite, careful 등) 뒤에는 의미상의 주어로 「of+목적격」을 쓴다.

It was kind *of her* **to help** me find the bank. (내가 은행 찾는 것을 도와주다니 그녀는 친절했다.)

➕ **추가 예문**

· It is common **to get** nervous before an important event. (중요한 행사 전에 긴장하는 것은 흔한 일이다.)

· It is necessary *for you* **to complete** the homework on time. (네가 숙제를 제시간에 완성할 필요가 있다.)

· It is exciting *for me* **to explore** different places around the world. (내가 세계의 다른 장소들을 탐험하는 것은 신이 난다.)

문법 만점 Check-Up

1 우리말과 같은 뜻이 되도록 괄호 안의 단어를 이용하여 문장을 완성하시오.

(1) 실수를 하는 것은 당연한 것이다. (natural, make)

→ It is ＿＿＿＿＿＿＿＿＿＿＿＿＿＿＿ mistakes.

(2) 바닷가에 있는 아름다운 집을 갖는 것이 나의 꿈이다. (dream, have)

→ It is ＿＿＿＿＿＿＿＿＿＿＿＿＿＿＿ a beautiful house by the sea.

(3) 그녀가 기타를 치는 것은 쉬운 일이다. (easy, her, play)

→ It is ＿＿＿＿＿＿＿＿＿＿＿＿＿＿＿ the guitar.

2 빈칸에 들어갈 말이 바르게 짝지어진 것을 고르시오.

＿＿＿＿＿＿＿＿ is difficult for me ＿＿＿＿＿＿＿ the problem.

① That – to solve   ② It – to solve   ③ It – solve

`서술형 대비`

3 괄호 안의 단어를 바르게 배열하여 문장을 다시 쓰시오.

(1) (exciting / is / to / it / see) the progress of the new plan.

→ ＿＿＿＿＿＿＿＿＿＿＿＿＿＿＿＿＿＿＿＿＿＿＿＿＿＿＿＿＿

(2) (is / to / it / important / follow) the guidelines.

→ ＿＿＿＿＿＿＿＿＿＿＿＿＿＿＿＿＿＿＿＿＿＿＿＿＿＿＿＿＿

(3) It (for / was / lucky / her / get / to) the tickets.

→ ＿＿＿＿＿＿＿＿＿＿＿＿＿＿＿＿＿＿＿＿＿＿＿＿＿＿＿＿＿

(4) It (to / easy / was / them / for / find) the solution to the problem.

→ ＿＿＿＿＿＿＿＿＿＿＿＿＿＿＿＿＿＿＿＿＿＿＿＿＿＿＿＿＿

(5) It (surprising / was / for / him / win / to) the contest so easily.

→ ＿＿＿＿＿＿＿＿＿＿＿＿＿＿＿＿＿＿＿＿＿＿＿＿＿＿＿＿＿

Writing about Myself

Study the Sample

글쓴이를 특별하게 만드는 점에 관한 글을 읽으시오.

나를 특별하게 만드는 것

❶ 저를 특별하게 만드는 것들이 몇 가지 있습니다. ❷ 첫째, 저의 관심사는 저를 특별하게 만듭니다. ❸ 저는 음악에 관심이 있고, 가끔 친구들을 위해 노래를 작곡합니다. ❹ 저의 일상 습관 또한 저를 특별하게 만듭니다. ❺ 예를 들어, 저는 매일 저녁 일기에 제 감정에 대해 적습니다. ❻ 이것은 제가 스트레스를 줄이는 데 도움이 됩니다. ❼ 마지막으로, 저에겐 저를 특별하게 만드는 특별한 재능이 있습니다. ❽ 저는 농담을 잘합니다. ❾ 저는 항상 우리 반 친구들을 웃게 만들 수 있습니다.

 sample

나를 특별하게 만드는 것

저를 특별하게 만드는 것들이 몇 가지 있습니다. 첫째, 저의 관심사는 저를 특별하게 만듭니다. 저는 기술에 관심이 있고, 가끔 남동생의 컴퓨터를 고쳐줍니다. 저의 일상 습관 또한 저를 특별하게 만듭니다. 예를 들어, 저는 매일 일정을 계획하고 그것을 지킵니다. 이것은 제가 생산적이 되는 데 도움이 됩니다. 마지막으로, 저에겐 저를 특별하게 만드는 특별한 재능이 있습니다. 저는 세부 사항 기억을 잘합니다. 저는 항상 친구들의 생일을 기억할 수 있습니다.

More Expressions

· 기술
· 남동생의 컴퓨터를 수리한다
· 매일 일정을 세우고 따른다
· 세부 사항을 기억하기

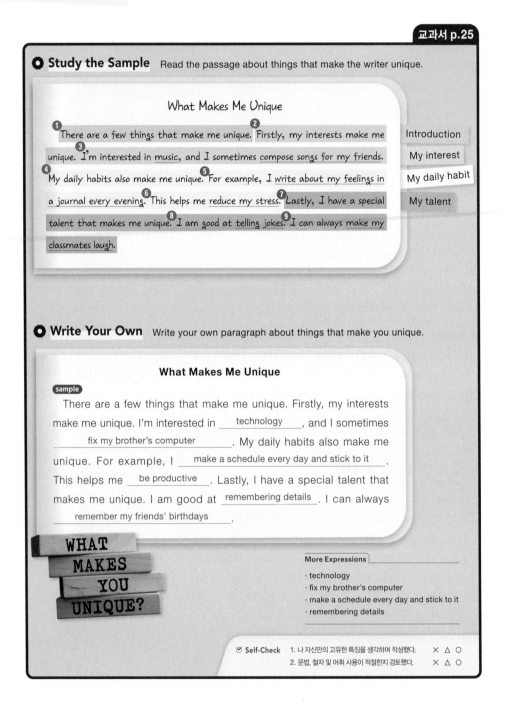

Study the Sample   Read the passage about things that make the writer unique.

What Makes Me Unique

❶ There are a few things that make me unique. ❷ Firstly, my interests make me unique. ❸ I'm interested in music, and I sometimes compose songs for my friends. ❹ My daily habits also make me unique. ❺ For example, I write about my feelings in a journal every evening. ❻ This helps me reduce my stress. ❼ Lastly, I have a special talent that makes me unique. ❽ I am good at telling jokes. ❾ I can always make my classmates laugh.

> Introduction
> My interest
> My daily habit
> My talent

Write Your Own   Write your own paragraph about things that make you unique.

What Makes Me Unique

sample

There are a few things that make me unique. Firstly, my interests make me unique. I'm interested in ____technology____, and I sometimes ____fix my brother's computer____. My daily habits also make me unique. For example, I ____make a schedule every day and stick to it____. This helps me ____be productive____. Lastly, I have a special talent that makes me unique. I am good at ____remembering details____. I can always ____remember my friends' birthdays____.

WHAT MAKES YOU UNIQUE?

More Expressions

· technology
· fix my brother's computer
· make a schedule every day and stick to it
· remembering details

☑ **Self-Check**   1. 나 자신만의 고유한 특징을 생각하며 작성했다.   ✕ △ ○
2. 문법, 철자 및 어휘 사용이 적절한지 검토했다.   ✕ △ ○

구문해설   ❻ This **helps me reduce** my stress.
➡ 「help+목적어+동사원형」은 '···가 ~하는 것을 돕다'라는 의미로 목적격 보어 자리에 동사원형 대신 to부정사도 올 수 있다.
❼ Lastly, I have a special talent **that** makes me unique.
➡ that 이하는 a special talent를 선행사로 하는 주격 관계대명사절이다.
❾ I can always **make my classmates laugh**.
➡ make는 사역동사로, 「make+목적어+동사원형」 형태로 쓰여 '···가 ~하게 만들다'의 의미를 나타낸다.

---

unique 형 특별한, 독특한   **compose** 동 작곡하다   **journal** 명 일기   **joke** 명 농담   **stick to** ···를 지키다[고수하다]

● Write Your Own

자신을 특별하게 만드는 것들에 관한 단락을 직접 작성하시오.

1단계 단락을 쓰기 전 다음의 개요를 먼저 작성해 본다.

Example	Your Own
• My Interest: <u>music</u>	• My Interest: _____
• My Daily Habit: <u>writing about my feelings in a journal every evening</u>	• My Daily Habit: _____ _____
• My Talent: <u>telling jokes</u>	• My Talent: _____

유용한 표현 drawing (그림 그리기) baking (베이킹) taking photos (사진 찍기)
memorizing numbers (숫자 암기하기) singing K-pop songs (한국 대중가요 부르기)
entertaining people (사람들을 즐겁게 하기) solving riddles (수수께끼 풀기)

2단계 작성한 개요를 바탕으로 단락을 완성한다.

What Makes Me Unique

There are a few things that make me unique. Firstly, my interests make me unique. I'm interested in ⓐ_____, and I sometimes ⓑ_____. My daily habits also make me unique. For example, I ⓒ_____. This helps me ⓓ_____. Lastly, I have a special talent that makes me unique. I am good at ⓔ_____. I can always ⓕ_____.

쓰기 수행평가 TIP 각 빈칸 작성 요령

각 빈칸에 다음과 같은 내용을 작성한다.

ⓐ 나의 관심사
문법 TIP 전치사의 목적어 자리이므로 명사, 동명사 등이 오도록 작성한다.

ⓑ 그와 관련하여 어떤 활동을 하는지
문법 TIP 동사구 자리로, 가끔 하는 활동을 나타내야 하므로 시제를 현재로 작성한다.

ⓒ 나의 습관
문법 TIP 동사구 자리로, 습관을 나타내야 하므로 시제를 현재로 작성한다.

ⓓ 습관의 긍정적인 효과
문법 TIP 동사 help의 목적격 보어 자리이므로 동사원형이나 to부정사로 시작하도록 작성한다.

ⓔ 나의 재능
문법 TIP 전치사의 목적어 자리이므로 명사, 동명사 등이 오도록 작성한다.

ⓕ 재능 덕분에 내가 어떤 일을 할 수 있는지
문법 TIP 앞에 조동사가 있으므로 동사원형으로 시작하는 동사구로 작성한다.

➕ 추가 예시 답안

What Makes Me Unique

There are a few things that make me unique. Firstly, my interests make me unique. I'm interested in <u>board games</u>, and I sometimes <u>teach them to my friends</u>. My daily habits also make me unique. For example, I <u>always take the stairs instead of the elevator</u>. This helps me <u>stay healthy</u>. Lastly, I have a special talent that makes me unique. I am good at <u>solving riddles</u>. I can always <u>figure out the answer</u>.

나를 특별하게 만드는 것

저를 특별하게 만드는 것들이 몇 가지 있습니다. 첫째, 저의 관심사는 저를 특별하게 만듭니다. 저는 <u>보드게임</u>에 관심이 있고, 가끔 <u>친구들에게 보드게임을 가르쳐 줍니다</u>. 저의 일상 습관 또한 저를 특별하게 만듭니다. 예를 들어, 저는 <u>항상 엘리베이터 대신 계단을 이용합니다</u>. 이것은 제가 <u>건강을 유지하는 데</u> 도움이 됩니다. 마지막으로, 저에겐 저를 특별하게 만드는 특별한 재능이 있습니다. 저는 <u>수수께끼 풀기</u>를 잘합니다. 저는 항상 <u>답을 생각해 낼</u> 수 있습니다.

Project

네가 누군지 알아보기

Step 1 "would you rather" 게임을 하시오.

…할래 아니면 ~할래?

① 이번 주말을 혼자 보내기 **또는** 이번 주말을 친구 무리와 함께 보내기

② 세상에서 가장 똑똑한 사람 되기 **또는** 세상에서 가장 웃긴 사람 되기

③ 동물들과 말할 수 있기 **또는** 세상의 모든 언어를 말할 수 있기

④ 다시는 숙제를 하지 않아도 되기 **또는** 다시는 시험을 보지 않아도 되기

⑤ 유명한 가수 되기 **또는** 소셜 미디어 인플루언서 되기

[sample] 스포츠가 없는 세상에서 살기 **또는** 예술이 없는 세상에서 살기

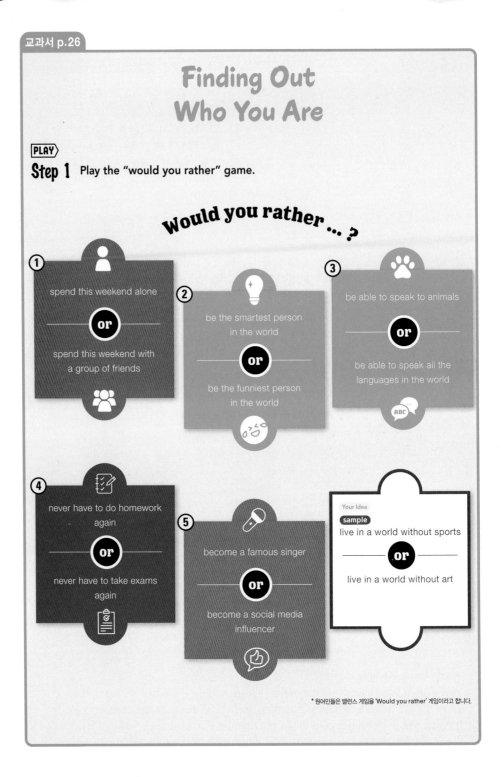

교과서 p.26

Finding Out Who You Are

[PLAY]

Step 1 Play the "would you rather" game.

Would you rather … ?

① spend this weekend alone **or** spend this weekend with a group of friends

② be the smartest person in the world **or** be the funniest person in the world

③ be able to speak to animals **or** be able to speak all the languages in the world

④ never have to do homework again **or** never have to take exams again

⑤ become a famous singer **or** become a social media influencer

Your Idea
[sample] live in a world without sports **or** live in a world without art

* 원어민들은 밸런스 게임을 'Would you rather' 게임이라고 합니다.

⊕ 추가 예시 답안

live in the arctic (북극에서 살기) **또는** live in a desert (사막에서 살기)	have many good friends (여러 좋은 친구들 갖기) **또는** have one best friend (가장 친한 친구 한 명 갖기)

Step 1 rather [부] 차라리, 오히려 influencer [명] 영향력을 행사하는 사람

교과서 p.27

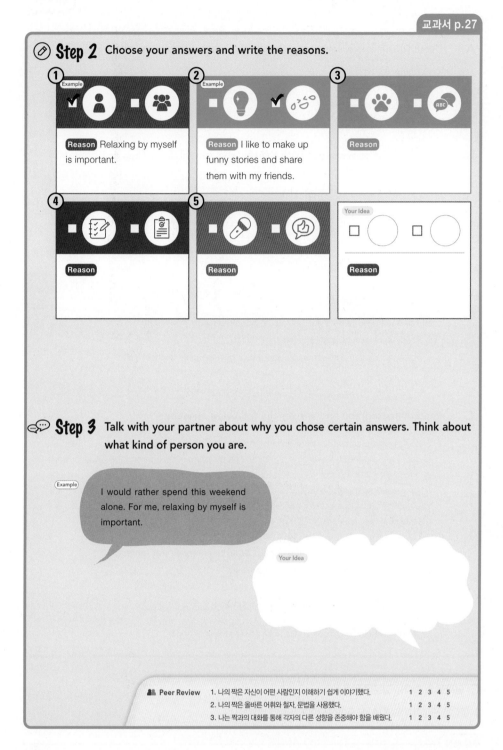

Step 2 Choose your answers and write the reasons.

① [Example] ☑ / □

Reason Relaxing by myself is important.

② [Example] □ / ☑

Reason I like to make up funny stories and share them with my friends.

③ □ / □

Reason

④ □ / □

Reason

⑤ □ / □

Reason

Your Idea □ / □

Reason

Step 3 Talk with your partner about why you chose certain answers. Think about what kind of person you are.

[Example] I would rather spend this weekend alone. For me, relaxing by myself is important.

Your Idea

Peer Review

1. 나의 짝은 자신이 어떤 사람인지 이해하기 쉽게 이야기했다.	1	2	3	4	5
2. 나의 짝은 올바른 어휘와 철자, 문법을 사용했다.	1	2	3	4	5
3. 나는 짝과의 대화를 통해 각자의 다른 성향을 존중해야 함을 배웠다.	1	2	3	4	5

Step 3 자신이 왜 특정한 대답을 골랐는지에 대해 짝과 이야기해 보시오. 자기 자신이 어떤 사람인지 생각해 보시오.

[Example] 저는 차라리 이번 주말을 혼자서 보낼 것입니다. 저에게는 혼자서 휴식을 취하는 것이 중요합니다.

⊕ 추가 예시 답안

I would rather be able to speak all the languages in the world. It would help me get a better job. (저는 차라리 세상의 모든 언어를 말할 수 있게 될 것입니다. 그건 제가 더 좋은 직업을 얻게 도와줄 것입니다.)

Step 2 relax [동] 휴식을 취하다 make up …을 만들다[구성하다]

Step 2 자신의 대답을 선택하고 그 이유를 쓰시오.

[Example]

①
선택 이번 주말을 혼자 보내기
이유 나 혼자서 휴식을 취하는 것이 중요하다.

②
선택 세상에서 가장 웃긴 사람 되기
이유 나는 웃긴 이야기를 만들어서 친구들과 나누는 것을 좋아한다.

⊕ 추가 예시 답안

③
선택 동물들과 말할 수 있기
이유 I really want to know their thoughts. (나는 그들의 생각을 정말 알고 싶다.)
선택 세상의 모든 언어를 말할 수 있기
이유 It would help me get a better job. (그것은 내가 더 좋은 직업을 얻게 도와줄 것이다.)

④
선택 다시는 숙제를 하지 않아도 되기
이유 Homework takes too much time. (숙제는 너무 많은 시간을 필요로 한다.)
선택 다시는 시험을 보지 않아도 되기
이유 Exams are more stressful than homework. (시험이 숙제보다 더 스트레스를 준다.)

⑤
선택 유명한 가수 되기
이유 I really like to sing and write songs. (나는 노래하기와 작곡하기를 정말 좋아한다.)
선택 소셜 미디어 인플루언서 되기
이유 I enjoy making videos. (나는 영상 만들기를 즐긴다.)

Lesson Review

A 대화를 듣고 화자들의 관계를 고르시오.

a 선생님 – 학생
b 작곡가 – 자문 위원
c 상담사 – 프로그래머

문제 해설

남자의 첫 번째 말과 마지막 말의 Ms. Smith라는 표현과 여자의 첫 번째 말에 '지금은 수업이 없다'는 내용으로 미루어 보아 두 사람의 관계는 선생님과 학생임을 알 수 있다.

B 상자 안의 문장으로 대화를 완성하시오. 그리고 나서 짝과 함께 역할 연기를 하시오.

A 네가 요즘 미술 치료 수업을 듣고 있다고 들었어.
B 맞아. 너도 나랑 같이 들을래?
A 재미있을 것 같아. 하지만 난 그림을 그렇게 잘 그리지 못해.
B 그건 괜찮아. 수업을 듣기 위해 그림을 잘 그릴 필요는 없어.
A 그 수업을 들으면 좋은 점이 좀 있니?
B 응. 예를 들면, 너는 네 자신의 생각과 감정에 대해 더 많이 알 수 있어.

문제 해설

A와 B는 미술 치료 수업을 듣는 것에 관해 대화하고 있다. 첫 빈칸에는 A가 한 말이 사실이라고 대답하며 함께 들을 것을 권유하는 내용의 b가 오고, 두 번째 빈칸에는 수업을 듣고 싶지만 그림을 잘 그리지 못한다고 걱정하는 A의 말에 대해 괜찮다고 대답한 뒤 그림을 잘 그릴 필요가 없다고 하는 a가 오는 것이 자연스럽다. 마지막 빈칸에는 수업을 듣는 것의 좋은 점이 있는지 묻는 A의 말에 예시를 들며 설명하는 c가 오는 것이 자연스럽다.

교과서 p.28

A Listen to the conversation and choose the relationship of the speakers. 🎧

ⓐ teacher – student
b composer – consultant
c counselor – programmer

B Complete the conversation with the sentences in the box. Then act it out with your partner. 💬

A I heard you're taking an art therapy class these days.
B ______ b ______
A It sounds interesting. But I'm not that good at painting.
B That's okay. ______ a ______
A Are there any benefits to taking the class?
B Yes. ______ c ______

1 a You don't need to be a good painter to join the class.
b That's right. Would you like to join me?
c For example, you can learn more about your own thoughts and feelings.

C Read the paragraph and answer the following questions.

You need to learn how to deal with anger in a socially appropriate way. Remember: anger is a feeling, but behavior is a choice. The first step is recognizing the physical signs of anger. (A) (those signs / is / to recognize / it / possible) in advance. (①) They include an increased heart rate, a flushed face, and the clenching of your fists. (②) For example, you could try taking a break to organize your thoughts or ending a conversation before it gets too intense. (③)

1 Put the given words in (A) in the correct order to complete the sentence.
It is possible to recognize those signs

2 Choose the best place for the following sentence among ①-③. ②

When these things happen, take action to reduce your anger.

C 단락을 읽고 다음 질문에 답하시오.

1 문장을 완성하기 위해 (A)에 주어진 단어를 바르게 배열하시오.

문제 해설

'…하는 것은 가능하다'라는 의미의 문장을 만들기 위해 가주어 it을 문장 맨 앞에 두고 be동사와 형용사 possible을 이어 쓴 다음 진주어 to부정사구가 뒤에 오도록 배열한다.

2 ①~③ 중에 다음 문장이 들어가기에 가장 적절한 곳을 고르시오.

문제 해설

주어진 문장은 '이러한 일들이 발생할 때 당신의 화를 줄이기 위해 조치를 취하라'는 뜻이므로, 화가 날 때 나타나는 신체적 변화를 서술한 문장과 신체적 반응이 나타날 때 시도할 수 있는 대처 방법을 서술한 문장 사이인 ②에 들어가는 것이 가장 적절하다.

A **consultant** [명] 자문 위원 **counselor** [명] 상담가
B **therapy** [명] 치료 **benefit** [명] 이로움, 이익

A

Script

B Hello, Ms. Smith. ❶ Do you have time [to talk with me]?
결혼 여부와 관계없이 여성의 성 앞에 붙이는 말 / to부정사의 형용사적 용법

W Sure, I don't have a class at the moment. What's wrong?
바로 지금

B ❷ I can't decide [whether I should take a music class or a computer class].
…인지 (아닌지) / 명사절(decide의 목적어)

W Which one are you more interested in?
의문사(어떤, 어느)

B I prefer music to computers.
prefer A to B: B보다 A를 선호하다

W Then why can't you decide?

B I think [the computer class will be helpful for my future career].
(that)명사절(think의 목적어)

W Well, I think [you should take the music class]. You will learn more if you enjoy the class.
(that) 명사절(think의 목적어) / 조건의 접속사(…하면)

B I think you're right. Thanks, Ms. Smith!

구문 해설

❶ Do you have time **to talk** with me?
➡ to talk 이하는 앞의 명사 time을 수식하는 to부정사의 형용사적 용법이다.

❷ I can't decide **whether** I should take a music class or a computer class.
➡ '…인지 (아닌지)'의 의미를 나타내는 접속사 whether가 이끄는 명사절이 decide의 목적어로 쓰였다.

해석 **남** Smith 선생님, 안녕하세요. 저와 얘기 나눌 시간 좀 있으세요?
여 물론이지, 지금 수업이 없단다. 무슨 문제가 있니?
남 제가 음악 수업을 들어야 할지 아니면 컴퓨터 수업을 들어야 할지 결정을 못하겠어요.
여 너는 어떤 것에 더 흥미가 있니?
남 저는 컴퓨터보다는 음악이 더 좋아요.
여 그러면 왜 결정을 못하니?
남 저는 컴퓨터 수업이 제 미래 진로에 도움이 될 거라 생각해요.
여 음, 나는 네가 음악 수업을 들어야 한다고 생각해. 수업을 즐기면 너는 더 많이 배울 거야.
남 선생님이 맞는 것 같아요. 감사합니다, Smith 선생님!

B

구문 해설

❶ You **don't need to be** a good painter *to join* the class.
➡ 「don't need to-v」는 '…할 필요가 없다'는 뜻으로, 「don't have to-v」와 같은 의미이다.
➡ to join 이하는 목적을 나타내는 부사적 용법의 to부정사구이다.

Script be interested in …에 흥미가 있다 helpful [형] 도움이 되는 career [명] 직업, 진로

D 자신을 행복하게 만드는 것들에 대한 단락을 작성하시오.

[sample]
나를 행복하게 하는 것
저를 행복하게 만드는 것들이 몇 가지 있습니다. 첫 번째로, 저의 고양이는 저를 행복하게 합니다. 저의 고양이가 제 무릎 위에서 잠을 잘 때, 저는 저에 대한 고양이의 사랑을 느낄 수 있습니다. 맛있는 음식을 먹는 것 또한 저를 행복하게 합니다. 저는 특히 할머니의 음식을 먹는 것을 좋아합니다. 마지막으로, 저의 취미는 저를 행복하게 합니다. 저는 미니어처 만드는 것을 좋아하고, 제 친구들에게 미니어처를 선물할 때 행복합니다.

⊕ 추가 예시 답안

What Makes Me Happy
There are a few things that make me happy. First, music makes me happy. When I listen to music, I can relieve my stress. Reading books also makes me happy. I especially like reading fantasy novels. Finally, my hobby makes me happy. I love drawing, and I'm happy when I have time to draw pictures.

나를 행복하게 하는 것
저를 행복하게 만드는 것들이 몇 가지 있습니다. 첫 번째로, 음악이 저를 행복하게 합니다. 제가 음악을 들을 때, 저는 스트레스를 경감시킬 수 있습니다. 책 읽기 또한 저를 행복하게 합니다. 저는 특히 판타지 소설 읽는 것을 좋아합니다. 마지막으로, 저의 취미는 저를 행복하게 합니다. 저는 그림 그리는 것을 좋아하고, 저에게 그림 그릴 시간이 있을 때 행복합니다.

교과서 p.29

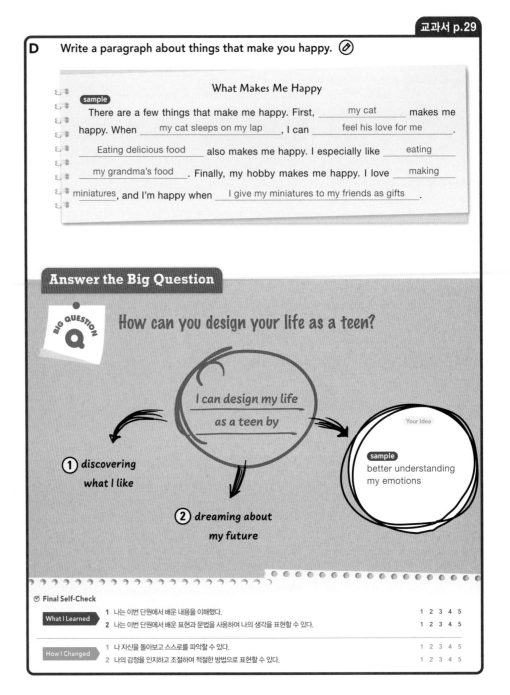

D Write a paragraph about things that make you happy.

What Makes Me Happy

[sample] There are a few things that make me happy. First, my cat makes me happy. When my cat sleeps on my lap, I can feel his love for me. Eating delicious food also makes me happy. I especially like eating my grandma's food. Finally, my hobby makes me happy. I love making miniatures, and I'm happy when I give my miniatures to my friends as gifts.

Answer the Big Question

BIG QUESTION Q

How can you design your life as a teen?

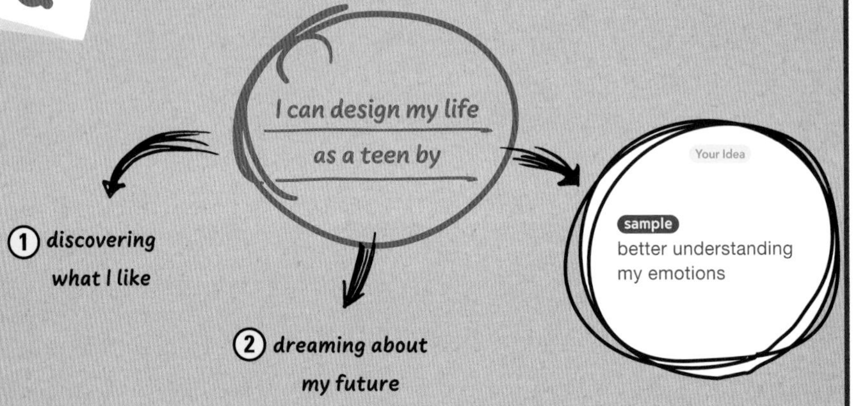
I can design my life
as a teen by
① discovering what I like
② dreaming about my future
Your Idea
sample
better understanding my emotions

Final Self-Check

What I Learned	1	나는 이번 단원에서 배운 내용을 이해했다.	1 2 3 4 5
	2	나는 이번 단원에서 배운 표현과 문법을 사용하여 나의 생각을 표현할 수 있다.	1 2 3 4 5
How I Changed	1	나 자신을 돌아보고 스스로를 파악할 수 있다.	1 2 3 4 5
	2	나의 감정을 인지하고 조절하여 적절한 방법으로 표현할 수 있다.	1 2 3 4 5

Answer the Big Question

BIG QUESTION 십 대로서 여러분은 어떻게 자신의 삶을 설계할 수 있을까요?

나는 …함으로써 십 대로서 내 삶을 설계할 수 있다.
① 내가 좋아하는 것을 찾아냄
② 나의 미래에 대해 꿈을 꿈
[sample] 내 감정을 더 잘 이해함

⊕ 추가 예시 답안 making smart choices (현명한 선택을 함)

Big Question 답안 작성 TIP

인생을 설계하기 위해 지금 시기에 내가 할 수 있는 일이나 해야 하는 일이 무엇일지 고민해 본다. 답안 작성 시 이번 단원을 학습하면서 각 영역에서 접했던 소재나 주제를 떠올려 보면 도움이 된다.

design [동] 설계하다 **discover** [동] 발견하다

내신 만점 본문 Check ⭐

다음 네모 안에서 옳은 어법·어휘를 고르시오.

01 One moment you're fine, and the next moment you're slam / slamming doors or rolling your eyes at your parents.

02 In your brain, there is a part that is responsible / irresponsible for solving problems and controlling your emotions.

03 The changes in your brain lead / leads you toward independence, social engagement, and creativity.

04 At the same time, however, you may feel confusing / confused about who you are.

05 The combination of these factors intensifies / intensify your strong emotions.

06 It is natural feel / to feel angry from time to time; it doesn't mean there is something wrong with you.

07 The important thing is to manage your anger so that / in order to it does not turn into aggressive or violent behavior.

08 This does not mean what / that you should stop yourself from feeling angry.

09 Ask you / yourself some questions about your angry feelings.

10 What situations make me feel / feeling the most intense anger?

11 You need to learn how to depend on / **deal with** anger in a socially appropriate way.

12 The first step is ignoring / **recognizing** the physical signs of anger.

13 When these things **happen** / are happened , take action to reduce your anger.

14 For example, you could try taking a break to organize your thoughts or ending a conversation before it gets too **intense** / peaceful .

15 In some cases, the strategies mentioning / **mentioned** above may not be enough, so you may need to find proper coping skills for your personal situation.

16 With / **Without** the right coping skills, you may find yourself becoming verbally or even physically aggressive.

17 Explore various strategies to discover that / **what** is best for you, such as taking a walk, drawing a picture, or writing down things that come to your mind.

18 You can also try to find possible solutions to a problem and then **compare** / comparing the advantages and disadvantages of each one.

19 By managing your anger roughly / **properly** , you can be the boss of your feelings, not the other way around.

20 This is an important step in find / **finding** your true self and taking control of your life.

01 다음 대화의 빈칸에 들어갈 말이 바르게 짝지어진 것은?

> B Are you ready to plan our vacation to Jeonju for Mom's birthday?
>
> G Yep! First, let's decide who will find a place to stay and who will find some good restaurants.
>
> B Well, I _____ finding restaurants _____ finding a place to stay.
>
> G I'll find a good place to stay, then.
>
> B Perfect!

① avoid – to
② avoid – for
③ prefer – and
④ prefer – to
⑤ prefer – for

02 글의 전체 흐름과 관계 없는 문장은?

> What would you like to do in the future? Maybe you want to become a writer. ① But if you simply aim for a job, what happens when you achieve your goal? ② Once you become a writer, you may no longer feel inspired. ③ Therefore, you should dream of actions, not just jobs. ④ To become a good writer, it is important to find inspiration. ⑤ For example, don't just say, "I want to be a writer." Say something like, "I want to inspire people by telling interesting stories." That way, you will always have something to work towards.

03 다음 글의 제목으로 가장 적절한 것은?

> There are a few things that make me unique. Firstly, my interests make me unique. I'm interested in music, and I sometimes compose songs for my friends. My daily habits also make me unique. For example, I write about my feelings in a journal every evening. This helps me reduce my stress. Lastly, I have a special talent that makes me unique. I am good at telling jokes. I can always make my classmates laugh.

① Music Is a Universal Interest
② Find Your Interests!
③ Traits That Make Me Unique
④ The Importance of Reducing Stress
⑤ What Is Your Talent?

[4-5] 다음 글을 읽고, 물음에 답하시오.

> Do you ever find yourself suddenly feeling angry? One moment you're fine, and the next moment you're slamming doors or rolling your eyes at your parents. Some people may think you just have a bad attitude or are getting too upset about a small problem. _____, these feelings don't simply come from stress about everyday life.

04 빈칸에 들어갈 말로 가장 적절한 것은?

① Similarly   ② As a result
③ For example   ④ Therefore
⑤ However

05 다음 영영 뜻풀이에 해당하는 단어를 윗글에서 찾아 쓰시오.

> a state of mental tension and worry caused by problems in your life, work, etc.

06 괄호 안에 주어진 단어를 알맞게 배열하시오. (필요시 형태를 바꿀 것)

> As a teen, you may feel like an adult, but your brain is still growing. In your brain, there is a part (responsible / solve / for / be / problems / that) and controlling your emotions. In your teen years, this part is still in development.

[7-8] 다음 글을 읽고, 물음에 답하시오.

> The (A) change / changes in your brain lead you toward independence, social engagement, and creativity. At the same time, however, you may feel confused about who (B) are you / you are . You may also be more sensitive to unfairness. Furthermore, your body is flowing with hormones. This (C) significant / significantly affects your mood. The combination of these factors intensifies your strong emotions.

07 (A), (B), (C)의 각 네모 안에서 어법에 맞는 표현으로 가장 적절한 것은?

	(A)	(B)	(C)
①	change	are you	significant
②	change	are you	significantly
③	changes	are you	significantly
④	changes	you are	significantly
⑤	changes	you are	significant

08 윗글을 읽고 답할 수 있는 것은?

① What causes the changes in your brain?
② Do the changes in your brain lead to creativity?
③ What should you do when you're treated unfairly?
④ What hormones are flowing in your body?
⑤ How can you relieve your strong emotions?

[9-10] 다음 글을 읽고, 물음에 답하시오.

> <u>때때로 화가 나는 것은 자연스럽다</u>; it doesn't mean there is something wrong with you. Anger can sometimes be a ① useful tool. For example, an angry but ② open conversation can resolve a conflict between friends. The important thing is to ③ strengthen your anger so that it does not turn into aggressive or violent behavior. This does not mean that you should ④ stop yourself from feeling angry. Rather, you should ⑤ express it in a productive way.

09 윗글의 밑줄 친 우리말과 같은 뜻이 되도록 〈조건〉에 맞게 문장을 완성하시오.

> 〈조건〉 1. to부정사를 이용할 것.
> 2. natural, feel, angry를 이용하여 빈칸을 5단어로 채울 것.

→ It _____

from time to time;

10 밑줄 친 ①~⑤ 중 문맥상 단어의 쓰임이 적절하지 <u>않은</u> 것은?

11 다음 글의 밑줄 친 부분의 예로 적절하지 <u>않은</u> 것은?

> Ask yourself <u>some questions</u> about your angry feelings. This can help you to better understand your anger.

① How can I control the anger of others?
② Can I control my emotions when I get angry?
③ Do I focus on the causes of my anger instead of solutions?
④ How do I react and behave when I get angry?
⑤ What situations make me feel the most intense anger?

You need to learn how to <u>deal with</u> anger in a socially appropriate way. Remember: anger is a feeling, but behavior is a choice.

(A) When these things happen, take action to reduce your anger. For example, you could try taking a break to organize your thoughts or ending a conversation before it gets too intense.

(B) They include an increased heart rate, a flushed face, and the clenching of your fists.

(C) The first step is recognizing the physical signs of anger. It is possible to recognize those signs in advance.

12 문맥상 윗글의 밑줄 친 단어 대신 쓸 수 <u>없는</u> 것은?

① manage
② increase
③ handle
④ control
⑤ cope with

13 주어진 글 다음에 이어질 글의 순서로 가장 적절한 것은?

① (A)–(C)–(B)
② (B)–(A)–(C)
③ (B)–(C)–(A)
④ (C)–(A)–(B)
⑤ (C)–(B)–(A)

14 밑줄 친 the right coping skills의 예시로 언급되지 <u>않은</u> 것은?

Without <u>the right coping skills</u>, you may find yourself becoming verbally or even physically aggressive. Explore various strategies to discover what is best for you, such as taking a walk, drawing a picture, or writing down things that come to your mind. You can also try to find possible solutions to a problem and then compare the advantages and disadvantages of each one.

① 산책하기
② 그림 그리기
③ 인내심 기르기
④ 떠오르는 것 쓰기
⑤ 해결책 찾아 비교하기

서술형

15 밑줄 친 This가 가리키는 내용을 우리말로 쓰시오.

By developing problem-solving skills, you will learn that there are many ways to solve a problem without getting angry. Anger is an emotion that we all experience. By managing your anger properly, you can be the boss of your feelings, not the other way around. <u>This</u> is an important step in finding your true self and taking control of your life.

Lesson 2

Caring Hearts

보살피는 마음

BIG QUESTION

How can we help others in meaningful ways?

어떻게 우리가 의미 있는 방법으로 다른 사람들을 도울 수 있을까요?

Listen and Talk

Giving a Hand to Others

다른 사람에게 도움 주기

Watch and Communicate

Helping Each Other at School

학교에서 서로 돕기

Read

Turning Ideas into Reality

생각을 현실로 바꾸기

Think and Write

A Volunteer Diary

자원봉사 일기

알고 있는 단어에 v 표시하고 뜻을 써 보시오.

단원 핵심 어휘 및 표현

☐ organic		☐ harvest	
☐ stare		☐ cover	
☐ immediately		☐ launch	
☐ raise		☐ application	
☐ charity		☐ promotion	
☐ advantageous		☐ communication	
☐ individual		☐ request	
☐ attract		☐ track	
☐ investor		☐ progress	
☐ reward		☐ be eager to	
☐ contribution		☐ impression	
☐ thrilled		☐ chemical	
☐ figure out		☐ clip	
☐ production		☐ ingredient	
☐ potential		☐ edit	
☐ fulfill		☐ post	
☐ amount		☐ spread	
☐ calculation		☐ commit	
☐ approximately			

organic [형] 유기농의 stare [동] 빤히 쳐다보다, 응시하다 immediately [부] 즉시 raise [동] (자금 · 사람 등을) 모으다 charity [명] 자선 단체 advantageous [형] 이로운, 유리한 individual [명] 개인 attract [동] 끌어들이다, 마음을 끌다 investor [명] 투자자 reward [명] 보상 contribution [명] 기여, 이바지 thrilled [형] 아주 기쁜, 신이 난 figure out 생각해 내다, (양 · 비용을) 계산하다 production [명] 생산 potential [형] (…이 될) 가능성이 있는, 잠재적인 fulfill [동] (요구 · 조건 등을) 충족시키다, 만족시키다 amount [명] 총액 calculation [명] 계산 approximately [부] 거의, 대략 harvest [명] 수확 cover [동] (충분한 돈을) 대다 launch [동] 시작[개시]하다 application [명] 지원[신청]서 promotion [명] 홍보 communication [명] 의사소통 request [명] 요구 track [동] (진행 · 전개 과정을) 추적하다 progress [명] 진행, 과정, 진전 be eager to …를 하고 싶어 하다 impression [명] 인상 chemical [명] 화학 물질 clip [명] 짧은 영상 ingredient [명] 재료 edit [동] 편집하다 post [동] 게시하다 spread [동] (사람들 사이로) 퍼지다 commit [동] 약속하다

Study Points

✔ Communicative Functions

- ▸ **공감 표현하기 I agree with you.** — ▸ 저도 동의해요.
- ▸ **제안·권유하기 How about** volunteering with me? — ▸ 나랑 같이 봉사하는 거 어때?

✔ Language Structures

- ▸ We could reward the investors **by sending** them jars of organic jam! (▸ 「전치사 + 동명사」 구문) — ▸ 우리는 투자자들에게 유기농 잼 병을 보냄으로써 그들에게 보상을 할 수 있을 것이었다!
- ▸ This video **allows** investors **to learn** about your product. (▸ 목적격 보어로 쓰인 to부정사) — ▸ 이 영상은 투자자들이 당신의 제품에 대해 배울 수 있게 한다.

Giving a Hand to Others ① Small Acts of Kindness

공감 표현하기 I agree with you.

A Listen Up

1 대화를 들으시오. 대화가 일어난 장소로 가장 적절한 것은?

a 공항
b 놀이공원
c 식당

문제 해설

분실물 보관소가 롤러코스터와 선물 가게 사이에 있다고 말하고 있으므로 정답은 b이다.

2 다시 들으시오. 여자가 대화 후에 할 행동으로 가장 적절한 것은?

a 남자의 휴대폰을 빌린다
b 분실물 보관소를 방문한다
c 롤러코스터를 탄다

문제 해설

휴대폰을 분실한 여자에게 남자가 분실물 보관소에 가 보라고 했으므로 정답은 b이다.

B Let's Talk

일상 생활에서 우리가 다른 사람을 도울 수 있는 방법을 쓰고 그것에 대해 짝과 이야기해 보시오.

일상 상황

- 버스 타기
- 건물 안으로 들어가기

[sample]

- 우리 친구들과 채팅하기

⊕ 추가 예시 답안

- studying for an exam (시험 공부하기)

우리가 할 수 있는 것

- 연세가 드신 분들에게 내 자리를 양보한다
- 내 뒷 사람을 위해 문을 잡아준다

[sample]

- 위로의 말로 친구들을 격려해 준다

⊕ 추가 예시 답안

- share my notes with classmates who need them (내 노트를 필요로 하는 반 친구들에게 공유한다)

교과서 p.32

A Listen Up

1 Listen to the conversation. Where is the conversation most likely taking place?

a 

ⓑ 

c 

2 Listen again. What will the woman most likely do after the conversation?

a borrow the man's cell phone
ⓑ visit the lost and found
c ride the roller coaster

Listening Tip

메모하며 듣기 핵심 단어나 어구를 메모하며 듣고 대화의 세부 내용을 파악한다.

NOTE

B Let's Talk

Write down how we can help others in our everyday lives and talk about it with your partner.

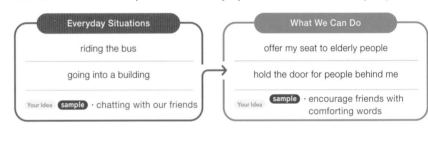

Everyday Situations	What We Can Do
riding the bus	offer my seat to elderly people
going into a building	hold the door for people behind me
Your Idea [sample] · chatting with our friends	Your Idea [sample] · encourage friends with comforting words

[Example]
A I think we can help others in our everyday lives.
B **I agree with you.** We can help others even when we ride the bus.
A That's right. I always offer my seat to elderly people.
B I'm sure they really appreciate it.

[Example]
A 나는 우리가 일상생활에서 다른 사람을 도울 수 있다고 생각해.
B 나도 동의해. 우리는 버스를 탈 때조차도 다른 사람을 도울 수 있어.
A 맞아. 나는 항상 연세가 드신 분들에게 내 자리를 양보해.
B 나는 그들이 정말 고마워할 거라고 확신해.

A **take place** 발생하다 **lost and found** 분실물 보관소
B **offer** [동] (이용할 수 있도록) 내놓다, 제안하다 **elderly** [형] 연세가 드신 **appreciate** [동] 고마워하다

M Excuse me. Do you need help?

W I think [I lost my cell phone].
(that) 명사절(think의 목적어)

M ❶ You can use mine [to call your phone].
to부정사의 부사적 용법(목적)

W Thank you. [*Phone signaling.*] Nobody is answering it.
(권유를 나타낼 때) ~하는 편이 좋다   아무도 ···않다(= no one)   = my phone

M I think [you should check with lost and found].
(that) 명사절(think의 목적어)   = lost and found

W I agree with you. ❷ Can you tell me [where it is]?
tell+간접 목적어+직접 목적어(간접 의문문): ···에게 ~을 말하다

M It is near the information center.
전치사구

W Oh, is it between the roller coaster and the gift shop?
between A and B: A와 B 사이에

M Yes. That's right.

구문 해설

❶ You can use mine **to call** your phone.
→ to call 이하는 목적을 나타내는 부사적 용법의 to부정사구로 동사 use를 수식한다.

❷ Can you tell me **where it is**?
→ where it is는 「의문사+주어+동사」 형태의 간접 의문문(의문사절)으로 tell의 직접 목적어 역할을 한다.

해석   남 실례합니다. 도움이 필요하신가요?
여 제 휴대폰을 잃어버린 것 같아요.
남 그쪽 휴대폰으로 전화 거는 데 제 것을 사용하셔도 돼요.
여 감사합니다. [통화 신호] 아무도 받질 않네요.
남 분실물 보관소에 가셔서 확인해 봐야 할 것 같아요.
여 저도 동의해요. 분실물 보관소가 어디에 있는지 알려주실 수 있나요?
남 안내 센터 부근에 있어요.
여 아, 롤러코스터와 선물 가게 사이에 있는 건가요?
남 네. 맞습니다.

Communicative Functions

I agree with you.

'나도 동의해'라는 뜻으로, 상대의 의견에 동의하거나 공감을 나타낼 때 쓰는 표현이다.

유사 표현   That's right.
That's a good idea.

예시 대화 ❶   A On the subway, we should wait for people to get off before we get on.
(지하철에서는 우리가 타기 전에 사람들이 내리기를 기다려야 해.)
B I agree with you. (나도 동의해.)

예시 대화 ❷   A Let's take that lost bag to the lost and found. (저 분실된 가방을 분실물 보관소에 가져가자.)
B That's a good idea. (좋은 생각이다.)

Script   information center 안내 센터   **between A and B** A와 B 사이

Giving a Hand to Others ② Responsible Citizens

제안·권유하기 How about … ?

교과서 p.33

A Listen Up

1 대화를 들으시오. 화자는 어떤 프로그램에 관해 이야기하고 있는가?

a 헌혈하세요
b 사용하던 물품들을 기부하세요
c 여러분의 재능을 기부하세요

문제 해설

주민센터 봉사활동에서 여자는 그림 그리기를 가르치겠다고 했고 남자에게 농구를 가르쳐 보라고 제안했으므로 정답은 c이다.

2 다시 들으시오. 빈칸을 채워 문장을 완성하시오.

남자와 여자는 아이들을 <u>가르치기</u> 위해 주민센터에서 <u>자원봉사를</u> 할 것이다.

문제 해설

두 사람은 아이들을 가르치는 봉사활동에 참여할 것이므로 volunteer와 teach가 알맞다.

B Let's Talk

아래 그림을 보고 자신이 돕기 위해 할 수 있는 것에 대해 짝과 이야기해 보시오.

- 학생들이 낡은 책상을 사용하고 있다.
- 그들에게 새 책상을 사주기 위해 돈을 모으기

- 저 횡단보도에 신호등이 없다.
- 시 정부에 신호등 설치를 요구하기

- 우리 안에 개들이 외롭다.
  sample
- 입양 캠페인 시작하기

A Listen Up 🎧

1 Listen to the conversation. Which program are the speakers talking about?

a Donate Blood

b Donate Used Items

ⓒ Donate Your Talent

2 Listen again. Fill in the blanks to complete the sentence.

> The boy and the girl will ____volunteer____ at the community center to ____teach____ children.

B Let's Talk 💬

Look at the pictures below and talk with your partner about what you can do to help.

- Students are using old desks.
- raising money to buy them new desks

- There is no traffic light at that crosswalk.
- asking the city government to install a traffic light

- The dogs in the cage are lonely.
  Your Idea **sample**
- starting an adoption campaign

(Example) A Look at this picture. It looks like <u>students are using old desks</u>.
B We need to do something about it.
A **How about** <u>raising money to buy them new desks</u>?
B Sounds great. Let's do that.

Speaking Tip
'…인 것 같다.'라는 의미로 'It looks like … .'를 사용할 수 있다.

☑ **Self-Check** 1. 'I agree with you.' 표현을 이해하고 공감을 나타내는 대화를 할 수 있다. ☐ 🎧 ☐ 💬
2. 'How about … ?' 표현을 이해하고 제안을 주고받는 대화를 할 수 있다. ☐ 🎧 ☐ 💬

➕ 추가 예시 답안

·putting up posters to advertise the animal shelter (동물 보호소를 알리기 위해 포스터 붙이기)

(Example)

A 이 사진을 봐. 학생들이 낡은 책상을 사용하고 있는 것 같아.
B 우리는 그에 관해 무언가를 할 필요가 있어.
A 그들에게 새 책상을 사주기 위해 돈을 모으는 게 어때?
B 좋은 생각이야. 그렇게 하자.

A donate ⑧ 기부[기증]하다 **blood** ⑲ 피, 혈액 **volunteer** ⑧ 자원[자진]하다, 자원봉사를 하다 ⑲ 자원봉사자
community center 주민센터
B government ⑲ 정부 **install** ⑧ 설치하다

A Listen Up

G Hey, Michael! ❶ The community center is <u>looking for</u> volunteers [to teach children].
look for: …을 찾다[구하다]　　to부정사의 형용사적 용법

B [Teaching children] <u>sounds</u> fun.
동명사구(주어)　　동사(수 일치)

G How about [volunteering with me]? It <u>would be</u> a great opportunity.
동명사구(전치사 about의 목적어)　　…일 것이다(상상하는 일의 결과)

B Okay. What do you want [to teach]?
to부정사의 명사적 용법(want의 목적어)

G Painting, of course. You know I love [to paint].
to부정사의 명사적 용법(love의 목적어)

B Hmm... ❷ I don't know [what I can teach], <u>though</u>.
간접 의문문(know의 목적어) 그래도, 그렇지만(문장 전체 수식)

G ❸ You can <u>teach</u> basketball <u>to the children</u>. You're <u>good at</u> it.
teach+목적어+to+명사: …에게 ~을 가르치다　be good at: …을 잘하다

B You're right! I'll do that.

구문 해설

❶ The community center **is looking for** volunteers *to teach* children.
➡ 「be동사+v-ing」는 '…하고 있는 중이다'라는 의미로 현재진행 시제를 나타내며 look for는 '…을 찾다'라는 의미를 나타낸다.
➡ to teach 이하는 형용사적 용법으로 쓰인 to부정사구로 volunteers를 수식한다.

❷ I don't know **what I can teach**, *though*.
➡ what I can teach는 「의문사+주어+동사」 형태의 간접 의문문(의문사절)으로 know의 목적어 역할을 한다.
➡ though는 '그래도, 그렇지만'이라는 의미로 문장 전체를 수식하는 부사로 쓰였다.

❸ You can **teach basketball to the children**.
➡ '…에게 ~을 가르치다'라는 의미를 나타내기 위해 「teach+목적어+to+명사」의 구조로 쓰였다. teach는 수여동사로 「teach+간접 목적어(가르치는 대상)+직접 목적어(가르치는 것)」의 구조로 쓰이기도 하는데, 본문처럼 가르치는 것을 가르치는 대상 앞에 쓸 때는 가르치는 대상에 해당하는 간접 목적어 앞에 전치사 to를 쓴다.

 여 안녕, Michael! 주민센터에서 아이들을 가르칠 자원봉사자를 모집하는 중이네.
남 아이들을 가르치는 것은 재미있을 것 같아.
여 나랑 같이 봉사하는 거 어때? 정말 좋은 기회가 될 거야.
남 알겠어. 너는 어떤 것을 가르치고 싶어?
여 당연히 그림 그리기지. 내가 그림 그리기를 좋아하는 거 알잖아.
남 흠… 그런데 나는 내가 뭘 가르칠 수 있는지 모르겠어.
여 너는 아이들에게 농구를 가르쳐 줄 수 있어. 너는 농구를 잘하잖아.
남 그렇네! 그렇게 해 봐야겠다.

Communicative Functions

How about ... ?

'…하는 게 어때?'라는 뜻으로, 상대에게 제안이나 권유할 때 쓰는 표현이다.

유사 표현　Why don't we/you ... ?
　　　　　　I suggest (that) we ... .
　　　　　　Shall we ... ?

예시 대화 ❶　**A** This weekend's soccer match sounds so interesting. (이번 주말 축구 시합이 너무 흥미로울 것 같아.)
　　　　　　B Then **how about** going to see it with me? (그럼 나와 같이 보러 가는 게 어때?)

예시 대화 ❷　**A** I want to learn to play the piano. (나는 피아노 치는 것을 배우고 싶어.)
　　　　　　B **Shall we** learn together at the music club? (음악 동아리에서 같이 배우는 게 어때?)

Script　**opportunity** ⑱ 기회　**though** ⑭ 그렇지만

Helping Each Other at School

> **동영상 해설**
> 장애인을 위해 학교 시설을 개선해야 한다고 주장하는 교내 방송이다.

A Watch

1 영상을 보고 그것이 전달하는 메시지에 대해 생각해 보시오.

2 다시 보시오. 영상의 목적은 무엇인가?

a 학교 설계의 현재 경향을 보고하기 위해
b 학교 자원봉사 프로그램을 소개하기 위해
c 장애가 있는 학생들을 위한 학교 시설을 제안하기 위해

문제 해설
화자는 장애가 있는 사람들을 위해 학교 시설을 개선해야 한다고 주장하고 있으므로 정답은 c이다.

3 진술이 올바르면 T에, 그렇지 않으면 F에 표시하시오.

a 학생은 엘리베이터가 설치되어야 한다고 말한다.
b 학생은 학교 표지판에 음성 안내가 있어야 한다고 생각한다.
c 학생은 흑색 칠판이 시력이 안 좋은 사람들에게 더 낫다고 믿는다.

문제 해설
a 화자는 학교 시설 개선을 위해 첫째로 엘리베이터가 설치되어야 한다고 말하고 있다.
b 화자는 시각 장애인들을 위해 음성 안내가 있는 표지판이 있어야 한다고 말하고 있다.
c 화자는 흑색 칠판보다 녹색 칠판이 시력이 안 좋은 사람들에게 도움이 된다고 말하고 있다.

교과서 p.34

A Watch ▶

1 Watch the video and think about the message it conveys.

2 Watch again. What is the purpose of the video?

a to report on current trends in school design
b to introduce the school's volunteer program
ⓒ to suggest school facilities for students with disabilities

3 Check T if the statement is true or F if it is not.

	T	F
a The student says that an elevator should be installed.	✓	○
b The student thinks the school's signs should have voice guidance.	✓	○
c The student believes blackboards are better for people with poor vision.	○	✓

A current [형] 현재의 **facility** [명] 시설 **disability** [명] 장애 **voice guidance** 음성 안내 **vision** [명] 시력

A Watch

Script

G Good morning, students of Happyville High School!

My name is Lucy, and I'm in grade 11.

Today, I want [to tell everyone an important message].
(tell / 간접 목적어 / 직접 목적어 — to부정사의 명사적 용법(want의 목적어))

We need to improve our school's facilities for people [with disabilities].
(need+to-v: …해야 한다 / 전치사구)

❶ This is important so that everyone can reach all the areas in our school.
(so that+주어+can+동사: …하기 위해)

So, what can we do?

First, we need to install an elevator for people [with physical disabilities].
(need+to-v: …해야 한다 / 전치사구)

❷ This will make all areas of our school easier [to access].
(make+목적어+목적격 보어(5형식) / to부정사의 부사적 용법(…하기에))

Second, all signs should be improved for blind people.
(조동사가 있는 수동태)

Signs [with voice guidance] would be especially helpful.
(전치사구 / …일 것이다(상상하는 일의 결과))

Lastly, we should replace all blackboards with greenboards.
(replace A with B: A를 B로 대체하다)

They make words easier [to see], especially for people [with low vision].
(= Greenboards / to부정사의 부사적 용법(…하기에) / 전치사구)

Let's work together [to make these changes].
(to부정사의 부사적 용법(목적))

With your help, Happyville High School can become a welcoming place for everyone!

구문 해설

❶ This is important **so that everyone can reach** all the areas in our school.
➡「so that+주어+can+동사 ~」는 '…하기 위해'라는 의미의 목적을 나타내며, so that은 in order that으로 바꿔 쓸 수 있다.
cf.)「so+형용사/부사+that ~」: 너무 …해서 ~하다

❷ This will **make** all areas of our school **easier** *to access*.
➡ make는「make+목적어+목적격 보어」 형태의 5형식 문장에서 목적격 보어로 형용사를 취해 '…를 ~하게 만들다'의 의미를 나타낸다.
➡ to부정사 to access는 '…하기에'라는 의미의 부사적 용법으로 쓰여 형용사 easier를 수식한다.

해석 **여** 좋은 아침입니다, Happyville 고등학교 학생 여러분! 저는 Lucy이고 11학년입니다. 오늘, 저는 모두에게 중요한 메시지를 전하고 싶습니다. 우리는 장애인들을 위해 학교 시설을 개선할 필요가 있습니다. 이것은 모든 사람이 우리 학교의 모든 영역에 도달할 수 있게 하기 위해 중요합니다. 그래서, 우리가 무엇을 할 수 있을까요? 첫 번째로, 우리는 신체 장애가 있는 사람들을 위해 엘리베이터를 설치할 필요가 있습니다. 이는 우리 학교의 모든 공간에 접근하기 쉽게 만들 것입니다. 두 번째, 시각 장애인들을 위해 모든 표지판이 개선되어야 합니다. 음성 안내가 동반된 표지판은 특히 도움이 될 것입니다. 마지막으로, 우리는 모든 흑색 칠판을 녹색 칠판으로 바꿔야 합니다. 녹색 칠판은 특히 낮은 시력을 가진 사람들이 단어를 더 쉽게 볼 수 있게 합니다. 이런 변화를 만들기 위해 함께 노력합시다. 여러분들의 도움이 있다면, Happyville 고등학교는 모두를 위한 안락한 공간이 될 수 있습니다!

배경지식 교내 장애인 편의 시설

장애인의 편의를 위해 모든 학교에는 일정 폭 이상의 출입구 접근로와 장애인 전용 주차 구역, 높이 차이가 없는 복도, 경사로 및 휠체어 리프트, 장애인용 화장실, 점자블록, 시 · 청각 장애인을 위한 비상벨 등의 시설을 의무화하고 있지만 여전히 설치가 미흡한 곳이 많은 것으로 나타났다.

Script access [동] (장소로) 접근[입장]하다 blind [형] 맹인인, 눈이 먼 replace [동] 바꾸다[교체하다]

Helping Each Other at School

B Share

1 우리가 학급 친구들을 돕기 위해 할 수 있는 것에 관한 표를 완성하시오.

학급 친구
· 손가락이 부러져 필기를 할 수 없다
· 발표 전에 너무 긴장한다
· 에세이를 쓰는 데 자신이 없다

나는 …함으로써 도울 수 있다
· 내 필기의 복사본을 학급 친구에게 줌
sample
· 발표하는 것에 관한 유용한 팁을 줌
· 학급 친구의 에세이를 검토해 줌

➕ **추가 예시 답안**

· practicing the presentation with the classmate (학급 친구와 함께 발표 연습을 함)
· making an outline for the classmate (학급 친구를 위해 개요를 만들어 줌)

2 자신의 생각을 짝과 공유하시오.

Example

A 나는 우리가 학교에서 곤란을 겪는 학급 친구들을 도와야 한다고 생각해.
B 네 말에 동의해. 손가락이 부러져서 필기를 할 수 없는 학급 친구를 어떻게 도울 수 있을까?
A 우리는 그 친구에게 우리 필기의 복사본을 줌으로써 도울 수 있어.
B 좋은 생각이야. 그것이 도움을 줄 좋은 방법일 거야.

교과서 p.35

B Share 💬

1 Complete the table about what we can do to help classmates.

A classmate		I can help by
can't take notes because of a broken finger	⇒	giving the classmate a copy of my notes
becomes too nervous before a presentation	⇒	Your Idea sample · giving useful tips on making presentations
isn't confident about writing essays	⇒	Your Idea sample · reviewing the classmate's essay

2 Share your thoughts with your partner.

Example

A I think we should help classmates who are having problems at school.
B I agree with you. How can we help a classmate who <u>can't take notes because of a broken finger</u>?
A We can help by <u>giving the classmate a copy of our notes</u>.
B That's a good idea. That would be a great way to help.

C Present 🗳

Present your idea to the class.

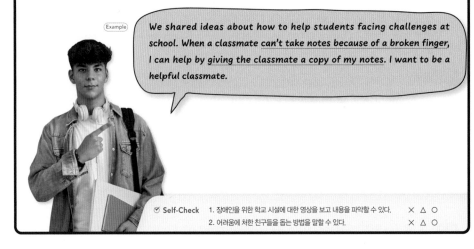

Example

We shared ideas about how to help students facing challenges at school. When a classmate <u>can't take notes because of a broken finger</u>, I can help by <u>giving the classmate a copy of my notes</u>. I want to be a helpful classmate.

✅ Self-Check 1. 장애인을 위한 학교 시설에 대한 영상을 보고 내용을 파악할 수 있다.   ✕ △ ○
2. 어려움에 처한 친구들을 돕는 방법을 말할 수 있다.   ✕ △ ○

C Present

자신의 생각을 학급에 발표하시오.

Example

우리는 학교에서 어려움에 직면한 학생들을 도울 방법에 대한 생각을 공유했습니다. 학급 친구가 손가락이 부러져서 <u>필기를 할 수 없을</u> 때, 저는 <u>제 필기의 복사본을 그 학급 친구에게 줌으로써</u> 도울 수 있습니다. 저는 도움이 되는 학급 친구가 되기를 원합니다.

B presentation 몡 발표   confident 혱 자신감 있는
C face 동 (상황에) 직면하다   challenge 몡 (굉장히 큰 노력이 드는) 문제, 과제

Before You Read

교과서 p.36

A Topic Preview

Talk with your partner about the common purpose of the three events.

B Vocabulary Preview

Look at the pictures and fill in the blanks with the words in the box.

reward	post	chemical	advantageous	progress	organic

1 

Learning to read carefully is advantageous for studying.

2 

We sell organic vegetables because they are healthier.

3 

The team tracked the progress of their project and expected great results.

4 

Giving treats to dogs as a(n) reward helps encourage good behavior.

5 

Jessie likes to post photos on her social media accounts.

영영 뜻풀이

- **reward** [n] something given in return for an effort, service, or achievement
- **post** [v] to publish something on a website used for communication, such as a piece of writing or an image
- **chemical** [n] a substance with certain characteristics, especially one which has been artificially made or prepared
- **advantageous** [a] helpful and beneficial in that it increases the chance of success or effectiveness
- **progress** [n] the act or process of improving, developing, or getting closer to a goal
- **organic** [a] produced or involving production without the use of artificial chemicals

A common [형] 공통의 victim [명] 피해자

B expect [동] 예상하다 behavior [명] 행동 account [명] 이용 계정

A Topic Preview

세 가지 행사들의 공통 목표에 대해 짝과 이야기해 보시오.

행사들
- 병원에 있는 아이들을 위한 음악회
- 새로운 도서관 건물을 위한 야시장
- 홍수로 인한 피해자들을 위한 5km · 10km 마라톤

B Vocabulary Preview

사진을 보고 상자 안에 있는 단어들로 빈칸을 채우시오.

- reward 보상
- post 게시하다
- chemical 화학 물질
- advantageous 이로운, 유리한
- progress 진행, 과정, 진전
- organic 유기농의

1 주의 깊게 읽는 법을 배우는 것은 학습에 이롭다.
2 우리는 유기농 채소를 판매하는데, 건강에 더 좋기 때문이다.
3 그 팀은 그들의 프로젝트의 과정을 추적했고 좋은 결과를 예상했다.
4 개들에게 보상으로 간식을 주는 것은 좋은 행동을 장려하도록 돕는다.
5 Jessie는 그녀의 소셜 미디어 계정에 사진을 게시하는 것을 좋아한다.

Read

교과서 p.37

Turning Ideas into Reality

❶ My grandparents sell their delicious organic (유기농의) jam at the local market every weekend. ❷ I went to help them last weekend. ❸ However, they had already sold (과거완료(대과거)) all of their jam! ❹ They didn't have enough strawberries [to make any more jam] (to부정사의 형용사적 용법). ❺ That evening, I sat by (… 옆에) the window and stared out at (stare at: …를 응시하다) the empty field [behind their house] (전치사구). ❻ Suddenly, I got an idea. ❼ The field would be the perfect place for a larger greenhouse. ❽ Then they (= my grandparents) could grow more strawberries! ❾ I immediately (즉시) started searching (= started to search) for a way (방법), and I found the perfect solution. ❿ I would start a crowdfunding campaign!

Reading Strategy

Scanning 글의 전체적 내용이나 구조를 파악하기보다는 짧은 시간 안에 자신이 알고 싶은 특정 내용만 빠르게 찾는 전략이다. 찾고자 하는 내용의 핵심 단어와 연관된 부분을 중심으로 읽으면 원하는 정보를 빠르게 찾아낼 수 있다.

What Is Crowdfunding?

★ Grammar Point 1

⓫ Crowdfunding is a way of [raising] (동명사구(전치사 of의 목적어)) money for a product, company, or charity (자선 단체). ⓬ These days (오늘날), people can use crowdfunding websites [to collect money] (to부정사의 부사적 용법(목적)). ⓭ Crowdfunding is especially advantageous (이로운, 유리한) for individuals or small companies [that (주격 관계대명사절) can't attract (끌어들이다) big investors (투자자)]. ⓮ If (접속사(…하면)) the campaign is successful, the investors receive direct rewards (보상) for their contribution (기여).

Answer While Reading

Q1 What do the writer's grandparents do every weekend? They sell their delicious organic jam at the local market.

Q2 What do investors receive if a campaign is successful? They receive direct rewards for their contribution.

Over to You ❶ If you were in the same situation, what would you do for your grandparents?

sample • I would find another strawberry farm that could work with my grandparents.

Word Formation

success + -ful
➡ successful

e.g. care + -ful
➡ careful

Check the words that you know the meaning of.

- ☐ organic [형] 유기농의
- ☐ stare [동] 빤히 쳐다보다, 응시하다
- ☐ immediately [부] 즉시
- ☐ raise [동] (자금 · 사람 등을) 모으다
- ☐ charity [명] 자선 단체
- ☐ advantageous [형] 이로운, 유리한
- ☐ individual [명] 개인
- ☐ attract [동] 끌어들이다, 마음을 끌다
- ☐ investor [명] 투자자
- ☐ reward [명] 보상
- ☐ contribution [명] 기여, 이바지

해석

생각을 현실로 바꾸기

❶ 나의 조부모님은 주말마다 지역 시장에서 맛있는 유기농 잼을 판매하신다. ❷ 나는 지난 주말에 그들을 돕기 위해 갔다. ❸ 그러나 그들은 모든 잼을 이미 다 팔았던 것이다! ❹ 그들에게는 더 이상의 잼을 만들 충분한 딸기가 없었다. ❺ 그날 저녁, 나는 창가에 앉아 조부모님 집 뒤쪽의 빈 들판을 바라보았다. ❻ 갑자기, 나에게 생각이 떠올랐다. ❼ 그 들판은 더 큰 온실을 위한 완벽한 장소가 될 것이었다. ❽ 그러면 그들은 더 많은 딸기를 기를 수 있을 것이다! ❾ 나는 즉시 방법을 찾기 시작했고 완벽한 해결책을 찾았다. ❿ 나는 크라우드펀딩 캠페인을 시작할 것이다!

크라우드펀딩은 무엇인가?

⓫ 크라우드펀딩은 제품, 회사, 자선 단체를 위해 돈을 모금하는 방식이다. ⓬ 오늘날, 사람들은 돈을 모금하기 위해 크라우드펀딩 사이트를 사용할 수 있다. ⓭ 크라우드펀딩은 큰 투자자를 끌어들일 수 없는 개인이나 작은 회사에 특히 유리하다. ⓮ 캠페인이 성공적이면 투자자들은 그들의 기여에 직접적인 보상을 받는다.

Answer While Reading

Q1 주말마다 글쓴이의 조부모님은 무엇을 하는가?
↳ 그들은 지역 시장에서 맛있는 유기농 잼을 파신다.
Q2 캠페인이 성공적이면 투자자들은 무엇을 받는가?
↳ 그들은 그들의 기여에 대한 직접적인 보상을 받는다.

Over to You ❶ 당신이 같은 상황에 있다면, 당신의 조부모님을 위해서 무엇을 하겠는가?
sample · 나는 나의 조부모님과 함께 일할 수 있는 다른 딸기 농장을 찾을 것이다.

➕ 추가 예시 답안 · I would find a community garden to grow more strawberries in.
(나는 보다 많은 딸기를 재배할 공동체 정원을 찾을 것이다.)

 구문 해설

❸ However, they **had** already **sold** all of their jam!
➡ 앞 문장에서 그들을 돕기 위해 갔던 것(went to help them)보다 모든 잼을 이미 판 것(had already sold)이 먼저 일어난 일이므로 과거완료 시제가 쓰였다.

❹ They didn't have enough strawberries **to make** any more jam.
➡ to make 이하는 enough strawberries를 수식하는 형용사적 용법의 to부정사구이다.

⓫ Crowdfunding is a way of **raising** money for a product, company, or charity.
➡ raising 이하는 전치사 of의 목적어 역할을 하는 동명사구이다.

⓭ Crowdfunding is especially advantageous for individuals or small companies **that** can't attract big investors.
➡ that 이하는 individuals or small companies를 선행사로 하는 주격 관계대명사절이다.

Reading Strategy 문제 풀이로 이어지는 읽기 전략 TIP

Scanning 수량, 연도·날짜 등의 숫자, 인명·지명 등의 고유명사와 같은 세부적인 정보를 찾아낼 때는 빠르게 훑어 읽는 전략을 활용하는 것이 좋다. 전체 내용을 꼼꼼히 읽는 것이 아니라 원하는 정보와 관련된 단서, 즉 핵심어를 찾아 빠르게 읽어 내려가며 특정 내용이 언급된 부분만 확인하면 독해 시간을 단축시킬 수 있다. 주로 일치/불일치 여부를 묻는 문제나 세부 사항을 묻는 문제를 풀 때 유용한 읽기 전략이다.

 내신 **Check-Up** ⭐⭐

1 본문의 내용과 일치하지 <u>않는</u> 것은?

① The writer found a way for her grandparents to grow more strawberries.
② The writer's grandparents don't have any space to build another greenhouse.
③ Crowdfunding helps people or small companies raise money online.

2 서술형 How often does the writer's grandparents sell their jam at the local market?

_____

3 문법 괄호 안에서 어법상 알맞은 것을 고르시오.

(1) I sat by the window and (staring / stared) out at the empty field behind their house.
(2) These days, people can use crowdfunding websites (to collect / collecting) money.

Culture +

크라우드펀딩의 기원 크라우드펀딩의 기원으로 여러 가지 설이 있으나, 뉴욕의 '자유의 여신상'과 관련된 일화가 유명하다. 자유의 여신상은 미국의 독립 100주년을 기념하는 선물로, 프랑스에서 국제적으로 기부금을 조달하여 제작하였다. 자유의 여신상이 미국으로 전달되었을 때, 미국에서는 조각상의 받침대를 제작할 비용이 부족한 상황이었다. 이때 한 신문사에서 모금 운동을 열었고 10만 명 이상의 사람들이 참여하여 자유의 여신상을 현재의 위치에 설치할 수 있었다.

문법 Plus

「before/after+v-ing」에서 before와 after는 전치사로 볼 수도 있고 접속사로 볼 수도 있다. 전치사로 보면 v-ing가 전치사의 목적어로 쓰인 동명사이고, 접속사로 보면 v-ing가 분사이고 접속사 before/after가 생략되지 않은 분사구문으로 이해할 수 있다. 품사를 구분하는 것보다는 뒤에 v-ing 형태가 쓰인다는 점을 이해하고 넘어가도록 한다.

❶ *My grandparents were thrilled when I told them my idea.* ❷ *With the help of investors, we could build a large greenhouse and grow a lot more strawberries.* ❸ *Moreover, we could reward the investors for their help by sending them jars of organic jam!* ❹ *With this plan in mind, the next step was to figure out the details.*

- when: 접속사(…할 때) / them: 간접목적어 / my idea: 직접목적어
- build ~ and grow: 병렬 연결 / a lot: 비교급 강조(훨씬)
- Moreover: 게다가
- ★ Grammar Point 1 — by sending: 동명사구(전치사 by의 목적어) / them: = the investors
- With this plan in mind: with+목적어+전치사구: …를 ~한 채로
- to figure out the details: to부정사의 명사적 용법(보어)

Campaign Details

❺ Before beginning your campaign, be sure to plan all the production details. ❻ How many products will you make? ❼ How long will it take to make the product? ❽ This planning is important because your potential investors will want to see a clear schedule. ❾ Once your plan is complete, remember to set your funding goal. ❿ It should be enough to complete the project and fulfill the rewards for the investors. ⓫ Consider all the necessary costs before deciding on the amount.

- ★ Grammar Point 1 — Before beginning: 동명사구(전치사 before의 목적어) ※주의
- be sure to plan: be sure to-v: 반드시 …해라
- production: 생산
- it take to make: it takes+시간+to부정사: …하는 데 (시간)이 걸리다
- because: 접속사(… 때문에)
- potential: 잠재적인
- Once: 접속사(일단 …하면)
- remember to set: remember to-v: (미래에) …할 것을 기억하다
- It: = your funding goal
- complete ~ and (to) fulfill: 병렬 연결
- enough to complete: enough to-v: …할 만큼 충분한
- Consider: 명령문(…해라)
- ★ Grammar Point 1 — before deciding: 동명사구(전치사 before의 목적어) — 좌측 문법 Plus 참고
- amount: 총액

Q3 What should the funding goal be?
The funding goal should be enough to complete the project and fulfill the rewards for the investors.

Over to You ❷ What would you give to investors as a reward?

sample • I would give them some bread and strawberry jam.

- thrilled ㊖ 아주 기쁜, 신이 난
- figure out 생각해 내다, (양 · 비용을) 계산하다
- production ㊔ 생산
- potential ㊖ (…이 될) 가능성이 있는, 잠재적인
- fulfill ㊕ (요구 · 조건 등을) 충족시키다, 만족시키다
- amount ㊔ 총액

해석

❶ 내 생각을 나의 조부모님께 말씀드렸을 때 그들은 아주 기뻐하셨다. ❷ 투자자들의 도움으로 우리는 큰 온실을 짓고 훨씬 더 많은 딸기를 재배할 수 있을 것이었다. ❸ 게다가 우리는 투자자들에게 유기농 잼 병을 보냄으로써 그들의 도움에 대해 그들에게 보상을 할 수 있을 것이었다! ❹ 이 계획을 염두에 두고, 그 다음 단계는 세부 사항을 생각해 내는 것이었다.

캠페인 세부 사항

❺ 당신의 캠페인을 시작하기 전에 반드시 모든 생산 세부 사항을 계획해라. ❻ 얼마나 많은 제품을 만들 것인가? ❼ 그 제품을 만드는 데 얼마나 오래 걸릴 것인가? ❽ 이 계획은 중요한데, 당신의 잠재적인 투자자들이 명확한 일정을 보고 싶어 할 것이기 때문이다. ❾ 일단 당신의 계획이 완료되면 재정 목표를 세울 것을 기억해라. ❿ 재정 목표는 프로젝트를 완료하고 투자자들을 위한 보상을 충족시킬 정도로 충분해야 한다. ⓫ 총액을 결정하기 전에 모든 필요한 비용을 고려해라.

> **문해력 UP!**
> 일정한 분량을 채워 모자람 없게 함

Answer While Reading

Q3 기금 마련(재정) 목표는 무엇이어야 하는가?
↳ 기금 마련(재정) 목표는 프로젝트를 완료하고 투자자들을 위한 보상을 충족시킬 정도로 충분해야 한다.

Over to You ❷ 당신은 투자자들에게 보상으로 무엇을 주겠는가?
sample · 나는 그들에게 빵과 딸기잼을 줄 것이다.

➕ **추가 예시 답안**
· I would give them a gift basket of jams and crackers. (나는 그들에게 잼과 크래커가 담긴 선물 바구니를 줄 것이다.)

구문 해설

❸ Moreover, we could reward the investors for their help by *sending them jars of organic jam*!
➡ sending 이하는 전치사 by의 목적어 역할을 하는 동명사구이다.
➡ send는 수여동사로 「send+간접 목적어(them)+직접 목적어(jars of organic jam)」의 구조를 취하고 있다.

❹ **With** this plan (being) in mind, the next step was *to figure out* the details.
➡ 「with+목적어+전치사구」는 '…를 ~한 채로'라는 뜻의 동시 상황을 나타내는 분사구문으로 전치사구 in mind 앞에 being이 생략된 형태이다.
➡ to figure out 이하는 주격 보어 역할을 하는 명사적 용법의 to부정사구이다.

❺ Before **beginning your campaign**, be sure to plan all the production details.
➡ beginning your campaign은 전치사 Before의 목적어 역할을 하는 동명사구이다. 그러나 Before를 접속사로 보면 분사구문으로 이해할 수도 있다.

❿ It should be **enough** *to complete* the project and *fulfill* the rewards for the investors.
➡ 「enough to-v」는 '…할 만큼 충분한'의 의미이다. to complete와 (to) fulfill이 접속사 and로 병렬 연결되었다.

 **내신 Check-Up** ⭐

1 본문의 내용으로 추측할 수 있는 것은?

① The funding campaign was a huge success.
② The investors wanted to receive organic jam.
③ Potential investors will not be satisfied if you don't have a clear schedule.

2 빈칸에 공통으로 들어갈 말로 적절한 것은?

> · She _____ her dog with treats when it follows commands.
> · The _____ for finishing the race included medals and trophies.

① plans   ② rewards   ③ costs

3 서술형 How did the writer's grandparents feel when she told them her idea?

_____

4 문법 괄호 안에서 어법상 알맞은 것을 고르시오.

(1) Before beginning your campaign, be sure (plans / to plan) all the production details.
(2) Consider all the necessary costs before (deciding / to decide) on the amount.

Read

★ Grammar Point 1 ┌ p.54 문법 Plus 참고

1피트 = 약 30.48cm ┐ 가로 8피트 세로 12피트

❶ After doing some calculations, we decided on an 8-by-12-foot
동명사구 ❷ (전치사의 목적어) do calculations: 계산하다

greenhouse. We thought it would cost approximately $4,000. ❸ Once it
(that) 명사절(thought의 목적어) 대략 접속사(…하면)

was built, we could fill it with strawberry plants and expect a harvest
(could) ❹ fill A with B: A를 B로 채우다 (could)

within about four months. Then it would take a few weeks to turn the
… 이내에 ❺ it takes+시간+to부정사: …하는 데 (시간)이 걸리다

5 strawberries into delicious jam. We decided to set our funding goal at
turn A into B: A를 B로 바꾸다 to부정사의 명사적 용법(목적어)

$5,000 ❻ to cover all the costs. Also, we planned to run the campaign for
❼ to부정사의 부사적 용법(목적) 운영하다

three months. I was really excited when I filled out the form to launch
to부정사의 부사적 용법(목적)

the campaign. ❽ In less than a week, our application was accepted and
수동태

funding began!

Guide to the Big Q

❶ What role does the Internet play in shaping the way we help others?

sample
· People can connect with one another more easily on the Internet.

---

10 ## Campaign Promotion and Communication 🔍

= the crowdfunding campaign

❾ For a successful crowdfunding campaign, promoting it is
❿ 동명사구(consider의 목적어) ⓫ ★ Grammar Point 2

necessary. You should consider making a video. This allows
병렬 연결 = Making a video ⓬

investors to get to know you and learn about your product. In the
allow+목적어+to-v: …가 ~하게 하다 (to)

video, describe your situation clearly and show your product. You
⓭ 병렬 연결

15 also need to express how important the product is to you. ⓮ Don't
간접 의문문(express의 목적어)

forget to include a direct request for support at the end.
⓯ forget to-v: (미래에) …할 것을 잊다 요청 지원

During a campaign, it is important to send investors updates
⓰ 가주어 진주어 간접목적어 직접목적어

every week. Through the update, the investors will be able to track
… 를 통해 be able to-v: …할 수 있다

the progress of the campaign.
과정

Q4 After deciding on all the details for the campaign, what did the writer do?
The writer filled out a form to launch the campaign.

Over to You ❸ What is another way to promote your own crowdfunding campaign?
sample I can design an advertisement and post it on my social media.

Word Formation

calculat(e) + -ion
➔ calculation

e.g. donat(e) + -ion
➔ donation

☐ calculation 명 계산 ☐ approximately 부 거의, 대략 ☐ harvest 명 수확 ☐ cover 동 (충분한 돈을) 대다

☐ launch 동 시작[개시]하다 ☐ application 명 지원[신청]서 ☐ promotion 명 홍보 ☐ communication 명 의사소통

☐ request 명 요구 ☐ track 동 (진행·전개 과정을) 추적하다 ☐ progress 명 진행, 과정, 진전

56 Lesson 2 Caring Hearts

해석 ❶ 몇 가지 계산을 한 이후에 우리는 가로 8피트에 세로 12피트 크기의 온실로 결정했다. ❷ 우리는 그것이 대략 4,000달러의 비용이 들 것으로 생각했다. ❸ 그것이 지어진다면 우리는 그것을 딸기 모종으로 채우고 약 4개월 이내에 수확을 기대할 수 있을 것이었다. ❹ 그러고 나서 딸기를 맛있는 잼으로 만드는 데 몇 주가 걸릴 것이었다. ❺ 우리는 모든 비용을 감당하기 위해 5,000달러로 재정 목표를 세우기로 결정했다. ❻ 또한 우리는 캠페인을 3개월 동안 운영하기로 계획했다. ❼ 나는 캠페인을 시작하기 위해 양식을 작성할 때 정말 신이 났다. ❽ 일주일이 안 되어 우리의 지원서가 받아들여졌고 모금이 시작되었다!

캠페인 홍보와 의사소통

❾ 성공적인 크라우드펀딩 캠페인을 위해 그것을 홍보하는 것이 필요하다. ❿ 당신은 영상을 만드는 것을 고려해야 한다. ⓫ 이것은 투자자들이 당신에 대해 알게 하고 당신의 제품에 대해 배울 수 있게 한다. ⓬ 영상에서는 당신의 상황을 명확히 설명하고 당신의 제품을 보여 주어라. ⓭ 당신은 또한 그 제품이 당신에게 얼마나 중요한지 표현해야 한다. ⓮ 마지막에는 지원에 대한 직접적인 요청을 포함하는 것을 잊지 마라. ⓯ 캠페인을 하는 동안, 매주 투자자들에게 최신 정보를 보내는 것은 중요하다. ⓰ 최신 정보를 통해 투자자들은 캠페인의 진행 상황을 따라갈 수 있을 것이다.

Guide to the Big Q ❶ 우리가 다른 사람들을 돕는 방법을 형성하는 데 인터넷이 어떤 역할을 하는가?

sample · 사람들이 인터넷으로 더 쉽게 서로와 연결될 수 있다.

➕ 추가 예시 답안 · It gives us a way to learn about people who need help, and it provides us with ways to communicate with them and help them. (그것은 도움이 필요한 사람들에 대해 알게 되는 방법을 제공하고, 그들과 의사소통하고 그들을 도울 방법들을 우리에게 제공해 준다.)

Q4 캠페인을 위한 모든 세부 사항에 대해 결정한 후, 글쓴이는 무엇을 하였는가?
↳ 글쓴이는 캠페인을 시작하기 위해 양식을 작성했다.

Over to You ❸ 당신 자신의 크라우드펀딩 캠페인을 홍보하기 위한 다른 방법은 무엇인가?
sample 나는 광고를 디자인하고 나의 소셜 미디어에 그것을 게시할 수 있다.

구문 해설

❺ We decided **to set** our funding goal at $5,000 *to cover* all the costs.
➡ to set 이하는 동사 decided의 목적어 역할을 하는 명사적 용법의 to부정사구이며, to cover 이하는 목적을 나타내는 부사적 용법의 to부정사구이다.

⓫ This **allows** investors *to get* to know you and *learn* about your product.
➡ 「allow+목적어+to-v」는 '…가 ~하게 하다[허락하다]'의 의미이며, to get과 (to) learn이 접속사 and로 병렬 연결되었다.

⓭ You also need to express **how** important the product is to you.
➡ how 이하는 동사 express의 목적어 역할을 하는 간접 의문문으로 「의문사+주어+동사」의 어순을 취한다.

⓯ During a campaign, **it** is important **to send** investors updates every week.
➡ it은 가주어이고 to send 이하는 진주어로 쓰인 to부정사구이다.

내신 Check-Up ★★

1 본문의 내용으로 알 수 없는 것은?

① how to promote a campaign
② the cost to make a greenhouse
③ the due date for submitting the form

2 밑줄 친 말과 바꾸어 쓸 수 있는 것은?

> I would start a crowdfunding campaign!

① launch　　　② track　　　③ support

3 서술형 What will the investors be able to do through the update?

_____

4 문법 괄호 안의 단어들을 바르게 배열하여 문장을 다시 쓰시오.

(1) I was really excited (to / the form / when / the campaign / filled out / I / launch).
→ _____

(2) (investors / to / is / send / it / updates / important) every week.
→ _____

Read

교과서 p.40

❶ After our application was accepted, I was eager to make a good first impression with our investors. ❷ To achieve this, I made a video about my grandparents and their jam. ❸ In the video, I highlighted how the strawberries were grown without using chemicals. ❹ I also included clips of my grandparents. ❺ In the clips, they were making the jam with all-natural ingredients. ❻ Finally, I explained where I wanted to put the new greenhouse and asked for support. ❼ After some editing, I posted the video on many social media sites. ❽ It didn't take long for word of our campaign to spread.

- After: 접속사(…한 뒤에)
- was accepted: 수동태
- be eager to-v: …하기를 열망하다, …하고 싶어 하다
- first impression: 첫인상
- To achieve this: to부정사의 부사적 용법(목적)
- about my grandparents and their jam: 전치사구
- how the strawberries were grown without using chemicals: 간접의문문(highlighted의 목적어)
- ★ Grammar Point 1
- were grown: 수동태
- using: 동명사구(전치사 without의 목적어)
- clips: 짧은 영상
- explained / asked for: 병렬 연결
- where I wanted to put the new greenhouse: 간접의문문(explained의 목적어)
- ask for: …를 요청하다
- editing: 편집
- it takes+시간+to부정사: …하는 데 (시간)이 걸리다
- for word of our campaign: 의미상의 주어

❾ Funding for our campaign started slowly. ❿ When the first investor committed to supporting us, I almost jumped for joy. ⓫ Now, after six weeks, we have raised almost $2,500. ⓬ It seems like we might make our funding goal!

- Funding for our campaign: 동명사구(주어)
- ★ Grammar Point 1
- When: 접속사(…할 때)
- committed: 약속하다
- supporting us: 동명사구(전치사 to의 목적어)
- have raised: 현재완료(완료)
- It seems like: …인 것 같다
- might: …일지도 모른다(불확실한 추측 · 가능성)

Source https://business.gov.au (122쪽 참고)

Guide to the Big Q

❷ What is one benefit of helping others?

[sample] • When we help others, we feel proud of ourselves.

Q5 What did the writer highlight in the video? The writer highlighted how the strawberries were grown without using chemicals.

Q6 What did the writer do after editing the video? The writer posted the video on many social media sites.

Over to You ❹ What do you think will happen after the campaign period ends?

[sample] • I think that they will reach their goal and start to build a new greenhouse.

Your Own Topic Sentence

The writer launched a(n) 1) [sample] crowdfunding campaign to raise money for building a bigger 2) [sample] greenhouse and producing strawberry jam.

- □ be eager to …를 하고 싶어 하다
- □ impression [명] 인상
- □ chemical [명] 화학 물질
- □ clip [명] 짧은 영상
- □ ingredient [명] 재료
- □ edit [동] 편집하다
- □ post [동] 게시하다
- □ spread [동] (사람들 사이로) 퍼지다
- □ commit [동] 약속하다

해석

❶ 우리의 지원서가 받아들여진 후 나는 우리의 투자자들에게 좋은 첫인상을 남기고 싶었다. ❷ 이를 성취하기 위해서 나는 조부모님과 그들의 잼에 관한 영상을 만들었다. ❸ 영상에서 나는 딸기가 어떻게 화학 약품을 사용하지 않고 재배되는지를 강조했다. ❹ 나는 또한 조부모님의 짧은 영상을 포함시켰다. ❺ 그 영상에서 조부모님은 모두 천연으로 된 재료로 잼을 만들고 계셨다. ❻ 마지막으로 나는 새 온실을 어디에 짓고 싶은지 설명했고 지원을 요청했다. ❼ 약간의 편집을 거친 후, 나는 영상을 여러 소셜 미디어 사이트에 게시했다. ❽ 우리 캠페인에 대한 소식이 퍼지는 데는 오래 걸리지 않았다.

❾ 우리 캠페인을 위한 모금은 느리게 시작했다. ❿ 첫 투자자가 우리를 지원할 것을 약속했을 때 나는 기뻐서 거의 뛰어올랐다. ⓫ 이제 6주가 지났고 우리는 거의 2,500달러를 모았다. ⓬ 우리는 아마 재정 목표를 달성할 수도 있을 것 같다!

Guide to the Big Q ❷ 다른 사람들을 돕는 것의 이점은 무엇인가?

sample · 우리가 다른 사람들을 도울 때, 우리는 우리 스스로를 자랑스럽게 느낀다.

➕ 추가 예시 답안 · When we help others, we can strengthen our relationships with them.
(우리가 다른 사람들을 도울 때, 우리는 그들과의 관계를 강화할 수 있다.)

Answer While Reading

Q5 글쓴이는 영상에서 무엇을 강조했는가?

↳ 글쓴이는 딸기가 어떻게 화학 약품을 사용하지 않고 재배되는지를 강조했다.

Q6 영상을 편집하고 난 후에 글쓴이는 무엇을 했는가?

↳ 글쓴이는 여러 소셜 미디어 사이트에 영상을 게시했다.

Over to You ❹ 캠페인 기간이 끝난 후 어떤 일이 일어날 것이라고 생각하는가?

sample · 나는 그들이 목표에 도달하고 새로운 온실을 건설하기 시작할 것이라고 생각한다.

➕ 추가 예시 답안 · I think the campaign will be more successful than they expected, and they will be able to build a bigger greenhouse. (나는 그 캠페인이 그들이 기대했던 것보다 더 성공적이어서 그들이 더 큰 온실을 건설할 수 있을 것이라고 생각한다.)

> 📍 **Your Own Topic Sentence**
>
> 글쓴이는 더 큰 2)온실을 짓고 딸기잼을 만들기 위한 돈을 모으려고 1)크라우드펀딩 캠페인을 시작했다.
>
> 작성 TIP 본문은 크라우드펀딩(crowdfunding) 캠페인에 관한 객관적인 정보와 글쓴이가 이를 준비하는 과정에 관한 글이며, 더 큰 온실(greenhouse)을 짓는 것을 목표로 이 캠페인을 진행하였다는 내용을 포함하여 주제문을 작성한다.

구문 해설

❷ **To achieve this**, I made a video about my grandparents and their jam.
➡ To achieve this는 목적을 나타내는 부사적 용법의 to부정사구이다.

❸ In the video, I highlighted **how** the strawberries were grown without using chemicals.
➡ how 이하는 동사 highlighted의 목적어 역할을 하는 간접 의문문으로 「의문사+주어+동사」의 어순을 취한다.

❻ Finally, I explained **where** I wanted to put the new greenhouse and asked for support.
➡ where … the new greenhouse는 동사 explained의 목적어 역할을 하는 간접 의문문으로 「의문사+주어+동사」의 어순을 취한다.

 내신 **Check-Up** ✦✦

1 본문의 내용과 일치하지 <u>않는</u> 것은?

① The writer made a video to make a good impression.
② They raised almost half of their funding goal in six weeks.
③ They reached their funding goal earlier than the end date of their campaign.

2 글쓴이가 만든 영상에서 드러나지 <u>않는</u> 것은?

① her grandparents making jam
② the special reward for the first investor
③ the place where the new greenhouse will be put

3 서술형 Where did the writer post the video?

_____

4 문법 다음 문장에서 밑줄 친 부분을 바르게 고치시오.

(1) I highlighted how <u>were the strawberries</u> grown without using chemicals.
(2) When the first investor committed to <u>support</u> us, I almost jumped for joy.

After You Read

[교과서 p.41]

A Organize on You Own

상자 안에 있는 단어를 이용하여 그래픽 오거나이저를 완성하시오.

- crowdfunding 크라우드펀딩
- reward 보상
- raised 모았다
- strawberries 딸기
- video 비디오

문제
더 많은 잼을 만들기 위해 남겨진 충분한 1)딸기가 없었다.
해결책
글쓴이는 더 큰 온실을 짓기 위해 2)크라우드펀딩 캠페인을 계획했다.
계획
- 재정 목표: 5,000달러
- 캠페인 운영 기간: 3개월
- 투자자들을 위한 3)보상: 유기농 잼 병
- 홍보하는 방법: 4)영상 만들기

과정
6주 뒤에 그들은 이미 그들의 재정 목표의 거의 절반을 5)모았다.

A Organize on Your Own

Complete the graphic organizer with the words in the box.

crowdfunding　　reward　　raised　　strawberries　　video

Problem　There were not enough 1) strawberries left to make any more jam.

Solution　The writer planned a 2) crowdfunding campaign to build a bigger greenhouse.

Plan
- The funding goal: $5,000
- The campaign operation period: three months
- 3) Reward for investors: jars of organic jam
- How to promote: make a 4) video

Progress　After six weeks, they had already 5) raised almost half of their funding goal.

B Think Critically

당신이 돈을 모으기 위해 크라우드펀딩을 이용하고 있다고 상상해 보자. 그것에 대해 쓰고 자신의 생각을 짝과 공유하시오.

B Think Critically

[APPLY] Imagine you were using crowdfunding to raise money. Write about it and share your ideas with your partner.

[Example]

- Product　homemade juice
- Reward for investors　two bottles of juice
- Purpose　to help families in need

Your Idea
- Product [sample] · clothes for animals
- Reward for investors [sample] · a hat for your pet
- Purpose [sample] · to help build shelters for homeless animals

[Example]
제품 집에서 만든 주스
투자자들을 위한 보상 주스 두 병
목적 도움이 필요한 가족들을 돕기 위해

[sample]
제품 · 동물을 위한 옷
투자자들을 위한 보상 · 자신의 반려동물을 위한 모자
목적 · 집 없는 동물들을 위한 보금자리 만드는 것을 돕기 위해

⊕ 추가 예시 답안
- children's books (어린이 도서)
- two books (책 두 권)
- to raise money to publish the books (책을 출판하기 위한 돈을 모으기 위해)

A operation [명] 운영　period [명] 기간
B homemade [형] 집에서 만든　in need 어려움에 처한

내신 Check-Up ⊕

본문의 내용과 일치하면 T, 일치하지 않으면 F에 표시하시오.

	[T]	[F]
1 Rewards are often given to people who support crowdfunding compaigns.	☐	☐
2 Promoting is necessary for a successful crowdfunding campaign.	☐	☐
3 They planned to run their campaign for four months.	☐	☐

Language in Use

A Word Focus

a You can **raise** your hand and ask a question.
b We had a garage sale to **raise** money for people in need.
c I have been **raising** farm animals for three years now.

Choose the sentence from above that uses the same meaning of the word "raise."

1 The company hopes to <u>raise</u> money from investors. ___b___
2 The farmer <u>raises</u> various types of crops on the land. ___c___
3 <u>Raise</u> your arm over your head and hold it there for three minutes. ___a___

B Useful Expressions

• He is smart enough to **figure out** what to do.
• The students **were eager to** learn about the new topic.
• He didn't **fill out** the application form properly.

Fill in the blanks with the expressions above. Change their forms if necessary.

1 The participants need to ____fill out____ a survey after watching the video.
2 When the man found the secret passage, he ____was eager to____ explore it.
3 Scientists are trying to ____figure out____ the best protection against the disease.

C Word Mates

Choose the appropriate word to complete the sentence.

1 The runner set ⌐a date /⌐a record⌐ in the marathon.
2 The charity plans to run ⌐a campaign⌐/ a test to promote their donation event.
3 The doctor will run ⌐a test⌐/ a fever to identify the cause of the sickness.

A Word Focus

a 너는 손을 **들고** 질문해도 된다.
b 우리는 도움이 필요한 사람들을 위한 돈을 **모으기** 위해 중고 물품 판매 행사를 열었다.
c 나는 지금껏 3년 동안 가축을 **사육해** 오고 있다.

같은 의미의 단어 raise를 사용하는 문장을 위에서 고르시오.

1 그 회사는 투자자들로부터 자금을 **모으기**를 희망한다.
2 그 농부는 땅에 다양한 종류의 작물들을 **재배한다**.
3 머리 위로 팔을 **들어** 3분 동안 유지하고 있어라.

영영 뜻풀이   raise

a to move something to a higher position
b to gather or collect for a specific purpose
c to take care of someone or something from childhood to adulthood

B Useful Expressions

• 그는 무엇을 해야 할지 **알아낼** 만큼 충분히 영리하다.
• 학생들은 새로운 주제에 대해 학습하고 **싶어 했다**.
• 그는 지원서를 적절하게 **작성하지** 않았다.

위의 표현을 이용해 빈칸을 채우시오. 필요한 경우 형태를 바꾸시오.

1 참가자들은 영상을 시청한 뒤 설문을 작성해야 한다.
2 그 남자가 비밀 통로를 발견했을 때, 그는 그곳을 탐험하고 싶어 했다.
3 과학자들은 그 질병에 대한 최선의 보호책을 알아내려고 애쓰고 있다.

C Word Mates

set a goal 목표를 설정하다 / set a date 날짜를 정하다 / set a record 기록을 세우다
run a campaign 캠페인을 진행하다 / run a fever 열이 나다 / run a test 검사를 진행하다

문장을 완성하기 위해 적절한 단어를 고르시오.

1 그 달리기 선수는 마라톤에서 기록을 세웠다.
2 그 자선 단체는 기부 행사를 홍보하기 위해 캠페인을 진행할 계획이다.
3 의사는 병의 원인을 찾기 위해 검사를 진행할 것이다.

A garage sale (집 차고에서 하는) 중고 물품 세일   **crop** 명 (농)작물
B participant 명 참가자   **passage** 명 통로, 복도   **explore** 동 탐험하다   **disease** 명 질병
C identify 동 찾다, 발견하다

Language in Use

D Discovering Grammar

POINT 1

문장을 읽고 굵게 표시된 구조에 유의하시오.

· 우리는 투자자들에게 유기농 잼 병을 보냄으로써 그들에게 보상할 수 있을 것이었다!

· 나의 강아지는 수영장에서 수영하는 것을 무서워한다.

PRACTICE 1

1 주어진 각 단어를 올바른 형태로 바꾸어 빈칸을 채우시오.

1) Steve는 아이들을 위한 이야기를 쓰는 것을 잘한다.

2) 모든 사람들은 Kate가 작별 인사도 하지 않고 떠나서 화가 났다.

3) 아이들은 식료품 가게를 탐험해서 피곤했다.

문제 해설

1) 전치사 at 뒤에는 목적어로 동명사가 와야 하므로 writing을 쓴다.

2) 전치사 without 뒤에는 목적어로 동명사가 와야 하므로 saying을 쓴다.

3) 전치사 from 뒤에는 목적어로 동명사가 와야 하므로 exploring을 쓴다.

2 주어진 단어들을 올바른 순서대로 배열하여 문장을 완성하시오.

1) 어떤 사람들은 그 건물을 개조하는 것에 반대한다.

2) 정부는 수천 개의 직업을 만들어 냄으로써 경제를 성장시키려고 노력했다.

3) 최근 많은 나라들은 도시를 더욱 지속 가능하게 만드는 것에 관심이 있다.

4) 모든 학생들은 행사를 준비한 것에 대해 그에게 감사했다.

D Discovering Grammar

POINT 1

Read the sentences and pay attention to the structure in bold.

We could reward the investors **by sending** them jars of organic jam!

My dog is afraid **of swimming** in the pool.

PRACTICE 1

1 Fill in the blanks by changing each given word into the correct form.

1) Steve is good at ___writing___ stories for children. (write)

2) Everyone was angry because Kate left without ___saying___ goodbye. (say)

3) The children were tired from ___exploring___ the food market. (explore)

2 Put the given words in the correct order to complete the sentences.

1) Some people ___are against remodeling the building___.
(remodeling / against / are / the building)

2) The government tried to ___boost the economy by creating thousands of jobs___.
(creating / the economy / boost / thousands of jobs / by)

3) These days, many countries ___are interested in making cities more sustainable___.
(interested / making / are / cities more sustainable / in)

4) All the students ___thanked him for organizing the event___.
(for / him / organizing / thanked / the event)

Your Idea Write your own sentence using the same structure as above.

The soccer player is famous for **sample** · scoring more than ten goals every season

문제 해설

1) 주어 Some people 다음에 동사 are를 쓰고, 전치사 against와 동명사구 remodeling the building을 쓴다.

2) tried의 목적어인 to부정사구를 완성하기 위해 to 뒤에 boost the economy를 쓰고, 전치사 by와 동명사구 creating thousands of jobs를 쓴다.

3) 주어 many countries 다음에 are interested in을 쓰고, 전치사 in의 목적어인 동명사구 making cities more sustainable을 쓴다.

4) 주어 All the students 다음에 동사와 목적어에 해당하는 thanked him을 쓰고, 전치사 for와 동명사구 organizing the event를 쓴다.

Your Idea 위와 동일한 구조를 사용하여 자신만의 문장을 작성하시오.

sample 그 축구 선수는 매 시즌에 열 골 이상을 득점한 것으로 유명하다.

➕ 추가 예시 답안

The soccer player is famous for scoring the winning goal in the championship game last year.
(그 축구 선수는 작년 선수권 대회에서 결승골을 득점한 것으로 유명하다.)

D boost ⑤ 북돋우다 sustainable ⑱ 지속 가능한 organize ⑤ 준비하다

· 전치사 뒤에 오는 목적어는 명사나 대명사 혹은 명사에 준하는 형태여야 한다. 따라서 동사(구)가 전치사 뒤에 목적어로 올 경우 동사 그대로의 형태가 아닌 동명사(v-ing)의 형태로 와야 한다.

She is interested **in learning** new languages. (그녀는 새로운 언어를 배우는 데 관심이 있다.)
　　　　　　　　전치사　동명사

· 「전치사+동명사」 형태의 표현들

be interested in v-ing	…하는 데 관심이 있다	look forward to v-ing	…하기를 기대하다
be good at v-ing	…하는 데 능숙하다	be afraid of v-ing	…하는 것이 두렵다
be used to v-ing	…하는 것에 익숙하다	succeed in v-ing	…하는 데 성공하다
be responsible for v-ing	…에 책임이 있다	be committed to v-ing	…하는 데 전념하다

➊ 「before/after + v-ing」의 경우, before와 after는 전치사로 볼 수도 있고 접속사로 볼 수도 있다. 전치사로 보면 v-ing가 전치사의 목적어로 쓰인 동명사이고, 접속사로 보면 v-ing가 분사이고 접속사 before/after가 생략되지 않은 분사구문으로 이해할 수 있다.

We decided to relax **after working** hard all week. (우리는 일주일 내내 열심히 일한 후 휴식을 취하기로 했다.)
She always stretches **before exercising** to avoid injuries. (그녀는 부상을 피하기 위해 운동하기 전에 항상 스트레칭을 한다.)

➊ 추가 예문
· He prepared for the exam **by studying** every day. (그는 매일 공부함으로써 시험을 준비했다.)
· He is good **at cooking** Italian food. (그는 이탈리아 음식을 요리하는 데 능숙하다.)
· They went for a walk **after eating** dinner. (그들은 저녁을 먹은 후에 산책을 나갔다.)

문법 만점 Check-Up

1 다음 문장에서 밑줄 친 부분을 바르게 고치시오.

(1) The mechanic is good at <u>fix</u> old cars.

(2) The actor apologized for <u>be</u> late to the interview.

(3) They solved the mystery by <u>gather</u> clues.

2 괄호 안의 단어를 알맞은 형태로 쓰시오.

(1) The chef is capable of _____ a delicious meal quickly. (prepare)

(2) Henry is nervous about _____ a speech in front of the class. (give)

(3) The artist is known for _____ beautiful works of art. (create)

3 빈칸에 들어갈 말이 바르게 짝지어진 것을 고르시오.

```
He took pride in _____ the marathon _____ feeling exhausted.
```

① completing – despite　　　　② to complete – although　　　　③ complete – though

서술형 대비
4 우리말과 같은 뜻이 되도록 주어진 단어를 배열하여 문장을 완성하시오.

(1) Jason은 그 보물이 어디에 숨겨져 있는지 찾아내는 것에 대해 열의를 보였다. (the treasure / where / finding / was hidden)
→ Jason was enthusiastic about _____.

(2) 우리는 우리가 집을 비운 동안 나무에 물을 준 것에 대해 이웃에게 감사했다. (were / the plants / away / for / while / watering / we)
→ We thanked the neighbors _____.

(3) 그 문제에 대한 해결책을 찾자 그들은 안도했다. (the problem / a solution / after / to / finding)
→ _____, they were relieved.

(4) 여러 학생들이 학교 규칙 위반으로 처벌을 받았다. (punished/ for / were / the school rules / breaking)
→ Several students _____.

Language in Use

D Discovering Grammar

POINT 2

문장을 읽고 굵게 표시된 구조에 유의하시오.

· 이 영상은 투자자들이 당신의 제품에 대해 배울 수 있게 한다.
· 의사는 나에게 휴식을 취하라고 조언했다.
· 엄마는 나에게 그림을 벽에 걸라고 요청하셨다.

PRACTICE 2

1 밑줄 친 부분을 바르게 고치시오.

1) 우리 선생님은 우리가 꿈을 좇도록 격려하셨다.
2) 경기에서 진 것은 그 팀이 더 열심히 연습하도록 만들었다.
3) 그 상담가는 내게 매일 일기를 쓰라고 조언했다.

문제 해설

1) encourage는 목적격 보어로 to부정사를 취하므로 to follow를 쓴다.
2) cause는 목적격 보어로 to부정사를 취하므로 to practice를 쓴다.
3) advise는 목적격 보어로 to부정사를 취하므로 to write을 쓴다.

2 주어진 단어들을 올바른 순서대로 배열하여 문장을 완성하시오.

1) 매니저는 그 팀이 혁신적인 아이디어를 생각해 내기를 원한다.
2) 그 교사는 학생들이 보고서를 수요일까지 끝낼 것을 기대했다.
3) Sarah는 그 회사가 그녀의 프로젝트에 투자하도록 설득했다.
4) 그들의 지지는 그가 연구를 계속하는 것을 가능하게 했다.

문제 해설

「want / expect / persuade / enable + 목적어 + to부정사구」의 어순으로 5형식 문장을 완성한다.

Your Idea 위와 동일한 구조를 사용하여 자신만의 문장을 작성하시오.

sample 우리가 떠나기 전에 에어컨을 끌 것을 내게 상기시켜 주세요.

➕ 추가 예시 답안

Please remind me <u>to feed the dog when we get home</u>.
(우리가 집에 도착할 때 개에게 먹이 줄 것을 내게 상기시켜 주세요.)

교과서 p.44

POINT 2

Read the sentences and pay attention to the structure in bold.

This video **allows** investors **to learn** about your product.

The doctor **advised** me **to get** some rest.

Mom **asked** me **to hang** the painting on the wall.

PRACTICE 2

1 Correct the underlined part.

1) Our teacher encouraged us <u>following</u> our dreams. to follow
2) Losing the game caused the team <u>practicing</u> harder. to practice
3) The counselor advised me <u>written</u> in my diary every day. to write

2 Put the given words in the correct order to complete the sentences.

1) The manager _____wants the team to come up with innovative ideas_____ .
(innovative ideas / wants / come up with / the team / to)

2) The teacher _____expected the students to finish the report_____ by Wednesday.
(the students / the report / to / expected / finish)

3) Sarah _____persuaded the company to invest_____ in her project.
(the company / to / persuaded / invest)

4) _____Their support enabled him to continue_____ his research.
(enabled / to / their support / continue / him)

Your Idea Write your own sentence using the same structure as above.

Please remind me **sample** to turn off the air conditioner before we leave _____ .

☑ Self-Check   1. 「전치사 + 동명사」 구문의 쓰임을 이해하고 적용할 수 있다.   ✕ △ ○
2. 목적격 보어로 쓰인 to부정사를 이해하고 적용할 수 있다.   ✕ △ ○

D innovative ⓗ 혁신적인   come up with (해답 등을) 찾아내다[내놓다]   persuade ⓥ 설득하다   enable ⓥ …를 할 수 있게 하다

64   Lesson 2   Caring Hearts

목적격 보어

목적격 보어는 목적어의 성질, 상태, 동작 등을 보충 설명하는 말로 명사, 형용사, to부정사, 분사 등이 목적격 보어로 쓰인다.

· (명사) – We consider her **a great leader**. (우리는 그녀를 훌륭한 리더로 생각한다.)
· (형용사) – I found the movie **interesting**. (나는 그 영화를 흥미롭다고 생각했다.)
· (to부정사) – They want us **to join** them for dinner. (그들은 우리가 저녁 식사에 합류하기를 원한다.)
· (분사) – I saw him **playing** soccer in the park. (나는 그가 공원에서 축구를 하는 것을 보았다.)

목적격 보어로 쓰인 to부정사

「주어+동사+목적어+목적격 보어」 형태의 5형식 문장에서 allow, advise, ask, cause, encourage, persuade, enable, want, expect, tell 등의 동사가 쓰이면 목적격 보어로 to부정사가 온다.

· My parents **allowed** me **to go** to the concert. (내 부모님은 내가 콘서트에 가도록 허락해 주셨다.)
· The new policy **enabled** students **to choose** the lectures they wanted. (새로운 정책은 학생들이 그들이 원하는 강의를 선택할 수 있게 해 주었다.)
· My parents always **encourage** me **to pursue** my dreams. (내 부모님은 내가 꿈을 추구하도록 항상 격려하신다.)

⊕ 추가예문
· His parents **told** him **to go** to bed early. (그의 부모님은 그에게 일찍 자라고 말했다.)
· She **persuaded** her friend **to join** the hiking club. (그녀는 친구가 하이킹 동아리에 가입하도록 설득했다.)
· The teacher **advised** the students **to study** for the exam. (선생님은 학생들에게 시험을 위해 공부하라고 조언했다.)

문법 만점 Check-Up ★★

1 괄호 안의 단어를 알맞은 형태로 쓰시오.

(1) They want their daughter _____ in school. (excel)

(2) The new app enables users _____ their packages. (track)

(3) Carol reminded her brother _____ out the trash before their parents got home. (take)

2 괄호 안에서 어법상 알맞은 것을 고르시오.

(1) The animal shelter encourages its members (volunteering / to volunteer) at pet adoption events.

(2) The bad weather caused us (to postpone / postponed) the event.

(3) She told him (bring / to bring) an umbrella because the forecast predicted rain.

3 다음 중 어법상 틀린 부분을 찾아 바르게 고치시오.

> They asked us ① <u>help</u> them ② <u>move</u> their furniture ③ <u>into</u> their new apartment.

[서술형 대비]

4 우리말과 같은 뜻이 되도록 주어진 단어를 배열하여 문장을 완성하시오.

(1) 그녀는 아이들에게 영화 상영 도중에는 조용히 하라고 말했다. (during / the children / be quiet / told / the movie / to)
　→ She _____.

(2) 그는 여행객들에게 항공권을 조기에 예약하라고 조언했다. (book / to / the travelers / early / advised / their tickets)
　→ He _____.

(3) 우리 부모님은 주말에 내가 내 친구들과 함께 시간을 보내게 해 주신다. (me / with / spend / allow / my friends / time / to)
　→ My parents _____ on weekends.

(4) 그 감독은 배우들이 첫 리허설 전에 자신들의 대사를 외우기를 기대한다. (to / their lines / the actors / expects / memorize)
　→ The director _____ before the first rehearsal.

A Volunteer Diary

Study the Sample

아래 일기를 읽으시오.

우리 공동체 돕기

❶ 지난 주말, 나는 나의 남동생과 함께 우리 공원 돕기라는 행사에 참여하기 위해 지역 공원에 다녀왔다. ❷ 행사 중에, 우리는 놀이터의 낡은 기구들을 칠했다. ❸ 그 이후에, 우리는 공원 내 연못 주변에 여러 꽃들을 심었다. ❹ 나는 내가 우리 지역 공동체에 기여했다는 것에 자부심을 느꼈다. ❺ 나는 이런 행사들이 우리 동네를 더 나은 공간으로 만든다고 생각한다.

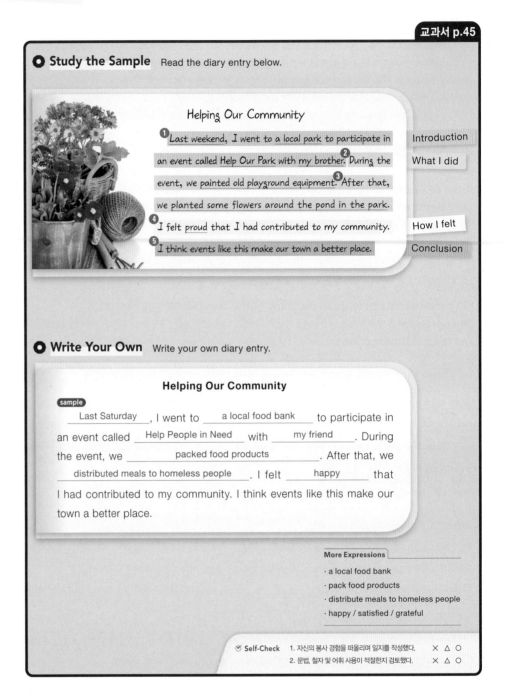

[sample]

우리 공동체 돕기

지난 토요일, 나는 나의 친구와 함께 어려움에 처한 사람들 돕기라는 행사에 참여하기 위해 지역 푸드 뱅크에 다녀왔다. 행사 중에, 우리는 식료품을 포장했다. 그 이후에, 우리는 노숙인들에게 음식을 나눠주었다. 나는 내가 우리 지역 공동체에 기여했다는 것에 행복감을 느꼈다. 나는 이런 행사들이 우리 동네를 더 나은 공간으로 만든다고 생각한다.

More Expressions

- 지역 푸드 뱅크
- 식료품을 포장하다
- 노숙인들에게 음식을 나눠주다
- 행복한 / 만족한 / 감사한

교과서 p.45

Study the Sample Read the diary entry below.

Helping Our Community

❶ Last weekend, I went to a local park to participate in an event called Help Our Park with my brother. ❷ During the event, we painted old playground equipment. ❸ After that, we planted some flowers around the pond in the park. ❹ I felt proud that I had contributed to my community. ❺ I think events like this make our town a better place.

Introduction / What I did / How I felt / Conclusion

Write Your Own Write your own diary entry.

Helping Our Community

[sample]

Last Saturday, I went to a local food bank to participate in an event called Help People in Need with my friend. During the event, we packed food products. After that, we distributed meals to homeless people. I felt happy that I had contributed to my community. I think events like this make our town a better place.

More Expressions

- a local food bank
- pack food products
- distribute meals to homeless people
- happy / satisfied / grateful

Self-Check
1. 자신의 봉사 경험을 떠올리며 일지를 작성했다. X △ O
2. 문법, 철자 및 어휘 사용이 적절한지 검토했다. X △ O

구문 해설

❶ Last weekend, I went to a local park to participate in an event **called Help Our Park** with my brother.
➡ called Help Our Park는 앞의 명사 an event를 수식하는 분사이다. 명사와 수동의 관계이므로 과거분사 형태가 쓰였다.

❹ I felt proud **that** I *had contributed* to my community.
➡ that 이하는 감정의 이유나 원인을 나타내는 부사절이며 과거 시제인 주절보다 앞선 시점에 일어난 일이므로 과거완료 시제로 쓰였다.

❺ I think (**that**) events like this *make our town a better place*.
➡ think의 목적어인 명사절을 이끄는 접속사 that이 생략되었다.
➡ that절은 「주어+동사+목적어+목적격 보어」의 5형식 문장이다. 주어는 events like this이고 동사 make의 목적격 보어로 명사(a better place)가 쓰였다.

participate in …에 참가하다 **equipment** [명] 장비, 용품 **pond** [명] 연못 **contribute to** …에 기여하다

● Write Your Own

자신만의 일기를 써 보시오.

1단계 단락을 쓰기 전 다음의 개요를 먼저 작성해 본다.

Example	Your Own
Volunteer Record	Volunteer Record
● Event Name: _Help Our Park_	● Event Name: _____
● When: _last weekend_	● When: _____
● Where: _a local park_	● Where: _____

유용한 표현 last Saturday (지난 토요일) earlier this week (이번 주 초에) three days ago (3일 전에)
in the first week of April (4월 첫째 주에) during the summer of 2024 (2024년 여름 동안)
a town library (마을 도서관) an animal shelter (동물 보호소) a senior center (노인 복지관)

2단계 작성한 개요를 바탕으로 단락을 완성한다.

Helping Our Community

ⓐ_____, I went to ⓑ_____ to participate
in an event called ⓒ_____ with ⓓ_____.
During the event, we ⓔ_____. After
that, we ⓕ_____. I felt
ⓖ_____ that I had contributed to my community.
I think events like this make our town a better place.

쓰기 수행평가 TIP 각 빈칸 작성 요령

각 빈칸에 다음과 같은 내용을 작성한다.

ⓐ 참여 시기
  문법 TIP 특정 요일이나 주·달 등의 시기를 나타내는 표현들로 작성한다.

ⓑ 자원봉사 장소
  문법 TIP 전치사 to 뒤에는 갔던 장소를 나타내는 명사구가 오도록 작성한다.

ⓒ 참여한 행사 명칭
  문법 TIP 행사명은 고유 명사이므로 전치사를 제외한 첫 글자는 모두 대문자로 작성한다. 또는 해당 행사의 공식 명칭 표기대로 작성한다.

ⓓ 함께 참여한 사람
  문법 TIP 전치사 with 뒤에는 함께한 사람을 나타내는 명사구가 오도록 작성한다.

ⓔ, ⓕ 구체적인 활동
  문법 TIP 과거의 일을 나타내므로 과거형 동사와 목적어 또는 전치사구 등이 함께 오도록 작성한다.

ⓖ 자원봉사 후 감상
  문법 TIP 활동 후 느낀 점을 적는 부분이므로 감각동사 뒤에서 주어의 감정을 설명해 주는 형용사가 오도록 작성한다.

⊕ 추가 예시 답안

Helping Our Community
Last Wednesday, I went to the library to participate in an event called
Stories for Kids with my cousin. During the event, we read stories to
children. After that, we helped them choose books to borrow from the
library. I felt great that I had contributed to my community. I think events
like this make our town a better place.

우리 공동체 돕기
지난 수요일, 나는 나의 사촌과 함께 어린이를 위한 이야기들이라는 행사에 참여하기 위해 도서관에
다녀왔다. 행사 중에, 우리는 아이들에게 이야기를 읽어 주었다. 그 이후에, 우리는 아이들이 도서관에
서 빌릴 책들을 고르는 것을 도왔다. 나는 내가 우리 지역 공동체에 기여했다는 것에 기분 좋음을 느꼈
다. 나는 이런 행사들이 우리 동네를 더 나은 공간으로 만든다고 생각한다.

Culture

의식에 관한
국제 기념일

Step 1 UN에 의해 지정된 국제 기념일에 대한 글을 읽으시오. 상자 안의 단어로 빈칸을 채우시오.

1 세계 교육의 날, 1월 24일

❶ 교육의 1)기회가 없는 아이들이 전 세계에 수백만 명이 있다. ❷ 교육은 사람들이 성장하도록 돕고 우리 사회를 지속 가능하게 하는 인간의 기본적인 권리이다. ❸ 우리는 교육을 기념하고 사람들이 교육을 받을 2)동등한 기회를 갖는 것을 보장해야 한다.

2 국제 행복의 날, 3월 20일

❹ 국제 행복의 날을 기념하기 위해, UN은 2012년 이래로 세계 행복 보고서를 발간해 오고 있다. ❺ 보고서는 각 나라의 국민들이 얼마나 행복한지에 따라 나라의 순위를 매긴다. ❻ 모든 이들이 세계를 3)더 행복한 곳으로 만들기 위해 함께 힘써야 한다.

3 국제 자원봉사자의 날, 12월 5일

❼ 당신은 자원봉사 하는 것을 좋아하는가? ❽ 자원봉사는 지역적, 국가적, 세계적 수준에서의 발전에 기여한다. ❾ 자원봉사자들의 노고는 사람들의 삶을 4)향상시키는 데 도움을 줄 수 있다. ❿ 국제 자원봉사자의 날은 자원봉사를 장려하고 정부가 자원봉사 활동을 지원하도록 권장한다. ⓫ 당신 스스로의 5)공동체를 도울 방법을 찾아보는 건 어떨까?

교과서 p.46

International Days of Awareness

Step 1 Read the paragraphs about international days launched by the UN. Fill in the blanks with the words in the box.

| happier | opportunities | community | improve | equal |

International Education Day, January 24

❶ There are millions of children around the world without educational 1) __opportunities__. ❷ Education is a basic human right that helps people grow up and makes our society sustainable. ❸ We must celebrate education and ensure that people have 2) __equal__ opportunities to be educated.

International Day of Happiness, March 20

❹ In order to celebrate International Day of Happiness, the UN has been publishing the World Happiness Report since 2012. ❺ The report ranks countries by how happy their citizens are. ❻ Everyone should work together to make the world a(n) 3) __happier__ place.

International Volunteer Day, December 5

❼ Do you like to volunteer? ❽ Volunteering contributes to development at the local, national, and international level. ❾ The hard work of volunteers can help 4) __improve__ people's lives. ❿ International Volunteer Day promotes volunteerism and encourages governments to support volunteer efforts. ⓫ How about looking for a way to help your own 5) __community__ ?

구문해설 ❸ We must celebrate education and ensure **that** people have equal opportunities *to be educated.*
→ that 이하는 동사 ensure의 목적절로 쓰였으며, to be educated는 opportunities를 수식하는 형용사적 용법의 to부정사구이다.

내신 Check-Up

괄호 안에서 어법상 알맞은 것을 고르시오.

1 Education is a basic human right that helps people grow up and makes our society (sustainable / sustainably).

2 In order to celebrate International Day of Happiness, the UN (has been / was) publishing the World Happiness Report since 2012.

3 International Volunteer Day encourages governments (supporting / to support) volunteer efforts.

교과서 p.47

Step 2 Talk with your partner about which day is the most meaningful to you and what you can do to celebrate it.

Example

The International Day of Happiness is the most meaningful to me. This is because when everyone is happy, the world can become a better place. To celebrate this day, I can spend it with my best friend.

Your Idea ⊕ 추가 예시 답안

- International Education Day is the most meaningful to me. This is because education is important for everyone. To celebrate this day, I will donate school supplies to people who need them.
- International Volunteer Day is the most meaningful to me. This is because it encourages governments to support volunteer programs. To celebrate this day, I can volunteer at a homeless shelter or at an animal shelter.

Step 3 Search for another international day and present it to the class.

international days launched by the UN

Example

International Day of Friendship, July 30

The International Day of Friendship was started to recognize the importance of caring relationships in our lives. It is a reminder that the bonds of friendship protect us and contribute to uniting the world. The trust that comes from friendship is the key to living in harmony.

Your Idea

⊕ 추가 예시 답안

- **International Day of Clean Energy, January 26**
The International Day of Clean Energy was started to raise awareness of the benefits of using clean energy. It is a reminder that clean energy is better for people and for the environment. By using clean energy sources, we can build a more sustainable future.
- **International Day of Forests, March 21**
The International Day of Forests was started to raise awareness of the importance of forests. It is a reminder that forests provide us with many resources, and they help us in many other ways too. On this day, people often participate in tree-planting campaigns.

Peer Review		
	1. 나의 짝은 유엔에서 지정한 국제적인 날을 알기 쉽게 설명했다.	1 2 3 4 5
	2. 나의 짝은 올바른 어휘와 철자, 문법을 사용했다.	1 2 3 4 5
	3. 나는 짝과의 대화를 통해 세계적 관심이 필요한 주제들을 배웠다.	1 2 3 4 5

Step 2 자신에게 어떤 날이 가장 의미가 있고 그것을 기념하기 위해 무엇을 할 수 있는지에 관해 짝과 이야기해 보시오.

Example

국제 행복의 날이 나에게는 가장 의미 있어. 그 이유는 모두가 행복하면 세상이 더 나은 곳이 될 수 있기 때문이야. 이 날을 기념하기 위해 나는 내 가장 친한 친구와 함께 그 날을 보낼 거야.

⊕ 추가 예시 답안

- 세계 교육의 날이 나에게는 가장 의미 있어. 그 이유는 모두에게 교육은 중요하기 때문이야. 이 날을 기념하기 위해 나는 학용품을 필요로 하는 사람들에게 그것들을 기부할 거야.
- 국제 자원봉사자의 날이 나에게는 가장 의미 있어. 그 이유는 그 날은 정부들이 자원봉사 프로그램을 지원하도록 권장하기 때문이야. 이 날을 기념하기 위해 나는 노숙자 센터나 동물 보호소에서 자원봉사를 할 수 있어.

Step 3 다른 국제 기념일에 관해 검색하고 그것을 학급에 발표하시오.

Example

국제 우정의 날, 7월 30일

국제 우정의 날은 우리 삶에 있어 보살피는 관계의 중요성을 인식하기 위해 시작되었다. 이 날은 우정의 유대감이 우리를 보호하고 세상을 통합하는 데 기여한다는 것을 상기시켜 준다. 우정으로부터 오는 신뢰는 조화롭게 사는 것의 비결이다.

⊕ 추가 예시 답안

- **세계 청정에너지의 날, 1월 26일**
세계 청정에너지의 날은 깨끗한 에너지를 사용하는 것의 이점에 대한 인식을 높이기 위해 시작되었다. 그것은 깨끗한 에너지가 사람들과 환경에 더 좋다는 것을 상기시켜 준다. 깨끗한 에너지원을 이용함으로써 우리는 보다 지속 가능한 미래를 만들 수 있다.
- **세계 숲의 날, 3월 21일**
세계 숲의 날은 숲의 중요성에 대한 인식을 높이기 위해 시작되었다. 이 날은 숲이 우리에게 많은 자원을 제공한다는 것과 우리에게 많은 면에서 또한 도움을 준다는 것을 상기시켜 준다. 이 날에 사람들은 종종 나무 심기 캠페인에 참여한다.

Step 1 celebrate [동] 기념하다　publish [동] 출판[발행]하다, 게재하다　rank [동] (등급 · 순위를) 매기다

Step 3 friendship [명] 우정　reminder [명] 상기시키는 것　unite [동] 통합시키다

Lesson Review

교과서 p.48

A Listen to the conversation. Which correctly shows the change in the boy's feelings? 🎧

a happy → shocked
ⓑ frustrated → hopeful
c curious → satisfied

A 대화를 들으시오. 남자의 감정 변화를 적절하게 보여 주는 것은?

a 행복한 → 충격을 받은
b 좌절한 → 희망적인
c 호기심 있는 → 만족하는

문제 해설

남자는 반려동물들이 버려진다는 기사를 보고 화가 났으나 자신이 반려동물을 입양하고 나서 친구들에게 영향을 줌으로써 조금씩 변화를 만들고 있고, 그것에서 희망을 느끼는 상황이므로 정답은 b이다.

B Number the sentences in the correct order. Then act out the completed conversation with your partner. 💬

[4] ❶ I want to travel and have a meaningful experience at the same time.
[1] Do you have any plans for this vacation?
[5] How about doing volunteer work in another country? You can visit other countries and do some meaningful work as well.
[3] What kinds of things do you want to do?
[6] Oh, that's a good idea. I'll consider that.
[2] Not yet. ❷ There are many things I want to do during this vacation.

B 올바른 순서로 문장에 번호를 쓰시오. 그러고 나서 완성한 대화로 짝과 함께 역할 연기를 하시오.

1 너는 이번 방학에 계획이 있니?
2 아직 없어. 이번 방학 동안 내가 하고 싶은 것들이 많아.
3 어떤 종류의 것들을 하고 싶니?
4 나는 여행을 다니고 싶고 동시에 의미 있는 경험을 하고 싶어.
5 다른 나라에서 봉사활동을 하는 게 어때? 너는 다른 나라를 방문할 수 있고 의미있는 일도 할 수 있어.
6 아, 좋은 생각이야. 그것을 생각해 볼게.

문제 해설

이번 방학에 대한 계획을 묻는 것으로 시작하는 대화문이므로 방학 동안 하고 싶은 게 많다는 대답이 2번으로, 2번에 대해 자세히 물어보는 질문이 3번으로, 자신은 여행과 의미 있는 경험을 동시에 하고 싶다는 대답이 4번으로, 해외 자원봉사에 대한 제안이 5번으로, 그 제안에 대해 고려해 볼 것이라는 표현이 6번으로 오는 것이 자연스럽다.

C Read the paragraph and answer the following questions.

After our application was accepted, I was eager to make a good first impression with our investors. To achieve this, I made a video about my grandparents and their jam. In the video, I highlighted how the strawberries were grown without (A) use chemicals. (①) I also included clips of my grandparents. (②) Finally, I explained where I wanted to put the new greenhouse and asked for support. (③) After some editing, I posted the video on many social media sites. It didn't take long for word of our campaign (B) spread.

1 Change the words in (A) and (B) into their correct forms.
(A) using (B) to spread

2 Choose the best place for the following sentence among ①-③. ②

In the clips, they were making the jam with all-natural ingredients.

C 단락을 읽고 다음 질문에 답하시오.

1 (A)와 (B)의 단어를 알맞은 형태로 고치시오.

문제 해설

(A) 전치사 without 뒤에는 동명사가 와야 하므로 using으로 고쳐야 한다.
(B) '…하는 데 (시간)이 걸리다'라는 의미인 「it takes+시간+to부정사」의 구조이므로 to spread로 고쳐야 한다.

2 ①~③ 중에 다음 문장이 들어가기에 가장 적절한 곳을 고르시오.

문제 해설

주어진 문장은 '그 영상에서 그들은 모두 천연으로 된 재료로 잼을 만들고 계셨다.'는 내용으로, 조부모님 영상을 포함시켰다고 언급한 문장 뒤인 ②에 들어가는 것이 가장 적절하다.

A frustrated [형] 좌절감을 느끼는 curious [형] 호기심이 많은
B consider [동] 고려하다

A

Script

G Brian, is everything okay?

B Well, I'm a little upset. I just can't believe this news story from the local animal shelter.
조금, 약간 (부정어 앞에서) 도저히 (…하지 않아[할 수 없어])

G What is it?

B ❶ According to the shelter, many pets are abandoned by their owners when they go on vacation.
…에 따르면 수동태 부사절 접속사(…할 때) 휴가를 가다

G That's terrible.

B I don't understand those people. Pets are not toys.
= 휴가 갈 때 반려동물을 버리는 주인들

G I agree with you. Didn't you adopt your dog from the shelter?
부정으로 시작하는 부정의문문(긍정의 답: 긍정문, 부정의 답: 부정문)

= adopted my dog from the shelter
B I did. After that, several of my friends also adopted pets.
… 중 몇몇

G [Look on the bright side]. You're already making a difference.
명령문 make a difference: 변화를 가져오다 = 반려동물을 버리는 것

B You're right. ❷ Maybe everyone's small actions can help solve the problem someday.
help+(to-)v: …하는 것을 돕다

구문 해설

❶ According to the shelter, many pets **are abandoned** by their owners *when* they go on vacation.
→ 주어 many pets는 버려지는 대상으로 수동태 동사인 are abandoned가 쓰였다.
→ when 이하는 시간을 나타내는 부사절이다.

❷ Maybe everyone's small actions can **help solve** the problem someday.
→ 동사 help 뒤에는 동사원형 또는 to부정사가 올 수 있다.

해석 여 Brian, 괜찮니?
남 글쎄, 난 좀 화가 나. 나는 지역 동물 보호소로부터의 이 뉴스 기사를 도무지 믿기 힘들어.
여 그게 뭔데?
남 보호소에 따르면, 많은 반려동물들이 주인들이 휴가를 갈 때 버려진대.
여 끔찍하다.
남 난 그런 사람들을 이해할 수가 없어. 반려동물들은 장난감이 아니야.
여 나도 그렇게 생각해. 너는 네 개를 보호소에서 입양하지 않았니?
남 그랬지. 그 뒤에, 내 친구들 몇 명도 반려동물을 입양했어.
여 긍정적으로 생각해. 너는 이미 변화를 만들어 내고 있어.
남 네 말이 맞아. 아마 모두의 작은 행동들이 언젠가 문제를 해결하는 데 도움이 될 거야.

B

구문 해설

❶ I want **to travel** and **have** a meaningful experience at the same time.
→ to travel 이하는 want의 목적어로 쓰인 명사적 용법의 to부정사구로, to travel과 (to) have가 접속사 and로 병렬 연결되어 있다.

❷ There are many things **I want to do during this vacation**.
→ I want 이하는 many things를 선행사로 하는 목적격 관계대명사절이며, I want 앞에 관계대명사 that이 생략되었다. 선행사 many things는 관계대명사절에서 do의 목적어 역할을 한다.

Script shelter [명] 보호소 abandon [동] 버리다, 유기하다 adopt [동] 입양하다

Lesson Review

D 학교 동아리에서의 경험에 대한 기록을 작성하시오.

sample

나의 학교 동아리 기록

지난주 우리 학교 동아리는 <u>지역 주민 센터</u>에서 행사를 열었다. 그것은 <u>모두를 위한 예술</u>이라는 행사였고, 동아리의 모든 멤버들이 참여했다. 행사는 정말 재미있었다! 우리는 방문객들에게 우리의 작품을 판매했다. 그 이후에 우리는 그 돈을 도움이 필요한 아이들을 돕기 위해 기부했다. 나의 동아리가 지역 공동체에 기여했다는 것이 <u>만족스러웠</u>다.

➕ 추가 예시 답안

My School Club Diary

My school club held an event at <u>our school</u> last week. It was called <u>The School Clean-up</u>, and all of the club's members participated in it. It was a lot of fun! We <u>picked up litter around the school yard</u>. After that we <u>helped teachers clean their classrooms</u>. I felt <u>proud</u> that my club had contributed to the community.

나의 학교 동아리 기록

지난주 우리 학교 동아리는 <u>우리 학교</u>에서 행사를 열었다. 그것은 <u>학교 청소하기</u>라는 행사였고, 동아리의 모든 멤버들이 참여했다. 행사는 정말 재미있었다! 우리는 <u>학교 운동장 주변의 쓰레기들을 주웠다.</u> 그 이후에 우리는 <u>선생님들이 그들의 교실 청소하는 것을 도왔다.</u> 나의 동아리가 공동체에 기여했다는 것이 <u>자랑스러웠</u>다.

D Write a diary entry about an experience in a school club.

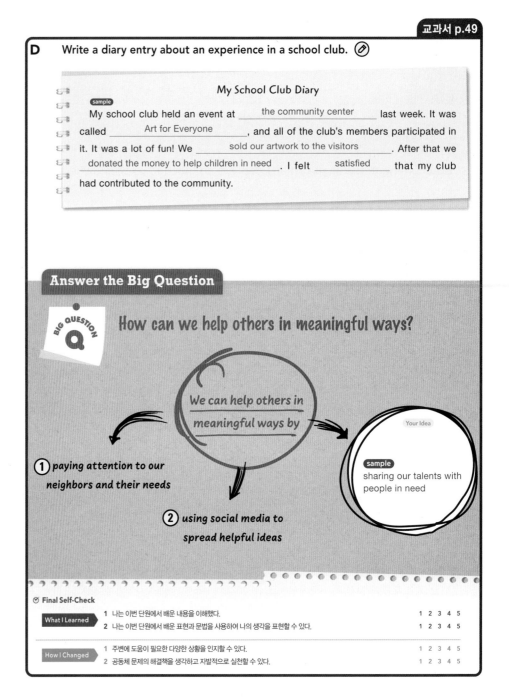

My School Club Diary

sample

My school club held an event at <u>the community center</u> last week. It was called <u>Art for Everyone</u>, and all of the club's members participated in it. It was a lot of fun! We <u>sold our artwork to the visitors</u>. After that we <u>donated the money to help children in need</u>. I felt <u>satisfied</u> that my club had contributed to the community.

Answer the Big Question

How can we help others in meaningful ways?

We can help others in meaningful ways by

① paying attention to our neighbors and their needs

② using social media to spread helpful ideas

Your Idea

sample sharing our talents with people in need

⏱ Final Self-Check

What I Learned
1 나는 이번 단원에서 배운 내용을 이해했다.   1 2 3 4 5
2 나는 이번 단원에서 배운 표현과 문법을 사용하여 나의 생각을 표현할 수 있다.   1 2 3 4 5

How I Changed
1 주변에 도움이 필요한 다양한 상황을 인지할 수 있다.   1 2 3 4 5
2 공동체 문제의 해결책을 생각하고 자발적으로 실천할 수 있다.   1 2 3 4 5

Answer the Big Question

BIG QUESTION 어떻게 우리가 의미 있는 방법으로 다른 사람들을 도울 수 있을까요?

우리는 … 함으로써 의미 있는 방법으로 다른 사람들을 도울 수 있다.

① 우리 이웃들과 그들의 어려움에 관심을 가짐

② 도움이 되는 생각들을 퍼뜨리기 위해 소셜 미디어를 이용함

sample 우리의 재능을 어려움에 처한 사람들과 공유함

➕ 추가 예시 답안

participating in volunteer programs (자원봉사 프로그램에 참여함)

Big Question 답안 작성 TIP

큰 비용이 들거나 많은 시간을 들여야 하는 도움보다는 현재의 위치에서 자신에게 주어진 것만으로도 가능한 이타적인 행위를 생각해 본다. 동네 미화 활동, 독거 어르신 지원 활동, 장애인 지원 활동 등 도움이 필요한 개인을 도우면서도 공동체에 선한 영향력을 퍼뜨릴 수 있는 작은 실천들을 나열해 본다.

다음 네모 안에서 옳은 어법·어휘를 고르시오.

01 They didn't have enough strawberries make / to make any more jam.

02 These days, people can use crowdfunding websites to collect / collect money.

03 Crowdfunding is especially harmful / advantageous for individuals or small companies that can't attract big investors.

04 With the help of investors, we could build a large greenhouse and growing / grow a lot more strawberries.

05 Moreover, we could reward / attract the investors for their help by sending them jars of organic jam!

06 Consider all the necessary costs before decide / deciding on the amount.

07 While / Once it was built, we could fill it with strawberry plants and expect a harvest within about four months.

08 We decided to set our funding goal at $5,000 to cover / covering all the costs.

09 I was really excited when I figured / filled out the form to launch the campaign.

10 In less than a week, our application was installed / accepted and funding began!

11 For a successful crowdfunding campaign, promotion / promoting it is necessary.

12 You should consider to make / making a video.

13 This allows investors get / to get to know you and learn about your product.

14 You also need to express how / what important the product is to you.

15 Don't forget to include / edit a direct request for support at the end.

16 Achieving / To achieve this, I made a video about my grandparents and their jam.

17 In the video, I highlighted how the strawberries were grown / grew without using chemicals.

18 Finally, I explained which / where I wanted to put the new greenhouse and asked for support.

19 It didn't take long for / of word of our campaign to spread.

20 When the first investor committed to be supported / supporting us, I almost jumped for joy.

단원평가 Lesson 2

01 대화가 자연스럽게 이어지도록 (A)~(D)를 올바른 순서로 배열하시오.

> M Excuse me. Do you need help?
> W I think I lost my cell phone.
> M You can use mine to call your phone.

> (A) It is near the information center.
> (B) Thank you. [*Phone signaling.*] Nobody is answering it.
> (C) I agree with you. Can you tell me where it is?
> (D) I think you should check with lost and found.

_____ → _____ → _____ → _____

02 다음 글의 빈칸에 들어갈 말로 가장 적절한 것은?

> G Hey, Michael! The community center _____.
> B Teaching children sounds fun.
> G How about volunteering with me? It would be a great opportunity.
> B Okay. What do you want to teach?
> G Painting, of course. You know I love to paint.

① wants to hire new employees
② is closed while they renovate the new library
③ offers tutoring programs to residents
④ is looking for volunteers to teach children
⑤ is looking for new sponsors for children programs

[3-4] 다음 글을 읽고, 물음에 답하시오.

> My grandparents sell their delicious organic jam at the local market every weekend. I went to help them last weekend. ___(A)___, they had already sold all of their jam! They didn't have enough strawberries to make any more jam. That evening, I sat by the window and stared out at the empty field behind their house. ___(B)___, I got an idea. The field would be the perfect place for a larger greenhouse. Then they could grow more strawberries! I immediately started searching for a way, and I found the perfect solution. I would start a crowdfunding campaign!

03 빈칸 (A), (B)에 들어갈 말로 가장 적절한 것은?

	(A)	(B)
①	However	Suddenly
②	However	Instead
③	In addition	Conversely
④	Therefore	Surprisingly
⑤	Therefore	Suddenly

04 윗글의 내용과 일치하지 <u>않는</u> 것은?

① 조부모님은 주말마다 시장에서 잼을 판매한다.
② 지난 주말에 글쓴이는 조부모님을 도와드렸다.
③ 조부모님에겐 보다 많은 잼을 만들기 위한 딸기가 부족했다.
④ 더 큰 온실을 위한 완벽한 땅이 있었다.
⑤ 글쓴이는 크라우드펀딩을 시작할 것이다.

Crowdfunding is especially advantageous for individuals or small companies ① that can't attract big investors. If the campaign is successful, the investors receive ② direct rewards for their contribution. My grandparents were _____ when I told them my idea. With the help of investors, we could build a large greenhouse and grow ③ a lot more strawberries. Moreover, we could reward the investors for their help by ④ send them jars of organic jam With this plan in mind, the next step was ⑤ to figure out the details.

05 밑줄 친 ①~⑤ 중, 어법상 틀린 것은?

06 빈칸에 들어갈 말로 가장 적절한 것은?
① bored
② upset
③ thrilled
④ irritated
⑤ frustrated

[7-8] 다음 글을 읽고, 물음에 답하시오.

Before beginning your campaign, be sure to plan all the production details. (①) How many products will you make? (②) How long will it take to make the product? (③) This planning is important because your potential investors will want to see a clear schedule. (④) It should be enough to complete the project and fulfill the rewards for the investors. (⑤) Consider all the necessary costs before deciding on the amount.

07 윗글의 주제로 가장 적절한 것은?
① how to make products at a lower cost
② how rewards affect the investors
③ the importance of planning details and setting a funding goal
④ reasons why it is difficult to set a goal
⑤ factors influencing business performance

08 글의 흐름으로 보아, 주어진 문장이 들어가기에 가장 적절한 곳은?

Once your plan is complete, remember to set your funding goal.

[9-10] 다음 글을 읽고, 물음에 답하시오.

After doing some calculations, we decided on an 8-by-12-foot greenhouse. We thought it would cost approximately $4,000. Once it was built, we could fill it with strawberry plants and expect a harvest within about four months. Then it (the strawberries / would take / to / delicious jam / a few / into / turn / weeks). We decided to set our funding goal at $5,000 to cover all the costs.

서술형

09 윗글의 괄호 안의 단어들을 알맞게 배열하시오.

10 다음 영영 뜻풀이에 해당하는 단어를 윗글에서 찾아 쓰시오.

> the activity of gathering ripe crops

[11-12] 다음 글을 읽고, 물음에 답하시오.

> For a successful crowdfunding campaign, promoting it is necessary. You should consider making a video. 이는 투자자들이 당신에 대해 알게 하고 당신의 제품에 대해 배울 수 있게 한다. In the video, describe your situation clearly and show your product. You also need to express how important the product is to you. Don't forget to include a direct request for support at the end. During a campaign, it is important to send investors ____(A)____ s every week. Through the ____(B)____, the investors will be able to track the progress of the campaign.

서술형

11 밑줄 친 우리말과 같은 뜻이 되도록 아래 괄호 안의 단어를 알맞게 배열하시오.

(know / and / investors / allows / learn about / this / to get to / your product / you)

12 빈칸 (A), (B)에 공통으로 들어갈 말로 가장 적절한 것은?

① present
② update
③ request
④ reward
⑤ advertisement

[13-14] 다음 글을 읽고, 물음에 답하시오.

> After our application was accepted, I was eager to make a good first impression with our investors. To achieve this, I made a video about my grandparents and their jam.

> (A) Finally, I explained where I wanted to put the new greenhouse and asked for support. After some editing, I posted the video on many social media sites.
>
> (B) In the video, I highlighted how the strawberries were grown without using chemicals.
>
> (C) I also included clips of my grandparents. In the clips, they were making the jam with all-natural ingredients.

서술형

13 밑줄 친 this가 의미하는 바를 우리말로 쓰시오.

14 주어진 글 다음에 이어질 글의 순서로 가장 적절한 것은?

① (A)–(C)–(B)
② (B)–(A)–(C)
③ (B)–(C)–(A)
④ (C)–(A)–(B)
⑤ (C)–(B)–(A)

15 다음 글을 읽고 빈칸 (A), (B)에 공통으로 들어갈 말로 가장 적절한 단어를 쓰시오.

> It didn't take long ____(A)____ word of our campaign to spread. Funding for our campaign started slowly. When the first investor committed to supporting us, I almost jumped ____(B)____ joy. Now, after six weeks, we have raised almost $2,500. It seems like we might make our funding goal!

SPECIAL LESSON 1

The True Treasure

Literature

★☆ 단원 핵심 어휘 및 표현

알고 있는 단어에 v 표시하고 뜻을 써 보시오.

☐ shine		☐ remaining	
☐ fascinating		☐ see through	
☐ suppose		☐ modest	
☐ shutter		☐ calf	
☐ earn		☐ forehead	
☐ bare		☐ chestnut	
☐ footprint		☐ pebble	
☐ company		☐ stripe	
☐ stream		☐ spotted	
☐ scatter			

shine [동] 빛나다 fascinating [형] 매혹적인 suppose [동] 추정[추측]하다 shutter [명] 셔터, 덧문 earn [동] 얻다 bare [형] 벗은 footprint [명] 발자국 company [명] 함께 있음 stream [명] 개울 scatter [동] 흩뿌리다 remaining [형] 남은 see through 꿰뚫어 보다 modest [형] 수수한 calf [명] 송아지 forehead [명] 이마 chestnut [명] 밤 pebble [명] 조약돌 stripe [명] 줄무늬 spotted [형] 점무늬가 있는

Before You Read

교과서 p.51

A Topic Preview

Read the following reviews of a story and guess what the story is about.

[sample] I think the story will be about a boy who is jealous of someone else's golden windows.

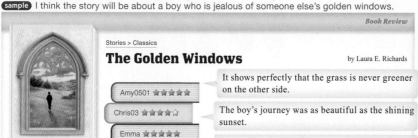

Book Review

Stories > Classics

The Golden Windows by Laura E. Richards

Amy0501 ★★★★★ — It shows perfectly that the grass is never greener on the other side.

Chris03 ★★★★☆ — The boy's journey was as beautiful as the shining sunset.

Emma ★★★★★ — Now I know that I have my own golden windows.

B Vocabulary Preview

Look at the pictures and fill in the blanks with the words in the box.

fascinating	footprint	earn	scatter	modest	pebble

1

The __footprint__ in the sand will be washed away by the wave.

2

The farmer went out to __scatter__ seeds across the field.

3

The young artist started to __earn__ respect for her unique style.

4

The fish and other creatures in the sea were __fascinating__.

5

I found this heart-shaped __pebble__.

영영 뜻풀이

- **fascinating** ⓐ extremely interesting
- **footprint** ⓝ the mark left behind by a foot
- **earn** ⓥ to achieve through effort
- **scatter** ⓥ to throw things in different directions across a wide area
- **modest** ⓐ not very expensive, great, or big
- **pebble** ⓝ a small rock

A Topic Preview

다음 이야기의 후기를 보고 무엇에 관한 이야기인지 추측하시오.

금으로 된 창문

- **Amy0501** 그것은 결코 반대쪽 잔디가 더 푸른 게 아니라는 것을 완벽하게 보여 준다.
- **Chris03** 소년의 여정은 반짝이는 일몰처럼 아름다웠다.
- **Emma** 이제 나는 나만의 금으로 된 창문을 가졌다는 것을 알고 있다.

⊕ The grass is always greener on the other side (of the fence). 우리 속담의 '남의 떡이 더 커 보인다.'와 유사한 의미를 전달할 때 쓰는 서양 속담으로, always 대신에 never를 넣어서 '그렇지 않다'는 뜻을 나타낸다.

[sample]

나는 이 이야기가 다른 누군가의 금으로 된 창문을 질투한 소년의 이야기일 것이라고 생각한다.

B Vocabulary Preview

사진을 보고 상자 안에 있는 단어들로 빈칸을 채우시오.

- fascinating 매혹적인
- footprint 발자국
- earn 얻다
- scatter 흩뿌리다
- modest 수수한
- pebble 조약돌

1 모래 위의 발자국은 파도에 의해 씻겨 나갈 것이다.
2 농부는 밭에 씨앗을 흩뿌리러 나갔다.
3 그 젊은 예술가는 그녀의 독특한 스타일로 존경을 얻기 시작했다.
4 바닷속 물고기와 다른 생물들은 매혹적이다.
5 나는 이 하트 모양의 조약돌을 발견했다.

A journey [명] 여정, 여행 **B** seed [명] 씨앗, 종자 field [명] 들판, 밭 respect [명] 존경 creature [명] 생물

Read 교과서 p.52

The Golden Windows

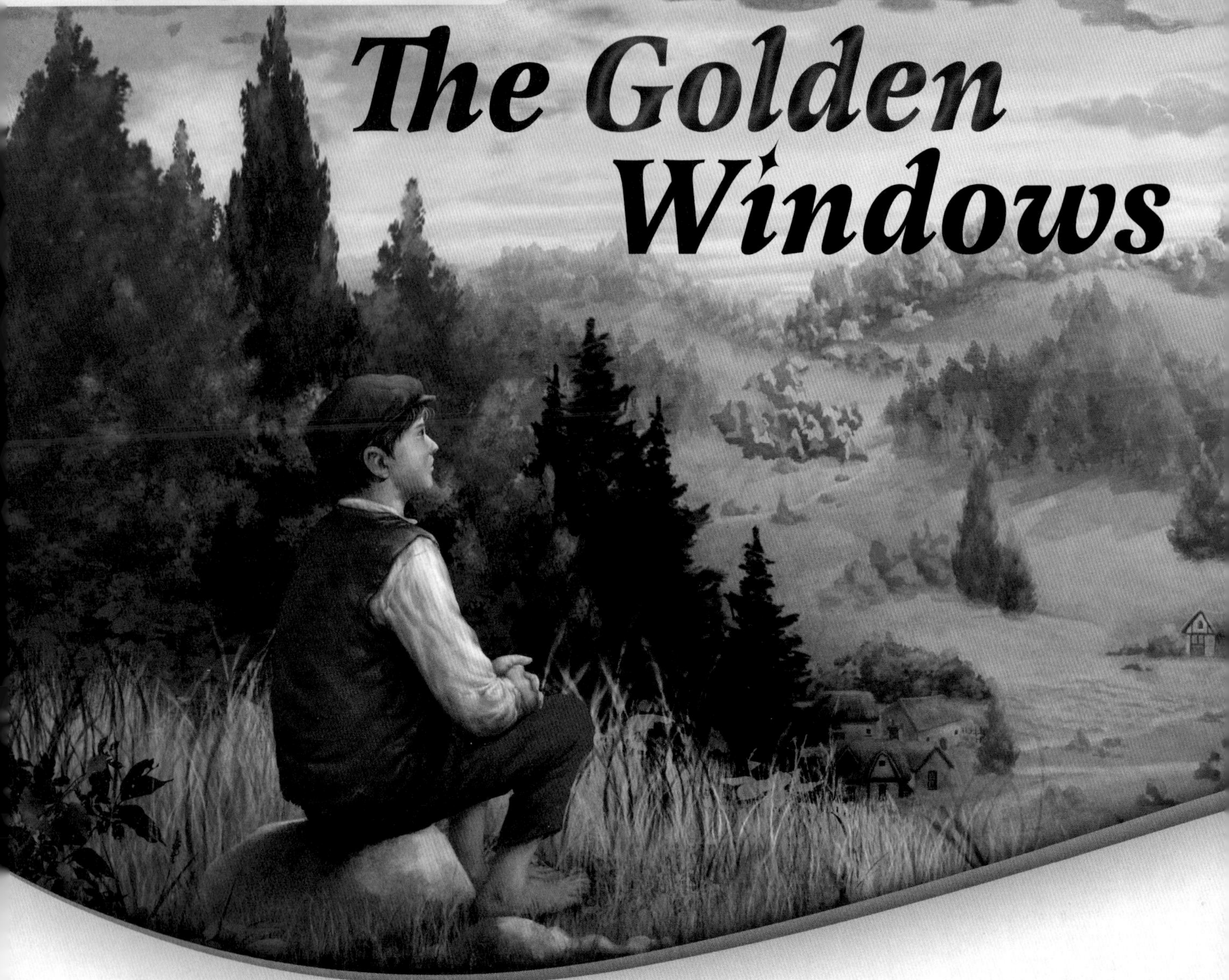

Reading Strategy

Making inferences 글의 맥락을 바탕으로 함축적 의미를 추론하며 읽는 전략이다. 문학 작품에는 주제나 교훈을 드러내는 상징적 표현이 반복적으로 등장하는 경우가 많은데, 이때 글의 흐름과 등장인물의 심경 변화 등을 근거로 글에 함축된 의미를 추론할 수 있다.

❶ After working hard all day long, a boy would go up to the top of a hill and look across at another hill. ❷ On this far hill stood a house [with windows of gold and diamond]. ❸ They shone at sunset, but after a while, the fascinating light disappeared. ❹ The boy supposed [that the people (in the house) closed the shutters because it was dinnertime].

- After working: after v-ing: …한 후
- all day long: 온종일
- would: …하곤 했다(과거의 습성 · 경향)
- and look: (would)
- stood: 동사 / a house: 주어
- with windows of gold and diamond: 전치사구
- They: = The windows
- after a while: 얼마 후
- fascinating: 매혹적인
- supposed: 추측하다
- that …: 명사절(supposed의 목적어)
- in the house: 전치사구
- because: 접속사(… 때문에)

Answer While Reading

Q1 Why did the boy think the fascinating light of the house disappeared when the sun set?
The boy supposed that the people in the house closed the shutters because it was dinnertime.

Check the words that you know the meaning of.

- ☐ shine [동] 빛나다 -shone-shone
- ☐ fascinating [형] 매혹적인
- ☐ suppose [동] 추정[추측]하다
- ☐ shutter [명] 셔터,

해석

금으로 된 창문

❶ 온종일 열심히 일을 하고 나서, 소년은 언덕의 꼭대기에 올라 다른 언덕을 건너다보곤 했다. ❷ 이 먼 언덕에는 금과 다이아몬드로 만들어진 창문이 있는 집이 서 있었다. ❸ 창문은 일몰에 반짝였지만 얼마 후에 그 매혹적인 빛이 사라졌다. ❹ 소년은 저녁 식사 시간이므로 집 안의 사람들이 덧문을 닫았다고 추측했다.

Answer While Reading

Q1 왜 소년은 해가 지면 그 집의 매력적인 빛이 사라진다고 생각했는가?
↳ 소년은 집에 있는 사람들이 저녁 식사 시간이라 덧문을 닫는다고 추측했다.

구문 해설

❶ ... , a boy *would* go up to the top of a hill *and look across* at another hill.
→ would는 '…하곤 했다'라는 의미로 과거의 반복된 동작을 나타내는 조동사이다.
→ 동사원형 go up과 look across는 접속사 and로 병렬 연결되어 있다.
  cf.) used to-v: '…하곤 했다'의 의미로, 현재에는 하지 않는 과거의 습관이나 상태를 나타낼 때 쓰인다.

❷ **On this far hill** stood a house with windows of gold and diamond.
→ 부사구(On this far hill)가 강조되기 위해 문장 맨 처음에 오면서 주어와 동사가 도치되었다. (문학적 표현)

❹ The boy supposed **that** the people in the house closed the shutters because *it* was dinnertime.
→ that 이하는 동사 supposed의 목적어 역할을 하는 명사절이다. it은 때를 나타내는 비인칭주어로 특별히 해석하지 않는다.

Reading Strategy 문제 풀이로 이어지는 읽기 전략 TIP

Making inferences 문학 작품 읽기에서는 함축적 의미를 추론하며 읽는 전략이 유용하게 활용된다. 문학 작품에는 상황이나 모습을 묘사하거나, 또는 등장인물의 심리를 나타내는 부분에서 상징적 표현이 등장하는 경우가 많다. 글에 자주 반복되는 이미지나 단어 등에 주목하고, 글쓴이가 그런 상징적 요소에 어떤 의미를 담으려 했을지를 생각하며 읽으면 작품을 더 풍부하게 감상하고 이야기의 서사와 인물에 공감할 수 있다. 작품의 문화적 배경에 대한 지식이 추론에 도움이 될 수도 있다. 함축적인 표현은 때로 명시적이고 직설적인 표현보다 큰 울림을 주기도 하는데, 이런 부분에서 언어 사용의 묘미를 느끼며 추론 능력을 향상할 수 있다.

 내신 **Check-Up** ⭐

1 본문의 내용과 일치하는 것은?
① The boy liked to go up to the top of a hill at sunset.
② The house was made of gold and diamond.
③ People closed the shutters of the house before dinnertime.

2 다음 〈보기〉의 밑줄 친 단어와 의미가 비슷한 것은?

| 보기 | That is the most <u>fascinating</u> movie I have ever seen in my life. |

① engaging   ② luxurious   ③ ordinary

3 서술형 What did the boy see on top of another hill?

_____

4 문법 괄호 안에서 어법상 알맞은 것을 고르시오.
(1) On this far hill (stood a house / a house stood) with windows of gold and diamond.
(2) The boy supposed that the people in the house closed the shutters (because / because of) it was dinnertime.

Read

교과서 p.53

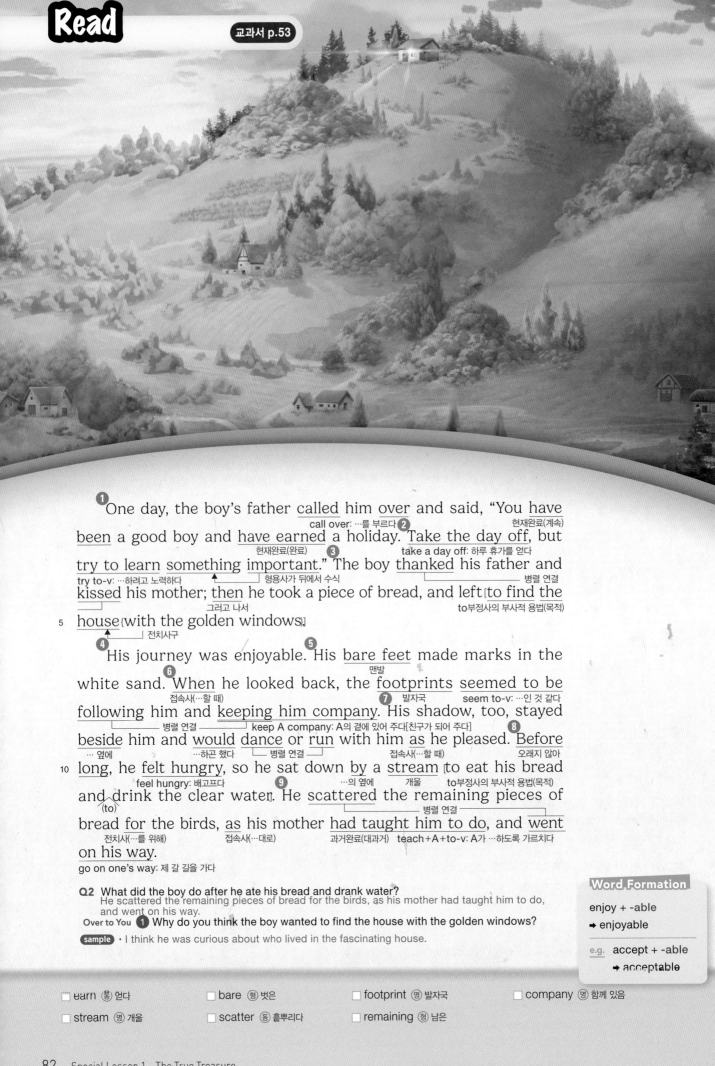

❶ One day, the boy's father called him over and said, "You have
call over: …를 부르다 ❷ 현재완료(계속)
been a good boy and have earned a holiday. Take the day off, but
현재완료(완료) ❸ take a day off: 하루 휴가를 얻다
try to learn something important." The boy thanked his father and
try to-v: …하려고 노력하다 형용사가 뒤에서 수식 병렬 연결
kissed his mother; then he took a piece of bread, and left [to find the
그러고 나서 to부정사의 부사적 용법(목적)
house (with the golden windows)].
전치사구

❹ His journey was enjoyable. ❺ His bare feet made marks in the
맨발
white sand. ❻ When he looked back, the footprints seemed to be
접속사(…할 때) 발자국 seem to-v: …인 것 같다
following him and keeping him company. ❼ His shadow, too, stayed
병렬 연결 keep A company: A의 곁에 있어 주다[친구가 되어 주다]
beside him and would dance or run with him as he pleased. ❽ Before
… 옆에 …하곤 했다 병렬 연결 접속사(…할 때) 오래지 않아
long, he felt hungry, so he sat down by a stream [to eat his bread
feel hungry: 배고프다 …의 옆에 개울 to부정사의 부사적 용법(목적)
and (to) drink the clear water]. ❾ He scattered the remaining pieces of
병렬 연결
bread for the birds, as his mother had taught him to do, and went
전치사(…를 위해) 접속사(…대로) 과거완료(대과거) teach+A+to-v: A가 …하도록 가르치다
on his way.
go on one's way: 제 갈 길을 가다

Q2 What did the boy do after he ate his bread and drank water?
He scattered the remaining pieces of bread for the birds, as his mother had taught him to do, and went on his way.

Over to You ❶ Why do you think the boy wanted to find the house with the golden windows?

[sample] • I think he was curious about who lived in the fascinating house.

Word Formation

enjoy + -able
➡ enjoyable

e.g. accept + -able
➡ acceptable

☐ earn [동] 얻다 ☐ bare [형] 벗은 ☐ footprint [명] 발자국 ☐ company [명] 함께 있음
☐ stream [명] 개울 ☐ scatter [동] 흩뿌리다 ☐ remaining [형] 남은

해석

❶ 어느 날 소년의 아버지가 소년을 불러 "네가 착하게 굴어서 휴일을 얻었단다. 쉬는 날을 가지되 중요한 것을 배우려고 노력하렴."이라고 말했다. ❷ 소년은 아버지에게 감사를 표하고 어머니에게 키스했다. ❸ 그리고 나서 그는 빵 한 조각을 챙겨 금으로 된 창문이 있는 집을 찾으러 떠났다.

❹ 그의 여정은 즐거웠다. ❺ 그의 맨발은 흰 모래 위에 자국을 남겼다. ❻ 그가 뒤를 돌아보았을 때 그의 발자국은 그를 뒤따르면서 그의 길동무가 된 것 같았다. ❼ 그의 그림자 역시 그의 옆에 머물면서 그가 기뻐할 때 그와 함께 춤을 추거나 달리곤 했다. ❽ 오래지 않아 그는 배가 고파서 빵을 먹고 깨끗한 물을 마시기 위해 개울가에 앉았다. ❾ 그는 그의 엄마가 가르친 대로, 남아 있는 빵 조각들을 새들을 위해 흩뿌렸고 길을 떠났다.

$\boxed{\text{Answer While Reading}}$

Q2 빵을 먹고 물을 마신 후에 소년은 무엇을 하였는가?
↳ 소년은 어머니가 가르쳐 준 대로 새들에게 남은 빵 조각을 뿌려 주고, 그가 가던 길을 갔다.

Over to You ❶ 당신은 왜 소년이 금빛 창문이 있는 집을 찾기를 원했다고 생각하는가?
sample · 나는 그가 매력적인 집에 누가 사는지에 관해 궁금했기 때문이라 생각한다.

➕ **추가 예시 답안**
· I think he was curious about why the house had golden windows.
(나는 그가 그 집이 황금 창문을 가진 이유에 관해 궁금했기 때문이라 생각한다.)

 구문 해설

❶ ... , "You **have been** a good boy and **have earned** a holiday.
➡ have been은 계속을 나타내는 현재완료 시제이며, have earned는 완료를 나타내는 현재완료 시제이다. 현재완료는 과거의 일이 현재까지 영향을 미칠 때 쓰며, 계속은 현재까지 계속되는 일, 완료는 현재에 막 완료된 일을 나타낸다.

❷ **Take** the day off, but *try to learn* something important.
➡ 동사 take와 try는 각각의 명령문을 이끌고 있다. 「try to-v」는 '…하려고 노력하다, 애쓰다'의 의미이다. -thing으로 끝나는 말은 형용사가 뒤에서 수식한다.

❻ When he looked back, the footprints **seemed to be** *following* him and *keeping* him company.
➡ 「seem to-v」는 '…인 것 같다'의 의미로, to부정사가 진행형(to be v-ing)으로 쓰였다. 현재분사 following과 keeping이 접속사 and로 병렬 연결되어 있다.

❽ Before long, he **felt hungry**, so he sat down by a stream *to eat* his bread and *drink* the clear water.
➡ 「feel+형용사」는 '…하게 느끼다'의 의미이다. to eat 이하는 목적을 나타내는 부사적 용법의 to부정사구로, to eat과 (to) drink가 병렬 연결되어 있다.

❾ ... , **as** his mother *had taught* him to do, and went on his way.
➡ as는 '…한 대로'의 의미인 접속사이다. had taught는 대과거(과거 이전의 과거)를 나타내는 과거완료로, 흩뿌린 것(scattered)보다 가르친 것(had taught)이 먼저 일어난 일이라는 것을 알 수 있다. do는 앞서 나온 동사(구) scatter ... for the birds의 반복을 피하기 위해 대신 사용된 대동사이다.

 내신 *Check-Up*

1 본문의 내용과 일치하는 것은?

① The boy's father made him stay in the house.
② The boy walked on the sand with no shoes on.
③ The boy was not hungry, so he gave the birds his bread.

2 다음 〈보기〉의 밑줄 친 단어와 같은 의미로 쓰인 것은?

> 보기   The footprints seemed to be following him and keeping him <u>company</u>.

① Our <u>company</u> needs to hire new employees.
② James enjoyed the <u>company</u> of his friends.
③ How long have you worked for this <u>company</u>?

3 서술형 What did the boy's father want the boy to do on his day off?

_____

4 문법 괄호 안에서 어법상 알맞은 것을 고르시오.

(1) He felt (hungry / hungrily), so he sat down by a stream to eat his bread.
(2) He scattered the remaining pieces of bread for the birds and (went / had gone) on his way.

Read

교과서 p.54

Knowledge +

〈The Golden Windows〉
는 1881년 출간된 Laura E.
Richards의 단편선에 수록
된 여러 소설들 중 하나이다.
Richards는 1850년 미국
보스턴에서 태어나 10살 때부
터 글을 쓴 것으로 알려졌다.
Richards는 시와 소설을 비
롯하여 90편 이상의 작품을 남
겼으며, 시인이자 사회 운동가
였던 어머니에 대한 전기를 여
동생과 함께 공동 집필하여 해
당 작품으로 1917년에 퓰리처
상을 수상했다.

❶ [After a long time], he came to a high green hill, and the house
전치사구
was at the top. ❷ It seemed that the shutters were closed, for he
it seems that+주어+동사: …인 것 같다 ❸   수동태   접속사(왜냐하면)
could not see the golden windows. He came up to the house and
was disappointed to find [that the windows were made of clear
to부정사의 부사적 용법(감정의 원인)   be made of: …로 만들어지다
glass, [like any others], and there was no gold anywhere around   5
삽입구   (that)
them].
= the windows
❹ A woman came to the door, looked kindly at the boy, and
동사1   동사2
asked him [what he wanted]. "I saw the golden windows from the
동사3 ask A B: A에게 B를 물어보다 ❻   to부정사의 부사적 용법(목적)
top of our hill," he said, "and I came to see them, but now they
❼   = the golden windows ❽
are only glass." The woman shook her head and laughed. "We   10
shake-shook-shaken
are poor farming people," she said, "and are not likely to have
농사짓는 사람들   (we)   be likely to-v: …할 것 같다
windows made of gold; but glass is better to see through."
과거분사구   to부정사의 부사적 용법(…하기에)
❾ She told the boy to sit down on the step [in front of the door],
동사1 tell+A+to-v: A에게 …하라고 말하다   전치사구
brought him a snack, and called her daughter, [a girl of his own
동사2 ❿ bring A B: A에게 B를 가져다주다 동사3   동격
age]. Then she smiled at the two and went back to her work.   15
= the boy and the girl

Q3 Why was the boy disappointed when he reached the house on the hill?
Because he found that the windows (of the house on the hill) were made of clear glass, like any others,
Q4 What did the woman do after giving the boy a snack? and there was no gold anywhere around them
She called her daughter, a girl of the boy's own age. Then she smiled at the two and went back to her

Over to You ❷ What kind of person do you think the woman is?

sample · I think she is kind because she treated the stranger warmly.

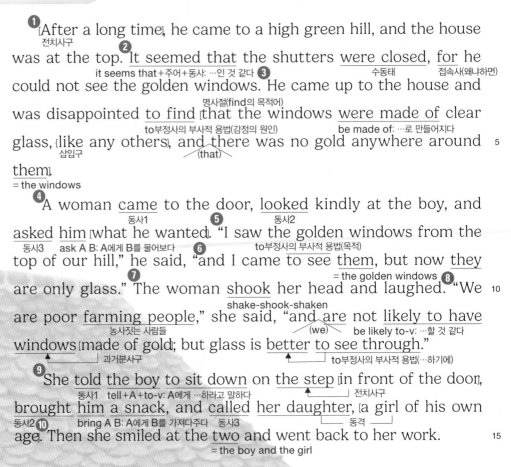

☐ see through 꿰뚫어 보다

해석

❶ 오랜 시간 후에 그는 높고 푸른 언덕에 왔고 그 집은 꼭대기에 있었다. ❷ 덧문이 닫힌 것처럼 보였는데, 왜냐하면 그가 금으로 된 창문을 볼 수 없었기 때문이었다. ❸ 그는 그 집으로 가서 창문들이 다른 것들과 마찬가지로 투명한 유리로 만들어졌으며 그 창문들 주변 어디에도 금은 없다는 것을 알고 실망했다.

❹ 한 여자가 문으로 와서 소년을 친절하게 바라보았고 그에게 무엇을 원하는지 물었다. ❺ "저는 저희 쪽 언덕 꼭대기에서 금으로 된 창문을 봤어요. ❻ 그리고 그것들을 보러 왔지만 지금은 그저 유리일 뿐이에요."라고 그가 말했다. ❼ 그 여성은 고개를 흔들고 웃었다. ❽ "우리는 가난한 농부들이고 우리가 금으로 만들어진 창문을 가졌을 것 같지 않구나. 하지만 유리는 들여다보기에 더 좋지."라고 그녀가 말했다.

❾ 그녀는 소년에게 문 앞의 계단에 앉으라고 말하고 그에게 간식을 가져다준 뒤 그와 비슷한 나이의 소녀인 그녀의 딸을 불렀다. ❿ 그리고 그녀는 두 사람에게 미소를 지은 뒤 일을 하러 돌아갔다.

Answer While Reading

Q3 왜 소년은 언덕 위에 있는 집에 도달했을 때 실망했는가?
↳ 그는 (언덕 위의 집에 있는) 창문이 다른 것들과 마찬가지로 투명한 유리로 만들어졌다는 것과, 그 주변 어디에도 금은 없다는 것을 알았기 때문이다.

Q4 여자는 소년에게 간식을 준 후 무엇을 하였는가?
↳ 그녀는 소년의 또래인 자신의 딸을 불렀다. 그리고 나서 그녀는 둘에게 미소 지어 보이며 자신이 하던 일을 하러 돌아갔다.

Over to You ❷ 당신이 생각하기에 여자는 어떤 유형의 사람인가?
sample · 낯선 이를 따뜻하게 대해 주었기 때문에 그녀는 친절하다고 생각한다.
➕ **추가 예시 답안** · I think she is a generous person because she gave the boy a snack even though her family is poor. (그녀는 그녀의 가족이 가난할지라도 소년에게 간식을 내주었기 때문에 나는 그녀가 관대한 사람이라고 생각한다.)

 구문 해설

❷ It seemed **that** the shutters were closed, *for* he could not see the golden windows.
➡ It은 가주어, that 이하가 진주어이다. for는 '(왜냐하면) …이니까'라는 의미의 접속사로, 이유를 덧붙일 때 쓴다.

❸ He came up to the house and was disappointed **to find** *that* the windows were made of clear glass, … .
➡ to find 이하는 감정의 원인을 나타내는 부사적 용법의 to부정사구로, '…해서'라고 해석한다. that 이하는 find의 목적어 역할을 하는 명사절이다.

❹ A woman came to the door, looked kindly at the boy, and **asked** him *what he wanted*.
➡ 「ask A B」는 'A에게 B를 물어보다'의 의미로, '…에게'에 해당하는 것을 간접 목적어, '…를'에 해당하는 것을 직접 목적어라 한다. what he wanted는 직접 목적어로 쓰인 간접 의문문으로 「의문사+주어+동사」의 순서이다.

❽ … , "and are not likely to have **windows [made of gold]**; but glass is *better to see through*."
➡ [ ]는 수동의 의미를 나타내는 과거분사구로 windows를 수식한다. to see through는 비교급 형용사 better를 수식하는 부사적 용법의 to부정사로, '…하기에'로 해석한다.

❾ She **told** the boy **to sit** down … , and called *her daughter*₍₎*a girl of his own age*.
➡ 「tell+목적어+to-v」는 '(목적어)에게 …하라고 말하다'의 의미로, 목적격 보어로 to부정사를 쓴다. her daughter와 a girl … age는 같은 것을 지칭하는 동격이다. 쉼표(,)는 동격일 때 앞과 뒤에 오는 말 사이에 쓴다.

 **내신 Check-Up** ★★

1 본문의 내용과 일치하지 <u>않는</u> 것은?

① The woman was upset by what the boy said.
② The windows of the house were made of glass.
③ The woman had a daughter about the same age as the boy.

2 서술형 What does the woman living in the house do for a living?

_____

3 서술형 주어진 말을 배열하여 문장을 완성하시오.

(1) (the shutters / that / it / were / seemed / closed), for he could not see the golden windows.
(2) We (have / to / not likely / windows / are) made of gold.

4 문법 괄호 안에서 어법상 알맞은 것을 고르시오.

(1) There (was / were) no gold anywhere around them.
(2) He was disappointed (finding / to find) that the windows were made of clear glass.

Read

교과서 p.55

① Although the girl's clothes were
접속사(비록 …지만)
modest, her hair was golden like the
   (which[that]) 과거완료(대과거)   전치사(…처럼)
windows he had seen, and her eyes
        └── 목적격 관계대명사절 **②**
were blue like the sky. She led the boy
                              ┌─ 병렬 연결 ─┐
5 around the farm and showed him her
     = and it   show A B: A에게 B를 보여주다
black calf, which had a white star on
          ③ 계속적 용법의 주격 관계대명사절
its forehead. The boy told her about his
   이마   = and it
own calf at home, which was red like
        └─ 전치사구   계속적 용법의 주격 관계대명사절
a chestnut and had white feet. Feeling as if they were now friends, the boy asked
  밤   **④**   **⑤** 분사구문(이유) 마치 …처럼
10 her about the golden windows. The girl said she knew all about them, only he had
                                              (that) 명사절(said의 목적어)   접속사(다만)
mistaken which house had them.
과거완료(대과거) 간접의문문(had mistaken의 목적어)
⑥ "You have come the wrong way!" she said. **⑦** "Come with me. **⑧** I will show you the
          현재완료(완료)   **⑨**
house with the golden windows, and then you will see for yourself." The girl told him
  └── 전치사구   for oneself: 스스로, 직접   간접목적어
that the golden windows could only be seen at sunset. **⑩** "Yes, I know that!" said the
명사절(told의   병렬 연결   동사   주어
직접 목적어) **⑪**
15 boy. They went to a high place and saw a house with windows of gold and diamond
                                                    └── 전치사구1
on a hill far away, just as the boy had seen before. **⑫** And when they looked again, the
전치사구2   꼭 …처럼   과거완료(대과거)   접속사(… 할 때)
boy recognized that it was his own home.
            명사절(recognized의 목적어)

Q5 What did the girl show the boy on the farm?
She showed him her black calf, which had a white star on its forehead.

Over to You ③ Why do you think that the golden windows could only be seen at sunset? **sample** I think the sunset made the windows shine like gold.

Over to You ④ If you were the boy, how would you feel when you found out the truth of the golden windows?

sample • I would be very surprised that I was looking for the wrong house.

☐ modest 형 수수한   ☐ calf 명 송아지   ☐ forehead 명 이마   ☐ chestnut 명 밤

해석

❶ 비록 소녀의 옷은 수수했지만 그녀의 머리카락은 그가 봤던 창문처럼 금빛이었고, 그녀의 눈은 하늘처럼 파란색이었다. ❷ 그녀는 소년을 농장으로 데리고 가서 그녀의 검은 송아지를 보여 주었는데 그 송아지는 이마에 흰색 별이 있었다. ❸ 소년은 그녀에게 집에 있는 그의 송아지에 대해 이야기했는데 그 송아지는 밤과 같은 붉은색이었고 흰색 발을 갖고 있었다. ❹ 이제 마치 그들이 친구인 것처럼 느껴서 소년은 그녀에게 금으로 된 창문에 대해 물었다. ❺ 소녀는 그것에 대해 모두 알고 있다고 했고, 다만 그가 어떤 집이 그것들을 가지고 있는지를 착각했다고 말했다.

❻ "네가 잘못 왔어!"라고 그녀가 말했다. ❼ "나와 함께 가자. ❽ 내가 금으로 된 창문이 있는 집을 보여 주면 네가 직접 보게 될 거야." ❾ 소녀는 그에게 금으로 된 창문은 일몰에만 볼 수 있다고 말했다. ❿ "맞아, 나도 알아!"라고 소년이 말했다. ⓫ 그들은 높은 장소로 가서 소년이 전에 봤던 것처럼 금과 다이아몬드로 된 창문이 있는 멀리 있는 언덕 위의 집을 보았다. ⓬ 그리고 그들이 다시 보았을 때, 소년은 그것이 자신의 집이라는 것을 알아보았다.

〔 **Answer While Reading** 〕

Q5 소녀는 농장에서 소년에게 무엇을 보여 주었는가?
↳ 그녀는 그에게 자신의 검정 송아지를 보여 주었는데, 그것의 이마에는 흰색 별이 있었다.

Over to You ❸ 당신은 왜 금으로 된 창문이 일몰에만 보인다고 생각하는가?
sample 나는 일몰이 창문을 금처럼 빛나게 한다고 생각한다.

Over to You ❹ 당신이 소년이라면, 금으로 된 창문의 진실을 알아냈을 때 어떻게 느끼겠는가?
sample ·나는 내가 잘못된 집을 찾고 있었다는 것에 매우 놀랐을 것이다.

  ➕ **추가 예시 답안**
    ·I would feel a bit disappointed, but I would also be satisfied that my home seemed as mysterious as the girl's home. (나는 실망을 좀 했겠지만, 나는 또한 내 집이 소녀의 집만큼 신비스러울 거 같다는 점에 만족했을 것이다.)

구문 해설

❶ **Although** the girl's clothes were modest, her hair was golden like the windows [he *had seen*], … .
  ➡ although는 '비록 …일지라도'라는 뜻의 접속사로 뒤에 「주어+동사」가 온다. [ ]는 앞 명사 the windows를 수식하는데 목적격 관계대명사 which[that]이 생략되어 있다. had seen은 대과거(과거 이전의 과거)를 나타내는 과거완료 시제이다.

❷ She led the boy around the farm and **showed him her black calf**, *which* had a white star on its forehead.
  ➡ 「show A B」는 'A에게 B를 보여 주다'는 뜻으로 A는 간접 목적어, B는 직접 목적어이다. which 이하는 her black calf를 선행사로 하여 이를 부연 설명하는 계속적 용법의 주격 관계 대명사절이다.

❹ [Feeling **as if** they were now friends], the boy asked her about the golden windows.
  ➡ [ ]는 이유를 나타내는 분사구문으로, Because he[the boy] felt …로 풀어 쓸 수 있다. as if는 '마치 …인 것처럼'의 뜻이다.

❺ The girl said she knew all about them, **only** he *had mistaken* [which house had them].
  ➡ only는 '다만, 하지만'의 뜻으로 쓰인 접속사이고, 주로 말할 때 쓴다. had mistaken은 대과거를 나타내는 과거완료 시제로 앞에 나오는 said나 knew보다 더 과거에 일어난 일임을 알 수 있다. [ ]는 mistaken의 목적어로 쓰인 간접 의문문으로 「의문사(주어)+동사」의 순서이다.

 내신 **Check-Up** ★★

1 본문의 내용과 일치하지 <u>않는</u> 것은?

 ① The girl was dressed simply.
 ② The boy's calf looked like a chestnut.
 ③ The girl could see the golden windows only at sunset.

2 문장 ❿의 "Yes, I know that!"으로 알 수 있는 소년의 심정은?

 ① jealous   ② nervous   ③ thrilled

3 〔서술형〕 문장 ⓬의 it이 가리키는 바를 우리말로 쓰시오.

_____

4 〔문법〕 괄호 안에서 어법상 알맞은 것을 고르시오.

 (1) (Feel / Feeling) as if they were now friends, the boy asked her about the golden windows.
 (2) The girl said she knew all about them, only he had mistaken (where / which) house had them.

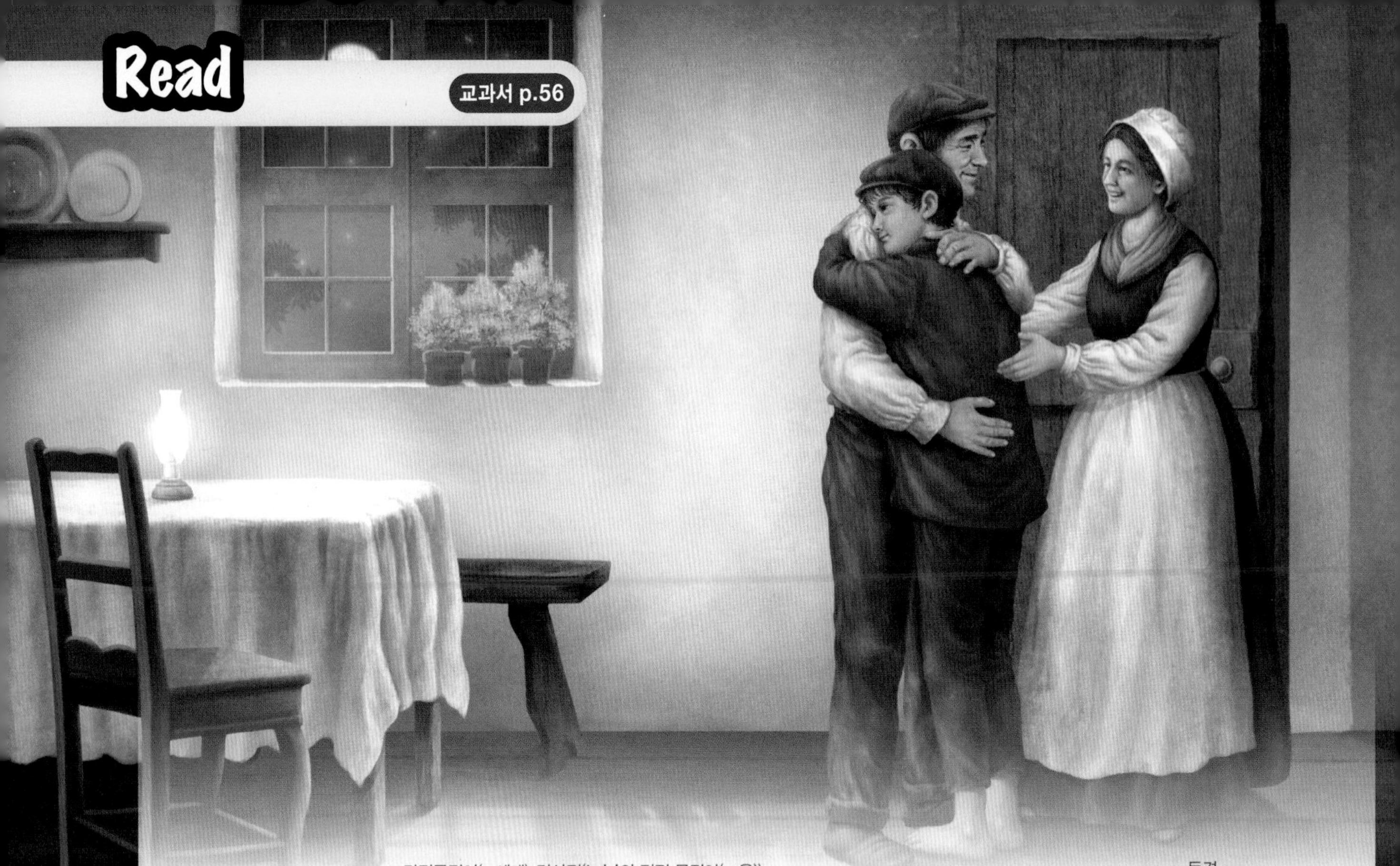

Read

교과서 p.56

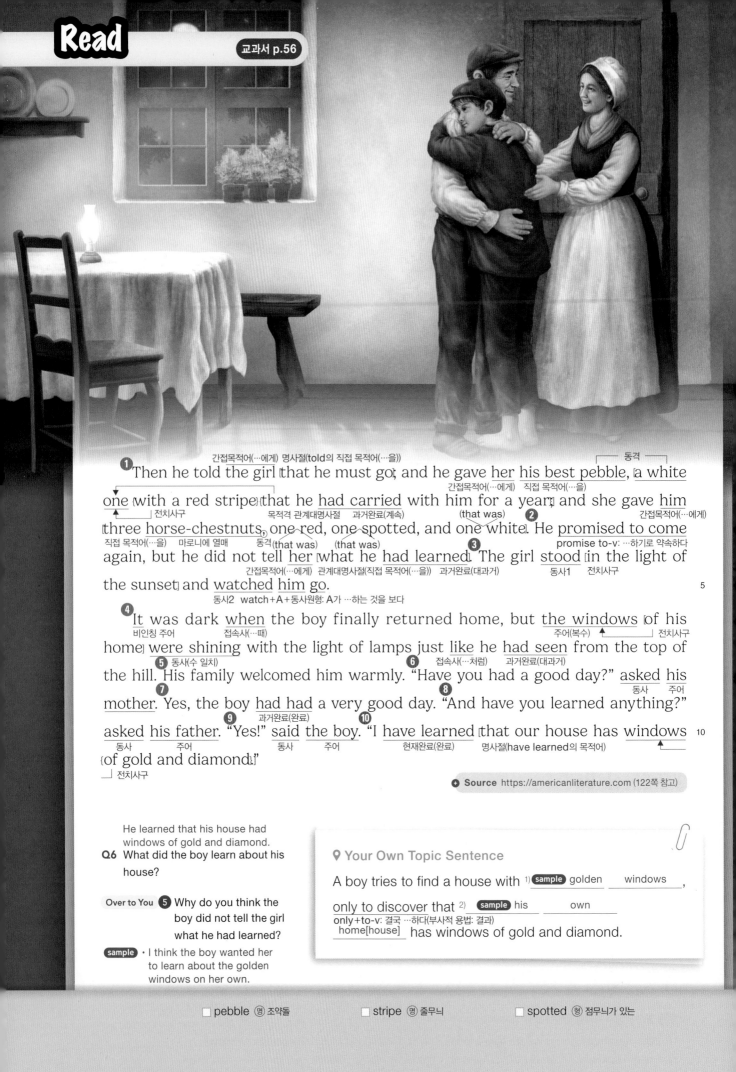

❶Then he told the girl that he must go, and he gave her his best pebble, a white one with a red stripe that he had carried with him for a year, and she gave him three horse-chestnuts, one red, one spotted, and one white. ❷He promised to come again, but he did not tell her what he had learned. ❸The girl stood in the light of the sunset and watched him go.

간접목적어(…에게) / 명사절(told의 직접 목적어(…을)) / 동격 / 간접목적어(…에게) / 직접 목적어(…을) / 전치사구 / 목적격 관계대명사절 / 과거완료(계속) / (that was) / 간접목적어(…에게) / 직접 목적어(…을) / 마로니에 열매 / 동격 / (that was) / (that was) / promise to-v: …하기로 약속하다 / 간접목적어(…에게) / 관계대명사절(직접 목적어(…을)) / 과거완료(대과거) / 동사1 / 전치사구 / 동사2 watch+A+동사원형: A가 …하는 것을 보다

❹It was dark when the boy finally returned home, but the windows of his home were shining with the light of lamps just like he had seen from the top of the hill. ❺His family welcomed him warmly. ❻"Have you had a good day?" asked his mother. ❼Yes, the boy had had a very good day. ❽"And have you learned anything?" asked his father. ❾"Yes!" said the boy. ❿"I have learned that our house has windows of gold and diamond."

비인칭 주어 / 접속사(…때) / 주어(복수) / 전치사구 / 동사(수 일치) / 접속사(…처럼) / 과거완료(대과거) / 동사 / 주어 / 과거완료(완료) / 동사 / 주어 / 동사 / 주어 / 현재완료(완료) / 명사절(have learned의 목적어) / 전치사구

Source https://americanliterature.com (122쪽 참고)

Q6 What did the boy learn about his house?

He learned that his house had windows of gold and diamond.

Over to You 5 Why do you think the boy did not tell the girl what he had learned?

[sample] • I think the boy wanted her to learn about the golden windows on her own.

Your Own Topic Sentence

A boy tries to find a house with 1) [sample] golden windows, only to discover that 2) [sample] his own home[house] has windows of gold and diamond.

only+to-v: 결국 …하다(부사적 용법: 결과)

□ pebble [명] 조약돌 □ stripe [명] 줄무늬 □ spotted [형] 점무늬가 있는

❶ 그러고 나서 그는 소녀에게 가야 한다고 말하고 그의 최고의 조약돌인, 그가 1년 동안 갖고 다녔던 빨간색 줄무늬가 있는 흰색 조약돌을 그녀에게 주었고, 그녀는 그에게 빨간색, 점무늬, 흰색인 마로니에 열매 세 개를 주었다. ❷ 그는 다시 오겠다고 약속했지만 그가 깨달았던 것을 그녀에게 말하지 않았다. ❸ 소녀는 해 질 녘 빛 속에 서서 그가 가는 것을 보았다.

❹ 소년이 마침내 집에 돌아왔을 때 (밖은) 어두웠지만 그의 집의 창문은 그가 언덕 꼭대기에서 봤던 것처럼 전등 불빛으로 빛나고 있었다. ❺ 그의 가족은 그를 따뜻하게 맞이했다. ❻ "좋은 하루를 보냈니?"라고 그의 어머니가 물었다. ❼ 맞다, 소년은 정말 좋은 하루를 보냈다. ❽ "그리고 무언가를 배웠니?"라고 그의 아버지가 물었다. ❾ "네!"라고 소년이 말했다. ❿ "저는 금과 다이아몬드로 된 창문이 우리 집에 있다는 것을 배웠어요."

Answer While Reading

Q6 소년은 그의 집에 관해 무엇을 알게 되었는가? → 금과 다이아몬드 창문이 그의 집에 있다는 것을 알게 되었다.

Over to You ❺ 당신은 왜 소년이 소녀에게 그가 알게 된 것을 말하지 않았다고 생각하는가?

sample · 나는 소녀가 그녀 스스로 금으로 된 창문에 대해 알기를 소년이 원했다고 생각한다.

➕ 추가 예시 답안 · I think he didn't tell the girl because he didn't want to ruin the mystery.
(나는 그가 그 신비감을 깨고 싶지 않았기 때문에 소녀에게 말하지 않았다고 생각한다.)

· He wanted her to still believe that his house had windows of gold and diamond.
(그는 그녀가 그의 집이 금과 다이아몬드 창문을 가지고 있다고 여전히 믿고 있기를 원했다.)

> 📍 Your Own Topic Sentence
>
> 소년은 1)금으로 된 창문이 있는 집을 찾으려고 노력하지만, 결국 2)그 자신의 집에 금과 다이아몬드로 된 창이 있다는 것을 깨달았다.
>
> 작성 TIP 1) 글에서 소년이 찾으려 한 것은 금으로 된 창문으로, golden을 쓸 수 있다. 2) 소년은 이야기의 마지막에서 금과 다이아몬드로 된 창문이 자신의 집에 있다는 것을 깨달았다.

❶ ... he gave her his best pebble, a white **one** with a red stripe [that he had carried with him for a year]; and she gave him three horse-chestnuts, **one** red, **one** spotted, and **one** white.
➜ 동격의 쉼표(,) 뒤에 나오는 말은 앞에 나오는 명사(구)(his best pebble, three horse-chestnuts)를 부연 설명한다. one은 앞서 나온 명사(pebble, horse-chestnut)와 같은 종류의 것을 말할 때 중복을 피하기 위해 쓰는 대명사이다. [ ]는 선행사 a white one을 수식하는 목적격 관계대명사절이다.

❷ He **promised to come** again, but he did not *tell her* [*what he had learned*].
➜ 「promise to-v」는 '…하기로 약속하다'라는 뜻이다. 「tell A B」는 'A에게 B를 말하다'는 뜻으로 A는 '…에게'에 해당하는 간접 목적어, B는 '…을'에 해당하는 직접 목적어이다. 직접 목적어인 [ ]는 선행사를 포함하는 관계대명사 what이 이끄는 관계대명사절이다. had learned는 대과거(과거 이전의 과거)를 나타내는 과거완료이다.

❸ The girl stood in the light of the sunset and **watched him go**.
➜ 「watch+목적어+동사원형」은 '(목적어)가 …하는 것을 보다'는 뜻이다. 지각동사 watch는 목적격 보어로 동사원형이나 분사를 취한다.

❹ **It** was dark when the boy finally returned home, but ... *just like* he had seen from the top of the hill.
➜ It은 명암을 나타내는 비인칭 주어로 딱히 해석하지 않는다. like는 뒤에 주어, 동사가 뒤따르는 접속사로 쓰였고, just는 like를 수식하여 '꼭'이라는 뜻으로 쓰였다.

내신 Check-Up ★★

1 본문의 내용과 일치하면 T, 일치하지 않으면 F를 쓰시오.

(1) The girl and the boy gave each other gifts. _____

(2) The mother wondered where the boy went. _____

2 밑줄 친 it의 쓰임이 〈보기〉와 다른 것은?

> 보기 It was dark when the boy finally returned home.

① It was already 8 p.m.   ② It is too far from my house to yours.   ③ It is good to see you.

3 서술형 문장②에 나오는 what he had learned가 가리키는 바를 본문에서 찾아 주어를 변형하여 쓰시오.

_____

4 문법 주어진 동사를 알맞은 형태로 고치시오.

(1) He promised _____ again. (come)

(2) The girl stood in the light of the sunset and watched _____ go. (he)

89

A Summarize on You Own

사건이 일어난 올바른 순서대로 숫자를 써서 요약문을 완성하시오.

1 매일 저녁 소년은 금과 다이아몬드로 된 창문이 있는 집을 바라본다.
2 어느 날 소년은 휴일을 얻고 그 집을 찾기 위해 여정을 떠난다.
3 그 소년은 어떤 집에 도착하지만 창문이 투명한 유리라는 것을 발견한다.
4 그 소년은 그 집에 사는 소녀와 친구가 된다.
5 소녀와 소년은 먼 언덕에 있는 금으로 된 창문을 가진 집을 본다.
6 소년은 집으로 돌아와 그가 하루 동안 배운 것에 관해 가족에게 말한다.

A Summarize on Your Own

Complete the summary by numbering the events in the correct order.

1. Every evening, a boy looks at a house with windows of gold and diamond.

3. The boy reaches a house, but he discovers that the windows are clear glass.

6. The boy returns home and tells his family about what he learned during the day.

4. The boy becomes friends with the girl who lives in the house.

2. One day, the boy gets a day off and goes on a journey to find the house.

5. The girl and the boy see a house with golden windows on a hill far away.

B Think Critically

당신이 *The Golden Windows* 를 영화로 제작 중인 감독이라고 상상해 보시오. 장면들 중 하나를 골라 아래와 같이 세부 사항을 채우시오.

(Example)
· 등장인물: 소년
· 배경: 언덕 위
· 설명: 소년은 언덕 위에 앉아 있고 하늘은 태양이 지면서 붉게 변하고 있다.

PERSONALIZE Imagine you are a director who is making *The Golden Windows* into a movie. Choose one of the scenes and fill out the details below.

Example
- **Character:** The boy
- **Setting:** On the hill
- **Description:** The boy is sitting on the hill, and the sky is turning red as the sun sets.

Your Idea
- **Character:** sample The boy
- **Setting:** In front of a house
- **Description:**
  The boy is standing in front of the house with a confused look on his face.

sample
· 등장인물: 소년
· 배경: 어떤 집 앞
· 설명: 소년은 혼란스러운 모습의 얼굴로 집 앞에 서 있다.

➕ 추가 예시 답안
· Character: The girl
· Setting: On the high place near her house
· Description: The sun is setting behind the girl. She is holding the pebble in her hand and watching as the boy walks away.

· 등장인물: 소녀
· 배경: 집 근처 높은 장소
· 설명: 소녀 뒤로 태양이 지고 있다. 그녀는 손에 조약돌을 들고 있고 소년이 떠나 가는 것을 보고 있다.

B director 몡 감독   setting 몡 배경   description 몡 설명, (말에 의한) 묘사

내신 Check-Up ➕★★

본문의 내용과 일치하면 T, 일치하지 않으면 F에 표시하시오.   T   F

1 The house on the far hill only shone at sunset.   ☐   ☐
2 When the boy took the journey, some birds kept him company.   ☐   ☐
3 The woman's house didn't have golden windows, just clear glass ones.   ☐   ☐
4 The boy was looking for a house, and the girl had no idea where it was.   ☐   ☐
5 The boy realized through his journey that his house had windows of gold and diamond.   ☐   ☐

① 현재완료

계속 · 완료

본문 속 문장 다시 보기 You **have been** a good boy and **have earned** a holiday. 교과서 p. 53 1행

I **have learned** that our house has windows of gold and diamond. 교과서 p. 56 10행

완료

현재완료는 과거에 일어난 일이 현재에도 영향을 미치고 있을 때 사용한다. 단순 과거시제는 현재 상태에 대한 정보를 주지 않고 단지 과거에 대해 설명하지만, 현재완료는 그런 과거의 일이 현재와도 어떤 관련이 있음을 나타낸다. 현재완료는 구체적으로 완료, 계속, 경험, 결과를 나타낸다.

· **완료** 최근 또는 지금 막 완료된 행동에 대해 말할 때 쓰며 just, yet, already 등의 부사와 함께 자주 쓰인다.
· **계속** 과거부터 현재까지 계속해서 일어난 동작이나 지속적인 상태를 나타낼 때 쓴다. 해석은 '(계속해서) …해 왔다' 라고 하며, for(…동안), since(…이래로)와 함께 자주 쓰인다.
· **경험** 과거부터 현재까지의 기간에 있었던 일을 나타낼 때 쓴다. 대개 '…한 적이 있다'라고 해석하며 ever, never, before, once, twice 등의 부사와 함께 자주 쓰인다.
· **결과** 과거의 일로 인해 현재에 어떤 결과가 생겼을 때 쓴다. 이때 해석은 '…했다'로 과거시제와 같지만, 현재완료는 '그 결과 지금은 어떠하다'라는 현재와의 연관성을 포함한다.

➕ **추가 예문**
· We **have visited** the museum twice this month. (우리는 이번 달에 두 번 그 박물관을 방문했다.)
· They **have been** best friends for a long time. (그들은 오랫동안 가장 친한 친구였다.)
· She **has learned** how to play the guitar. (그녀는 기타 치는 법을 배웠다.)

문법 만점 Check-Up ☆★

1 다음 괄호 안의 단어를 이용하여 대화를 완성하시오.

(1) A: Have you ever tried goulash before?

B: No, I _____ _____ _____ goulash. (never, eat)

(2) A: Why is Tom's phone off?

B: He _____ _____ it somewhere, and he's still looking for it. (lose)

(3) A: How many times have you been to the gym this week?

B: I _____ _____ three times so far. (go)

2 〈보기〉의 동사들을 이용하여 문장을 완성하시오.

보기	arrive	eat	know	live

(1) He _____ already _____ breakfast.
(2) She _____ _____ in New York for five years.
(3) We _____ _____ each other since childhood.
(4) The train _____ just _____ at the station.

서술형 대비

3 〈보기〉와 같이 두 문장을 한 문장으로 바꿔 쓰시오.

보기 Kate lost her laptop. She doesn't have it now.
→ Kate <u>has lost</u> her laptop.

(1) I watched the movie Spider-Man. I rewatched it this year

→ _____ twice.

(2) Lucy forgot her PIN number for the website. She still doesn't know it.

→ _____ for the website.

(3) Steve was born and raised in LA. He still lives there.

→ _____ since he was born.

단원 핵심 문법 ❷ 도치 구문

본문 속 문장 다시 보기   On this far hill <u>stood</u> <u>a house</u> with windows of gold and diamond.   교과서 p. 52 2행
동사   주어

부사구

방향·장소의 부사어(구) 도치 방향이나 장소를 나타내는 부사구가 강조를 위해 문장 앞에 나올 때, 주어와 동사는 위치를 서로 바꾸는 도치 현상이 일어난다. 단, 주어가 대명사일 때는 도치하지 않는다. (주로 문학 작품)

· **A quiet village lay** at the end of this road. (조용한 마을이 이 길 끝에 있었다.)
  → *At the end of the road* **lay a quiet village**. (이 길 끝에 조용한 마을이 있었다.)
· Here **he comes**! (그가 여기로 와!)

부정어(구) 도치 부정어나 부정을 의미하는 부사(never, not, no, few, little, hardly, scarcely, seldom, rarely 등), 부정의 의미에 가까운 only가 강조를 위해 문장 앞으로 나올 때도 주어와 동사를 도치한다.

· **일반동사가 있는 문장:** 「do[does/did]+주어+동사원형」   · **조동사가 있는 문장:** 「조동사+주어+동사원형」
· **be동사가 있는 문장:** 주어와 be동사 순서를 서로 바꿈
· **She** not only **won** the race, but she also broke the record. (그녀는 경주에서 이겼을 뿐만 아니라 기록도 경신했다.)
  → *Not only* **did she win** the race, but she also broke the record.
· *Never* **have I seen** such a talented athlete. (나는 그렇게 재능 있는 선수를 본 적이 없다.)
· *Not once* **was he** late to a meeting. (그는 회의에 한 번도 늦은 적이 없다.)

➕ 추가 예문
· In the middle of the forest **was a small cabin**. (숲 한 가운데 작은 오두막집이 있었다.)
· Only in this way **can you achieve** success. (오직 이런 방법으로만 당신은 성공을 이룰 수 있다.)
· Never **did he complain** about the challenges he faced. (그가 직면한 난관들에 대해 그는 불평하는 일이 없었다.)

문법 만점 Check-Up

1 다음 두 문장이 같은 의미가 되도록 빈칸에 알맞은 말을 쓰시오.

(1) We could understand the problem only after the meeting.
  = Only after the meeting _____ _____ _____ the problem.

(2) She hardly realized that her words had hurt her sister.
  = Hardly _____ _____ _____ that her words had hurt her sister.

(3) A wide river flowed under the bridge, reflecting the city lights.
  = Under the bridge _____ _____ _____ _____, reflecting the city lights.

서술형 대비

2 다음 문장에서 틀린 곳을 찾아 고치시오.

(1) At the top of the mountain does a peaceful temple rest.
(2) Not until midnight did he got home from work.
(3) Seldom opportunities like this are available.

서술형 대비

3 〈보기〉와 같이 밑줄 친 부분을 문장 앞으로 보내어 문장을 다시 쓰시오.

> 보기   He <u>never</u> doubted his abilities, even when others questioned him.
>   → <u>Never</u> did he doubt his abilities, even when others questioned him.

(1) She found a dusty old book <u>on the top shelf</u>.
  → _____

(2) The cat was <u>behind the curtains</u>, quietly watching the birds outside.
  → _____

(3) He will <u>not only</u> attend, but he will also speak.
  → _____

내신 만점 본문 Check ★

다음 네모 안에서 옳은 어법·어휘를 고르시오.

01 On this far hill a house stood / stood a house with windows of gold and diamond.

02 The windows shone at sunset, but after a while, the fascinating / fascinated light disappeared.

03 One day, the boy's father called him over and said, "You had been / have been a good boy and have earned a holiday."

04 The boy thanked his father and kissed his mother; then he took a piece of bread, and left to find / found the house with the golden windows.

05 When he looked back, the footprints seemed to be following him and keeping him compassion / company.

06 Before long, he felt hungry, so he sat down by a stream to eat his bread and drink / drinks the clear water.

07 He scattered the remaining pieces of bread for the birds, as his mother have taught / had taught him to do, and went on his way.

08 It seemed that / which the shutters were closed, for he could not see the golden windows.

09 He came up to the house and was disappointed to find that / what the windows were made of clear glass, like any others, and there was no gold anywhere around them.

10 A woman came to the door, looked kindly at the boy, and asked him that / what he wanted.

11 She told the boy sitting / to sit down on the step in front of the door, brought him a snack, and

called her daughter, a girl of his own age.

12 Although the girl's clothes were modest / gorgeous , her hair was golden like the windows he

had seen, and her eyes were blue like the sky.

13 The boy told her about his own calf at home, which was / were red like a chestnut and had white

feet.

14 Feeling as if / so that they were now friends, the boy asked her about the golden windows.

15 The girl said she knew all about them, only he had mistaken which / where house had them.

16 "Come with me. I will show you the house with the golden windows, and then you will see

for / to yourself."

17 They went to a high place and saw a house with windows of gold and diamond on a hill far away,

just as / as for the boy had seen before.

18 He promised come / to come again, but he did not tell her what he had learned.

19 The girl stood in the light of the sunset and watched him go / to go .

20 It was dark when / that the boy finally returned home, but the windows of his home were

shining with the light of lamps.

[1-2] 다음 글을 읽고, 물음에 답하시오.

After working hard all day long, a boy would go up to the top of a hill and look across at another hill. On this far hill stood a house with windows of gold and diamond. They shone at sunset, but after a while, (A) the fascinating light disappeared. The boy supposed that the people in the house closed the shutters because it was dinnertime.

01 밑줄 친 would와 어법상 쓰임이 같지 <u>않은</u> 것은?

① She would always bring her lunch to work.

② He would often read a book before going to bed.

③ Every summer, we would go camping in the river.

④ I would go to the party, but I'm feeling tired.

⑤ They would visit their grandparents every weekend.

서술형

02 소년은 밑줄 친 (A)의 원인을 뭐라고 생각하는지 우리말로 쓰시오.

_____

03 밑줄 친 ①~⑤ 중, 어법상 틀린 것은?

One day, the boy's father called him ① over and said, "You have been a good boy and ② have earned a holiday. Take the day off, but try to learn ③ important something." The boy thanked his father and ④ kissed his mother; then he took a piece of bread, and left ⑤ to find the house with the golden windows.

[4-6] 다음 글을 읽고, 물음에 답하시오.

His journey was enjoyable. His bare feet made marks in the white sand. When he looked back, _____ and keeping him company. His shadow, too, stayed beside him and would dance or run with him as he pleased. Before long, he felt hungry, so he sat down by a stream ⓐ ate his bread and drink the clear water. He scattered the remaining pieces of bread for the birds, as his mother had taught him ⓑ doing, and went on his way.

04 빈칸에 들어갈 말로 가장 적절한 것은?

① his friends were calling his name

② some dancers were chasing him

③ the footprints seemed to be following him

④ he saw small houses in the distance behind him

⑤ some birds quickly flew past him

05 밑줄 친 ⓐ와 ⓑ를 어법상 알맞은 형태로 고쳐 쓰시오.

(1) ⓐ → _____   (2) ⓑ → _____

서술형

06 소년이 빵 조각들을 흩뿌리게 된 이유를 우리말로 쓰시오.

_____

A woman came to the door, looked kindly at the boy, and 그에게 그가 무엇을 원하는지 물었다. "I saw the golden windows from the top of our hill," he said, "and I came to see them, but now they are only glass." ① The woman shook her head and laughed. ② "We are poor farming people," she said, "and are not likely to have windows made of gold; but glass is better to see through." ③ She told the boy to sit down on the step in front of the door, brought him a snack, and called her daughter, a girl of his own age. ④ The girl and her sister once studied at the same school. ⑤ Then she smiled at the two and went back to her work.

서술형

07 밑줄 친 우리말과 같은 뜻이 되도록 아래 괄호 안의 단어를 이용하여 5단어로 쓰시오.

(ask / what / want)

_____

08 글의 전체 흐름과 관계 없는 문장은?

09 윗글의 내용과 일치하지 않는 것은?

① 한 소녀가 소년에게 친절하게 말을 건넸다.
② 소년은 금으로 된 창문이 있는 집을 보러 왔다.
③ 가난한 농부의 집에 금으로 된 창문은 없다.
④ 여성이 소년에게 간식을 가져다 주었다.
⑤ 소년과 소녀는 비슷한 나이였다.

Although the girl's clothes were modest, her hair was golden like the windows he (A) have / had seen, and her eyes were blue like the sky. She led the boy around the farm and showed him her black calf, (B) that / which had a white star on ⓐ its forehead. The boy told her about his own calf at home, which was red like a chestnut and had white feet. Feeling (C) as if / such as they were now friends, the boy asked her about the golden windows. The girl said she knew all about ⓑ them, only he had mistaken which house had them.

10 (A), (B), (C)의 각 네모 안에서 어법에 맞는 표현으로 가장 적절한 것은?

	(A)	(B)	(C)
①	had	which	as if
②	had	see	such as
③	have	which	as if
④	have	see	such as
⑤	have	which	such as

11 밑줄 친 ⓐ와 ⓑ가 가리키는 것을 글에서 찾아 각각 쓰시오.

(1) ⓐ → _____

(2) ⓑ → _____

서술형

12 밑줄 친 only he had mistaken which house had them을 우리말로 해석하시오.

_____

13 밑줄 친 ⓐ, ⓑ를 어법상 알맞은 형태로 고쳐 쓰시오.

> Then he told the girl that he must go; and he gave her his best pebble, a white one with a red stripe that he ⓐ carry with him for a year; and she gave him three horse-chestnuts, one red, one spotted, and one white. He promised to come again, but he did not tell her ⓑ that he had learned. The girl stood in the light of the sunset and watched him go.

(1) ⓐ → _____ (2단어)
(2) ⓑ → _____ (1단어)

15 윗글의 내용과 일치하지 <u>않는</u> 것은?

① The boy returned home before sunset.
② The boy's house was bright with light.
③ The boy's family asked him some questions when he came home.
④ The boy told his family about what he learned during the journey.
⑤ The boy realized that his own house had windows of gold and diamond.

[14-16] 다음 글을 읽고, 물음에 답하시오.

> It was dark when the boy finally returned home, but the windows of his home were shining with the light of lamps just like he had seen from the top of the hill. (①) "Have you had a good day?" asked his mother. (②) Yes, the boy had had a very good day. (③) "And have you learned anything?" asked his father. (④) "Yes!" said the boy. (⑤) "I have learned that our house has windows of gold and diamond."

14 글의 흐름으로 보아, 주어진 문장이 들어가기에 가장 적절한 곳은?

> His family welcomed him warmly.

서술형

16 윗글에서 소년이 여정을 통해 배우고 깨닫게 된 사실을 잘 나타내는 문장을 찾아 쓰시오.

_____
_____

Lesson 3

How Our Body Works

우리 몸이 기능하는 방법

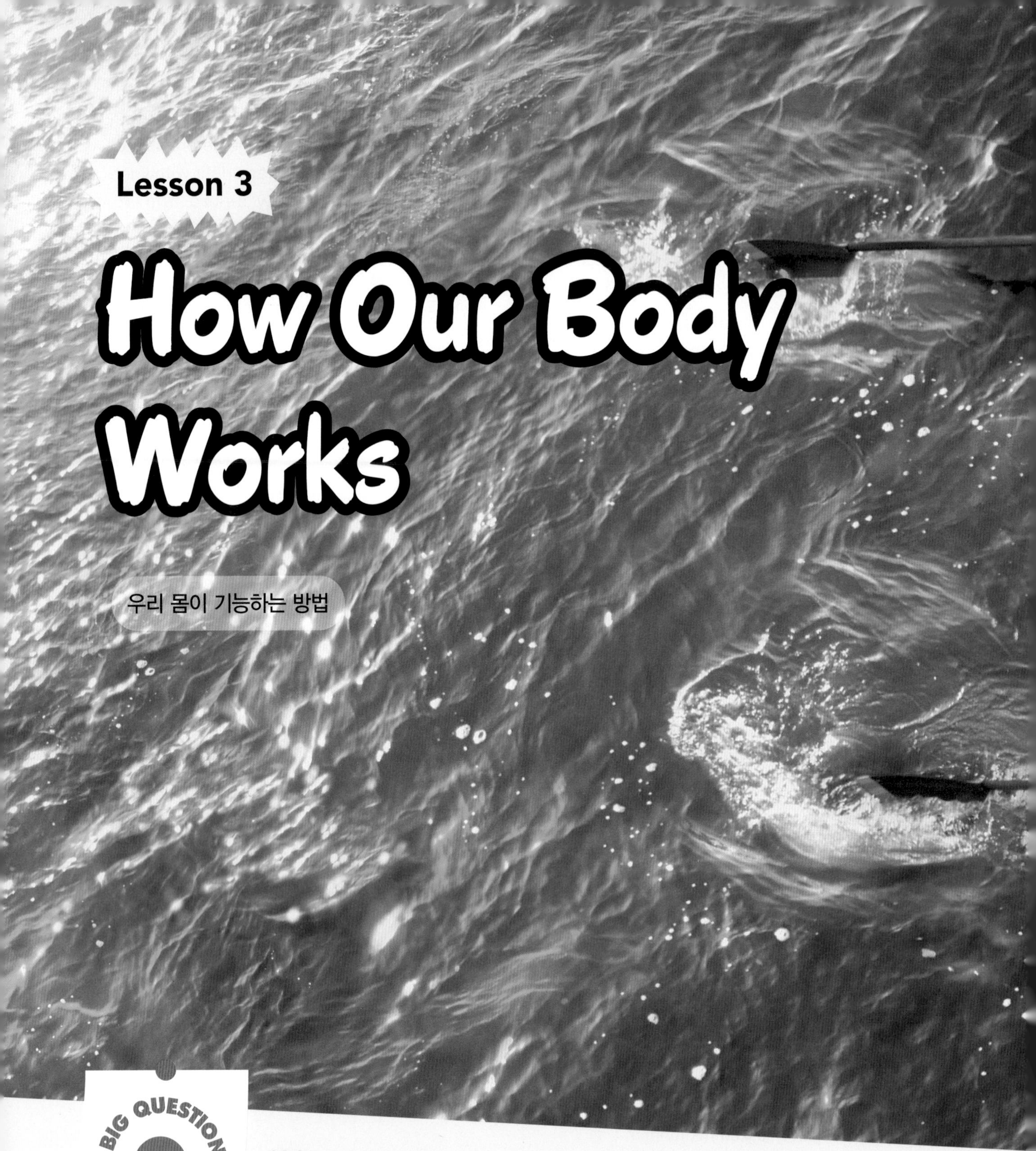

BIG QUESTION Q

What should we consider to live healthy lives?

건강한 삶을 살기 위해 우리는 무엇을 고려해야 할까요?

Listen and Talk

Better Health

더 나은 건강

Watch and Communicate

Practice Makes Perfect

연습이 완벽을 만든다

Read

Timing Is Everything

시기 선택이 모든 것이다

Think and Write

Giving Advice

조언하기

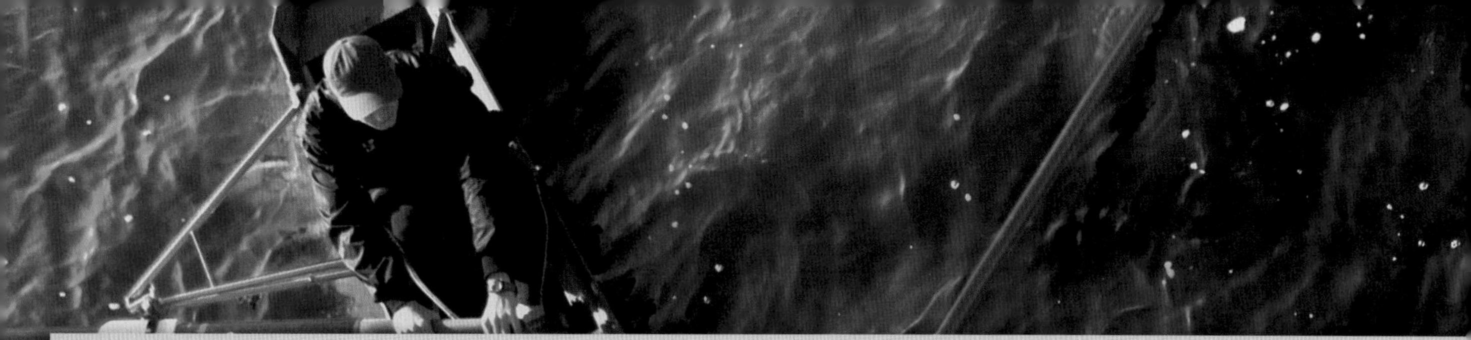

★☆ 단원 핵심 어휘 및 표현

알고 있는 단어에 v 표시하고 뜻을 써 보시오.

☐ work out		☐ nausea	
☐ digestive		☐ faint	
☐ break down		☐ use up	
☐ absorb		☐ contain	
☐ nutrient		☐ replace	
☐ supply		☐ basically	
☐ oxygen		☐ weigh	
☐ pause		☐ consume	
☐ provide		☐ discomfort	
☐ carbohydrate		☐ vary	
☐ completely		☐ matter	
☐ unusually		☐ active	
☐ outcome		☐ moderate	
☐ suffer from		☐ casual	

work out 운동하다 **digestive** [형] 소화의 **break down** 분해하다 **absorb** [동] 흡수하다 **nutrient** [명] 영양소 **supply** [동] 공급하다 **oxygen** [명] 산소 **pause** [동] 잠시 멈추다 **provide** [동] 제공하다 **carbohydrate** [명] 탄수화물 **completely** [부] 완전히, 전적으로 **unusually** [부] 대단히, 비정상적으로 **outcome** [명] 결과 **suffer from** …로 고통받다 **nausea** [명] 메스꺼움 **faint** [동] 실신하다 **use up** 다 써 버리다 **contain** [동] …이 함유되어 있다 **replace** [동] 대신[대체]하다 **basically** [부] 기본적으로 **weigh** [동] 무게가 나가다 **consume** [동] 먹다 **discomfort** [명] 불편함 **vary** [동] 서로[각기] 다르다 **matter** [동] 중요하다 **active** [형] 활동적인 **moderate** [형] 중간의, 보통의 **casual** [형] 일상적인

Study Points

✔ Communicative Functions

- **궁금증 표현하기** **I'm curious about** how vaccines help prevent some diseases.
- **알거나 모름 표현하기** **Are you aware of** the recommended daily amount of caffeine?

✔ Language Structures ▸ 목적어 역할을 하는 that절의 「(should+)동사원형」

- Doctors **recommend that** people **eat** food containing carbohydrates.
- Can you explain **how long we should wait** after eating?
  ▸ 간접 의문문

▸ 백신이 일부 질병을 예방하는 데 어떻게 도움을 주는지 궁금해요.
▸ 너 카페인의 하루 권장량을 알고 있니?
▸ 의사들은 사람들에게 탄수화물을 함유한 음식을 먹을 것을 권장합니다.
▸ 우리가 식사 후에 얼마나 오래 기다려야 하는지 설명해 주시겠어요?

Better Health ① Basic Medical Knowledge

궁금증 표현하기   I'm curious about … .

교과서 p.60

A Listen Up

1 대화를 들으시오. 화자들의 관계를 고르시오.

a 의사 – 간호사
b 교사 – 학생
c 과학자 – 기자

문제 해설

여자가 바이러스에 관한 수업이 흥미로웠다고 말하고 있으며 남자가 백신이 질병을 어떻게 예방하는지 설명한 후 관련 영상을 추천하고 있으므로 정답은 b이다.

2 다시 들으시오. 여자가 대화 후에 볼 영상으로 가장 적절한 것은?

a 백신이 작용하는 방법
b 건강한 식단을 만드는 방법
c 바이러스가 얼마나 위험한가

문제 해설

여자는 백신이 질병을 예방하는 방법에 관한 영상을 추천해 달라고 했으므로 정답은 a이다.

A Listen Up

1 Listen to the conversation. Choose the relationship of the speakers.

a doctor – nurse
ⓑ teacher – student
c scientist – reporter

2 Listen again. Which video will the girl most likely watch after the conversation?

ⓐ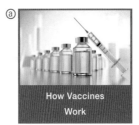
How Vaccines Work

b
How to Create a Healthy Diet

c
How Dangerous Viruses Are

B Let's Talk

Look at the different types of medicine and talk with your partner about how to use them.

For dry eyes
• Use these eye drops four times a day.
• possible side effect: redness

For a cold
• Take this medicine every four hours.
• possible side effect: stomachaches

For a sunburn
• Apply this cream three times a day.
• possible side effect: swelling of the skin

(Example)
A I have dry eyes. Do you have any medicine for me?
B Yes. You can use these eye drops four times a day.
A Okay. Hmm… **I'm curious about** the side effects.
B They can sometimes cause redness. If they do, stop using them and visit a doctor.

Speaking Tip
'나는 …한 증상이 있다.'
라는 표현으로 'I have
….'를 사용할 수 있다.

B Let's Talk

다른 종류의 약을 보고 그것들을 사용하는 법에 대해 짝과 이야기해 보시오.

건조한 안구용	감기용	햇볕 화상용
· 이 안약을 하루에 네 번 사용하세요. · 가능한 부작용: 충혈	· 이 약을 4시간마다 복용하세요. · 가능한 부작용: 위통	· 이 크림을 하루에 세 번 바르세요. · 가능한 부작용: 피부의 부어오름

(Example)
A 저는 눈이 건조해요. 저를 위한 약이 있나요?
B 그럼요. 이 안약을 하루에 네 번 사용하면 됩니다.
A 알겠어요. 음… 저는 부작용이 궁금해요.
B 그것은 가끔 충혈을 일으킬 수 있어요. 만약 그러면, 그 약의 사용을 중지하고 의사를 방문하세요.

A **create** (동) 창조하다, …을 만들어 내다   **healthy** (형) 건강한   **dangerous** (형) 위험한
B **side effect** 부작용   **apply** (동) (크림 등을) 바르다   **swelling** (명) 부어오름

A Listen Up

Script

G Mr. Bruce, today's class [about viruses] was interesting.
주어(단수) 전치사구 동사(수 일치)

M Oh, I'm glad [that you enjoyed it].
부사절(감정 glad의 이유)

G But I want to know more about the topic.
want to-v: …하고 싶어 하다 대명사(know의 목적어)

M What do you want to know about?

G ❶ I'm curious about [how vaccines help prevent some diseases].
간접 의문문(전치사 about의 목적어) help+동사원형/to-v: …하는 것을 돕다

M Well, vaccines are weak versions of viruses.
❷ They allow our bodies to practice [fighting against those viruses].
allow+A+to-v: A가 …하는 것을 허락하다 practice v-ing: …하는 것을 연습하다

G How interesting! Our immune system is fascinating.
How+형용사(+주어+동사)!: 정말 …하군요!(감탄문)

M If you would like to learn more, you can watch some videos [about the topic].
would like to-v: …하고 싶어 하다

G Could you recommend some to me?
Could you … ?: …해줄 수 있니?(정중한 부탁)

M Sure. I will let you know a good website.
let(사역동사)+A+동사원형: A가 …하게 하다

구문 해설

❶ I'm curious about **how** vaccines *help prevent* some diseases.
➡ how 이하는 전치사 about의 목적어로 쓰인 간접 의문문이다. 「how+주어+동사」의 어순으로, '어떻게 (주어)가 …하는지'로 해석한다.
➡ 동사 help 뒤에는 동사원형이나 to부정사가 와서 '…하는 것을 돕다'라는 의미를 나타낼 수 있다.

❷ They **allow** our bodies **to practice** fighting against those viruses.
➡ 「allow+목적어+목적격 보어」의 구조로 동사 allow는 목적격 보어로 to부정사를 취한다.

해석
여 Bruce 선생님, 바이러스에 관한 오늘 수업이 흥미로웠어요.
남 오, 즐거웠다니 기쁘구나.
여 하지만 저는 그 주제에 대해 더 알고 싶어요.
남 무엇에 대해 알고 싶니?
여 백신이 일부 질병을 예방하는 데 어떻게 도움을 주는지 궁금해요.
남 음, 백신은 바이러스의 약한 버전이란다. 백신은 우리 몸이 그 바이러스와 싸우는 연습을 하게 해 주지.
여 정말 재미있네요! 우리의 면역 체계는 흥미롭네요.
남 네가 더 많은 것을 배우고 싶다면, 그 주제와 관련된 영상들을 봐도 좋단다.
여 저에게 몇 개 추천해 주실 수 있을까요?
남 물론이야. 괜찮은 웹 사이트를 알려 줄게.

Communicative Functions

I'm curious about … .

'나는 …가 궁금해'라는 뜻으로, 궁금증을 나타낼 때 쓰는 표현이다.
유사 표현 I wonder … . / Please tell me (about) … .

예시 대화 **A I wonder** how to search for information using an AI program.
(나는 AI 프로그램을 이용하여 정보를 검색하는 방법이 궁금해.)
B You can get better information if you type in the details that you're curious about.
(네가 궁금해하는 세부 사항을 입력하면 더 좋은 정보를 얻을 수 있어.)

Script **prevent** [동] 막다, 예방하다 **disease** [명] 질병 **against** [전] …에 맞서 **immune system** 면역 체계
fascinating [형] 매우 흥미로운, 매력적인 **recommend** [동] 추천하다

Better Health ② Consuming Food Properly

알거나 모름 표현하기 Are you aware of … ?

A Listen Up

1 대화를 들으시오. 남자의 문제를 바르게 보여 주는 것은?

문제 해설

남자가 가끔 어지러움을 느낀다고 했으므로 정답은 a이다.

2 다시 들으시오. 대화에서 남자에 대해 추론할 수 있는 것은?

a 그의 몸무게는 약 60kg이다.
b 그는 매일 250mg의 카페인을 섭취하고 있었다.
c 그는 에너지 음료에 든 카페인의 양을 알고 있었다.

문제 해설

여자가 체중의 1kg당 2.5mg의 카페인을 섭취하는 게 적절하다고 했고, 남자는 하루에 150mg의 카페인만 섭취해야 한다고 했으므로 남자의 몸무게는 60kg이라는 것을 알 수 있다. (150mg÷2.5mg/kg =60kg)

B Let's Talk

서로 다른 재료 안에 들어 있는 영양소를 보고 그 재료들을 적절하게 요리하는 방법에 대해 짝과 이야기해 보시오.

교과서 p.61

A Listen Up 🎧

1 Listen to the conversation. Which correctly shows the boy's problem?

ⓐ
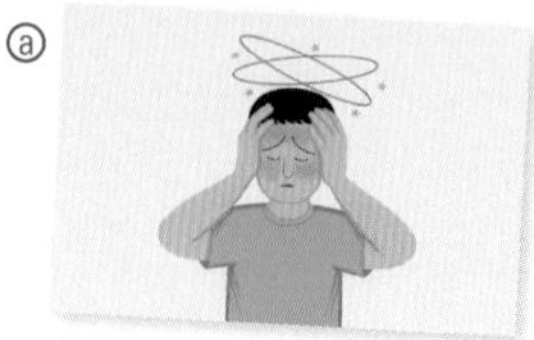
b
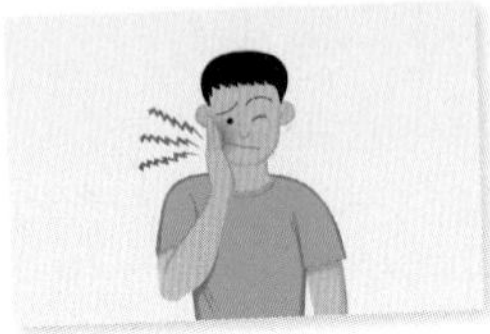
c
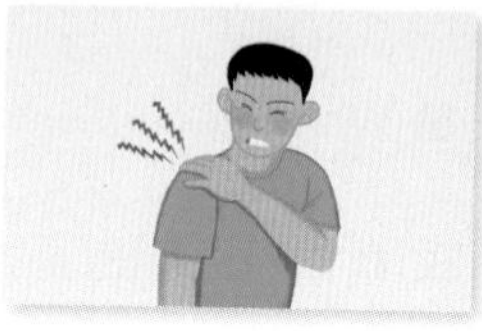

2 Listen again. What can be inferred about the boy from the conversation?

ⓐ His body weight is about 60 kg.
b He was consuming 250 mg of caffeine daily.
c He knew the amount of caffeine in the energy drink.

Listening Tip

숫자 정보에 유의하기 숫자 정보가 언급될 때는 항목을 메모하며 정확하게 듣는다. 때로 사칙연산, 백분율 계산 등이 필요할 때도 있다.

B Let's Talk 💬

Look at the nutrients in different ingredients and talk with your partner about how to cook the ingredients properly.

	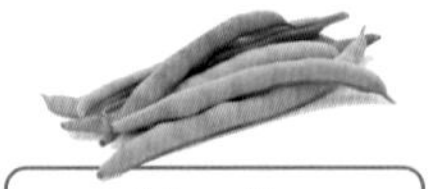	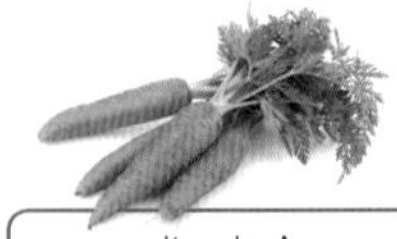	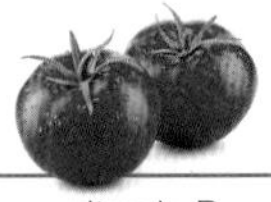
Nutrients	dietary fiber	vitamin A	vitamin B
How to cook	steam them for 5 to 7 minutes	boil them whole and unpeeled	cook them with vegetable oil

[Example]
A I'm going to cook green beans.
B Oh, they have a lot of dietary fiber.
A Right. **Are you aware of** the best way to cook them?
B No, I'm not. What is it?
A The best way to preserve the nutrients is to steam them for 5 to 7 minutes.

✓ Self-Check
1. 'I'm curious about … .' 표현을 이해하고 궁금증을 나타내는 대화를 할 수 있다. ☐ 🎧 ☐ 💬
2. 'Are you aware of … ?' 표현을 이해하고 알거나 모름을 말할 수 있다. ☐ 🎧 ☐ 💬

영양소	식이 섬유	비타민 A	비타민 B
조리법	5분에서 7분 동안 찐다	껍질을 벗기지 않고 통째로 삶는다	식물성 기름으로 요리한다

[Example]
A 나는 깍지콩을 요리할 거야.
B 아, 그것에는 식이 섬유가 많아.
A 맞아. 너는 그것을 요리하는 가장 좋은 방법을 알고 있니?
B 아니, 몰라. 그것이 무엇이니?
A 그 영양소를 보존하는 가장 좋은 방법은 5분에서 7분 동안 그것들을 찌는 거야.

A **infer** [동] 추론하다 **consume** [동] 먹다, 마시다 **amount** [명] 양, 총액
B **nutrient** [명] 영양소 **dietary fiber** 식이 섬유 **unpeeled** [형] 껍질을 벗기지 않은 **preserve** [동] 보존하다

B ❶ I can't sleep these days, and sometimes I <u>feel dizzy</u>.

feel+형용사: …하게 느끼다

G Maybe you drink <u>too many energy drinks</u>. Are you aware of the <u>recommended</u> [daily amount of caffeine]?

too many+셀 수 있는 명사: 너무 많은 …   과거분사

B No, I'm not. But I only drink two <u>per</u> day.

…당/마다

G ❷ Well, just <u>2.5 mg of caffeine</u> per kilogram of body weight <u>is</u> enough for you.

주어(단수)   동사(수 일치)

B I didn't know <u>that</u>. In that <u>case</u>, I should only have about 150 mg of caffeine per day.

= just 2.5 mg … for you   (특정한 상황의) 경우

G But <u>each</u> [of those energy drinks] <u>contains</u> 120 mg.

주어(단수) each+of+복수 명사: 각각의 …   동사(수 일치)   과거진행형

B Oh my goodness! I never realized [that I <u>was drinking</u> so much caffeine]!

명사절(realized의 목적어)

G I think you should <u>cut down on</u> energy drinks.

…을 줄이다

B You're right. <u>Starting tomorrow</u>, I will only drink one per day.

내일부터

구문 해설

❶ I can't sleep these days, and sometimes I **feel dizzy**.
➡ 「feel/smell/look/sound/taste+형용사」는 '…하게 느끼다/냄새가 나다/보이다/들리다/맛이 나다'라는 뜻으로 이들 감각을 나타내는 동사 뒤에는 형용사가 온다.

❷ Well, just **2.5 mg of caffeine** [per kilogram {of body weight}] **is** enough for you.
➡ 「무게/시간/거리/금액 of 명사」는 대개 단수 취급한다.

해석 남 나 요즘 잠을 잘 못 자고, 가끔 어지러움도 느껴.
여 아마 네가 너무 많은 에너지 음료를 마셔서 그럴 거야. 너 카페인의 하루 권장량을 알고 있니?
남 아니, 몰라. 하지만 나는 하루에 두 개만 마셔.
여 음, 몸무게 1kg당 2.5mg의 카페인이면 너에게 충분해.
남 그건 몰랐어. 그렇다면, 나는 하루에 약 150mg의 카페인만 섭취해야 하네.
여 그런데 각 에너지 음료는 120mg의 카페인을 함유하고 있잖아.
남 세상에! 내가 그렇게 많은 카페인을 마시고 있었다는 것을 전혀 몰랐어!
여 나는 네가 에너지 음료 (섭취)를 줄여야 한다고 생각해.
남 맞아. 내일부터 난 하루에 하나만 마실 거야.

Communicative Functions

Are you aware of … ?

'…을 알고 있니?'라는 뜻으로, 어떤 사실을 알고 있는지 물을 때 쓰는 표현이다.

유사 표현 Do you know about … ?
Have you heard (about) … ?
You know … (, don't you)?

예시 대화 A Have you ever **heard** that ginger is good for colds? (생강이 감기에 좋다는 것을 들어본 적 있니?)
B No, I haven't, but I've heard that ginger can warm your body.
(아니, 없어, 하지만 생강이 몸을 따뜻하게 해 줄 수 있다는 건 들어 봤어.)

Script dizzy ⓗ 어지러운   **contain** ⓥ 포함하다, …이 함유되어 있다   **realize** ⓥ 깨닫다   **cut down on** …를 줄이다

Practice Makes Perfect

교과서 p.62

● 동영상 해설

자전거 타기나 젓가락질처럼 몸을 사용하는 기술을 한번 익히고 나면 움직임을 머리로 생각하지 않고도 쉽게 수행할 수 있게 되는 근육 기억에 관한 내용이다.

A Watch

1 영상을 보고 그것이 전달하는 메시지에 대해 생각해 보시오.

2 다시 보시오. 영상에 대한 제목으로 가장 적절한 것은?

a 인간의 근육의 한계를 극복하는 방법

b 근육 기억이 기술들을 잊을 수 없게 만드는 방법

c 근육 기억의 힘: 기술을 빠르게 익히기

문제 해설

특정 기술을 연마할 때 뇌의 여러 부분들이 사용되고 연결됨으로써 그 기술을 자동적으로 수행하기 더 쉽게 만드는 근육 기억에 대한 내용이므로 정답은 b이다.

3 진술이 올바르면 T에, 그렇지 않으면 F에 표시하시오.

a 인간은 항상 필요한 근육의 움직임을 생각함으로써 기술을 수행한다.

b 우리가 기술을 연마할 때 뇌의 여러 부분이 연결된다.

c 근육 기억이 없다면 음악가들이 어려운 곡들을 잘 연주하는 것이 어려울 것이다.

A Watch ▶

1 Watch the video and think about the message it conveys.

2 Watch again. What is the best title for the video?

a How to Overcome the Limits of Human Muscles

ⓑ How Muscle Memory Makes Skills Unforgettable

c The Power of Muscle Memory: Mastering Skills Quickly

3 Check T if the statement is true or F if it is not.

	T	F
a Humans always perform skills by thinking about the necessary muscle movements.	○	⊘
b Several parts of the brain are connected when we practice a skill.	⊘	○
c Without muscle memory, it would be hard for musicians to play difficult songs well.	⊘	○

문제 해설

a 기술에 익숙해지면 필요한 근육의 움직임을 생각하지 않고도 그 기술을 수행할 수 있다고 말하고 있다.

b 기술을 수행하는 데 뇌의 여러 부분이 사용되며 그 기술을 연마할 때 강력히 연결된다고 말하고 있다.

c 근육 기억이 없다면 전문 연주자들이 모차르트의 곡을 쉽게 연주할 수 없을 것이라고 말하고 있다.

A **overcome** 동 극복하다 **limit** 명 한계 **muscle** 명 근육 **necessary** 형 필요한 **unforgettable** 형 잊지 못할
master 동 (완전히) 익히다, 숙달하다 **perform** 동 수행하다 **movement** 명 움직임 **musician** 명 음악가

A Watch

Script

M ❶ Once someone learns [how to ride a bike], the person will never forget [how to do it].
접속사(일단 …하면) how to-v: …하는 방법(learn의 목적어) forget의 목적어

병렬 연결
The same goes with other skills like [eating with chopsticks] or [playing musical instruments].
…도 마찬가지이다 전치사 동명사구 1(like의 목적어) 동명사구 2 동명사구(전치사 without의 목적어)

Once you learn the skill and get used to it, you can perform it without [thinking about the necessary muscle movements].
get used to: …에 익숙해지다 without v-ing: …하지 않고

This long-lasting memory [for certain skills] is called muscle memory. Despite its name, it doesn't mean [that our muscles remember the skills].
주어 전치사구 수동태 전치사 명사절(mean의 목적어)

Interestingly, muscle memory mostly develops in the brain.
문장 전체 수식 develops 수식

Different parts [of the brain] are used [to perform a skill]. When we practice a skill, these parts become strongly connected.
주어 전치사구 be used to-v: …하는 데 사용되다 to부정사의 부사적 용법(목적) 접속사(…할 때) 주격 보어

❷ This makes the skill easier [to perform automatically].
make+A+형용사: A를 …하게 만들다 to부정사의 부사적 용법

❸ That's why professional musicians seem to play Mozart's songs so easily! ❹ Without muscle memory, this would be much harder.
that's why: 그것이 …한 이유이다, 그래서 …하다 seem to-v: …인 것 같다
…일 것이다(가정법) 훨씬(비교급 강조)

구문 해설

❶ **Once** someone learns *how to ride* a bike, the person will never forget *how to do* it.
➔ once는 '일단 …하면'이라는 의미의 접속사이고, 부사절의 동사 learns와 주절의 동사 forget의 목적어로 how to-v(…하는 방법)가 쓰였다.

❷ This **makes the skill *easier*** *to perform* automatically.
➔ 「make+목적어+목적격 보어(형용사)」는 '(목적어)를 …하게 만들다'의 뜻이다. to perform 이하는 형용사 easier를 꾸며 주는 부사적 용법의 to부정사구로, 「형용사+to-v」는 '…하기에 ~한'으로 해석한다.

❸ **That's why** professional musicians seem to play Mozart's songs so easily!
➔ that's why는 '그것이 …한 이유이다, 그래서 …하다'라는 뜻으로, 뒤에 결과가 온다.

❹ **Without** muscle memory, this **would be** *much harder*.
➔ without 가정법의 문장으로, '…가 없다면, ~일 것이다'의 뜻으로, 주절의 동사는 「would/should/could/might+동사원형」이 온다. without은 if it were not for나 but for로 바꿔 쓸 수 있다. 비교급 앞에 much, far, still, even, a lot은 '훨씬'이라는 뜻으로 비교급을 강조한다.

해석 남 일단 자전거 타는 법을 배우면, 그 사람은 자전거 타는 법을 절대 잊지 않을 것입니다. 젓가락으로 식사를 하거나 악기를 연주하는 것과 같은 다른 기술들도 마찬가지입니다. 일단 당신이 기술을 배우고 그 기술에 익숙해지면, 당신은 필요한 근육의 움직임을 생각하지 않고도 그 기술을 수행할 수 있습니다. 이러한 특정 기술에 대해 오랜 시간 지속되는 기억을 근육 기억이라고 합니다. 그 이름에도 불구하고, 그것은 우리의 근육이 그 기술들을 기억한다는 것을 의미하지 않습니다. 흥미롭게도, 근육 기억은 대부분 뇌에서 발달합니다. 한 가지의 기술을 수행하는 데에는 뇌의 여러 부분들이 사용됩니다. 우리가 기술을 연마할 때, 이 부분들은 강력하게 연결됩니다. 이것은 그 기술을 자동적으로 수행하기 더 쉽게 만듭니다. 그래서 전문적인 연주자들이 모차르트의 곡을 아주 쉽게 연주하는 것처럼 보이는 것입니다! 근육 기억이 없다면 이것은 훨씬 더 어려울 것입니다.

배경지식 근육 기억(Muscle Memory)에 관한 실험

노르웨이의 생리학자 Kristian Gundersen의 연구팀은 실험 쥐에게 3주간 뒷다리 근육 운동을 시킨 후 근육의 핵 변화를 관찰하였다. 운동을 시작하자 근육의 핵이 증가하였는데, 이후 다시 근육이 퇴화하도록 3개월간 훈련을 중단하였다. 그 결과 근육의 사이즈는 감소했지만 근육의 핵의 수는 줄어들지 않았다는 것을 발견하였다. 연구팀은 이 실험을 통해 운동으로 한번 근육의 핵이 발달하게 되면 훈련을 일시적으로 중단하더라도 근육 기억에 저장되어 있다가 다시 재생될 수 있다는 결론을 내렸다.

Script **musical instrument** 악기 **get used to** …에 익숙해지다 **long-lasting** [형] 오래 지속되는 **develop** [동] 발달하다 **automatically** [부] 자동적으로

Practice Makes Perfect

B Share

1 특정 기술을 익힌 방법에 대해 생각해 보시오.

> · 타자 치기
> · 리본 묶기
> · 스케이트보드 타기
> · 칼로 자르기

sample
· 테니스 치기

➕ 추가 예시 답안
· Whistling (휘파람 불기)
· Juggling (저글링하기)

2 자신의 생각을 짝과 공유하시오.

Example

A 너는 어떻게 그렇게 쉽게 타자를 칠 수 있니?

B 나는 아주 열심히 연습했어.

A 나도 너처럼 타자 치는 것을 잘하고 싶어.

B 네가 반복적으로 연습한다면, 너의 근육 기억이 네가 나아지도록 도울 거야.

C Present

자신의 생각을 학급에 발표하시오.

Example

저는 특정 기술을 배웠던 제 자신의 경험에 대해 생각해 보았습니다. 저는 타자 치는 것을 잘합니다. 처음에, 저는 그것을 잘하지 못했습니다. 하지만, 연습을 한 후에, 저는 그것을 아주 잘하게 되었습니다.

교과서 p.63

B Share 💬

1 Think about how you developed a certain skill.

Typing

Tying a ribbon

Skateboarding

Chopping with a knife

Your Idea
sample · Playing tennis

2 Share your thoughts with your partner.

Example
A How can you type so easily?
B I practiced really hard.
A I want to be good at typing like you.
B If you practice repeatedly, your muscle memory will help you improve.

C Present 🗣

Present your idea to the class.

Example
I thought about my own experience of learning a certain skill. I'm good at typing. At first, I was not good at it. However, after practicing, I became really good at it.

✅ **Self-Check**　1. 근육 기억에 대한 영상의 내용을 정확하게 이해할 수 있다. 　✕ △ ○
　　　　　　　　　2. 내가 특정한 기술을 습득한 경험을 이야기할 수 있다. 　✕ △ ○

B tie (동)묶다　**chop** (동)썰다　**be good at v-ing** …하기를 잘하다　**repeatedly** (부)반복적으로
C experience (명)경험

Before You Read

교과서 p.64

A Topic Preview

Look at the pictures and put them in the possible order.

 3

 2

 1

B Vocabulary Preview

Look at the pictures and fill in the blanks with the words in the box.

| consume | discomfort | unusually | nutrient | provide | absorb |

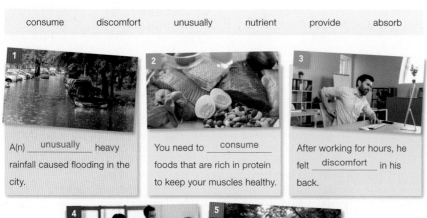

1. A(n) __unusually__ heavy rainfall caused flooding in the city.

2. You need to __consume__ foods that are rich in protein to keep your muscles healthy.

3. After working for hours, he felt __discomfort__ in his back.

4. The organization will __provide__ people with food and water.

5. Trees __absorb__ CO_2 and release oxygen into the air.

A Topic Preview

그림을 보고 가능한 순서대로 번호를 쓰시오.

B Vocabulary Preview

사진을 보고 상자 안에 있는 단어들로 빈칸을 채우시오.

- consume 먹다
- discomfort 불편함
- unusually 대단히, 비정상적으로
- nutrient 영양소
- provide 제공하다
- absorb 흡수하다

1. 비정상적으로 내린 폭우는 도시에 홍수를 일으켰다.
2. 당신은 근육을 건강하게 유지하기 위해 단백질이 풍부한 음식을 먹을 필요가 있다.
3. 몇 시간 동안 일한 뒤에, 그는 등에 불편함을 느꼈다.
4. 그 단체는 사람들에게 음식과 물을 제공할 예정이다.
5. 나무들은 이산화탄소를 흡수하고 산소를 공중에 방출한다.

영영 뜻풀이

- **consume** ⓥ to eat, drink, or ingest something
- **discomfort** ⓝ a feeling of being physically or mentally uncomfortable
- **unusually** ⓐ in a way that is not common, regular, or normal
- **nutrient** ⓝ a substance that helps living organisms live and grow, typically found in food
- **provide** ⓥ to give something needed or wanted to someone or something
- **absorb** ⓥ to slowly take in something, such as liquid, in a natural way

---

B **flooding** 몡 홍수, 범람   **protein** 몡 단백질   **organization** 몡 조직, 단체   **release** 동 방출하다

Timing Is Everything

Host ① Welcome back to *Today's Health*. ② Today we're going to be
be going to-v: …할 예정이다
talking about exercise. ③ Dr. Victoria Hill is here, and she is
going to share some useful tips. ④ So, Dr. Hill, let's start with a
…로 시작하다
5   question [about my experience [last month]]. ⑤ I worked out right
전치사구   부사구   work out: 운동하다   직후
after dinner and got a stomachache. ⑥ Why did that happen?
복통   앞 문장

Dr. Hill ⑦ Well, the problem is [that you exercised too soon after eating].
명사절(주격 보어)   after v-ing: …한 후에
⑧ This can cause various stomach issues. ⑨ When you eat, blood
= 먹고 난 뒤 바로 운동하는 것   (걱정거리가 되는) 문제   병렬 연결
rushes to the digestive system [to help break down the food
소화 기관 ⑩   to부정사의 부사적 용법(목적) help (to-)v: …하는 것을 돕다
and absorb its nutrients]. ⑩ But when you start to exercise,
= the food's   접속사(…할 때, …하면) = start exercising ⑪
10   blood moves from the digestive system to your muscles. ⑪ This
from A to B: A에서 B로   혈액이 소화 기관에서 근육으로 이동하는 것
happens in order to supply your muscles with the oxygen
in order to-v: …하기 위해 ⑫ supply A with B: A에게 B를 공급하다
and nutrients [they require]. ⑫ As a result, the digestion process
(which[that]) 목적격 관계대명사절 ⑬ 결과적으로
is paused until the blood returns. ⑬ So, whether you're [lifting
수동태   접속사(…까지)   whether A or B: A이든 B이든 현재분사구1
weights] or [going for a jog], you shouldn't do it with a stomach
현재분사구2   with+A+형용사구: A가 …한 채로
15   full of food.

Reading Strategy

Prediction 글의 흐름을
예측하며 읽는 전략이다. 읽기
전에 제목, 사진, 그림 등을 살
펴보면 주제를 짐작할 수 있고,
읽으면서 앞으로 이어질 내용
을 유추할 수도 있다. 인터뷰 형
식의 글에서는 질문에 이어질
답변을 미리 생각한 후 자신의
예측과 실제 답변의 내용을 비
교하며 읽으면 내용을 더 쉽게
파악할 수 있다.

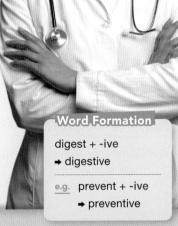

⟨Answer While Reading⟩ The problem was that the host
exercised too soon after eating.

Q1 According to the doctor, what was the host's problem?

Q2 What does blood do when we start to exercise after eating?
Blood moves from the digestive system to our muscles.

Over to You ① How often do you think we should exercise?

sample • I think we should exercise at least three times a week.

Word Formation

digest + -ive
→ digestive

e.g. prevent + -ive
→ preventive

Check the words that you know the meaning of.

☐ work out 운동하다   ☐ digestive 형 소화의   ☐ break down 분해하다   ☐ absorb 동 흡수하다   ☐ nutrient 명 영양소

☐ supply 동 공급하다   ☐ oxygen 명 산소   ☐ pause 동 잠시 멈추다

해석

문해력 UP!
쓸모가 있는

시기 선택이 모든 것이다

진 행 자: ❶ 〈오늘의 건강〉에 돌아오신 것을 환영합니다. ❷ 오늘 우리는 운동에 대해 이야기할 것입니다. ❸ Victoria Hill 박사님이 여기 나와 계시며 유용한 조언을 공유해 줄 것입니다. ❹ 자, Hill 박사님, 지난달 제 경험에 관한 질문으로 시작합시다. ❺ 저는 저녁을 먹은 후에 바로 운동을 했고 복통을 느꼈습니다. ❻ 그 일이 왜 일어났나요?

Hill 박사: ❼ 음, 문제는 당신이 식사 후 너무 빨리 운동을 한 것입니다. ❽ 이는 다양한 위장 문제를 일으킬 수 있습니다. ❾ 당신이 식사를 할 때 혈액은 음식을 분해하고 음식의 영양분을 흡수하는 것을 돕기 위해 소화 기관으로 급히 움직입니다. ❿ 그러나 당신이 운동을 시작하면 혈액은 소화 기관에서 당신의 근육으로 이동합니다. ⓫ 이는 당신의 근육에게 그것이 필요로 하는 산소와 영양분을 공급하기 위해 일어납니다. ⓬ 그 결과, 소화 과정은 혈액이 돌아올 때까지 중단됩니다. ⓭ 따라서 당신이 역기를 들든 조깅을 하러 가든, 당신은 위장에 음식이 가득한 채로 (운동을) 하면 안 됩니다.

Answer While Reading

Q1 박사님에 따르면, 진행자의 문제는 무엇이었는가?
↳ 문제는 진행자가 식사 후 너무 빨리 운동을 한 것이다.
Q2 식사 후에 운동을 시작하면 혈액은 무엇을 하는가?
↳ 혈액이 소화 기관에서 근육으로 이동한다.

Over to You ❶ 당신은 얼마나 자주 우리가 운동을 해야 한다고 생각하는가?
sample · 나는 우리가 일주일에 최소한 세 번은 운동해야 한다고 생각한다.

➕ **추가 예시 답안** · I think we should exercise every day for at least thirty minutes.
(나는 우리가 매일 최소 30분씩 운동해야 한다고 생각한다.)

 구문 해설

❼ Well, the problem is **that** you exercised too soon after eating.
➡ that 이하는 주격 보어 역할을 하는 명사절이다.

⓫ This happens **in order to *supply*** your muscles *with* the oxygen and nutrients **they require**.
➡ 「in order to-v」는 '…하기 위해'라는 뜻으로, 목적을 나타내는 부사적 용법의 to부정사를 강조한다.
➡ 「supply A with B」는 'A에게 B를 공급하다'라는 의미이다. they require는 the oxygen and nutrients를 수식하는 목적격 관계대명사절이며, 앞에 관계대명사 which[that]가 생략되었다.

⓭ So, **whether** you're lifting weights **or** going for a jog, you shouldn't do it *with a stomach full of food*.
➡ 「whether A or B」는 'A이든 B이든'의 뜻으로, whether는 접속사이므로 뒤에 주어와 동사가 온다. 「with+A+형용사/분사」는 'A가 …한 채라'는 뜻으로, A는 전치사 with의 목적어이다.

Reading Strategy 문제 풀이로 이어지는 읽기 전략 TIP

Prediction 글의 내용을 예측할 때는 자신의 경험과 상황에 빗대어 예측하는 것이 아니라, 글의 흐름을 따라 읽으며 오로지 그 내용에 기반하여 예측해야 한다. 문제를 풀 때 쓸 수 있는 예측하기 전략은 질문을 먼저 읽은 후, 어떤 답을 찾아야 하는지 염두에 두고 글을 읽으며 답을 파악하는 것이다.

내신 Check-Up ★★

1 본문의 내용과 일치하는 것은?

① The host experienced a stomachache last month.
② Dr. Hill is giving advice about a healthy diet.
③ The digestive system provides muscles with the oxygen.

2 서술형 Why does blood move to our muscles when we start to exercise?

_____

3 문법 괄호 안에서 어법상 알맞은 것을 고르시오.

(1) The problem is (what / that) you exercised too soon after eating.
(2) When you eat, blood rushes to the digestive system to help break down the food and (absorb / absorbing) its nutrients.

Read

Knowledge (+)

근육 성장에 필요한 단백질 운동 후 탄수화물을 섭취하는 것만큼 단백질을 섭취하는 것도 중요하다. 단백질은 근육 발달과 손상된 근육 회복에 중요한 역할을 하는데, 육류, 해산물, 그리고 콩류에 풍부하게 함유되어 있다. 몸무게 1kg당 최소 필요 단백질 섭취량은 하루 평균 0.8~1.2g이다.

Host I see. That makes sense. So, does that mean I should exercise
말이 되다, 의미가 통하다   (that) 명사절(mean의 목적어)
on an empty stomach?

Dr. Hill No, it doesn't. That can also be harmful and unpleasant. This
= 빈속에 운동하는 것   병렬 연결
is because the body needs energy to exercise. The fuel that
이것은 …이기 때문이다(원인/이유)   to부정사의 부사적 용법(목적)   주격 관계대명사절
provides this energy is glycogen. Carbohydrates in the food   5
(which[that])   주어   전치사구
we eat are broken down into a kind of sugar called glucose.
목적격 관계대명사절 동사(수동태)   과거분사구 포도당
When this glucose is stored in parts of the body, such as
접속사(…할 때)   수동태   삽입구
the muscles and the liver, it is called glycogen. This is why
= 근육과 간 등에 저장된 포도당   이것은 …한 이유이다(결과)
exercising on a completely empty stomach—such as when
주어(동명사구)   완전히   삽입구   명사절(전치사의 목적어)
you first wake up in the morning—can be such a challenge.   10
동사   그러한, 너무 …한
Your blood sugar levels are low, and you don't have enough
혈당 수치
glycogen stored in your body. If you exercise on an empty
과거분사구   접속사(…하면)
stomach, you will most likely lack energy and feel unusually
아마, 필시   병렬 연결
tired. There can also be more serious outcomes. Some people
…가 있을 수 있다   결과
end up suffering from nausea and headaches, and others   15
end up v-ing: 결국 …하다   메스꺼움
even faint. This is because intense exercise uses up all the
실신하다   use up: 소진하다
glycogen in your muscles.
전치사구

Our blood sugar levels are low and we don't have enough glycogen stored in our body.
Q3 What are our blood sugar levels like when our stomach is empty?

Q4 Why do people suffer from nausea and even faint after exercising on an
empty stomach? The reason is that intense exercise uses up all the glycogen in their muscles.

Over to You ② How do you feel when you have an empty stomach?

sample · I feel really upset when I have an empty stomach.

☐ provide (동) 제공하다 　 ☐ carbohydrate (명) 탄수화물 　 ☐ completely (부) 완전히, 전적으로 　 ☐ unusually (부) 대단히, 비정상적으로 　 ☐ outcome (명) 결과

☐ suffer from …로 고통받다 　 ☐ nausea (명) 메스꺼움 　 ☐ faint (동) 실신하다 　 ☐ use up 다 써 버리다

해석

진 행 자: ❶ 그렇군요. ❷ 말이 되네요. ❸ 그렇다면 그것은 제가 빈속에 운동을 해야 한다는 것을 의미하나요?

Hill 박사: ❹ 아니요, 그렇지 않습니다. ❺ 그것 또한 해롭고 불쾌할 수 있습니다. ❻ 이는 신체가 운동하기 위해서는 에너지가 필요하기 때문입니다. ❼ 이 에너지를 제공하는 연료는 글리코겐입니다. ❽ 우리가 먹는 음식의 탄수화물은 글루코스(포도당)라고 불리는 일종의 당분으로 분해됩니다. ❾ 이 글루코스(포도당)가 근육과 간과 같은 신체의 일부에 저장되면 그것은 글리코겐이라 불립니다. ❿ 이것이 당신이 아침에 처음 일어났을 때와 같이 완전히 빈속에 운동하는 것이 그렇게나 힘들 수 있는 이유입니다. ⓫ 당신의 혈당 수치는 낮고, 당신은 신체에 저장된 글리코겐을 충분히 갖고 있지 않습니다. ⓬ 만일 당신이 빈속에 운동한다면, 당신은 아마 에너지가 부족하고 유난히 피곤하게 느낄 것입니다. ⓭ 또한 더 심각한 결과가 있을 수 있습니다. ⓮ 어떤 사람들은 결국 구역감과 두통을 겪고, 다른 사람들은 실신하기도 합니다. ⓯ 이는 강한 운동이 당신의 근육에 있는 모든 글리코겐을 다 써 버리기 때문입니다.

Answer While Reading

Q3 우리가 공복일 때 혈당 수치는 어떤가?
↳ 혈당 수치가 낮고 우리는 신체에 저장된 글리코겐을 충분히 갖고 있지 않다.

Q4 왜 사람들은 공복에 운동하고 난 후 구역감을 겪고 실신까지 하는가?
↳ 그 이유는 강한 운동이 그들의 근육에 있는 모든 글리코겐을 다 써 버리기 때문이다.

Over to You ❷ 공복일 때 여러분은 어떻게 느끼는가?
sample · 나는 공복일 때 매우 화가 나는 것을 느낀다.
➕ 추가 예시 답안 · When I have an empty stomach, I feel weak and want to eat something quickly.
(나는 공복일 때 힘이 없고 빨리 무언가 먹고 싶어진다.)

구문 해설

❻ **This is because** the body needs energy *to exercise.*
➡ this is because는 '이는 …이기 때문이다'라는 뜻으로, 뒤에 원인/이유가 온다. to exercise는 목적을 나타내는 부사적 용법의 to부정사이다. 또는 앞의 명사 energy를 수식하는 형용사적 용법이라고 볼 수도 있다.

❼ The fuel [**that** provides this energy] is glycogen.
➡ [ ]는 The fuel을 수식하는 주격 관계대명사절이다. The fuel이 주어, is가 문장의 동사이다.

❽ Carbohydrates [in the food **we eat**] are broken down into a kind of sugar called glucose.
➡ we eat은 the food를 수식하는 목적격 관계대명사절로, 앞에 관계대명사 which[that]가 생략되었다. 전치사구인 [ ]가 주어 Carbohydrates를 수식하고 문장의 동사는 수동태인 are broken down이다.

⓬ **If** you **exercise** on an empty stomach, you *will* most likely *lack* energy and *feel* unusually tired.
➡ if는 '…하면'이라는 뜻의 접속사로, 조건을 나타내는 if절(종속절)에서는 미래를 현재시제로 나타낸다. 주절의 동사는 and로 병렬 연결된 will lack과 (will) feel이다.

배경지식 포도당과 글리코겐

우리가 섭취한 탄수화물은 포도당(글루코스)으로 분해된다. 포도당은 우리 몸의 주요 에너지원으로, 간과 근육에 글리코겐 형태로 저장되며 신체에서 필요할 때 방출된다. 혈액 내에 포도당 수치가 상승하면 글리코겐의 합성이 촉진되고 저하되면 글리코겐이 분해된다. 충분한 탄수화물의 섭취 없이 장시간 운동을 지속하면 저장된 글리코겐이 바닥나 극심한 피로를 느끼게 된다. 한편 혈중 포도당 수치가 비정상적으로 높아지면 당뇨병으로 진단된다.

1 본문의 내용과 일치하지 <u>않는</u> 것은?

① If you exercise when your blood sugar levels are low, you will likely feel very tired.
② Exercising right after waking up can be tough.
③ Our body parts store glycogen as a form of carbohydrates.

2 빈속에 운동할 때 나타날 수 있는 증상으로 언급되지 <u>않은</u> 것은?

① low energy   ② headaches   ③ stomachache

3 서술형 What provides the body with energy for exercise?

_____

4 문법 괄호 안에서 어법상 알맞은 것을 고르시오.

(1) Carbohydrates in the food we eat (is / are) broken down into a kind of sugar called glucose.
(2) Some people end up (suffering / to suffer) from nausea and headaches, and others even faint.

111

Read

교과서 p.67

Host ❶ So, is it the loss of glycogen that causes us to have low levels of energy?

「it ~ that」 강조 구문의 의문문 형태 / cause+A+to-v: A가 …하도록 유발하다

Dr. Hill ❷ That's correct. ❸ For this reason, doctors recommend [that people (should) eat food {containing carbohydrates} within thirty minutes after working out]. ❹ This replaces the muscle glycogen [(which[that]) you have lost]. ❺ Basically, you need between one and one and a half grams of carbohydrates for every kilogram [you weigh]. ❻ Let's do the math. ❼ If you weigh 60 kilograms, you should try to consume between 60 and 90 grams of carbohydrates after you exercise. ❽ This is equal to about one bowl of white rice or three bananas.

★ Grammar Point 1
명사절(recommend의 목적어)
현재분사구 / …내로
after v-ing: …한 후에 / 대체하다
목적격 관계대명사절 / 기본적으로 / between A and B: A와 B 사이
매 / 무게가 …이다
접속사(…하면)
try to-v: …하려고 노력하다 / 접속사(…한 뒤)
be equal to: …와 동일하다 / 약, 대략

Nutrition Facts

Amount	Food	Carbohydrates
1 bowl 200 g	white rice	62 g
1 banana 100 g	bananas	23 g
1 slice 25 g	white bread	14 g

영양 정보

양	음식	탄수화물
1 그릇 200g	흰 쌀밥	62g
바나나 1개 100g	바나나	23g
1조각 25g	흰 (밀가루) 빵	14g

Guide to the Big Q

❶ What can we notice through our body signals?

[sample]
• We can notice how hungry or thirsty we are, or what our energy level is.

Q5 How many grams of carbohydrates should a 70-kilogram person consume after exercising?
The person should try to consume between 70 and 105 grams of carbohydrates after exercising.

Over to You ❸ What are some foods that are rich in carbohydrates?

foods that are rich in carbohydrates 🔍

[sample] • Energy bars and potatoes are rich in carbohydrates.

Word Formation

re- + place
➡ replace

e.g. re- + produce
➡ reproduce

☐ contain [동] …이 함유되어 있다 ☐ replace [동] 대신[대체]하다 ☐ basically [부] 기본적으로 ☐ weigh [동] 무게가 나가다 ☐ consume [동] 먹다

진 행 자: ❶ 그렇다면, 우리가 낮은 수준의 에너지를 갖도록 만드는 것이 바로 글리코겐의 손실인가요?

Hill 박사: ❷ 맞습니다. ❸ 이러한 이유로 의사들은 사람들에게 운동 후 30분 이내에 탄수화물을 함유한 음식을 먹을 것을 권장합니다. ❹ 이것이 당신이 잃어버린 근육 글리코겐을 대체합니다. ❺ 기본적으로 당신의 체중 1kg당 1에서 1.5g 사이의 탄수화물이 필요합니다. ❻ 산수를 해봅시다. ❼ 만일 당신이 60kg이라면 당신은 운동한 후에 60에서 90g 사이의 탄수화물을 섭취하려고 노력해야 합니다. ❽ 이는 대략 흰 쌀밥 한 그릇 또는 바나나 세 개와 동일합니다.

Guide to the Big Q ❶ 우리는 몸의 신호를 통해 무엇을 알아차릴 수 있는가?

sample · 우리는 얼마나 배가 고픈지 또는 목이 마른지, 혹은 우리의 에너지 수준이 어떤지를 알아차릴 수 있다.

➕ 추가예시답안 ·Through our body signals, we can notice when we need to eat food and when we should stop eating food. (우리는 몸의 신호를 통해 언제 음식을 먹어야 하는지와 언제 음식 먹는 것을 멈춰야 하는지를 알아차릴 수 있다.)

Answer While Reading

Q5 70kg인 사람이 운동 후 섭취해야 할 탄수화물은 몇 그램인가?

↳ 그 사람은 운동 후에 70에서 105g 사이의 탄수화물을 섭취하도록 노력해야 한다.

Over to You ❸ 탄수화물이 풍부한 음식에는 어떤 것이 있는가?

sample · 에너지 바와 감자는 탄수화물이 풍부하다.

➕ 추가예시답안 ·Potatoes, spaghetti, and beans are foods that are rich in carbohydrates. (감자, 스파게티, 콩은 탄수화물이 풍부한 음식들이다.)

❶ So, **is it** the loss of glycogen **that** *causes us to have* low levels of energy?

➜ 「it is[was] ~ that ...」 강조 구문은 '...한 것은 바로 ~이다'는 뜻으로, 이를 의문문으로 쓰면 「Is[Was] it ~ that ... ?」으로 '...한 것은 바로 ~인가요?'의 뜻이다. 대개 it, is[was], that을 삭제하면 완전한 문장이 된다. 「cause+A+to-v」는 'A가 ...하도록 유발하다'라는 뜻으로, A는 목적어, to-v는 목적격 보어이다.

❸ For this reason, doctors **recommend that** people **eat** food *containing carbohydrates* within thirty minutes after working out.

➜ 제안을 나타내는 recommend의 목적어로 쓰이는 that절에서는 should를 생략할 수 있으므로, eat 앞에 should가 생략되었다. containing carbohydrates는 food를 수식하는 현재분사구로, 음식이 '함유하다'라는 능동을 나타내므로 현재분사가 쓰였다.

❹ This replaces the muscle glycogen [you **have lost**].

➜ [ ]는 the muscle glycogen을 선행사로 하는 목적격 관계대명사절로 앞에 관계대명사 which[that]가 생략되었다. have lost는 완료를 나타내는 현재완료이다.

❼ ... , you should **try to consume** between 60 and 90 grams of carbohydrates *after* you exercise.

➜ 「try to-v」는 '...하려고 노력하다, 애쓰다'의 뜻이고, 「try v-ing」는 '한번 ...해 보다, 시도하다'는 뜻이다. after는 시간을 나타내는 접속사로 '...한 후에'라는 뜻이다.

내신 Check-Up

1 본문으로 알 수 없는 것은?

① It is recommended that you eat food containing carbohydrates after exercising.

② The amount of carbohydrates you should consume depends on your weight.

③ You can calculate how much glycogen you have lost.

2 서술형 After exercising, how can we replace the muscle glycogen we have lost?

_____

3 몸무게가 60kg인 사람이 운동 후에 섭취해야 하는 음식과 양으로 적절한 것은?

① two bowls of white rice　　② two bananas　　③ five slices of white bread

4 문법 다음 문장에서 밑줄 친 부분을 바르게 고치시오.

(1) Is it the loss of glycogen <u>what</u> causes us to have low levels of energy?

(2) Doctors recommend that people <u>ate</u> food containing carbohydrates within thirty minutes after working out.

Read

교과서 p.68

Guide to the Big Q

2 What are the benefits of knowing about nutrition?

sample
• I can understand the nutrition labels of the food I buy and choose healthier options.

Host ❶ That's very interesting. But what about ❷ *What about v-ing:* …하는 것은 어떤가? 접속사(…하기 전에) eating [before we exercise? ❸ Can you explain ★ *Grammar Point 2* 동명사구(전치사 about의 목적어) how long we should wait after eating? 간접 의문문(explain의 목적어)

Dr. Hill ❹ Well, as I said before, exercising right after you eat will cause 접속사(…대로) ❺ 동명사구(주어) 동사 feelings of discomfort. But, if you wait too long to exercise 불편함 접속사(…하면) ❻ *too+형용사/부사+to-v:* …하기에 너무 ~한/하게 5 after eating, you'll suffer from a lack of energy. The best time 접속사(…하기 전에) to eat [before you exercise] varies from one to three hours. to부정사의 형용사적 용법 다르다 *from A to B:* A부터 B까지 ❼ Basically, it depends on several factors [such as the type and *depend on:* …에 의해 결정되다 …와 같은 amount of food as well as body size, age, and gender. The ❽ *B as well as A:* A뿐만 아니라 B도 ❾ type of exercise also matters. For extremely active exercise 10 …와 같은 활동적인 like cycling, I [suggest [that] you [wait] between one and a half ★ *Grammar Point 1* (should) 명사절(suggest의 목적어) └ *between A* ❿ *and B:* A와 B 사이어 and three hours after eating a moderate-sized meal. But for 적정량의 something [more casual], [such as golfing], [waiting for one hour 일상적인 삽입구 ⓫ 동명사구(주어) after a meal] should be enough. Clearly, you can wait less after 동사 분명히 덜 [eating a snack]. 15 동명사구(전치사 after의 목적어)

Host ⓬ Thank you very much for this fascinating information, Dr. 전치사(이유) 매우 흥미로운 Hill. ⓭ I'm sure it will be very helpful for all of our viewers. (that)

✚ **Source** https://www.healthline.com 외 (122쪽 참고)

Q6 What will happen if we wait too long to exercise after eating?
We'll suffer from a lack of energy.

Over to You 4 What kind of exercise do you want to do? How long after a meal should you wait before doing it?

sample • I want to go running, so I should wait between one and a half and three hours after eating a meal.

📍 Your Own Topic Sentence

1) **sample** Exercising ___ on a full or empty stomach can be harmful,

so it is important to eat the right amount of nutrition at the right

2) ___ **sample** time ___ before and after exercising.

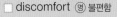

☐ discomfort 몡 불편함　☐ vary 동 서로[각기] 다르다 ☐ matter 동 중요하다　☐ active 형 활동적인　☐ moderate 형 중간의, 보통의
☐ casual 형 일상적인

진 행 자: ❶ 정말 흥미롭네요. ❷ 그런데 운동하기 전에 식사하는 것은 어떤가요? ❸ 우리가 식사 후에 얼마나 오래 기다려야 하는지 설명해 주시겠어요?

Hill 박사: ❹ 음, 제가 전에 말했던 것처럼, 식사 직후에 운동하는 것은 불편한 느낌을 유발할 수 있습니다. ❺ 그러나 식사 후 운동하기 위해 너무 오래 기다린다면 당신은 에너지 부족으로 고통받을 것입니다. ❻ 운동 전에 식사할 가장 좋은 시간은 1시간에서 3시간으로 다릅니다. ❼ 기본적으로 그것은 체구, 나이, 성별뿐만 아니라 음식의 종류와 양과 같은 여러 요소에 의해 결정됩니다. ❽ 운동의 종류 또한 중요합니다. ❾ 사이클링과 같은 매우 활동적인 운동의 경우, 저는 적정량의 식사를 한 후 1시간 30분에서 3시간 사이를 기다릴 것을 권장합니다. ❿ 그러나 골프 치기와 같이 좀 더 일상적인 운동의 경우, 식사 후 1시간을 기다리는 것으로 충분합니다. ⓫ 분명히, 간식을 먹은 후에는 덜 기다려도 됩니다.

진 행 자: ⓬ Hill 박사님, 대단히 흥미로운 이 정보에 정말 감사드립니다. ⓭ 저는 그것이 모든 우리 시청자들에게 매우 도움이 될 것이라고 확신합니다.

Guide to the Big Q   ❷ 영양에 관해 아는 것의 이점은 무엇인가?

sample · 내가 사는 음식의 영양 분석표를 이해할 수 있고 더 건강한 선택지를 고를 수 있다.

➕ 추가 예시 답안 · Knowing about nutrition helps us make sure we get the vitamins we need.
(영양에 대해 아는 것은 우리로 하여금 필요한 비타민 섭취를 확실히 할 수 있게 한다.)

Answer While Reading

Q6 식사 후 운동을 하기 위해 너무 오래 기다리면 무슨 일이 일어나는가?
↳ 우리는 에너지 부족으로 고통받을 것이다.

Over to You   ❹ 당신은 어떤 종류의 운동을 하고 싶은가? 그것을 하기 전에 당신은 식사 후 얼마나 오래 기다려야 하는가?

sample · 나는 달리기를 하길 원해서, 식사 후 1시간 30분에서 3시간 사이를 기다려야 한다.

➕ 추가 예시 답안 · I want to go bowling. I should wait for one hour after eating.
(나는 볼링 치러 가길 원한다. 나는 식사 후 1시간을 기다려야 한다.)

📍 Your Own Topic Sentence
배가 부른 상태에서나 빈속에 1)운동하는 것은 해로울 수 있으므로 운동 전후의 적절한 2)시간에 알맞은 양의 영양을 섭취하는 것이 중요하다.

작성 TIP 본문은 식사 전후의 적절한 운동 시간과 올바른 영양 섭취에 관한 글이므로 운동하기(exercising)와 시간(time)을 포함하여 주제문을 작성한다. 1)에는 주어 자리에 쓸 수 있는 명사나 동명사를 써야 하고, 2)에는 형용사 right 뒤에 쓸 수 있는 명사, 동명사를 써야 한다.

구문 해설

❸ Can you explain [**how long** we should wait after eating]?
➡ [　]는 explain의 목적어로 쓰인 간접 의문문으로서 「의문사＋주어＋동사」의 어순을 따른다.

❺ But, if you wait **too long to exercise** after eating, you'll suffer from a lack of energy.
➡ 「too＋형용사/부사＋to-v」는 '…하기에 너무 ~한/하게'의 의미로, 조건을 나타내는 if절 안에 있으므로 '…하면'을 추가해서 해석한다. (식사 후 운동하기에 너무 오래 기다리면)

❼ … on several factors [**such as** the type and amount of food *as well as* body size, age, and gender].
➡ [　]는 several factors의 예시를 보여준다. 「A as well as B」는 'B뿐만 아니라 A'라는 의미로, 「not only B but also A」로 바꿔 쓸 수 있다.

내신 Check-Up ★★

1 본문을 읽고 답할 수 <u>없는</u> 질문은?

① When is the ideal time to exercise after eating?
② What type of food should you eat to stay healthy?
③ For activities like golfing, how long should you wait after eating?

2 서술형 According to the doctor, how long should we wait before cycling after eating?

_____

3 문법 우리말과 같은 뜻이 되도록 주어진 단어를 배열하여 문장을 완성하시오.

(1) Can you explain <u>우리가 얼마나 오래 기다려야 하는지</u> after eating?
→ _____ (we / how long / wait / should)

(2) <u>운동 전에 식사할 가장 좋은 시간은 다릅니다</u> from one to three hours.
→ _____ (before / varies / exercise / you / to eat / the best time)

After You Read

A Organize on You Own

상자 안에 있는 단어를 이용하여 그래픽 오거나이저를 완성하시오.

- energy 에너지
- full (배)부른
- paused 중단된다
- carbohydrates 탄수화물
- empty 빈
- eating 먹기[식사]

1) 배부를 때 운동하는 것
문제: 위장 문제를 일으킬 수 있다.
이유: 혈액이 근육으로 이동하기 때문에 소화 과정이 2)멈춘다.
해결책: 3)식사 후에 1시간에서 3시간을 기다려야 한다. 가장 좋은 시간은 사람과 운동의 유형에 달려 있다.

4) 빈속에 운동하는 것
문제: 구역감과 두통을 일으킬 수 있다.
이유: 우리 몸에 저장된 글리코겐을 다 쓴 후에 5)에너지가 부족하다.
해결책: 우리는 체중의 1kg당 1에서 1.5g 사이의 6)탄수화물을 먹어야 한다.

B Think Critically

〈오늘의 건강〉을 보았다고 상상해 보시오. 여러분의 의견을 온라인 교실에 공유하고 그것에 대해 모둠원들과 대화해 보시오.

A Organize on Your Own

Complete the graphic organizer with the words in the box.

| energy | full | paused | carbohydrates | empty | eating |

Exercising on a(n) 1)＿＿full＿＿ stomach

Problem	It can cause stomach issues.
Reason	The digestive process is 2)＿＿paused＿＿ because blood moves to the muscles.
Solution	We should wait one to three hours after 3)＿＿eating＿＿. The best time depends on the type of person and the exercise.

Exercising on a(n) 4)＿＿empty＿＿ stomach

Problem	It can cause nausea and headaches.
Reason	We lack 5)＿＿energy＿＿ after using up the glycogen stored in our body.
Solution	We should eat between one and one and a half grams of 6)＿＿carbohydrates＿＿ for every kilogram we weigh.

B Think Critically

(PERSONALIZE) Imagine that you watched *Today's Health*. Share your comment in your online classroom and talk about it with your group members.

Judy Murphy
I realized I should consume more carbohydrates.

Susan Roberts
Thanks for this very useful information. Please cover the topic of nutrition for elderly people like my grandmother!

Noah Sherman
What is the best food for recovering energy? I'm too tired these days.

Your Idea (sample) · I now understand why I had nausea when I exercised right after waking up in the morning.

Judy Murphy: 저는 제가 탄수화물을 더 먹어야 한다는 것을 깨달았어요.
Susan Roberts: 이렇게 매우 유용한 정보에 감사해요. 저희 할머니처럼 나이 든 사람들을 위한 영양에 관한 주제도 다뤄 주세요!
Noah Sherman: 에너지를 회복하기 위한 가장 좋은 음식은 무엇인가요? 저는 요즘 너무 피곤해요.
(sample) · 아침에 일어난 직후에 운동할 때 왜 구역감이 있었는지 이제 이해가 돼요.
➕ 추가 예시 답안 · I learned a lot about glycogen and why we need it. Thanks!
(저는 글리코겐에 대한 많은 것과 그것이 필요한 이유를 배우게 되었어요. 감사합니다!)

A depend on …에 달려 있다, …에 의해 결정되다　　B cover (동) 다루다, 포함시키다　　recover (동) 되찾다, 회복하다

내신 Check-Up ➕★

본문의 내용과 일치하면 T, 일치하지 않으면 F에 표시하시오.　　　Ⓣ Ⓕ

1 Exercising too soon after eating can cause various stomach issues. ☐ ☐
2 When you eat, blood moves to your muscles to supply them with oxygen and nutrients. ☐ ☐
3 You should wait for one hour after a meal before doing extremely active exercise. ☐ ☐

Language in Use

교과서 p.70

A Word Focus

Choose the word in the box that has the closest meaning to the underlined word.

replace	exercise	improve	include	save

1 I try to <u>work out</u> at the gym three times a week to stay fit.   ___exercise___

2 The news report should <u>contain</u> all the relevant facts.   ___include___

3 Many countries use traditional methods to <u>store</u> food.   ___save___

B Useful Expressions

- The digestive system **breaks down** food into various nutrients.
- Some people **suffer from** excessive stress before job interviews.
- They **used up** all the paper in the printer and had to reload it.

Fill in the blanks with the expressions above. Change their forms if necessary.

1 Be careful not to ___use up___ all your savings on unnecessary purchases.

2 Taking this pill will help ___(to) break down___ what you ate.

3 If you ___suffer from___ a lack of sleep, you can have a problem with concentrating.

C Word Mates

Choose the appropriate word to complete the sentence.

1 Ignoring traffic signals can cause (accidents)/ changes .

2 After a long day at work, I lack the (energy)/ resources to do anything else.

3 Some students tend to lack resources /(confidence) when it comes to public speaking.

A Word Focus

밑줄 친 단어와 가장 가까운 의미를 가진 단어를 상자에서 고르시오.

- replace 대체하다
- exercise 운동하다
- improve 개선하다
- include 포함하다
- save 저장하다

1 나는 건강을 유지하기 위해 일주일에 세 번 체육관에서 <u>운동하려</u>고 노력한다.

2 뉴스 보도는 모든 관련된 사실을 <u>포함해야</u> 한다.

3 많은 나라들은 음식을 <u>저장하기</u> 위해 전통적인 방식을 사용한다.

(영영 뜻풀이)

1 **work out:** to exercise to improve health

2 **contain:** to include something or have something inside

3 **store:** to keep for a long period of time

B Useful Expressions

- 소화 기관은 음식을 다양한 영양소로 **분해한다.**
- 어떤 사람들은 구직 면접 전에 과도한 <u>스트레스로</u> **고통받는다.**
- 그들은 프린터의 모든 종이를 **소진해서** 다시 채워 놓아야 했다.

위의 표현을 이용해 빈칸을 채우시오. 필요한 경우 형태를 바꾸시오.

1 불필요한 구매에 너의 모든 저금을 다 사용하지 않도록 주의해라.

2 이 알약을 먹는 것이 네가 먹은 것을 **분해하도록** 도와줄 것이다.

3 만일 네가 수면 부족으로 **고통받는다면**, 집중하는 것에 문제가 있을 수 있다.

C Word Mates

cause an issue 문제를 야기하다 / cause a change 변화를 일으키다 / cause an accident 사고를 일으키다
lack energy 기운이 없다 / lack confidence 자신감이 부족하다 / lack resources 자원이 부족하다

문장을 완성하기 위해 적절한 단어를 고르시오.

1 교통 신호를 무시하는 것은 <u>사고</u>를 일으킬 수 있다.

2 회사에서 긴 하루를 보내고 나면, 나는 다른 어떤 일을 할 <u>기운</u>이 없다.

3 몇몇 학생들은 대중 연설에 대해 <u>자신감</u>이 부족한 경향이 있다.

A relevant ⓗ 관련 있는   method ⓜ 방법

B excessive ⓗ 과도한   purchase ⓜ 구매   concentrate ⓥ 집중하다

C ignore ⓥ 무시하다   tend to-v …하는 경향이 있다   when it comes to …에 관해서는

D Discovering Grammar

POINT 1

문장을 읽고 굵게 표시된 구조에 유의하시오.

· 의사들은 사람들에게 탄수화물을 함유한 음식을 먹을 것을 권장한다.

· 나는 그에게 모든 짐을 다 쌌는지 확인할 것을 제안했다.

PRACTICE 1

1 밑줄 친 부분을 바르게 고치시오.

1) 나는 Dave가 다음 학교 위원회 회의에 참여해야 한다고 주장했다.

2) 엄마는 내게 재사용 컵을 사용할 것을 권장하셨다.

3) 새로운 법은 비상구가 사전 통지 없이 점검되어야 한다고 요구한다.

문제 해설

1)~3) 주장을 나타내는 동사 insist와 권유를 나타내는 동사 recommend, 요구를 나타내는 동사 require의 목적어인 that절의 동사는 「(should+)동사원형」이어야 하므로 각각 attend, use, be로 고쳐야 한다.

2 주어진 단어들을 올바른 순서대로 배열하여 문장을 완성하시오.

1) Briana는 내게 나 자신의 한국 식당을 개업할 것을 제안했다.

2) 엄마는 내가 음악 소리를 줄여야 한다고 주장하셨다.

3) 그 직원은 사용 전에 그 배터리를 완전히 충전할 것을 권장했다.

4) 그 도시는 오래된 도서관 건물이 보존될 것을 요구했다.

D Discovering Grammar

POINT 1

Read the sentences and pay attention to the structure in bold.

Doctors **recommend that** people **eat** food containing carbohydrates.

I **suggested that** he **check** if he packed everything.

PRACTICE 1

1 Correct the underlined part.

1) I insisted that Dave <u>attends</u> the next school council meeting. attend

2) Mom recommended that I <u>used</u> a reusable cup. use

3) The new law requires that emergency exits <u>are</u> checked without prior notice. be

2 Put the given words in the correct order to complete the sentences.

1) Briana _____suggested that I open my own Korean restaurant_____ .
(my own / suggested / open / that / I / Korean restaurant)

2) My mother _____insisted that I lower the volume_____ of the music.
(I / lower / that / the volume / insisted)

3) The staff _____recommended that the batteries be fully charged_____ before use.
(be / the batteries / recommended / fully charged / that)

4) The town _____required that the old library building be preserved_____ .
(that / required / the old library building / preserved / be)

Your Idea Write your own sentence using the same structure as above.

My friend suggested that **sample** · I sign up for the invention contest

---

문제 해설

1)~4) 동사 suggest, insist, recommend, require의 목적어로 that절을 쓴다. 이때 「that+주어+(should+)동사원형」의 구조로 문장을 완성한다.

Your Idea 위와 동일한 구조를 사용하여 자신만의 문장을 작성하시오.

sample 내 친구는 내게 발명 대회에 등록할 것을 제안했다.

➕ **추가 예시 답안**

· My friend suggested that I volunteer at the animal shelter. (내 친구는 내게 동물 보호소에서 자원봉사할 것을 제안했다.)

D insist 동 주장하다　**council** 명 의회, 위원회　**prior** 형 사전의

요구(demand, require, request), 주장(insist, claim), 제안/권유(suggest, recommend, propose), 명령(order, command) 등의 동사 뒤에 당위성('…해야 한다')을 나타내는 that절이 목적어로 올 때 「that+주어+(should+)동사원형」의 형태를 쓰며, 이때 should는 생략되기도 한다.

demand(요구하다) require(요구하다) request(요청하다) insist(주장하다) claim(주장하다) suggest(제안하다) recommend(추천하다) propose(제안하다) order(명령하다)	+that+주어+(should+)동사원형 당위성을 나타낼 때

· He **suggested that** the meeting (**should**) **be** postponed until next week. (그는 회의를 다음주까지 연기하기를 제안했다.)
· They will **demand that** the government (**should**) **take** immediate action on climate change.
  (그들은 정부가 기후 변화에 즉각적인 조치를 취할 것을 요구할 것이다.)

➕ that절이 당위성이 아닌 단순 사실을 그대로 전달하는 경우 that절의 동사는 인칭과 시제를 일치시킨다.
  The survey **suggested that** a balanced diet **improved** overall mental health.
  (설문 조사는 균형 잡힌 식단이 전반적인 정신 건강을 개선했음을 시사했다.)

➕ 추가 예문
· The teacher **requested that** the students **participate** in the event if possible.
  (선생님은 학생들에게 가능하면 행사에 참여할 것을 요청했다.)
· The doctor **proposed that** the patient **change** his diet. (그 의사는 그 환자에게 식단을 바꾸라고 제안했다.)
· The city **insisted that** people **reduce** the garbage they create. (그 도시는 사람들이 만들어 내는 쓰레기를 줄여야 한다고 주장했다.)

1 괄호 안에서 어법상 알맞은 것을 고르시오.

(1) The librarian requested that the books (were retured / be returned) on time.
(2) The law required that drivers (wore / wear) seatbelts to enhance safety.
(3) The team leader proposed that the team (meet / met) again next week.

2 다음 중 생략할 수 있는 것은?

The nutritionist ① suggested that the diet ② should include more vegetables ③ to improve overall health.

3 다음 문장에서 밑줄 친 부분을 바르게 고치시오.

(1) The coach demanded that the team practiced harder to prepare for the championship.
(2) The manager insisted that all employees to attend the meeting.
(3) The researchers suggested that we protected the forest to preserve wildlife.

서술형 대비
4 우리말과 같은 뜻이 되도록 주어진 단어를 배열하여 문장을 완성하시오.

(1) 그 고객은 회사가 그에게 전액 환불을 해야 한다고 요청했다. (a full refund / the company / requested / give / that / him)
  → The customer _____.
(2) 선장은 배가 폭풍우를 피하기 위해 선원들에게 항로를 바꿀 것을 명령했다. (the course / ordered / that / change / the crew)
  → The captain _____ of the ship to avoid the storm.
(3) 선생님은 우리가 그 주제들을 이해하려면 추가 자료들을 읽어야 한다고 조언했다. (that / additional / read / we / materials / advised)
  → Our teacher _____ to understand the topics.
(4) 의사는 환자가 완전히 회복하려면 일주일 동안 쉬어야 한다고 제안했다. (the patient / that / a week / suggested / rest / for)
  → The doctor _____ to recover fully.

D Discovering Grammar

교과서 p.72

POINT 2

Read the sentences and pay attention to the structure in bold.

Can you explain **how long we should wait** after eating?

Let's talk about **what caused the accident**.

Do you know **where the elevator is**?

PRACTICE 2

1 Choose the correct word.

1) The reporters asked the scientist when / what the project would be finished.

2) Amy wondered where / why the flight was delayed.

3) The club members discussed who / how would be the next captain.

2 Combine the two parts to form a complete sentence.

1) Tom wanted to know … . + Which team won the championship last year?
→ Tom wanted to know which team won the championship last year.

2) Please tell me … . + How can I remove this computer virus?
→ Please tell me how I can remove this computer virus.

3) I'm not sure … . + How much is the ticket for the exhibition?
→ I'm not sure how much the ticket for the exhibition is.

4) Would you tell me … ? + Where do you go for summer vacation?
→ Would you tell me where you go for summer vacation?

Your Idea Write your own sentence using the same structure as above.
I sometimes wonder [sample] how big the universe is.

✅ Self-Check
1. 목적어로 쓰인 that 절의 동사를 「(should+)동사 원형」의 형태로 쓰는 경우를 이해하고 적용할 수 있다. X △ O
2. 간접 의문문의 쓰임을 이해하고 적용할 수 있다. X △ O

POINT 2

문장을 읽고 굵게 표시된 구조에 유의하시오.

- 우리가 식사 후에 얼마나 오래 기다려야 하는지 설명해 주시겠어요?
- 무엇이 사고를 일으켰는지에 관해 이야기해 보자.
- 엘리베이터가 어디에 있는지 아시나요?

PRACTICE 2

1 올바른 단어를 고르시오.

1) 기자들은 그 과학자에게 그 프로젝트가 언제 끝날 것인지 물었다.
2) Amy는 항공편이 왜 연착되었는지 궁금해했다.
3) 동아리 회원들은 누가 다음 회장이 될지 논의했다.

문제 해설

1) 문맥상 '프로젝트가 언제 끝날지'라는 의미가 자연스럽고 의문사가 필요한 자리이므로 when이 적절하다.
2) 문맥상 '왜 항공편이 연착되었는지'라는 의미가 자연스러우므로 why가 적절하다.
3) 문맥상 '누가 회장이 될지'라는 의미가 자연스럽고 의문사가 필요한 자리이므로 who가 적절하다.

2 두 부분을 연결하여 완전한 문장으로 만드시오.

1) Tom은 알고 싶어 했다 + 작년에 어느 팀이 선수권 대회에서 우승했는가? → Tom은 작년에 어느 팀이 선수권 대회에서 우승했는지 알고 싶어 했다.
2) 저에게 말해 주세요 + 제가 어떻게 이 컴퓨터 바이러스를 없앨 수 있나요? → 제가 어떻게 이 컴퓨터 바이러스를 없앨 수 있는지 저에게 말해 주세요.
3) 확실하지 않다 + 전시회 티켓이 얼마인가? → 전시회 티켓이 얼마인지 확실하지 않다.
4) 내게 말해 주겠니 + 너는 여름 방학에 어디에 가니? → 네가 여름 방학에 어디에 가는지 내게 말해 주겠니?

문제 해설

1)~4) 뒤의 의문문이 앞부분에 연결되는 목적어에 해당하므로 간접 의문문의 구조인 「의문사+주어+동사」의 어순으로 바꿔 쓰며, 의문사가 주어일 경우 「의문사+동사」 순으로 쓴다.

Your Idea **위와 동일한 구조를 사용하여 자신만의 문장을 작성하시오.**

[sample] 나는 때때로 우주가 얼마나 큰지 궁금하다.

➕ **추가 예시 답안**

- I sometimes wonder where I will live when I'm older. (나는 때때로 나이가 더 들었을 때 내가 어디에서 살지 궁금하다.)

D **wonder** [동] 궁금해하다 **captain** [명] 주장 **exhibition** [명] 전시회

- 간접 의문문은 의문문이 명사처럼 주어, 목적어, 보어 역할을 하며 문장의 일부(종속절)로 쓰이는 것을 말한다. 의문사가 있는 의문문의 경우 「의문사+주어+동사」의 순서로 쓰며 의문사가 주어인 경우 「의문사+동사」의 순서로 쓴다.

  He didn't say **why he was upset**. (그는 그가 왜 화났는지 말하지 않았다.)
  ← He didn't say ... . + Why was he upset?
  She asked him **where he had been all day**. (그녀는 그에게 하루 종일 어디에 있었는지 물었다.)
  ← She asked him ... . + Where had he been all day?

- 의문사가 없는 경우, 접속사 if나 whether을 사용한다. 이때 if[whether]는 '…인지'의 뜻이며 뒤에는 「주어+동사」가 온다.

  I am not sure **if[whether] Jason will attend** the party. (Jason이 파티에 참석할지는 확실하지 않다.)
  ← I am not sure ... . + Will Jason attend the party?
  I don't know **if[whether] Lucy is** Chris's sister. (Lucy가 Chris의 여자 형제인지 모르겠다.)
  ← I don't know ... . + Is Lucy Chris's sister?

➕ **추가 예문**
- Do you know **when the store opens today**? (너는 그 가게가 오늘 언제 문을 여는지 아니?)
- Can you tell me **which restaurant is better**? (어느 식당이 더 좋은지 내게 말해 주겠니?)
- I wonder **why they moved to another town**. (나는 그들이 다른 마을로 왜 이사갔는지 궁금하다.)

1 괄호 안에서 어법상 알맞은 것을 고르시오.

(1) We are not sure (what / why) the machine is making a strange noise.
(2) Do you know (where / how) the nearest hospital is located?
(3) It is too soon to predict (who / when) the best player of the year will be.

2 다음 문장에서 밑줄 친 부분을 바르게 고치시오.

(1) Can you explain what does this symbol mean?
(2) Do you know why is the store closed today?
(3) They couldn't decide where should they go for vacation.

`서술형 대비`
3 두 부분을 연결하여 한 문장으로 만드시오.

(1) Could you tell me ... ? + When does the last train depart from the station?
→ _____

(2) We don't know ... . + Why hasn't the package arrived yet?
→ _____

(3) Do you remember ... ? + Where did we meet for the first time?
→ _____

`서술형 대비`
4 우리말과 같은 뜻이 되도록 주어진 단어를 배열하여 문장을 완성하시오.

(1) 직원들은 회의가 왜 연기되었는지 알고 싶어 했다. (the meeting / postponed / why / was)
→ The staff wanted to know _____.

(2) 나는 그들이 단시간에 어떻게 그렇게 높은 건물을 지었는지 궁금하다. (building / they / how / built / such a tall)
→ I wonder _____ in so little time.

(3) 연구자들은 한 무리의 사람들에게 작년에 몇 번이나 병원 진료를 봤는지 물었다. (a doctor / they / how / visited / times / many)
→ The researchers asked a group of people _____ last year.

(4) 우리는 그 식당이 내일 몇 시에 문을 여는지 알아봐야 한다. (the restaurant / what / open / time / will)
→ We need to find out _____ tomorrow.

Study the Sample

아래 정신 건강을 유지하는 방법을 읽으시오.

정신 건강을 유지하는 방법
❶ 당신은 할 일이 너무 많아 자주 스트레스를 받곤 하나요? ❷ 만일 그렇다면, 여기 당신의 스트레스를 완화하는 데 도움을 줄 유용한 방법이 몇 가지 있습니다. ❸ 첫 번째 팁은 당신이 좋아하는 사람이나 공간을 떠올리는 것입니다. ❹ 이것은 당신이 전보다 훨씬 더 나은 기분을 느끼도록 도움을 줄 것입니다. ❺ 두 번째 팁은 당신이 감사하는 것에 대해 써 보는 것입니다. ❻ 당신은 삶에서 긍정적인 것들에 더욱 초점을 맞출 수 있을 것입니다. ❼ 당신이 스트레스에 휩싸여 있을 때 친구들이나 가족에게 도움을 요청할 것을 항상 기억하세요.

[sample]
정신 건강을 유지하는 방법
당신은 할 일이 너무 많아 자주 스트레스를 받곤 하나요? 만일 그렇다면, 여기 당신의 스트레스를 완화하는 데 도움을 줄 유용한 방법이 몇 가지 있습니다. 첫 번째 팁은 자연에서 시간을 보내는 것입니다. 이것은 당신이 스스로를 안정시키는 데 도움을 줄 것입니다. 두 번째 팁은 예술을 감상할 시간을 가지는 것입니다. 당신은 덜 불안하고 우울할 수 있을 것입니다. 당신이 스트레스에 휩싸여 있을 때 친구들이나 가족에게 도움을 요청할 것을 항상 기억하세요.

More Expressions
- 자연에서 시간을 보내다
- 자신을 안정시키다
- 예술을 감상할 시간을 갖다
- 덜 불안하고 우울한

교과서 p.73

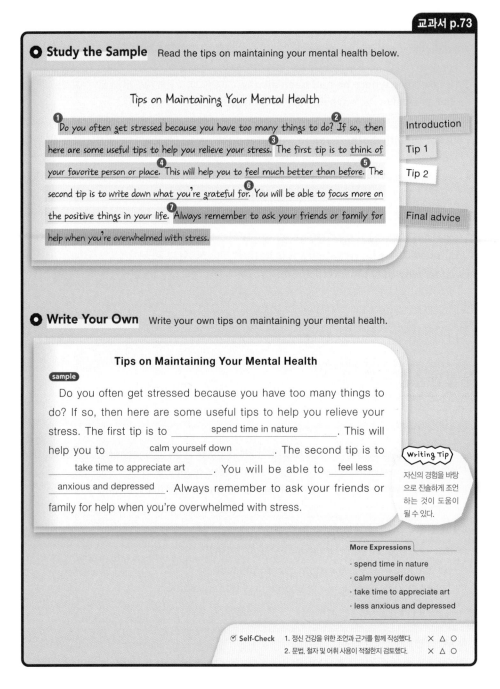

Study the Sample
Read the tips on maintaining your mental health below.

Tips on Maintaining Your Mental Health

❶ Do you often get stressed because you have too many things to do? ❷ If so, then here are some useful tips to help you relieve your stress. ❸ The first tip is to think of your favorite person or place. ❹ This will help you to feel much better than before. ❺ The second tip is to write down what you're grateful for. ❻ You will be able to focus more on the positive things in your life. ❼ Always remember to ask your friends or family for help when you're overwhelmed with stress.

Introduction / Tip 1 / Tip 2 / Final advice

Write Your Own
Write your own tips on maintaining your mental health.

Tips on Maintaining Your Mental Health

[sample]
Do you often get stressed because you have too many things to do? If so, then here are some useful tips to help you relieve your stress. The first tip is to ___spend time in nature___. This will help you to ___calm yourself down___. The second tip is to ___take time to appreciate art___. You will be able to ___feel less anxious and depressed___. Always remember to ask your friends or family for help when you're overwhelmed with stress.

Writing Tip
자신의 경험을 바탕으로 진솔하게 조언하는 것이 도움이 될 수 있다.

More Expressions
- spend time in nature
- calm yourself down
- take time to appreciate art
- less anxious and depressed

Self-Check
1. 정신 건강을 위한 조언과 근거를 함께 작성했다. X △ O
2. 문법, 철자 및 어휘 사용이 적절한지 검토했다. X △ O

[구문 해설]

❷ If so, then here are some useful tips **to help** you **relieve** your stress.
➡ to help 이하는 tips를 수식하는 형용사적 용법의 to부정사구로 쓰였고, 「help+목적어+목적격 보어(동사원형/to-v)」는 '(목적어)가 …하도록 돕다'의 의미이다.

❺ The second tip is **to write down** *what* you're grateful for.
➡ to write down 이하는 주격 보어로 쓰인 명사적 용법의 to부정사이다. what은 선행사를 포함한 관계대명사로 '…하는 것'이라고 해석한다.

❼ Always **remember to *ask*** your friends or family *for* help when you're overwhelmed with stress.
➡ 명령문으로, 「remember+to-v」는 '(미래에) …할 것을 기억하다'라는 의미이다. 「ask A for B」는 'A에게 B를 요청하다'는 뜻이다.

maintain [동] 유지하다 relieve [동] (고통 등을) 없애 주다, 완화하다 grateful [형] 고마워하는 overwhelm [동] 휩싸다, 압도하다

● Write Your Own

정신 건강을 유지하는 방법을 직접 작성하시오.

1단계 단락을 쓰기 전 다음의 개요를 먼저 작성해 본다.

Useful Tips to Relieve Your Stress

Example	☐ Think of your favorite person or place.
	☐ Write down what you're grateful for.
Your Own	☐ _____
	☐ _____

유용한 표현 listen to calm music (차분한 음악을 듣다) take a walk (산책을 하다) work out (운동하다)
write down motivational quotes (동기 부여를 하는 인용문을 쓰다) reorganize your room (방을 재정리하다)

2단계 작성한 개요를 바탕으로 단락을 완성한다.

Tips on Maintaining Your Mental Health

Do you often get stressed because you have too many things to do? If so, then here are some useful tips to help you relieve your stress. The first tip is to ⓐ_____.
This will help you to ⓑ_____.
The second tip is to ⓒ_____.
You will be able to ⓓ_____. Always remember to ask your friends or family for help when you're overwhelmed with stress.

🖋 쓰기 수행평가 TIP 각 빈칸 작성 요령

각 빈칸에 다음과 같은 내용을 작성한다.

ⓐ 정신 건강을 유지하는 첫 번째 방법
문법TIP 앞에 있는 to와 함께 to부정사가 되어 명사적 용법으로 쓰여 주격 보어가 되어야 하므로 to 다음에 동사원형을 쓴다.

ⓑ 첫 번째 방법의 이점
문법TIP help는 '…가 ~하게 도와주다'라는 의미로 목적격 보어로 동사원형이나 to부정사가 올 수 있으며 to가 제시되었으므로 동사원형으로 시작하는 동사구가 오도록 작성한다.

ⓒ 정신 건강을 유지하는 두 번째 방법
문법TIP 주격 보어 자리이므로 to 다음에 동사원형을 쓴다.

ⓓ 두 번째 방법의 이점
문법TIP 「be able to-v」는 '…할 수 있다'라는 의미로 to 뒤에 동사원형으로 시작하는 동사구가 오도록 작성한다.

➕ 각 동사원형 뒤에는 동사에 따라 알맞은 목적어나 보어, 부사구 등을 추가하여 작성한다.

➕ 추가 예시 답안

Tips on Maintaining Your Mental Health

Do you often get stressed because you have too many things to do? If so, then here are some useful tips to help you relieve your stress. The first tip is to <u>make a schedule</u>. This will help you to <u>stay organized</u>. The second tip is to <u>get enough sleep</u>. You will be able to <u>have more energy and feel refreshed</u>. Always remember to ask your friends or family for help when you're overwhelmed with stress.

정신 건강을 유지하는 방법

당신은 할 일이 너무 많아 자주 스트레스를 받곤 하나요? 만일 그렇다면, 여기 당신의 스트레스를 완화하는 데 도움을 줄 유용한 방법이 몇 가지 있습니다. 첫 번째 팁은 계획을 짜는 것입니다. 이것은 당신이 정리된 상태가 되도록 도움을 줄 것입니다. 두 번째 팁은 충분한 수면을 취하는 것입니다. 당신은 더 많은 에너지가 생기고 생기를 되찾을 수 있을 것입니다. 당신이 스트레스에 휩싸여 있을 때 친구들이나 가족에게 도움을 요청할 것을 항상 기억하세요.

Project

건강한 삶을 위한 습관

Step 1 자신의 신체적, 정신적 건강을 위해 실천할 수 있는 습관이 무엇이 있는지에 관해 짝과 논의하시오.

[Example]

1 채소 더 먹기
2 햇볕에서 시간 보내기
3 하루 동안 단것 피하기
4 30초 동안 손 씻기
5 패스트푸드 섭취 제한하기
6 최소한 8시간 자기
7 새로운 취미 찾기
8 1주일에 책 한 권 읽기
9 내가 사랑하는 사람과 대화하기
10 코미디 쇼 보기
11 아침 일과 만들기

[sample]

· 아침에 스트레칭하기
· 스마트폰 없는 하루 보내기
· 건강한 간식 먹기
· 내 자신에게 긍정적인 것들 말하기
· 30분 동안 산책하기

⊕ 추가 예시 답안

· Brushing my teeth after eating (식사 후에 양치하기)
· Writing a diary (일기 쓰기)
· Taking the stairs (계단 이용하기)

Step 2 Step 1의 목록에 근거하여, 건강한 습관 빙고 카드를 완성하시오.

건강한 습관 빙고 카드

하루 동안 단것 피하기		아침 일과 만들기	내가 사랑하는 사람과 대화하기
채소 더 먹기	패스트푸드 섭취 제한하기	30초 동안 손 씻기	
	햇볕에서 시간 보내기		최소한 8시간 자기
1주일에 책 한 권 읽기		코미디 쇼 보기	새로운 취미 찾기

교과서 p.74

Habits for a Healthy Life

Step 1 Discuss with your partner what habits you can practice for your physical and mental health.

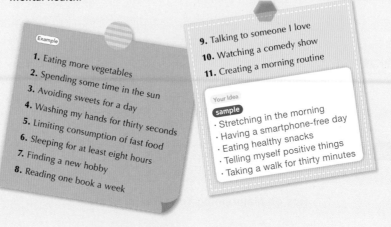

[Example]

1. Eating more vegetables
2. Spending some time in the sun
3. Avoiding sweets for a day
4. Washing my hands for thirty seconds
5. Limiting consumption of fast food
6. Sleeping for at least eight hours
7. Finding a new hobby
8. Reading one book a week
9. Talking to someone I love
10. Watching a comedy show
11. Creating a morning routine

Your Idea

[sample]

· Stretching in the morning
· Having a smartphone-free day
· Eating healthy snacks
· Telling myself positive things
· Taking a walk for thirty minutes

Step 2 Based on the list in Step 1, complete a Healthy Habits Bingo Card.

Healthy Habits Bingo Card

Avoiding sweets for a day		Creating a morning routine	Talking to someone I love
Eating more vegetables	Limiting consumption of fast food	Washing my hands for thirty seconds	
	Spending some time in the sun		Sleeping for at least eight hours
Reading one book a week		Watching a comedy show	Finding a new hobby

Step 1 at least 적어도, 최소한 routine [명] 일과, 정해진 과정

교과서 p.75

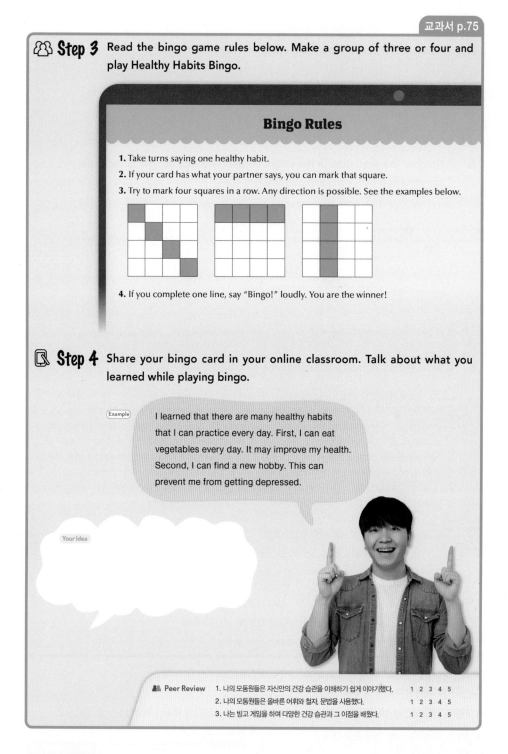

Step 3 Read the bingo game rules below. Make a group of three or four and play Healthy Habits Bingo.

Bingo Rules

1. Take turns saying one healthy habit.
2. If your card has what your partner says, you can mark that square.
3. Try to mark four squares in a row. Any direction is possible. See the examples below.

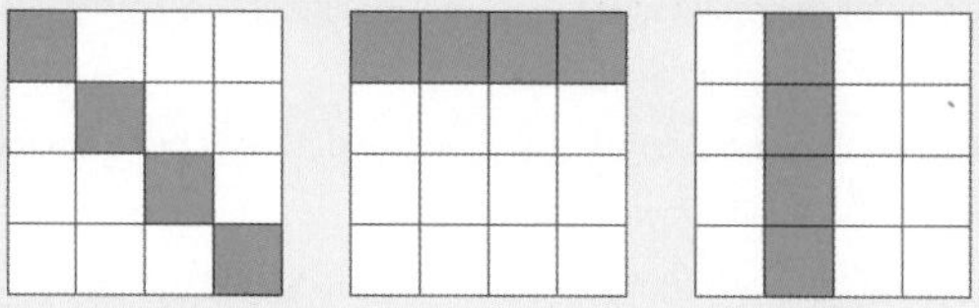

4. If you complete one line, say "Bingo!" loudly. You are the winner!

Step 4 Share your bingo card in your online classroom. Talk about what you learned while playing bingo.

[Example] I learned that there are many healthy habits that I can practice every day. First, I can eat vegetables every day. It may improve my health. Second, I can find a new hobby. This can prevent me from getting depressed.

Your Idea

Peer Review

1. 나의 모둠원들은 자신만의 건강 습관을 이해하기 쉽게 이야기했다.	1 2 3 4 5
2. 나의 모둠원들은 올바른 어휘와 철자, 문법을 사용했다.	1 2 3 4 5
3. 나는 빙고 게임을 하며 다양한 건강 습관과 그 이점을 배웠다.	1 2 3 4 5

Step 3 아래 빙고 게임 규칙을 읽으시오. 세 명이나 네 명의 모둠을 만들고 건강한 습관 빙고 게임을 진행하시오.

빙고 게임 규칙

1 번갈아 건강한 습관 하나를 말하시오.

2 만약에 자신의 카드에 짝이 말한 것이 있으면, 그 칸에 표시할 수 있습니다.

3 한 줄로 네 개의 칸을 표시하려고 하시오. 어떤 방향도 가능합니다. 아래의 예시를 보시오.

4 하나의 선을 완성하면, "빙고!"를 크게 말하시오. 당신이 승자입니다!

Step 4 자신의 빙고 카드를 온라인 교실에서 공유하시오. 빙고 게임을 하는 동안 자신이 무엇을 배웠는지 이야기해 보시오.

[Example] 저는 매일 실행할 수 있는 많은 건강한 습관이 있다는 것을 배웠습니다. 첫째, 저는 매일 채소를 먹을 수 있습니다. 그것은 저의 건강을 개선할 것입니다. 둘째, 저는 새로운 취미를 찾을 수 있습니다. 이것은 제가 우울해지는 것을 막을 수 있습니다.

추가 예시 답안

· I learned that there are many healthy habits that I can practice every day. First, I can brush my teeth after I eat. It will keep my teeth clean. Second, I can exercise every day. This will help me relieve stress and stay healthy. (저는 매일 실행할 수 있는 많은 건강한 습관이 있다는 것을 배웠습니다. 첫째, 저는 식사를 한 후에 양치를 할 수 있습니다. 그것은 제 이를 깨끗하게 유지시켜 줄 것입니다. 둘째, 저는 매일 운동할 수 있습니다. 이것은 제가 스트레스를 완화하고 건강을 유지하도록 도와줄 것입니다.)

Step 3 take turns v-ing 차례대로 …하다 mark [동] 표시하다 in a row 일렬로 direction [명] 방향
Step 4 prevent A from v-ing A가 …하는 것을 막다

Lesson Review

A 대화를 듣고 문장을 완성하시오.

소녀는 식단을 바꿈으로써 그녀의 건강을 개선했다.

문제 해설

남자가 여자에게 요즘 건강해 보인다고 말하며 무엇을 했는지 묻자 여자는 식단을 바꿨다고 말했다.

B 올바른 순서로 문장에 번호를 쓰시오. 그리고 나서 완성한 대화로 짝과 함께 역할 연기를 하시오.

1 너 오늘 기분이 안 좋아 보여. 학교에서 문제가 있니?
2 사실, 나는 팀 프로젝트에 관해 스트레스를 받아.
3 아! 너의 모둠원들 중 일부가 충분히 기여하지 않는다고 들었어.
4 맞아, 그리고 그게 나를 미치게 해. 너는 스트레스를 완화하는 방법을 알고 있니?
5 나는 스트레스 받을 때 보통 산책을 해.
6 그거 좋겠다. 아마 그것은 내가 진정하도록 도와줄 거야.

문제 해설

스트레스의 원인과 그 해소법에 관한 대화이다. 학교에서 문제가 있는지를 묻는 질문에 팀 프로젝트로 스트레스를 받고 있다는 대답이 2번으로, 일부 모둠원들이 충분이 기여하지 않는다는 스트레스의 이유가 3번으로, 스트레스 해소법을 묻는 질문이 4번으로, 스트레스 해소법으로 산책을 한다는 문장이 5번, 거기에 공감하는 내용이 6번으로 오는 것이 자연스럽다.

교과서 p.76

A Listen to the conversation and complete the sentence. 🎧

The girl improved her h<u>ealth</u> by changing her d<u>iet</u>.

B Number the sentences in the correct order. Then act out the completed conversation with your partner. 💬

[1] You look down today. Are you having problems at school?
[5] When I get stressed, I usually take a walk.
[3] Oh! ① I heard that some of the members of your group haven't been contributing enough.
[6] ② That sounds good. ③ Maybe it would help me relax.
[4] Yes, and it's driving me crazy. ④ Are you aware of ways to relieve stress?
[2] Actually, I'm stressed about my team project.

C Read the paragraph and answer the following questions.

If you wait too long (A) [exercising / to exercise] after eating, you will suffer from a lack of energy. The best time to eat before you exercise varies from one to three hours. Basically, it depends on several factors such as the type and amount of food as well as body size, age, and gender. The type of exercise also matters. For extremely active exercise like cycling, I suggest that you (B) [wait / will wait] between one and a half and three hours after eating a moderate-sized meal. But for something more casual, such as golfing, waiting for one hour after a meal should be enough. Clearly, you can wait less after eating a snack.

1 Choose the best topic of the passage.

a the best time for eating each meal of the day
b the advantages and disadvantages of exercising
ⓒ the ideal amount of time between eating and exercising

2 Choose the appropriate word for (A) and (B).

(A) <u>to exercise</u> (B) <u>wait</u>

C 단락을 읽고 다음 질문에 답하시오.

1 지문의 가장 적절한 주제를 고르시오.

a 하루에 각 식사를 위한 가장 좋은 시간
b 운동의 장점과 단점
c 식사와 운동 사이의 이상적인 시간의 양

문제 해설

식사 후 운동을 하기까지 어느 정도의 시간을 기다려야 하는지 설명하고 있으므로 정답은 c이다.

2 (A)와 (B)에 들어갈 적절한 단어를 고르시오.

문제 해설

(A) 「too+형용사/부사+to-v」는 '…하기에 너무 ~한/하게'의 뜻으로 to부정사인 to exercise가 적절하다.
(B) 제안을 나타내는 동사 suggest 뒤에 that절이 목적어로 올 때 that절의 동사는 「(should+)동사원형」이므로 wait이 적절하다.

B **contribute** [동] …에 기여하다 **drive A crazy** A를 미치게 하다

A

Script

B Hello, Jane. ❶ You look much healthier these days.
(much: 비교급 강조(훨씬) / look healthier: look+형용사: …하게 보이다)

G Thanks.

B ❷ I'm curious about [what you did].
(간접 의문문(전치사 about의 목적어))

G Well, I actually changed my diet.

B Really? How did you change it?
(it = your diet)

G I eat more vegetables and less sugary food now.
(병렬 연결: 목적어1 / 목적어2)

B I see. I should consider changing my diet, too.
(consider v-ing: …하는 것을 고려하다)

[구문 해설]

❶ You **look** *much* ***healthier*** these days.

➡ 「look+형용사」는 '…하게 보이다'라는 뜻으로, look 뒤의 형용사는 주격 보어이며, 부사를 쓰지 않는다. 비교급 앞의 much, far, still, even, a lot은 '훨씬'이라는 뜻으로 비교급을 강조한다.

❷ **I'm curious about** *what you did*.

➡ be curious about은 '…에 대해 궁금해하다'라는 의미이며 what you did는 전치사 about의 목적어로 쓰인 「의문사+주어+동사」 형태의 간접 의문문이다.

[해석] 남 안녕, Jane. 너 요즘 훨씬 더 건강해 보인다.
여 고마워.
남 네가 무엇을 했는지 궁금해.
여 음, 사실 나는 식단을 바꿨어.
남 정말? 어떻게 바꿨어?
여 지금은 더 많은 채소를 먹고 단 음식을 덜 먹어.
남 그렇구나. 나도 식단 바꾸는 것을 고려해 봐야겠다.

B

[구문 해설]

❶ I heard that **some** [of the members {of your group}] ***haven't*** *been contributing* enough.

➡ 문장의 동사 heard의 목적어로 쓰인 that절의 주어는 전치사구 [ ]의 수식을 받는 some이므로 동사는 복수형으로 쓴다.

➡ haven't been contributing은 현재완료 진행형으로 과거부터 현재까지 진행되고 있는 일에 쓴다.

❷ That **sounds good**.

➡ 「sound+형용사」는 '…하게 들리다'라는 뜻으로, 형용사는 주격 보어이며 부사를 쓰지 않는다.

❸ Maybe it would **help me relax**.

➡ 「help+목적어+to부정사/동사원형」은 '(목적어)가 …하도록 돕다'라는 뜻으로, help는 목적격 보어로 to부정사와 동사원형 둘 다를 취할 수 있다.

❹ Are you aware of ways **to relieve stress**?

➡ to relieve stress는 ways를 수식하는 형용사적 용법의 to부정사구이다.

Script diet [명] 식단 sugary [형] 설탕이 든

교과서 p.77

D 숙면을 취하기 위한 여러분의 방법에 관해 쓰시오.

sample

숙면을 위한 방법

요즘 잠을 자는 데 문제가 있나요? 만일 그렇다면, 당신은 좋은 수면 습관을 기를 필요가 있습니다. 먼저, 당신은 매일 같은 시간에 잠자리에 들도록 노력할 필요가 있습니다. 이렇게 하면, 당신은 알맞은 시간에 잠들 수 있을 것입니다. 두 번째 팁은 저녁에 강한 맛의 음식을 먹는 것을 피하는 것입니다. 이것은 당신의 수면의 질을 개선하는 데 도움을 줄 것입니다. 숙면이 당신의 건강과 집중에 중요하다는 것을 항상 기억하세요.

➕ **추가 예시 답안**

Tips for a Good Night's Sleep

Do you have a problem with sleeping these days? If so, you need to develop good sleeping habits. First, you need to try to <u>keep your room dark and quiet</u>. In this way, you will be able to <u>sleep more deeply</u>. The second tip is to avoid <u>eating too late</u> in the evening. This will help you to <u>sleep more comfortably</u>. Always remember that a good night's sleep is important for your health and concentration.

숙면을 위한 방법

요즘 잠을 자는 데 문제가 있나요? 만일 그렇다면, 당신은 좋은 수면 습관을 기를 필요가 있습니다. 먼저, 당신은 당신의 방을 어둡고 조용하게 유지하려고 노력할 필요가 있습니다. 이렇게 하면, 당신은 보다 깊게 잠을 잘 수 있을 것입니다. 두 번째 팁은 저녁에 너무 늦게 먹는 것을 피하는 것입니다. 이것은 당신이 보다 편안하게 자는 데 도움을 줄 것입니다. 숙면이 당신의 건강과 집중에 중요하다는 것을 항상 기억하세요.

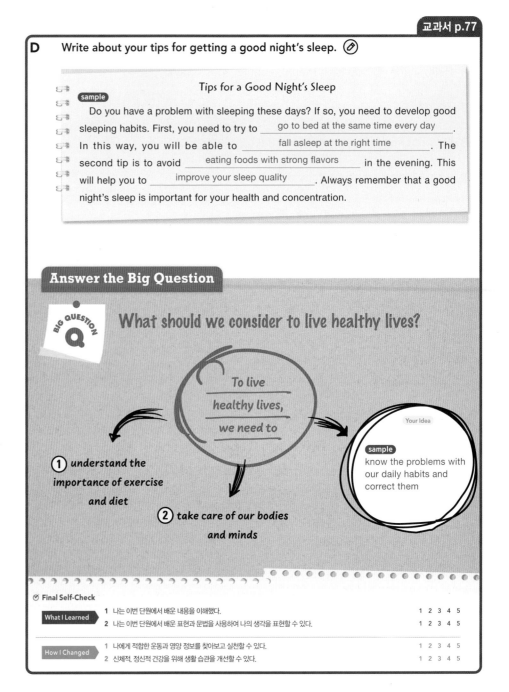

D Write about your tips for getting a good night's sleep. ✎

Tips for a Good Night's Sleep

sample

Do you have a problem with sleeping these days? If so, you need to develop good sleeping habits. First, you need to try to ___go to bed at the same time every day___. In this way, you will be able to ___fall asleep at the right time___. The second tip is to avoid ___eating foods with strong flavors___ in the evening. This will help you to ___improve your sleep quality___. Always remember that a good night's sleep is important for your health and concentration.

Answer the Big Question

BIG QUESTION Q

What should we consider to live healthy lives?

To live healthy lives, we need to

① *understand the importance of exercise and diet*

② *take care of our bodies and minds*

Your Idea

sample

know the problems with our daily habits and correct them

☑ **Final Self-Check**

What I Learned	1 나는 이번 단원에서 배운 내용을 이해했다.	1 2 3 4 5
	2 나는 이번 단원에서 배운 표현과 문법을 사용하여 나의 생각을 표현할 수 있다.	1 2 3 4 5
How I Changed	1 나에게 적합한 운동과 영양 정보를 찾아보고 실천할 수 있다.	1 2 3 4 5
	2 신체적, 정신적 건강을 위해 생활 습관을 개선할 수 있다.	1 2 3 4 5

Answer the Big Question

BIG QUESTION 건강한 삶을 살기 위해 우리는 무엇을 고려해야 할까요?

건강한 삶을 살기 위해 우리는 …하는 것이 필요하다.

① 운동과 식단의 중요성을 이해한다   ② 몸과 마음을 돌본다

sample 일상의 습관과 관련된 문제를 알고 그것들을 고친다

➕ **추가 예시 답안**
- find ways to relieve our stress (우리의 스트레스를 완화시킬 방법을 찾는다)
- have healthy habits (건강한 습관을 가진다)

Big Question 답안 작성 TIP

신체적으로나 정신적으로 건강한 삶을 영위할 수 있는 방법들은 무엇인지 고민해 본다. 바람직하지 못한 생활 습관을 찾아 개선하기, 건강한 식단으로 바꾸기 등의 신체 건강을 위한 방안뿐만 아니라 스트레스를 줄일 수 있는 방법 찾기, 부정적인 감정 멀리하기 등 정신 건강을 위한 방안들도 함께 생각해 보고 아이디어가 잘 떠오르지 않을 때는 본인의 생활을 되짚어 보아도 좋다.

다음 네모 안에서 옳은 어법·어휘를 고르시오.

01 I figured / worked out right after dinner and got a stomachache.

02 The problem is that / what you exercised too soon after eating.

03 When you eat, blood rushes to the digestive system to help break / broken down the food and absorb its nutrients.

04 This happens in order to supply your muscles with the oxygen and nutrients it / they require.

05 As a result, the digestion process pause / is paused until the blood returns.

06 Whether you're lifting weights or going / go for a jog, you shouldn't do it with a stomach full of food.

07 The fuel that / where provides this energy is glycogen.

08 Carbohydrates in the food we eat broken / are broken down into a kind of sugar called glucose.

09 Your blood sugar levels are low, and you don't have enough glycogen storing / stored in your body.

10 If you exercise on an empty stomach, you will most likely gain / lack energy and feel unusually tired.

11 Some people end up suffering / suffer from nausea and headaches, and others even faint.

12 This is because intense exercise uses up / builds up all the glycogen in your muscles.

13 Is it the loss of glycogen this / that causes us to have low levels of energy?

14 Doctors recommend that people eat food contained / containing carbohydrates within thirty minutes after working out.

15 If you weigh 60 kilograms, you should try to consume between 60 and / to 90 grams of carbohydrates after you exercise.

16 Can you explain how / what long we should wait after eating?

17 The best time to eat before you exercise vary / varies from one to three hours.

18 It depends on several factors such as the type and amount of food as well / good as body size, age, and gender.

19 For extremely active exercise like cycling, I suggest that you will wait / wait between one and a half and three hours after eating a moderate-sized meal.

20 But for something more casual, such as golfing, wait / waiting for one hour after a meal should be enough.

01 다음 대화의 빈칸에 들어갈 말로 가장 적절한 것은?

> M What do you want to know about?
>
> G I'm curious about ＿＿＿＿＿＿＿＿＿＿＿＿
>
> ＿＿＿＿＿＿＿＿＿＿.
>
> M Well, vaccines are weak versions of viruses. They allow our bodies to practice fighting against those viruses.
>
> G How interesting! Our immune system is fascinating.

① what happens during an illness
② what the process is for making vaccines
③ why we feel cold when we have a fever
④ how vaccines help prevent some diseases
⑤ when the best time is to take medicine

02 (A)~(D)를 올바른 순서로 배열하여 대화를 완성하시오.

> (A) Well, just 2.5 mg of caffeine per kilogram of body weight is enough for you.
>
> (B) Maybe you drink too many energy drinks. Are you aware of the recommended daily amount of caffeine?
>
> (C) I can't sleep these days, and sometimes I feel dizzy.
>
> (D) No, I'm not. But I only drink two per day.

＿＿＿＿ → ＿＿＿＿ → ＿＿＿＿ → ＿＿＿＿

03 글의 흐름으로 보아, 주어진 문장이 들어가기에 가장 적절한 곳은?

> Despite its name, it doesn't mean that our muscles remember the skills.

> Once you learn the skill and get used to it, you can perform it without thinking about the necessary muscle movements. (①) This long-lasting memory for certain skills is called muscle memory. (②) Interestingly, muscle memory mostly develops in the brain. (③) Different parts of the brain are used to perform a skill. (④) When we practice a skill, these parts become strongly connected. (⑤) This makes the skill easier to perform automatically.

04 다음 글에 이어질 내용으로 가장 적절한 것은?

> Welcome back to *Today's Health*. Today we're going to be talking about exercise. Dr. Victoria Hill is here, and she is going to share some useful tips. So, Dr. Hill, let's start with a question about my experience last month. I worked out right after dinner and got a stomachache. Why did that happen?

① Dr. Victoria Hill's experience with healthy diets
② the speaker's tips for staying healthy
③ how to exercise during an illness
④ Dr. Hill's answer to the speaker's question about his recent experience
⑤ foods that increase the effect of exercising

[5-6] 다음 글을 읽고, 물음에 답하시오.

The problem is that you exercised too soon after eating. This can cause various stomach issues. When you eat, blood rushes to the digestive system to help break down the food and absorb its nutrients. But when you start to exercise, blood moves from the digestive system to your muscles. <u>This</u> happens in order to supply your muscles with the oxygen and nutrients they require. As a result, the digestion process is paused until the blood returns. So, whether you're lifting weights or going for a jog, you shouldn't do it with a stomach full of food.

05 윗글의 내용과 일치하지 <u>않는</u> 것은?

① 식사 후 바로 운동하는 것은 신체에 문제를 일으킨다.
② 혈액은 소화 기관이 음식을 분해하도록 돕는다.
③ 운동할 때 근육은 혈액 덕분에 산소와 영양분을 공급받는다.
④ 운동 중에도 소화 과정은 멈추지 않고 계속된다.
⑤ 운동 강도와 상관없이 배부를 때 운동하는 것은 해롭다.

서술형

06 밑줄 친 This가 의미하는 바를 우리말로 쓰시오.

[7-8] 다음 글을 읽고, 물음에 답하시오.

The fuel that (A) provide / provides this energy is glycogen. Carbohydrates in the food we eat are broken down into a kind of sugar (B) called / is called glucose. When this glucose is stored in parts of the body, such as the muscles and the liver, it is called glycogen. This is why exercising on a completely empty stomach—such as when you first wake up in the morning—can be (C) so / such a <u>challenge</u>. Your blood sugar levels are low, and you don't have enough glycogen stored in your body.

07 (A), (B), (C)의 각 네모 안에서 어법에 맞는 표현으로 가장 적절한 것은?

	(A)	(B)	(C)
①	provide	called	so
②	provide	called	such
③	provides	called	such
④	provides	is called	so
⑤	provides	is called	such

08 밑줄 친 challenge와 유사한 의미를 가진 단어는?

① way   ② task
③ difficulty   ④ tragedy
⑤ difference

09 (A), (B), (C)의 각 네모 안에서 문맥에 맞는 단어로 가장 적절한 것은?

If you exercise on an empty stomach, you will most likely (A) have / lack energy and feel unusually tired. There can also be more (B) positive / serious outcomes. Some people end up suffering from nausea and headaches, and others even faint. This is because (C) intense / weak exercise uses up all the glycogen in your muscles.

	(A)	(B)	(C)
①	have	positive	intense
②	have	positive	weak
③	lack	positive	intense
④	lack	serious	weak
⑤	lack	serious	intense

[10-11] 다음 글을 읽고, 물음에 답하시오.

Host: So, is it the loss of glycogen that causes us to have low levels of energy?

Dr. Hill: That's correct. For this reason, doctors recommended that people (eating) food containing carbohydrates within thirty minutes after working out. This replaces the muscle glycogen you have lost. Basically, you need between one and one and a half grams of carbohydrates for every kilogram you weigh. Let's do the math. If you weigh 60 kilograms, you should try to consume between 60 and 90 grams of carbohydrates after you exercise. This is equal to about one bowl of white rice or three bananas.

10 윗글의 괄호 안의 말을 어법상 올바른 형태로 바꾼 것은? (정답 2개)
① eats ② to eat ③ eat
④ should eat ⑤ had eaten

11 윗글의 내용에서 추론할 수 <u>없는</u> 것은?
① 글리코겐은 손실되면 회복될 수 없다.
② 운동은 글리코겐을 손실시키는 활동이다.
③ 탄수화물 섭취가 우리의 에너지 수준에 영향을 미친다.
④ 체중이 다르면 운동 후 필요한 탄수화물의 섭취량이 다를 것이다.
⑤ 흰 쌀밥 한 그릇과 바나나 세 개에 든 탄수화물의 양은 비슷하다.

[12-13] 다음 글을 읽고, 물음에 답하시오.

Host: That's very interesting. But what about eating before we exercise? Can you explain 식사 후에 우리가 얼마나 오래 기다려야 하는지?

Dr. Hill: Well, as I said before, exercising right after you eat will cause feelings of discomfort. But, if you wait too long to exercise after eating, you'll suffer from a lack of energy. The best time to eat before you exercise varies from one to three hours. Basically, it depends on several factors such as the type and amount of food as well as body size, age, and gender.

12 밑줄 친 우리말과 같은 뜻이 되도록 조건에 맞게 문장을 완성하시오.

〈조건〉 1. 간접 의문문을 이용할 것.
2. long, eating, should를 이용하여 빈칸을 7개의 단어로 채울 것.

→ Can you explain _____
_____?

13 윗글에서 운동 전 식사 시간과 관련된 요소로 언급되지 <u>않은</u> 것은?
① 음식의 양 ② 체구 ③ 성별
④ 나이 ⑤ 질환

[14-15] 다음 글을 읽고, 물음에 답하시오.

The type of exercise also matters. For extremely active exercise like cycling, I suggest that you wait between one and a half and three hours after eating a moderate-sized meal. But for something more _____, such as golfing, waiting for one hour after a meal should be enough. Clearly, you can wait less after eating a snack.

14 빈칸에 들어갈 말로 가장 적절한 것은?
① casual ② crucial
③ strong ④ professional
⑤ energetic

15 다음 영영 뜻풀이에 해당하는 단어를 윗글에서 찾아 쓰시오.

to have importance or significance

133

Lesson 4

The Future Ahead of Us

우리 앞에 놓인 미래

BIG QUESTION

How does technology affect our lives?

기술은 우리의 삶에 어떻게 영향을 줄까요?

Listen and Talk

Technology around Us

우리 주변의 기술

Watch and Communicate

From Space to Earth

우주에서 지구로

Read

AI: Opportunity or Threat?

인공 지능: 기회인가 위협인가?

Think and Write

An Opinion Essay

견해 에세이

알고 있는 단어에 v 표시하고 뜻을 써 보시오.

단원 핵심 어휘 및 표현

☐ artificial intelligence		☐ compose	
☐ lead to		☐ option	
☐ controversy		☐ virtual	
☐ complain		☐ realistic	
☐ instruction		☐ spark	
☐ fair		☐ impact	
☐ rest		☐ imitate	
☐ numerous		☐ consent	
☐ generator		☐ exceed	
☐ ability		☐ imagination	
☐ analyze		☐ assistance	
☐ corresponding		☐ limitation	
☐ description		☐ diversity	
☐ landscape		☐ eventually	
☐ existing		☐ output	
☐ blend		☐ boundary	
☐ complex		☐ ethically	
☐ industry		☐ collaborate	

artificial intelligence 인공 지능 lead to …로 이어지다 controversy 몡 논란 complain 됭 불평하다 instruction 몡 지시, 설명 fair 혱 공정한 rest 몡 (어떤 것의) 나머지 numerous 혱 많은 generator 몡 발생기 ability 몡 능력 analyze 됭 분석하다 corresponding 혱 해당하는 description 몡 서술, 묘사 landscape 몡 풍경 existing 혱 기존의, 현존하는 blend 됭 조합하다, 섞다 complex 혱 복잡한 industry 몡 산업 compose 됭 작곡하다 option 몡 선택[옵션] virtual 혱 가상의 realistic 혱 사실적인, 실제 그대로의 spark 됭 촉발하다 impact 몡 영향 imitate 됭 모방하다 consent 몡 동의 exceed 됭 넘어서다 imagination 몡 상상력, 창의력 assistance 몡 도움 limitation 몡 한계 diversity 몡 다양성 eventually 붕 결국에, 결과적으로 output 몡 생산(량), 결과(물) boundary 몡 경계, 한계 ethically 붕 윤리적으로 collaborate 됭 협력하다

Study Points

✔ **Communicative Functions**
- ▶ 난 노량 해전에 대해 장군님께 물어보기를 고대하고 있어.
- ▶ 그것이 어떻게 작동하는지 알려줄 수 있니?
- ▶ **기대 표현하기** I'm **looking forward to** asking the general about the Battle of Noryang.
- ▶ **설명 요청하기** **Could you explain** how it works?

✔ **Language Structures**
  ⋯ ▶ 「not only A but also B」
- ▶ AI may lead to changes **not only** in the art world **but also** in the music industry.
- ▶ There are *concerns* **that** AI may imitate the styles of human artists without their consent.
  ⋯ ▶ 동격의 접속사 that

- ▶ 인공 지능은 미술 세계뿐만 아니라 음악 산업에서의 변화로도 이어질 수 있다.
- ▶ 인공 지능이 인간 예술가의 동의 없이 그들의 화풍을 모방할지도 모른다는 염려가 있다.

Technology around Us ① Reviving the Past

기대 표현하기 I'm looking forward to ... .

A Listen Up

1 대화를 들으시오. 화자들은 주로 무엇에 관해 이야기하고 있는가?

a 역사적인 사건에 대해 조사하는 것

b 챗봇 애플리케이션을 사용하는 것

c 외국 친구들에게 메시지 보내는 것

문제 해설

챗봇 애플리케이션으로 역사적 인물과 대화하는 것에 관해 이야기하고 있으므로 정답은 b이다.

2 다시 들으시오. 남자가 대화하고 싶은 사람은?

a 이순신

b 마리 퀴리

c 알베르트 아인슈타인

문제 해설

여자가 이순신 장군에게 노량 해전에 관해 질문하기를 고대하고 있다고 하자 남자는 마리 퀴리와 이야기를 하고 싶다고 했으므로 정답은 b이다.

교과서 p.80

A Listen Up

1 Listen to the conversation. What are the speakers mainly talking about?

a surveying historical events

ⓑ using a chatbot application

c sending messages to foreign friends

Listening Tip

대명사에 주의하기 I, you, she, he, it, that과 같은 대명사가 무엇을 지칭하는지 파악하며 듣는다.

2 Listen again. Which person does the boy want to chat with?

a
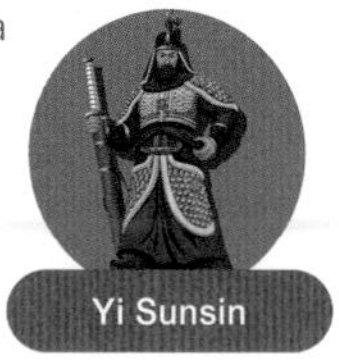
Yi Sunsin

ⓑ
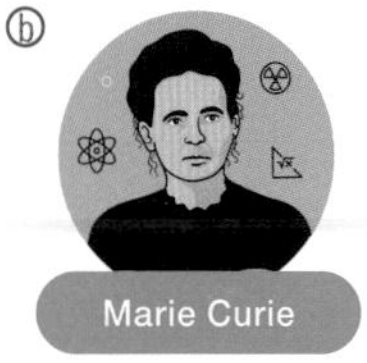
Marie Curie

c
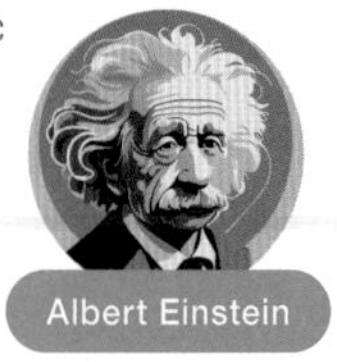
Albert Einstein

B Let's Talk

Look at the technology fair advertisement and discuss each program with your partner.

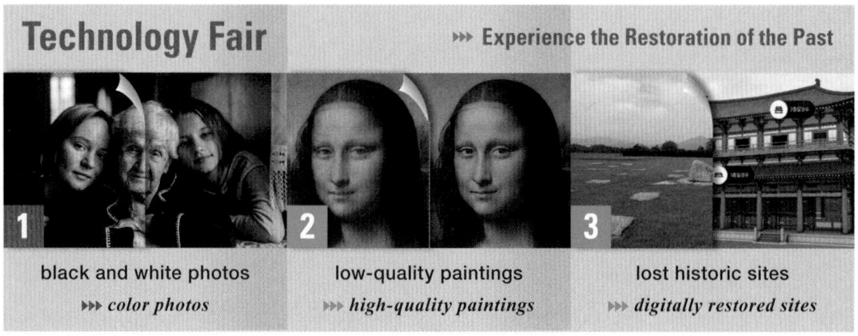
Technology Fair
Experience the Restoration of the Past
1
black and white photos
color photos
2
low-quality paintings
high-quality paintings
3
lost historic sites
digitally restored sites

[Example]
A What kind of technology can we experience at this fair?
B We can try a program that restores photos.
A How is that possible?
B AI technology can convert black and white photos into color photos.
A That's really interesting. **I'm looking forward to** trying that program.

B Let's Talk

기술 박람회 광고를 보고 각 프로그램에 대해 짝과 논의해 보시오.

기술 박람회 – 과거를 복원한 것을 경험하세요

1 흑백 사진 → *컬러 사진*

2 저화질 그림 → *고화질 그림*

3 잃어버린 역사적 장소 → *디지털 방식으로 복구된 장소*

[Example]
A 이 박람회에서 우리는 어떤 종류의 기술을 체험할 수 있니?
B 우리는 사진을 복원하는 프로그램을 사용해 볼 수 있어.
A 그게 어떻게 가능하니?
B 인공 지능 기술이 흑백 사진을 컬러 사진으로 바꿀 수 있어.
A 매우 흥미롭다. 나는 그 프로그램을 사용해 보는 것이 기대돼.

A **survey** [동] 살피다, 조사하다 **historical** [형] 역사상의, 역사적 **application** [명] 애플리케이션 **foreign** [형] 외국의
B **fair** [명] 박람회 **restoration** [명] 복원 **historic** [형] 역사적으로 중요한 **site** [명] 장소, 현장 **convert** [동] 전환시키다

A Listen Up

Script

B Hi, Emma. What are you doing on your phone?
현재진행형(…하고 있다)

G Oh hi, Mark. I'm chatting with General Yi Sunsin.
현재진행형(…하고 있다)

B General Yi Sunsin? How is that possible?

G I installed a chatbot application. I can talk to any historical figure with it.
talk to: …에게 말을 걸다 = the chatbot application

B That sounds amazing!
sound+형용사: …하게 들리다

G Yes, it is amazing! ❶ I'm looking forward to asking the general about the Battle of Noryang.
= General Yi Sunsin
동명사(전치사 to의 목적어)

B What are you going to ask?
be going to-v: …할 것이다

G ❷ I want to know [how he felt during the battle].
want to-v: …하고 싶다 간접 의문문(know의 목적어)

B I want to try that, too. I would love to talk to Marie Curie about her work.
would love to-v: …하고 싶다

[구문 해설]

❶ I'm **looking forward to asking** the general about the Battle of Noryang.
➜「look forward to+v-ing」는 '…하기를 기대[고대]한다'라는 의미이며 전치사 to 뒤에 동명사 asking이 왔다.

❷ I want **to know** *how* he felt during the battle.
➜ to know 이하는 동명사 want의 목적어로 쓰인 명사적 용법의 to부정사구이며, how 이하는 「의문사+주어+동사」 형태의 간접 의문문으로 know의 목적어 역할을 한다.

[해석] **남** 안녕, Emma. 휴대폰으로 뭐 하고 있니?
여 오, 안녕, Mark. 나는 이순신 장군과 채팅 하고 있어.
남 이순신 장군? 그게 어떻게 가능해?
여 챗봇 애플리케이션을 설치했어. 이걸로 어떤 역사적 인물과도 이야기할 수 있어.
남 놀랍다!
여 맞아, 놀라워! 난 노량 해전에 대해 장군님께 물어보기를 고대하고 있어.
남 무엇을 물어볼 거야?
여 전쟁 동안 그분이 어떤 감정을 느꼈는지 알고 싶어.
남 나도 그거 해 보고 싶어. 나는 마리 퀴리와 그녀의 업적에 관해 얘기해 보고 싶어.

문해력 UP!
몹시 기다림

Communicative Functions

I'm looking forward to … .

'나는 …하기를 기대[고대]하고 있다'는 뜻으로, 바람이나 기대를 표현할 때 쓰는 표현이다. 이때 to는 전치사이므로 뒤에 명사가 와야 하고, 동사가 올 경우에는 동명사 형태로 와야 한다.

유사 표현 I can't wait for … .
I want (to) … .

예시 대화 ❶ **A I can't wait for** the new movie to come out next week. (나는 다음 주에 새 영화가 나오기를 몹시 바라고 있어.)
B Same here! I've been looking forward to it for months. (나도 그래! 나는 그 영화를 여러 달 동안 고대해 왔어.)

예시 대화 ❷ **A I want** summer vacation to start! (나는 여름 방학이 시작되면 좋겠어!)
B Me too! I'm so excited for the beach trip we've planned. (나도! 나는 우리가 계획한 바닷가 여행 때문에 몹시 신이 나.)

Script **general** [명] 장군 **install** [동] 설치하다 **figure** [명] 인물

Technology around Us ② Staying Safe

설명 요청하기 Could you explain ... ?

교과서 p.81

A Listen Up

1 대화를 들으시오. 대화에 따르면 사실인 것은?

a 남자는 과거에 다리를 다쳤다.

b 여자는 가상 현실 소방 훈련이 무엇인지 모른다.

c 작년에 학교에서 가상 현실 소방 훈련이 있었다.

문제 해설
남자가 이번에는 가상 현실 소방 훈련을 진행할 것이라고 하자 여자가 그것이 무엇인지 묻고 있으므로 정답은 b이다.

2 다시 들으시오. 여자의 감정 변화를 적절하게 보여 주는 것은?

a 화가 난 → 놀란

b 행복한 → 좌절한

c 걱정하는 → 안도하는

문제 해설
여자는 처음에 소방 훈련을 걱정했으나 가상 현실로 안전하게 소방 훈련을 받게 되어 기쁘다고 했으므로 정답은 c이다.

B Let's Talk

사람들을 도울 수 있는 기술을 찾아보고 그것에 대해 짝과 대화해 보시오.

스마트 워치[시계]

· 신체 변화를 감지하는 건강 감시 장치

· 비상 상황에서 자동으로 119로 전화를 건다

스마트 스피커

· 일정을 관리해 주는 가상의 조수

· 노인들에게 약을 제때 복용하도록 상기시켜 준다

A Listen Up 🎧

1 Listen to the conversation. Which is true according to the conversation?

a The boy hurt his leg in the past.

ⓑ The girl doesn't know what a VR fire drill is.

c The school had a VR fire drill last year.

2 Listen again. Which correctly shows the change in the girl's feelings?

a angry → surprised

b happy → frustrated

ⓒ concerned → relieved

B Let's Talk 💬🔍

Search for technology that can help people and talk with your partner about it.

a smart watch

· a health monitor that detects changes in the body
· automatically calls 119 in an emergency

a smart speaker

· a virtual assistant that manages someone's schedule
· reminds seniors to take their medicine on schedule

sample Your Idea

· a smart gas stove: a sensor that detects gas leaks / automatically blocks gas supply
·

(Example)

A These days, we can use many devices that keep us safe.

B Would you give me an example?

A One example is a smart watch.

B **Could you explain** how it can keep us safe?

A It comes with a health monitor that detects changes in the body, and it automatically calls 119 in an emergency.

(Speaking Tip)
'예를 들어 줄 수 있을까?' 라는 의미로 'Would you give me an example?' 을 사용할 수 있다.

☑ Self-Check   1. 'I'm looking forward to ... .' 표현을 이해하고 기대를 나타내는 대화를 할 수 있다.   □🎧 □💬
              2. 'Could you explain ... ?' 표현을 이해하고 설명을 요청하는 대화를 할 수 있다.   □🎧 □💬

---

sample

스마트 가스레인지

· 가스 누수를 인지하는 센서
· 가스 공급을 자동으로 막는다

(Example)

A 요즘에는, 우리를 안전하게 해 주는 많은 장비들을 사용할 수 있어.

B 예를 들어 주겠니?

A 한 가지 예는 스마트 워치야.

B 그것이 어떻게 우리를 안전하게 해 주는지 설명해 줄 수 있니?

A 그것에는 신체의 변화를 감지하는 건강 감시 장치가 있어서 그것이 비상 상황에 자동으로 119로 전화를 걸어 줘.

➕ 추가 예시 답안

a smart door lock (스마트 도어락[문 장금장치])

· an option to unlock and lock your door using your phone (전화기를 사용하여 문을 잠그고 열 수 있는 선택권)

· can be used to lock your door from anywhere (어느 곳에서든 문을 잠그기 위해 사용될 수 있다)

A drill 몡 훈련   concerned 톙 걱정하는

B detect 동 감지하다, 발견하다   emergency 몡 비상(사태)   assistant 몡 조수, 보조원

A Listen Up

Script

be going to-v: …할 예정이다

B Hey, Grace, I heard [there is going to be a fire drill today].
(that) 명사절(heard의 목적어)

G That's right. But I'm a bit worried. I hurt my leg [during our last fire drill].
조금, 약간(부사) 과거형(hurt-hurt-hurt) 전치사구

B Oh, don't worry! This time, we are going to have a VR fire drill.

G A VR fire drill? What's that?
= a VR fire drill

B ❶ We will be trained [using virtual reality technology].
조동사 수동태 분사구문(동시 동작)

G Oh! Could you explain [how it works]?
간접 의문문(explain의 목적어)

B Sure. ❷ Everyone will use VR equipment and experience [what a fire is really like].
동사1 병렬 연결 동사2 간접 의문문(experience의 목적어)

G That sounds interesting.
sound+형용사: …하게 들리다

B It will be. We will also learn [how to use a fire extinguisher] without real danger.
(interesting) how to-v: …하는 방법(learn의 목적어)

G I'm glad [we can safely practice what to do].
(that) what to-v: 무엇을 …할지(practice의 목적어)

구문 해설

❶ We **will be trained** *using* virtual reality technology.
➡ 「will be+p.p.」는 조동사 will과 수동태가 결합된 것으로, '…될/받을 것이다'라는 의미를 나타낸다. using 이하는 동시 동작을 나타내는 분사구문으로, '…하면서, …한 채'로 해석한다.

❷ Everyone will **use** VR equipment and **experience** *what* a fire is really like.
➡ 동사원형 use와 experience는 접속사 and에 의해 병렬 연결되어 있다. what 이하는 「의문사+주어+동사」 형태의 간접 의문문으로 experience의 목적어 역할을 한다.

해석 **남** 이봐 Grace, 오늘 소방 훈련이 있을 거라고 들었어.
여 맞아. 그런데 난 조금 걱정이 돼. 지난번 소방 훈련 하는 동안 나는 다리를 다쳤거든.
남 오, 걱정 마! 이번에는 가상 현실 소방 훈련을 진행할 예정이야.
여 가상 현실 소방 훈련? 그게 뭐야?
남 우리는 가상 현실 기술을 사용해서 훈련을 받을 거야.
여 아! 그것이 어떻게 작동하는지 알려줄 수 있니?
남 그럼. 모두가 가상 현실 장비를 사용하여 화재가 실제로 어떤지 체험할 거야.
여 재미있을 것 같아.
남 그럴 거야. 우리는 또한 실제의 위험 없이 소화기 사용하는 법을 배울 거야.
여 우리가 무엇을 해야 할지를 안전하게 연습할 수 있어서 기뻐.

Communicative Functions

Could you explain ... ?

'…를 설명해 줄 수 있니?'라는 뜻으로, 상대방에게 설명을 요청할 때 쓰는 표현이다.

유사 표현 What is ... (exactly)?
What do you mean by ... ?

예시 대화 **A** I heard they're launching a new product next month. (다음 달에 그들이 새 상품을 출시한다고 들었어.)
B **What is** it **exactly?** I haven't seen any details about it. (그게 정확히 뭐야? 난 그것에 대한 어떤 세부 내용도 본 적이 없어.)

Script virtual [형] 가상의 equipment [명] 장비, 용품 fire extinguisher 소화기

From Space to Earth

A Watch

1 영상을 보고 그것이 전달하는 메시지에 대해 생각해 보시오.

2 다시 보시오. 영상은 주로 무엇에 관한 것인가?

a 혁신적인 물건을 개발한 사람들
b 우주 탐사 기술의 발달
c 원래 우주 탐사를 위해 개발된 기술

문제 해설
카메라의 이미지 센서, 동결 건조와 같은 우주 기술이 일상 생활에서도 활용된다는 내용이므로 정답은 c이다.

3 진술이 올바르면 T에, 그렇지 않으면 F에 표시하시오.

a 우주 기술의 몇 가지 예시는 우리의 일상 생활에서 발견될 수 있다.
b 현대 카메라의 이미지 센서는 원래 우주에서 사용하기 위해 설계되었다.
c 연구원들은 동결 건조를 우주에서 사용하는 방법을 연구하고 있다.

문제 해설
a 카메라의 이미지 센서, 동결 건조와 같은 우주 기술이 일상 생활에서도 활용된다고 말하고 있다.
b 우주에서 사용하기 위해 개발된 이미지 센서가 생산하기 쉽고 많은 에너지를 필요로 하지 않아 상업적으로도 쓰이기 시작했다고 말하고 있다.
c 동결 건조는 원래 우주에서 사용하기 위해 개발된 기술이며 이제는 일상에서도 쓰인다고 말하고 있다.

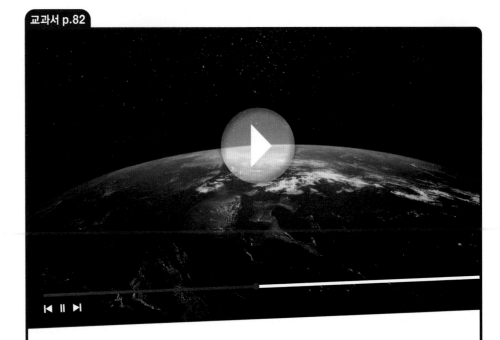

교과서 p.82

A Watch ▶

1 Watch the video and think about the message it conveys.

2 Watch again. What is the video mainly about?

a people who invented innovative items
b the development of space exploration technology
ⓒ technology originally invented for space exploration

3 Check T if the statement is true or F if it is not.

	T	F
a Some examples of space technology can be found in our daily lives.	Ⓥ	○
b The image sensors in modern cameras were originally designed for use in space.	Ⓥ	○
c Researchers are studying how to use freeze drying in space.	○	Ⓥ

A **invent** 〔동〕 발명하다 **innovative** 〔형〕 획기적인 **exploration** 〔명〕 탐사 **originally** 〔부〕 원래, 본래 **freeze drying** 동결 건조

A Watch

Script

W Space technology may not seem useful to the average person.
seem+형용사(보어): …인 것 같다

❶ But did you know [that many of the items {we use every day} come from space technology]?
명사절(know의 목적어) 주어 (which/that) 목적격 관계대명사절 동사(수 일치)

For example, the image sensors in modern cameras were originally developed [to be used in space].
수동태 to부정사의 부사적 용법(목적)

However, they were easy to produce and didn't require much power, so companies started [using them in commercial products].
= the image sensors to부정사의 부사적 용법(…하기에) 동명사구(started의 목적어)
= the image sensors

These days, an updated version of this technology can be found in many devices, including smartphones and video cameras.
과거분사 조동사 수동태 전치사(…를 포함하여)

❷ Freeze drying is another technology [that was originally developed for use in space].
주격 관계대명사절

Freeze-dried foods are long-lasting and easy to prepare.
to부정사의 부사적 용법(…하기에)

Now, however, freeze-dried foods [such as soups and fruit] can be found in your local market!
주어 삽입구 동사(조동사 수동태)

These are just two examples of [how space technology has benefited everyone].
= image sensors, freeze drying 간접 의문문(전치사 of의 목적어)

주절

Look around you. ❸ What other common items [do you think] come from space technology?
간접 의문문

구문 해설

❶ But did you know **that** many of the items *we use every day* come from space technology?
➡ that 이하는 know의 목적어이며, we use every day는 선행사 many of the items를 수식하는 목적격 관계대명사절로 앞에 관계대명사 which[that]가 생략되었다.

❷ Freeze drying is another technology **that** *was* originally *developed* for use in space.
➡ that 이하는 선행사 another technology를 수식하는 주격 관계대명사절이며 관계사절의 동사 develop은 선행사와 수동의 관계이므로 was developed로 수동태가 쓰였다.

❸ **What other common items** do you think **come from space technology**?
➡ 주절의 동사가 think일 때는 간접 의문문에서 의문사가 문장 맨 앞으로 이동하여 「의문사+do you think(+주어)+동사」 어순이 된다. 이때 do you think가 주절, 나머지가 간접 의문문으로 think의 목적어 역할을 한다. 이 문장의 간접 의문문에서는 What other common items가 의문사이자 주어에 해당하여 do you think 뒤에 동사 come이 바로 왔다.

해석 여 우주 기술은 일반적인 사람에게 유용하지 않아 보일지도 모릅니다. 하지만 여러분은 우리가 매일 사용하는 많은 물건이 우주 기술로부터 왔다는 것을 알고 있나요? 예를 들어, 현대 카메라에 있는 이미지 센서는 원래 우주에서 사용되도록 개발된 것입니다. 하지만 그것은 생산이 쉽고 전력이 많이 필요하지 않아 기업들이 상업적인 제품에 사용하기 시작했습니다. 오늘날 이 기술의 업데이트된 버전은 스마트폰이나 비디오 카메라를 포함한 많은 기기에서 찾아볼 수 있습니다. 동결 건조는 원래 우주에서 사용하기 위해 개발되었던 또 다른 기술입니다. 동결 건조된 음식들은 오래 지속되고 준비하기 쉽습니다. 하지만 이제 동결 건조된 수프나 과일을 여러분의 동네 슈퍼에서 찾아볼 수 있습니다! 이것들은 우주 기술이 어떻게 모든 사람들에게 혜택을 주었는지를 보여 주는 두 가지의 예시일 뿐입니다. 여러분의 주변을 둘러보세요. 다른 어떤 흔한 물건들이 우주 기술로부터 왔다고 생각하나요?

배경지식 우주 기술의 스핀오프(spin-off)

어떤 기술이 또 다른 기술의 개발로 파생되는 것을 스핀오프라고 한다. 우주 기술을 일상에 도움이 되도록 민간에 이전하는 우주 기술의 스핀오프가 대표적이며, 이렇게 개발된 기술이 세계의 산업과 경제에 막대한 영향을 끼친 사례는 많다. 대표적으로 GPS 기술은 원래 우주 기술 개발 과정에서 탄생했으나 현재는 내비게이션을 비롯해 각종 금융, 통신, 농업 기술 및 자율 주행 자동차와 같은 미래 기술 개발에도 필수적으로 사용되고 있다.

Script average [형] 보통의, 일반적인 require [동] 필요로 하다 commercial [형] 상업의 benefit [동] …에 이익을 주다

B Share

1 우주 탐사와 관련된 중요한 사건들을 쓰시오. 챗봇에게 도움을 요청할 수 있음.

사건
- 누리호 발사
- James Webb 우주 망원경 발사

[sample]
- 개인적인 우주 여행

중요한 이유
- 누리호는 전적으로 한국 기술로 개발되었다.
- 이 망원경은 거의 300억 광년 떨어진 은하를 보여 준다.

[sample]
- 그것은 우주 관광의 가능성을 보여 준다.

⊕ 추가 예시 답안
- Pathfinder mission on Mars (화성에서의 개척자 임무)
- It was the first mission to use a rover on Mars. (그것은 화성에서 탐사선을 사용하는 최초의 임무였다.)

2 자신의 생각을 짝과 공유하시오.

[Example]
A 우주 탐사와 관련된 가장 중요한 사건은 무엇이었다고 생각하니?
B 나는 누리호 발사였다고 생각해.
A 왜 그렇게 생각하니?
B 누리호는 전적으로 한국 기술로 개발되었기 때문이야.

교과서 p.83

B Share

1 Write down important events related to space exploration. You can ask a chatbot for help.

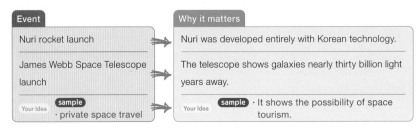

Event	Why it matters
Nuri rocket launch	Nuri was developed entirely with Korean technology.
James Webb Space Telescope launch	The telescope shows galaxies nearly thirty billion light years away.
Your Idea [sample] · private space travel	Your Idea [sample] · It shows the possibility of space tourism.

2 Share your thoughts with your partner.

[Example]
A What do you think was the most important event related to space exploration?
B I think it was the Nuri rocket launch.
A Why do you think so?
B Because Nuri was developed entirely with Korean technology.

C Present

Present your idea to the class.

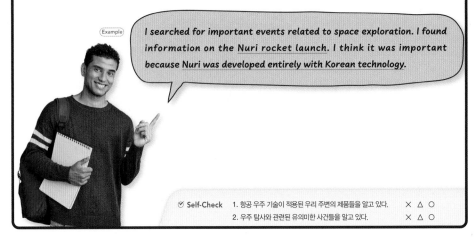

[Example] *I searched for important events related to space exploration. I found information on the Nuri rocket launch. I think it was important because Nuri was developed entirely with Korean technology.*

✅ Self-Check 1. 항공 우주 기술이 적용된 우리 주변의 제품들을 알고 있다. X △ O
2. 우주 탐사와 관련된 유의미한 사건들을 알고 있다. X △ O

C Present

자신의 생각을 학급에 발표하시오.

[Example]
저는 우주 탐사와 관련된 중요한 사건들을 찾아보았습니다. 저는 누리호 발사에 대한 정보를 찾았습니다. 누리호는 전적으로 한국 기술로 개발되었기 때문에 저는 그것이 중요하다고 생각합니다.

B telescope [명] 망원경 entirely [부] 전적으로 galaxy [명] 은하계 billion [명] 10억
C search for …을 찾다

Before You Read

교과서 p.84

A Topic Preview

Look at the pictures and think about what they have in common.

B Vocabulary Preview

Look at the pictures and fill in the blanks with the words in the box.

virtual	imitate	assistance	description	consent	controversy

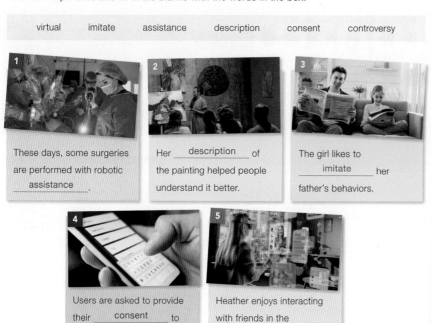

1

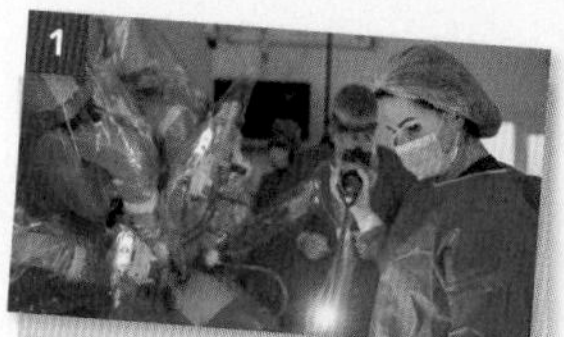

These days, some surgeries are performed with robotic __assistance__.

2

Her __description__ of the painting helped people understand it better.

3

The girl likes to __imitate__ her father's behaviors.

4

Users are asked to provide their __consent__ to privacy policies on the app.

5

Heather enjoys interacting with friends in the __virtual__ world.

영영 뜻풀이

- **virtual** [a] generated by a computer to resemble something real
- **imitate** [v] to copy something
- **assistance** [n] help or aid
- **description** [n] an explanation of what someone or something is like
- **consent** [n] agreement to do something
- **controversy** [n] a situation where there are a lot of disagreements and arguments

A Topic Preview

사진을 보고 이들이 가진 공통점에 대해 생각해 보시오.

⊕ 사진 설명
- 사람이 로봇과 체스를 두는 상황
- 사람 대신 인공 지능이 운전하는 자동차
- 사물 인터넷을 활용하여 집안 곳곳을 제어하기

B Vocabulary Preview

사진을 보고 상자 안에 있는 단어들로 빈칸을 채우시오.

- virtual 가상의
- imitate 모방하다
- assistance 도움
- description 서술, 묘사
- consent 동의
- controversy 논란

1 오늘날, 몇몇 수술은 로봇의 도움으로 수행된다.
2 그림에 대한 그녀의 묘사가 사람들이 그것을 더 잘 이해하도록 도왔다.
3 그 소녀는 그녀 아버지의 행동을 모방하는 것을 좋아한다.
4 이용자들은 애플리케이션에서 개인 정보 정책에 대한 동의를 제공하도록 요청받는다.
5 Heather는 가상의 세계에서 친구들과 소통하는 것을 즐긴다.

B surgery [명] 수술 behavior [명] 행동 privacy [명] 사생활 policy [명] 정책 interact [동] 소통하다, 상호 작용하다

AI: Opportunity or Threat?

DESIGNED BY AI

→ **Source** https://www.nytimes.com (123쪽 참고)

❶ Recently, an artist used an artificial intelligence (AI) system to
인공 지능
create the image above for an art contest. ❷ The image won first place in
to부정사의 부사적 용법(목적)
win first place: 우승하다, 1등하다
the digital arts category. ❸ This led to a controversy in the art community.
lead to: …로 이어지다　논란
❹ Some people complained that the artist simply provided the system with
명사절(complained의 목적어)　❺ provide A with B: A에게 B를 공급하다
병렬 연결
5　basic instructions and let it do all the work. They felt this wasn't fair
let(사역동사)+목적어+동사원형: …가 ~하게 하다 ❻　(that) 명사절(felt의 목적어)
to the rest of the artists in the contest. However, there were also people
전치사구
who were excited by the potential of AI. ❼ Today, there are numerous AI
주격 관계대명사절　많은
programs that can create various forms of art including images, songs,
주격 관계대명사절　다양한　전치사(…를 포함하여)
and novels.

Reading Strategy

Identifying facts and opinions 현상을 해석한 글은 객관적 사실과 개인의 주관적 의견을 잘 구분하여 읽어야 한다. 과학적 근거나 현상을 객관적으로 기술한 부분과 저자의 견해를 구분하며 읽는다.

Answer While Reading

Q1 What did some people complain that the winner of the art contest did?
They complained that the artist simply provided the system with basic instructions and let it do all the work.

Over to You ❶ What would you create if you could use an AI program?
sample • I would make a portrait of myself.

Check the words that you know the meaning of.

☐ artificial intelligence 인공 지능　　☐ lead to …로 이어지다　☐ controversy 몡 논란　　☐ complain 통 불평하다　☐ instruction 몡 지시, 설명

☐ fair 혱 공정한　　☐ rest 몡 (어떤 것의) 나머지　☐ numerous 혱 많은

144　Lesson 4　The Future Ahead of Us

해석

인공 지능: 기회인가 위협인가?

❶ 최근 한 화가가 미술 대회를 위한 위의 그림을 만들기 위해 인공 지능 시스템을 사용했다. ❷ 그 그림은 디지털 예술 부문에서 1등을 했다. ❸ 이는 미술계에서 논란으로 이어졌다. ❹ 어떤 사람들은 그 화가가 단순히 시스템에 기본적인 지시 사항을 제공했으며 그것(시스템)이 모든 작업을 하게 했다고 불평했다. ❺ 그들은 이것이 대회의 나머지 화가들에게 공평하지 않다고 느꼈다. ❻ 그러나, 인공 지능의 잠재력에 들뜬 사람들도 있었다. ❼ 오늘날 그림, 노래, 소설을 포함하여 다양한 형태의 예술을 만들어 낼 수 있는 많은 인공 지능 프로그램들이 있다.

⟨Answer While Reading⟩

Q1 어떤 사람들은 미술 대회의 우승자가 무엇을 했다고 불평했는가?
↳ 그들은 그 화가가 단순히 시스템에 기본 지시 사항을 제공하고 그것이 모든 작업을 하게 했다고 불평했다.

Over to You ❶ 당신이 인공 지능 프로그램을 사용할 수 있다면 무엇을 만들겠는가?
sample · 나는 나의 초상화를 만들겠다.

➕ **추가 예시 답안**

· I would create songs with an AI program. It would be fun to mix different genres of music.
(나는 인공 지능 프로그램으로 노래를 만들겠다. 서로 다른 장르의 음악을 섞는 것은 재미있을 것이다.)

구문 해설

❹ Some people complained **that** the artist simply provided the system with basic instructions and *let it do* all the work.
➡ that 이하는 동사 complained의 목적어 역할을 하는 명사절로, 이때 접속사 that은 생략 가능하다.
➡ and 뒤에는 「사역동사(let)+목적어+목적격 보어(동사원형)」의 구조가 와서 '…가 ~하게 하다'라는 의미를 나타낸다.

❻ However, there were also people **who** were excited by the potential of AI.
➡ who 이하는 people을 수식하는 주격 관계대명사절이다.

❼ Today, there are numerous AI programs **that** can create various forms of art including images, songs, and novels.
➡ that 이하는 AI programs를 수식하는 주격 관계대명사절이다.

Reading Strategy 문제 풀이로 이어지는 읽기 전략 TIP

Identifying facts and opinions 객관적 사실과 주관적 의견을 구분하는 것은 글의 요지나 필자의 주장을 찾는 유형과 밀접하게 연결된다. 특히 정보를 전달하는 설명문이나 주장을 피력하는 논설문에는 사실과 의견이 혼재되어 서술되는 경우가 많으므로 주의한다. 필자의 주장은 '…해야 한다', '…이 중요하다'는 식의 필요성을 나타내는 말이나 강조하는 말이 들어간 문장에 드러나는 경우가 많다.

1 대회에서 1등을 수상한 작품에 관한 본문의 내용과 일치하는 것은?

① 화가는 인공 지능에게 지시를 내리지 않고 완전히 스스로 창작하게 하였다.
② 어떤 사람들은 그 그림이 상을 받는 것에 불만을 제기했다.
③ 소설의 내용을 바탕으로 그려진 그림이다.

2 다음 영영 뜻풀이에 해당하는 단어를 본문에서 찾아 쓰시오.

> treating everyone in an equal way

3 서술형 According to the paragraph, what types of art can AI programs produce?

_____

4 문법 다음 문장에서 밑줄 친 부분을 바르게 고치시오.

(1) The artist simply provided the system with basic instructions and let it <u>to do</u> all the work.
(2) There were also people who <u>was</u> excited by the potential of AI.

Read

Example 1　Making Digital Images with AI

❶ AI image **generators** create images **based**
발생기, 생성기 ❷ 　　　　　　　　　 …를 바탕으로, …에 기반하여
동명사구(by의 목적어)
on our text requests. They **do this** by (copying
= create images
other images (that were created by humans.) **❸** The
　　　　　　　　주격 관계대명사절
generators have the ability (to analyze (millions 5
analyze의 목적어2 ↑　　　　　　　to부정사의 형용사적 용법
of images) and (their corresponding descriptions.)
❹　　　　　　　　　　= millions of images'
This allows them to create works of art in a short
allow+목적어+to-v: …가 ~하게 하다
time based on the **provided instructions**.
과거분사(제공된)

Produced by AI
► **Description** A landscape painting of a garden with trees and flowers

나무와 꽃이 있는 정원 풍경화

Guide to the Big Q

❶ How could AI impact the field of art?

sample
· AI could help artists in the creative process, but it also raises questions about who owns its work and the role of human creativity.

Girl with a Pearl Earring
by Johannes Vermeer

요하네스 페르메이르의 〈진주 귀걸이를 한 소녀〉

❺ Moreover, AI programs can mix the styles of existing images
게다가 ❻　　　　　　　　　　　　　　현존하는
upon request. For example, you can **blend** a photograph of a cat 10
　　　　　　　　　　　　blend A with B: A와 B를 섞다 ❼
with Johannes Vermeer's *Girl with a Pearl Earring*. These two
a few+셀 수 있는 명사: 약간의 … ❽
images have a few differences. However, the overall design,
the eyes, and the scarf (around the head) are clearly **based** on
　　　　　　　　주어2　　　전치사구　　　　　　　주어1　동사(수 일치)
Vermeer's painting. A simple request was **enough** to create this
　　　　　 ❾　　　주어3　　　　　　　　　enough to-v: …하기에 충분한
complex and detailed image. 15

Q2 How can AI image generators copy other images created by humans?
They have the ability to analyze millions of images and their corresponding descriptions.
Over to You ❷ If you could make an image using an AI image generator, what would you request?

sample · I would ask the generator to make an image of bears floating on the Hangang.

Produced by AI
► **Description** A cat in the style of Johannes Vermeer's *Girl with a Pearl Earring*

요하네스 페르메이르의 〈진주 귀걸이를 한 소녀〉 스타일의 고양이

Word Formation

abl(e) + -ity
→ ability

e.g. dens(e) + -ity
→ density

□ generator ⑲ 발생기　□ ability ⑲ 능력　□ analyze ⑧ 분석하다　□ corresponding ⑲ 해당하는　□ description ⑲ 서술,

□ landscape ⑲ 풍경　□ existing　　　　□ blend　　　　□ complex ⑲ 복잡한
⑲ 기존의, 현존하는　⑧ 조합하다, 섞다

예시 1 인공 지능으로 디지털 그림을 만들기

❶ 인공 지능 그림 생성기들은 우리의 텍스트 요청에 기반하여 그림을 생성한다. ❷ 그것들은 인간에 의해 만들어진 다른 그림들을 모방함으로써 그림을 만든다. ❸ 그 생성기들은 수백만 개의 그림과 그에 상응하는 설명을 분석할 능력을 갖고 있다. ❹ 이는 그것들이 주어진 설명에 기반하여 예술 작품을 짧은 시간 안에 만들어 낼 수 있게 한다. 〔 **문해력 UP!** 서로 응하거나 어울림 〕

❺ 게다가, 인공 지능 프로그램들은 요청에 따라 현존하는 그림들의 화풍을 혼합할 수 있다. ❻ 예를 들어, 당신은 고양이의 사진을 요하네스 페르메이르의 〈진주 귀걸이를 한 소녀〉와 혼합할 수 있다. ❼ 이 두 개의 그림은 몇 가지 차이가 있다. ❽ 그러나 전체적인 디자인, 눈, 머리 주위의 스카프는 확실히 페르메이르의 그림에 기반하고 있다. ❾ 간단한 요청이 이러한 복잡하고 상세한 그림을 만들어 내기에 충분했다.

Guide to the Big Q ❶ 어떻게 인공 지능이 미술계에 영향을 미칠 수 있을까?
(sample) · 인공 지능은 화가들에게 창작 과정에서 도움을 줄 수 있으나 그것은 누가 작품을 소유하는지와 인간 창의성의 역할에 대한 문제 또한 불러일으킨다.

➕ **추가 예시 답안** · Art contests will need more rules because of the use of AI programs.
(미술 대회들은 인공 지능 프로그램의 사용 때문에 더 많은 규칙을 필요로 할 것이다.)

(**Answer While Reading**)

Q2 인공 지능 그림 생성기들은 인간에 의해 만들어진 다른 이미지들을 어떻게 모방할 수 있는가?
↳ 그들은 수백만 개의 그림과 그에 상응하는 설명을 분석할 능력을 갖고 있다.

Over to You ❷ 당신이 인공 지능 그림 생성기를 사용하여 이미지를 만들 수 있다면, 무엇을 요청하겠는가?
(sample) · 나라면 생성기에게 한강에 떠 있는 곰 이미지를 만들라고 요청할 것이다.

➕ **추가 예시 답안** · I would request an image that combines a picture of my hometown with Van Gogh's *The Starry Night*. (나라면 나의 고향 사진을 반 고흐의 〈별이 빛나는 밤〉과 합친 이미지를 요청할 것이다.)

❷ They do this by **copying** other images *that* were created by humans.
➜ copying 이하는 전치사 by의 목적어로 쓰인 동명사구이고, that 이하는 other images를 수식하는 주격 관계대명사절이다.

❸ The generators have the ability **to analyze** millions of images and their corresponding descriptions.
➜ to analyze 이하는 the ability를 수식하는 형용사적 용법의 to부정사구이다.

❹ This **allows** them **to create** works of art in a short time *based on* the **provided** instructions.
➜ 「allow+목적어+to-v」구조로 '…가 ~하게 하다[허락하다]'라는 의미이다. based on은 '…에 기반하여'라는 의미로 전치사 on 뒤에 명사구가 온다. provided는 instructions를 수식하는 분사로, '주어진' 설명이라는 수동의 의미가 되어야 적절하므로 과거분사가 쓰였다.

❼ These two images have **a few differences**.
➜ a few 뒤에는 셀 수 있는 명사의 복수형이 와서 '약간의 …', '몇몇 …'의 의미를 나타낸다.
cf.) few+셀 수 있는 명사의 복수형: 거의 없는 …

❾ A simple request was **enough to create** this complex and detailed image.
➜ 「enough to-v」는 '…하기에 충분한'이라는 의미로 to create 이하는 enough를 수식하는 부사적 용법의 to부정사구이다.

내신 Check-Up ★★

1 본문에서 인공 지능 그림 생성기가 할 수 있는 것으로 언급되지 <u>않은</u> 것은?

① 텍스트 요청을 기반으로 빠르게 이미지 생성하기

② 지시에 따라 여러 이미지 혼합하기

③ 그림을 분석하여 진품인지 판단하기

2 빈칸에 들어갈 말로 알맞은 것은?

> AI image generators _____ images made by humans to create new images.

① provide   ② copy   ③ destroy

3 서술형 본문의 고양이 그림이 〈진주 귀걸이를 한 소녀〉 그림을 기반으로 했음을 보여 주는 세 가지 요소를 찾아 우리말로 쓰시오.

4 문법 괄호 안에서 어법상 알맞은 것을 고르시오.

(1) This allows them (create / to create) works of art in a short time based on the provided instructions.

(2) A simple request was enough (to create / creating) this complex and detailed image.

Read

Example 2 Making Music with AI

❶ AI programs may lead to changes not only in the art world but also
(…일지도 모른다) **❷** (★ Grammar Point 1 / not only A but also B: A뿐만 아니라 B도)
in the music industry. These programs are already able to compose
(산업) **❸** (be able to-v: …할 수 있다)
songs, and they give you many options. For example, you can choose the
(간접목적어(…에게)) (직접목적어(…을))
style and key*, such as C major or A minor. You can also set how long **❹**
(… 같은(예시)) (간접 의문문(set의 목적어))
the song will be. Once you've entered the information, the program will **❺**
(접속사(일단 …하면))
produce a song that you can edit or use as it is. Furthermore, computer- **❻**
(목적격 관계대명사절) (can / 있는 그대로) (컴퓨터에 의해 생성된)
generated imagery (commonly known as CGI) has opened up new
(주어) (…라고 알려진) (동사(현재완료)) **❼**
possibilities in the music industry. Virtual influencers with extremely
(주어) (전치사구)
realistic faces, bodies, and voices have already released several songs.
(사실적인) **❽** (동사(현재완료))
Some of them have many followers on social media, just like human
❾ (= the virtual influencers) (꼭 …같이)
singers. These types of virtual musicians are able to speak and move
(노래를 출시하고 많은 팔로워를 가진)
realistically with the help of their human creators.
(…의 도움으로)

*key (장조, 단조 등의) 조성

Q3 What can virtual musicians do?
They are able to speak and move realistically with the help of their human creators.

Over to You 3 What kind of music would you like to generate using an AI composing program?

sample • I would like to create background piano music with a slow beat for my social media page.

Word Formation

real + -istic
➔ realistic

e.g. ideal + -istic
➔ idealistic

☐ industry (명) 산업 ☐ compose (동) 작곡하다 ☐ option (명) 선택[옵션] ☐ virtual (형) 가상의 ☐ realistic (형) 사실적인, 실제 그대로의

해석

예시 2 인공 지능으로 음악을 만들기

❶ 인공 지능 프로그램은 미술 세계뿐만 아니라 음악 산업에서의 변화로도 이어질 수 있다. ❷ 이러한 프로그램들은 이미 노래를 작곡할 수 있으며 당신에게 여러 선택 사항을 준다. ❸ 예를 들어, 당신은 장르와 다장조나 가단조와 같은 조성을 선택할 수 있다. ❹ 당신은 또한 노래가 얼마나 길어질지도 설정할 수 있다. ❺ 일단 당신이 정보를 입력하고 나면, 프로그램은 당신이 편집하거나 그대로 사용할 수 있는 노래를 제작할 것이다. ❻ 게다가, (흔히 CGI라고 알려진) 컴퓨터 생성 이미지는 음악 산업에서 새로운 가능성을 열었다. ❼ 대단히 사실적인 얼굴, 신체, 목소리를 가진 가상의 인플루언서들이 이미 여러 노래를 발매했다. ❽ 그들 중 일부는 인간 가수와 마찬가지로 소셜 미디어에 많은 팔로워를 보유하고 있다. ❾ 이러한 유형의 가상 음악가들은 인간 창작자들의 도움으로 사실적으로 말하고 움직일 수 있다.

(Answer While Reading)

Q3 가상의 음악가들은 무엇을 할 수 있는가?
ㄴ 그들은 인간 창작자들의 도움으로 사실적으로 말하고 움직일 수 있다.

(Over to You) ❸ 인공 지능 작곡 프로그램을 사용하여 당신은 어떤 종류의 음악을 만들고 싶은가?
(sample) · 내 소셜 미디어 페이지를 위한 느린 비트의 피아노 배경 음악을 만들고 싶다.

⊕ **추가 예시 답안**
· I would like to generate classical music because I'm curious about how it would sound.
(나는 클래식 음악을 만들고 싶은데 그 이유는 그 음악이 어떻게 들릴지 궁금하기 때문이다.)

 구문 해설

❶ AI programs may lead to changes **not only** in the art world **but also** in the music industry.
➡ 「not only A but also B」는 'A뿐만 아니라 B도'라는 의미로, 전치사구 in the art world와 in the music industry가 각각 A와 B에 해당한다.

❹ You can also set **how long** the song will be.
➡ how long 이하는 동사 set의 목적어 역할을 하는 간접 의문문으로 「의문사+주어+동사」의 어순이다.

❺ **Once** you've entered the information, the program will produce a song *that* you can edit or use as it is.
➡ Once는 '일단 …하면'이라는 의미의 접속사이다.
➡ that 이하는 선행사 a song을 수식하는 목적격 관계대명사절로, 선행사가 관계사절의 동사 edit과 use의 목적어 역할을 한다.

❼ **Virtual influencers** with extremely realistic faces, bodies, and voices *have already released* several songs.
➡ 주어는 Virtual influencers이며 전치사구 with … voices의 수식을 받고 있다. 동사는 주어의 수에 맞춰 복수형 have가 왔다.
➡ have released는 현재완료형으로, 부사 already와 함께 쓰여 '…했다, …해 버렸다'라는 완료의 의미를 나타낸다.

 **내신 Check-Up** ★★

1 음악 산업에서 이용되는 인공 지능 프로그램의 특징이 <u>아닌</u> 것은?

① They give you options to change the style and key.
② They let you set the length of the song.
③ The songs they produce must be edited because of copyright laws.

2 가상의 인플루언서에 관한 본문의 내용과 일치하지 <u>않는</u> 것은?

① Some of them have their own social media accounts.
② They compose and edit songs based on fan requests.
③ They are created using computer-generated imagery.

3 (서술형)(문법) 다음 괄호 안의 단어를 바르게 배열하여 문장을 완성하시오.

You can also (be / long / set / how / will / the song).

4 (문법) 괄호 안에서 어법상 알맞은 것을 고르시오.

(1) AI programs may lead to changes not only in the art world (and / but) also in the music industry.
(2) The program will produce a song (that / what) you can edit or use as it is.

149

Read

교과서 p.88

Guide to the Big Q

❷ What are the effects of AI on employment?

sample

· It replaces some workers, but it can also create new job opportunities.

The Debate on Using AI

❶ Many AI programs are open to the public, which means they can
(that) = many AI programs
❷ 계속적 용법의 주격 관계대명사(앞 절 전체가 선행사)
be used freely and conveniently. However, these programs have sparked
a debate over their impact on humans. Since AI has the potential to
논쟁 ···에 관한 (to) ···에 미치는 영향 접속사(··· 때문에) to부정사의 형용사적 용법
learn skills and perform them better than humans, some people view 5
└─ 병렬 연결 ─┘ ❹ 명사절(worry의 목적어) view A as B: A를 B로 보다[여기다]
it as a threat. They worry that AI will replace humans in more and
❺ ★ Grammar Point 2 동격절 점점 더 많은
more areas. There are also concerns that AI may imitate the styles of
= ❻
human artists without their consent. On the other hand, others think
┌─────── 병렬 연결 ───────┐ 반면에
that AI cannot exceed human imagination and that it is still dependent
명사절1(think의 목적어) ❼ 상상력 명사절2(think의 목적어) ···에 의존하고 있는
on human assistance. This is because the data that AI uses can have 10
도움 ❽ ▲ └ 목적격 관계대명사절
flaws or limitations. A dependence on imperfect data with little diversity
한계 주어 ▲ └ 전치사구 ─┘ ❾ ▲ └─ 전치사구
eventually limits the output of AI programs. Human imagination, on the
동사(수 일치) 주어
other hand, has no limits or boundaries.
동사(수 일치) 경계

❿ What kind of future do you think lies ahead of us? Will more
간접 의문문의 주어 주절 ··· 앞에 ⓫
people use AI programs to boost their creativity and productivity? 15
간접 의문문의 동사 to부정사의 부사적 용법(목적) ⓭ 생산성
⓬ Or will people grow tired of the limitations of AI tools? AI provides
아니면 grow+형용사: ···이 되다 ⓮ 관계대명사절(주어 역할)
many benefits and new opportunities. What we need to do is figure out
(to) 생각해 내다
how to use AI tools ethically and think about how humans and AI can
의문사+to부정사구(figure out의 목적어) ┌─ 병렬 연결 ─┘ *(to)* 간접 의문문(think about의 목적어)
collaborate.

⊕ **Source** *The Guardian*, 2023년 1월 2일 외 (122쪽 참고)

Q4 Why do some people worry that AI will replace humans in more and more areas?
They worry because AI has the potential to learn skills and perform them better than humans.

Over to You ❹ Think about your experiences with using AI programs. Were you satisfied or not?

sample · A music app I used had an AI-based service that recommended songs. I was satisfied with it because it knew my musical tastes well.

📎

📍 Your Own Topic Sentence

AI is changing creative industries by revolutionizing the ¹⁾ **sample** ways
artists and musicians work, although there is ²⁾ **sample** controversy over
whether it represents an opportunity or a threat.

☐ spark ☐ impact ☐ imitate ☐ consent ☐ exceed
(동) 촉발하다 (명) 영향 (동) 모방하다 (명) 동의 (동) 넘어서다
☐ imagination ☐ assistance ☐ limitation ☐ diversity ☐ eventually
(명) 상상력, 창의력 (명) 도움 (명) 한계 (명) 다양성 (부) 결국에, 결과적으로
☐ output ☐ boundary ☐ ethically ☐ collaborate
(명) 생산(량), 결과(물) (명) 경계, 한계 (부) 윤리적으로 (동) 협력하다

해석

인공 지능을 사용하는 것에 대한 논쟁

❶ 많은 인공 지능 프로그램들은 대중에 공개되어 있는데, 그것은 그것들이 자유롭고 편리하게 이용될 수 있다는 것을 의미한다. ❷ 그러나 이러한 프로그램들은 인간에게 미치는 그들의 영향력에 관해 논쟁을 불러일으켰다. ❸ 인공 지능이 인간보다 기술을 더 잘 배우고 수행할 잠재력이 있기 때문에 어떤 사람들은 그것을 위협으로 본다. ❹ 그들은 인공 지능이 점점 더 많은 분야에서 인간을 대체할 것이라 걱정한다. ❺ 인간 예술가의 동의 없이 그들의 화풍을 모방할지도 모른다는 염려도 있다. ❻ 반면에, 다른 사람들은 인공 지능이 인간의 상상력을 뛰어넘을 수 없으며 여전히 인간의 도움에 의존하고 있다고 생각한다. ❼ 이는 인공 지능이 사용하는 정보에는 결함이나 한계가 있을 수 있기 때문이다. ❽ 다양성이 거의 없는 불완전한 정보에의 의존은 결국 인공 지능 프로그램의 결과물을 제한한다. ❾ 반면, 인간의 상상력은 한계나 경계가 없다.

❿ 어떠한 종류의 미래가 우리 앞에 놓여 있다고 생각하는가? ⓫ 더 많은 사람들이 그들의 창의력과 생산성을 증진하기 위해 인공 지능 프로그램을 사용할 것인가? ⓬ 아니면 사람들이 인공 지능 도구의 한계에 지치게 될 것인가? ⓭ 인공 지능은 많은 이점과 새로운 기회를 제공한다. ⓮ 우리가 해야 할 것은 인공 지능 도구를 윤리적으로 사용하는 방법을 알아내고 인간과 인공 지능이 어떻게 협력할 수 있을지에 관해 생각하는 것이다.

Guide to the Big Q ② 인공 지능이 고용에 미치는 영향은 무엇인가?
(sample) · 그것은 일부 노동자들을 대체하지만 새로운 일자리 기회를 창출할 수도 있다.

➕ **추가 예시 답안** · AI will increase unemployment because it will replace people in many fields.
(인공 지능은 많은 분야에서 사람들을 대체할 것이기 때문에 실직을 증가시킬 것이다.)

(Answer While Reading)

Q4 왜 일부 사람들은 인공 지능이 점점 더 많은 분야에서 인간을 대체할 것이라고 걱정하는가?
↳ 그들은 인공 지능에게 인간보다 기술을 더 잘 배우고 수행할 잠재력이 있기 때문에 걱정한다.

Over to You ④ 당신이 인공 지능 프로그램을 사용한 경험에 대해 생각해 보아라. 만족하였는가 혹은 아닌가?
(sample) · 내가 사용한 음악 앱은 노래를 추천해 주는 인공 지능 기반 서비스를 지녔다. 그것은 나의 음악 취향을 잘 알고 있어서 만족스러웠다.

➕ **추가 예시 답안**
· I haven't been satisfied with my experiences with AI. When I use a chatbot to help with school work, it never gives me answers that are natural. (나는 인공 지능과의 경험에 만족한 적이 없다. 내가 학교 숙제에 대한 도움을 받기 위해 챗봇을 사용할 때 그것은 결코 나에게 자연스러운 답을 주지 않는다.)

> 📍 **Your Own Topic Sentence**
>
> 인공 지능은 비록 기회를 나타내는지 위협을 나타내는지에 대해서는 2)논란이 있지만, 예술가들과 음악가들이 일하는 1)방식들을 혁신함으로써 창의적인 산업들을 변화시키고 있다.
>
> **작성 TIP** 본문은 인공 지능이 미술과 음악 제작에 이용되는 예시와 이를 둘러싼 논쟁에 관한 글이므로, 예술가들과 음악가들이 일하는 방식들(ways)과 인공 지능의 영향력에 대한 논쟁(controversy)을 포함하여 주제문을 작성한다.

구문 해설

❺ There are also concerns **that** AI may imitate the styles of human artists without their consent.
➡ that 이하는 명사 concerns와 동격 관계에 있는 절로, concerns의 내용을 보충 설명한다.

❿ **What kind of future** do you think **lies ahead of us**?
➡ What kind of future lies ahead of us는 동사 think의 목적어 역할을 하는 간접 의문문이다. 주절의 동사가 think, guess 등인 경우에는 간접 의문문의 의문사가 문장 맨 앞에 오게 되므로 What kind of future가 do you think 앞에 놓였다.

⓮ **What** we need to do is *figure out* how to use AI tools ethically and *think about* how humans and AI can collaborate.
➡ What은 선행사를 포함하는 관계대명사로, '…것'의 의미이다. What … do가 문장의 주어이다.
➡ figure out과 think about이 접속사 and로 병렬 연결되어 있으며 각각 앞에 to가 생략되어 있다. 「주어+be동사+to부정사(주격 보어)」 형태일 때 be동사 앞에 do가 있는 경우 주격 보어에서 to를 생략하고 동사원형을 쓸 수 있다.

1 본문의 내용과 일치하도록 빈칸에 들어갈 말이 바르게 짝지어진 것을 고르시오.

> Some people view AI programs as a _____, but others disagree because AI programs still _____ human assistance.

① threat – rely on   ② threat – limit   ③ benefit – rely on

2 문법 괄호 안에서 어법상 알맞은 것을 고르시오.

(1) A dependence on imperfect data with little diversity eventually (limits / limit) the output of AI programs.
(2) (That / What) we need to do is figure out how to use AI tools ethically.

After You Read

A Organize on You Own

상자 안에 있는 단어를 이용하여 그래픽 오거나이저를 완성하시오.

· existing 현존하는, 기존의
· instructions 지시
· diversity 다양성
· influencers 인플루언서들
· possibilities 가능성
· threat 위협
· composing 작곡하기

인공 지능과 그림
· 주어진 1)지시에 기반하여 그림을 만듦
· 2)기존의 그림 화풍들을 섞음

인공 지능과 음악
· 다양한 스타일로 음악을 3)작곡함
· 사실적인 이목구비를 가진 가상의 4)인플루언서들을 생성함

인공 지능 사용에 대한 의견
· 인공 지능에 의해 대체될 수도 있는 노동자들에 대한 5)위협
· 새로운 6)가능성을 열 수 있는 편리한 도구

A Organize on Your Own

Complete the graphic organizer with the words in the box.

existing　instructions　diversity　influencers　possibilities　threat　composing

AI and Images
· creating images based on the provided 1) __instructions__
· mixing styles of 2) __existing__ images

AI and Music
3) __composing__ songs in various styles
· creating virtual 4) __influencers__ with realistic features

Opinions about Using AI
· a(n) 5) __threat__ to workers who may be replaced by AI
· a convenient tool that can open up new 6) __possibilities__

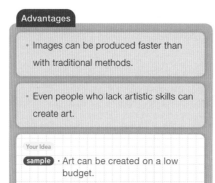

B Think Critically

(REFLECT) Think about AI programs and the images or music they generate. Read opinions about them and write your own.

Advantages
· Images can be produced faster than with traditional methods.
· Even people who lack artistic skills can create art.
· Your Idea (sample) · Art can be created on a low budget.

Disadvantages
· Virtual influencers can reflect racial or cultural biases.
· There can be controversy over who owns the copyrights to AI generated art.
· Your Idea (sample) · AI can't reflect human feelings in its art.

B Think Critically

인공 지능 프로그램과 그것이 만들어 내는 이미지나 음악에 대해 생각해 보시오. 그것에 대한 견해를 읽고 스스로의 생각을 써 보시오.

장점
· 전통적인 방식보다 그림이 더 빠르게 만들어질 수 있다.
· 예술적 기술이 부족한 사람들도 예술을 만들어 낼 수 있다.
(sample) · 예술이 저예산으로 만들어질 수 있다.

➕ 추가 예시 답안
· AI programs can easily combine different styles to create unique works of art. (인공 지능 프로그램은 독특한 예술품을 만들기 위해 다른 스타일들을 쉽게 합칠 수 있다.)

단점
· 가상의 인플루언서들은 인종적 또는 문화적 편견을 반영할 수 있다.
· 인공 지능이 만들어 낸 예술에 관한 저작권을 누가 소유하는지에 대해 논쟁이 있을 수 있다.
(sample) · 인공 지능은 그것의 예술에 인간의 감정을 반영할 수 없다.

➕ 추가 예시 답안
· AI programs need to rely on existing works of art to create new ones. (인공 지능 프로그램은 새로운 예술품을 만들기 위해 기존의 것에 의존해야 한다.)

A feature 명 이목구비(의 각 부분)　**B** reflect 동 반영하다　racial 형 인종의　bias 명 편견　copyright 명 저작권

내신 Check-Up ➕★★

본문의 내용과 일치하면 T, 일치하지 않으면 F에 표시하시오.　**T**　**F**

1 AI image generators avoid using existing styles to create unique images. ☐ ☐
2 There are virtual musicians who have released songs. ☐ ☐
3 It is obvious that AI's output has no limitation. ☐ ☐

Language in Use

교과서 p.90

A Word Focus

> a The school council is currently **composed** of only four students.
>
> b I tried to **compose** myself by listening to soft music.
>
> c Beethoven **composed** Symphony No. 9 after he completely lost his hearing.

Choose the sentence from above that uses the same meaning of the word "compose."

1 The singer **composed** a song to celebrate her father's birthday.   <u>c</u>

2 The writer's newest release is **composed** of seven books.   <u>a</u>

3 The chef couldn't **compose** her thoughts in the chaos of the kitchen.   <u>b</u>

B Useful Expressions

> • Being kind to others can **lead to** a more enjoyable and positive life.
>
> • The economy of the country **is dependent on** the tourism industry.
>
> • Our restaurant's menu **is based on** recipes that were passed down for generations.

Fill in the blanks with the expressions above. Change their forms if necessary.

1 Young children <u>are dependent on</u> their parents for most things.

2 Many people couldn't believe that the shocking movie <u>was based on</u> a true story.

3 Reading can <u>lead to</u> increased knowledge and a wider vocabulary.

C Word Mates

Choose the appropriate word to complete the sentence.

1 Journalists analyze (evidence)/ effects from various sources to report factual and unbiased news.

2 The scientists are analyzing the images /(effects) of the new medicine on patients.

3 The government hopes to boost (the economy)/ creativity by increasing the employment rate.

A Word Focus

> a 학교 운영 위원회는 현재 단 4명의 학생으로 **구성되어** 있다.
>
> b 나는 부드러운 음악을 들음으로써 <u>스스로 **마음을 가라앉히려**</u> 애썼다.
>
> c 베토벤은 그의 청력을 완전히 잃은 후에 교향곡 제9번을 **작곡했다**.

같은 의미의 단어 compose를 사용하는 문장을 위에서 고르시오.

1 그 가수는 그녀의 아버지 생신을 축하하기 위해 곡을 **작곡했다**.

2 그 작가의 최신작은 7권의 책으로 **구성되어** 있다.

3 그 요리사는 주방의 혼란 속에서 그녀의 생각을 **가다듬을** 수 없었다.

영영 뜻풀이 | compose

a to include or be made up of

b to create a feeling of calm or relaxation

c to create a piece of music

B Useful Expressions

· 타인에게 친절을 베푸는 것은 더욱 즐겁고 긍정적인 삶으로 **이어질** 수 있다.

· 그 국가의 경제는 관광 산업에 **의존한다**.

· 우리 식당의 메뉴는 여러 세대에 걸쳐 전해 내려온 조리법을 **기반으로 한다**.

위의 표현을 이용해 빈칸을 채우시오. 필요한 경우 형태를 바꾸시오.

1 어린 아이들은 대부분의 것들을 그들의 부모에게 <u>의존한다</u>.

2 많은 사람들은 그 충격적인 영화가 실화를 <u>바탕으로 했다</u>는 것을 믿을 수 없었다.

3 독서는 향상된 지식과 더 폭넓은 어휘력으로 <u>이어질</u> 수 있다.

C Word Mates

analyze an image 이미지를 분석하다 / analyze evidence 증거를 분석하다 / analyze an effect 효과를 분석하다
boost creativity 창의력을 증진시키다 / boost one's energy 기운을 북돋다 / boost the economy 경제를 활성화하다

문장을 완성하기 위해 적절한 단어를 고르시오.

1 기자들은 사실적이고 비편파적인 뉴스를 전하기 위해 다양한 정보원들로부터의 증거를 분석한다.

2 과학자들은 환자들에게 미치는 신약의 효과를 분석하고 있다.

3 정부는 고용률을 높임으로써 경제를 활성화하기를 희망한다.

A hearing ⓔ 청력   **chaos** ⓔ 혼돈

B pass down (후대에) …를 물려주다   **generation** ⓔ 세대

C journalist ⓔ 기자   **unbiased** ⓗ 편견 없는   **employment rate** 고용률

D Discovering Grammar

POINT 1

문장을 읽고 굵게 표시된 구조에 유의하시오.

· 인공 지능은 미술 세계뿐만 아니라 음악 산업에서의 변화로도 이어질 수 있다.

· 민수는 노래를 잘할 뿐만 아니라 기타를 아름답게 연주한다.

PRACTICE 1

1 올바른 단어를 고르시오.

1) 새로운 소프트웨어는 시간을 아껴줄 뿐만 아니라 생산성을 증대시킨다.

2) 이 비상등은 휴대하기 용이할 뿐만 아니라 사용하기 편리하다.

3) Mia는 홈런을 쳤을 뿐만 아니라 수비도 잘했다.

문제 해설

1) 「not only A but also B」 구문으로 not only 뒤의 3인칭 단수 동사 saves와 대등한 형태인 increases가 적절하다.

2) 「not only A but also B」 구문으로 not only 뒤의 형용사 easy와 대등한 형태인 형용사 convenient가 적절하다.

3) 「not only A but also B」 구문으로 not only 뒤의 과거형 동사 hit과 대등한 형태인 played가 적절하다. 주어 Mia가 3인칭 단수이므로 hit이 과거형임을 알 수 있다.

2 주어진 단어들을 올바른 순서로 배열하여 문장을 완성하시오.

1) Sarah는 상근직을 가졌을 뿐만 아니라 그녀 부모님의 농장을 관리한다.

2) Lucas는 화가로 일할 뿐만 아니라 어린 학생들에게 미술을 가르친다.

3) Hannah는 책을 읽을 뿐만 아니라 그것들의 후기를 작성한다.

4) 그 관리자는 새로운 제품을 홍보하는 것뿐만 아니라 판매 동향을 예측하는 것을 잘했다.

문제 해설

1)~3) 「not only A but also B」 구문에서 A와 B는 문법적으로 대등한 성격이어야 한다. 따라서 A나 B 중 어느 하나가 동사구로 쓰였으면, 나머지도 같은 시제와 인칭의 동사구로 써서 문장을 완성한다.

4) be good at 뒤의 동명사구가 「not only A but also B」 구문으로 연결되도록 B 자리에 쓴 동명사구처럼 A 자리에도 동명사구를 써서 문장을 완성한다.

Your Idea 위와 동일한 구조를 사용하여 자신만의 문장을 작성하시오.

sample 언젠가 나는 세계 여행을 할 뿐만 아니라 어려움에 처한 사람들을 돕기 위해 자원봉사를 할 것이다.

➕ 추가 예시 답안 Someday I will not only write my own songs but also sing them in concert.
(언젠가 나는 내 자신의 노래들을 만들 뿐만 아니라 콘서트에서 그것들을 부를 것이다.)

D Discovering Grammar

POINT 1

Read the sentences and pay attention to the structure in bold.

AI may lead to changes **not only** in the art world **but also** in the music industry.

Minsu **not only** sings well **but also** plays the guitar beautifully.

PRACTICE 1

1 Choose the correct word.

1) The new software not only saves time but also [increase /(increases)] productivity.

2) This emergency light is not only easy to carry but also [(convenient)/ convenience] to use.

3) Mia not only hit a home run but also [play /(played)] well on defense.

2 Put the given words in the correct order to complete the sentences.

1) Sarah not only has a full-time job ___but also manages her parents' farm___.
(also / her parents' / but / farm / manages)

2) Lucas ___not only works as a painter___ but also teaches art to young students.
(a painter / only / not / as / works)

3) Hannah not only reads books ___but also writes reviews of them___.
(writes / reviews / but / them / also / of)

4) The manager ___was good at not only marketing new products___ but also predicting sales trends.
(not / was / new products / only / marketing / good at)

Your Idea Write your own sentence using the same structure as above.

Someday I will not only ⟨sample⟩ travel around the world but also ___volunteer to help people in need___

D **productivity** 명 생산성 **emergency** 명 비상(사태) **defense** 명 방어, 수비 **predict** 동 예측하다

「not only A but also B」는 두 개의 단어나 어구가 짝을 이루는 상관접속사로 'A뿐만 아니라 B도'라는 의미를 나타내며 문법적으로 대등한 성격의 단어와 단어, 구와 구, 절과 절을 병렬 연결한다. A와 B에는 명사(구), 동사(구), 동명사(구), to부정사(구), 형용사(구), 부사(구), 절이 올 수 있다.

· I'm interested in **not only** watching movies **but also** discussing them. (나는 영화를 보는 것뿐만 아니라 그것들에 대해 토론하는
　　　　　　　　　　동명사구　　　　　　　　　　동명사구　　　　　것에도 관심 있다.)

· We took a walk **not only** in the morning **but also** in the evening. (우리는 아침에뿐만 아니라 저녁에도 산책을 했다.)
　　　　　　　　　　전치사구　　　　　　　　　　전치사구

➕ 「B as well as A」와 의미가 같다.

　She is **not only** intelligent **but also** very creative. (그녀는 똑똑할 뿐만 아니라 매우 창의적이다.)
　= She is very creative **as well as** intelligent.

➕ 자주 쓰이는 기타 상관접속사

　· 「both A and B」: A와 B 둘 다　　　　　　· 「either A or B」: A 또는 B 둘 중 하나
　· 「not A but B」: A가 아니라 B　　　　　　· 「neither A or B」: A와 B 둘 다 아닌

➕ 추가예문

· He **not only** completed the marathon **but also** set a new personal record.
　(그는 마라톤을 완주했을 뿐만 아니라 새로운 개인 기록을 달성했다.)
· The concert included **not only** rock music **but also** classical music. (그 음악회는 록 음악뿐만 아니라 클래식 음악도 포함했다.)
· The project requires **not only** research **but also** creativity. (그 프로젝트는 연구뿐만 아니라 창의력도 필요로 한다.)

1 괄호 안에서 어법상 알맞은 것을 고르시오.

(1) The weather was not only cold but also (rain / rainy).
(2) We decided to not only visit the museum but also (took / take) a guided tour.
(3) She enjoys not only swimming in the ocean but also (hiking / hike) in the mountains.

2 다음 문장에서 밑줄 친 부분을 바르게 고치시오.

(1) They traveled not only to Paris but also <u>Rome</u>.
(2) Sarah expressed her thoughts not only clearly but also <u>confident</u>.
(3) They are considering not only moving to a new city but also <u>buy</u> a house there.

서술형 대비
3 우리말과 같은 뜻이 되도록 괄호 안의 말을 이용하여 문장을 완성하시오.

(1) 그 운동선수는 체육관에서뿐만 아니라 운동장에서도 훈련한다. (on the field)
　→ The athlete trains not only in the gym ＿＿＿＿＿＿＿＿＿＿＿＿＿＿＿＿＿＿＿.
(2) 그 공원은 휴가철에뿐만 아니라 주말에도 인기가 많다. (during holidays)
　→ The park is crowded ＿＿＿＿＿＿＿＿＿＿＿＿＿＿＿＿＿ but also on weekends.
(3) 그 온라인 강좌는 그것이 무료이기 때문뿐만 아니라 양질의 교육을 제공하기 때문에 인기 있다. (be, free)
　→ The online course is popular ＿＿＿＿＿＿＿＿＿＿＿＿＿＿＿ but also because it provides quality education.

서술형 대비
4 우리말과 같은 뜻이 되도록 주어진 단어를 배열하여 문장을 완성하시오.

(1) 그 조리법은 온라인에서 공유됐을 뿐만 아니라 유명한 요리 잡지에 포함되었다. (shared / but / online / not / also / included / only)
　→ The recipe was ＿＿＿＿＿＿＿＿＿＿＿＿＿＿＿＿ in a popular cooking magazine.
(2) 그 행사는 지역 주민들뿐 아니라 전 세계 관광객들도 끌어들였다. (residents / only / local / but / tourists / also / not)
　→ The event attracted ＿＿＿＿＿＿＿＿＿＿＿＿＿＿＿＿ from around the world.
(3) 그 식당은 그곳의 맛있는 음식뿐 아니라 그곳의 훌륭한 서비스로도 유명하다. (food / also / its / only / delicious / for / famous / not / but)
　→ The restaurant is ＿＿＿＿＿＿＿＿＿＿＿＿＿＿＿ for its excellent service.

D Discovering Grammar

POINT 2

문장을 읽고 굵게 표시된 구조에 유의하시오.

- 인공 지능이 인간 예술가의 동의 없이 그들의 화풍을 모방할지도 모른다는 염려가 있다.
- Emily는 뉴욕으로 가는 비행기가 취소되었다는 사실에 실망했다.

PRACTICE 2

1 that이 들어가야 할 곳에 V 표시를 하시오.

1) Tom이 3개의 언어를 말할 수 있다는 사실은 매우 인상적이다.
2) 몇몇 거주자들은 여행객들이 소음 공해를 일으킬 것이라는 염려를 표했다.
3) 나는 시간이 모두에게 동등하다는 견해를 좋아한다.

문제 해설

1) Tom부터 languages까지가 The fact의 동격절이므로, Tom 앞에 that이 위치해야 한다.
2) tourists 이하는 concerns의 동격절이므로, tourists 앞에 that이 위치해야 한다.
3) time 이하는 the idea의 동격절이므로, time 앞에 that이 위치해야 한다.

교과서 p.92

POINT 2

Read the sentences and pay attention to the structure in bold.

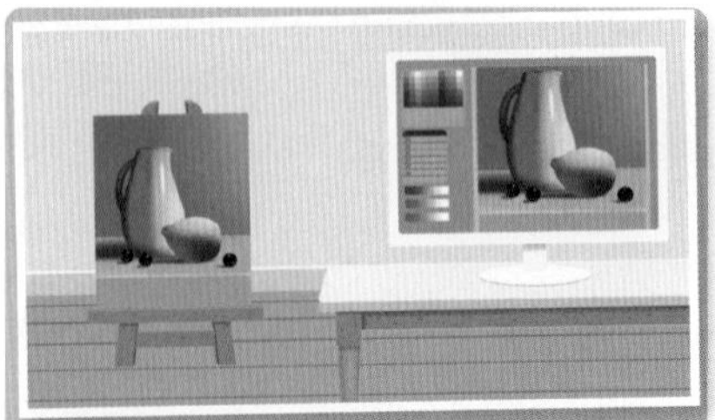

There are *concerns* **that** AI may imitate the styles of human artists without their consent.

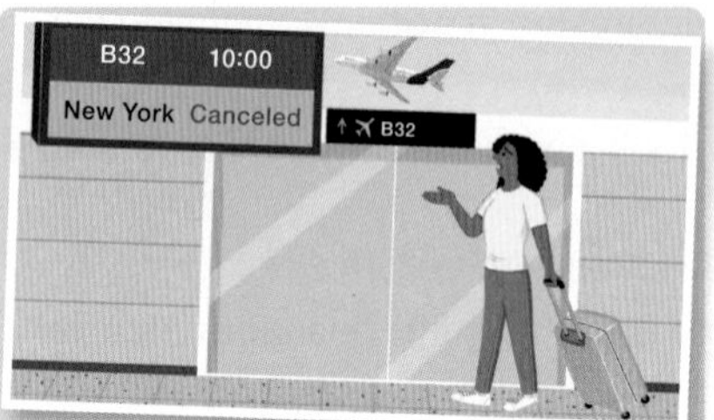

Emily was disappointed by *the fact* **that** the flight to New York was canceled.

PRACTICE 2

1 Check (✔) where "that" should be placed.

1) The fact V Tom can speak three languages is really impressive. The fact that Tom
2) Some residents expressed concerns V tourists will cause noise pollution. concerns that tourists
3) I like the idea V time is equal for everyone. the idea that time

2 Put the given words in the correct order to complete the sentences.

1) The fact that Ms. Song is leaving the school is hard to believe.
(is leaving / that / Ms. Song / the school / the fact)

2) Many people were shocked by the news that the director wouldn't make movies anymore.
(wouldn't make / that / the news / movies / the director)

3) Her suggestion that the school library should be remodeled was ignored.
(be remodeled / that / should / her suggestion / the school library)

4) The idea that practice makes perfect is completely true.
(that / perfect / practice / the idea / makes)

Your Idea Write your own sentence using the same structure as above.
Some people have a strong belief [sample] that certain numbers bring good luck.

Self-Check
1. 「not only A but also B」 구문의 쓰임을 이해하고 적용할 수 있다. X △ O
2. 동격의 접속사 that의 쓰임을 이해하고 적용할 수 있다. X △ O

2 주어진 단어들을 올바른 순서로 배열하여 문장을 완성하시오.

1) Song 선생님이 학교를 떠날 것이라는 사실은 믿기 힘들다.
2) 많은 사람들은 그 감독이 더 이상 영화를 제작하지 않는다는 뉴스에 충격을 받았다.
3) 교내 도서관이 개조되어야 한다는 그녀의 제안은 무시되었다.
4) 연습이 완벽을 만든다는 생각은 완전히 사실이다.

문제 해설

1)~4) The fact, the news, Her suggestion, The idea 뒤에 동격의 절을 이끄는 접속사 that이 오고 그 다음에 주어와 동사가 이어지는 완전한 문장을 쓴다.

Your Idea **위와 동일한 구조를 사용하여 자신만의 문장을 작성하시오.**

[sample] 몇몇 사람들은 특정 숫자들이 행운을 가져온다는 강한 믿음을 가지고 있다.

⊕ 추가 예시 답안
Some people have a strong belief that the Earth is flat. (몇몇 사람들은 지구가 평평하다는 강한 믿음을 가지고 있다.)

D **impressive** [형] 인상적인 **resident** [명] 거주자 **pollution** [명] 오염, 공해 **equal** [형] 동등한 **ignore** [동] 무시하다

· 접속사 that이 이끄는 절이 명사 뒤에서 그 명사의 내용을 설명할 수 있는데 이때 해당 명사와 that절은 동격 관계에 있다고 말한다. 동격의 접속사 that은 생략할 수 없으며 that 뒤에는 문장 성분이 완전한 절이 온다.

The fact **that** she won the game surprised everyone. (그녀가 게임에서 이겼다는 사실은 모두를 놀라게 했다.)
　　└─ = ─┘　　　　완전한 절
Many people share *the belief* **that** exercise is essential for health. (많은 사람들은 운동은 건강에 필수적이라는 믿음을 공유한다.)
　　　　　　　└─ = ─┘　　　　　　　　완전한 절

· 동격의 접속사 that과 자주 함께 쓰이는 명사

fact(사실)	idea(생각)	opinion(의견)	news(소식)	thought(생각)	concern(우려)
evidence(증거)	belief(믿음)	proof(증거)	rumor(소문)	conclusion(결론)	hope(희망)

➊ **추가예문**

· I support *the idea* **that** all students should learn how to swim.
(나는 모든 학생이 수영하는 법을 배워야 한다는 생각을 지지한다.)
· *The rumor* **that** there will be a surprise party made the class excited.
(깜짝 파티가 있을 것이라는 소문은 그 학급을 신나게 만들었다.)
· The judge came to *the conclusion* **that** Maggie was the best speaker.
(심사 위원은 Maggie가 최고의 연설가였다는 결론에 이르렀다.)

문법 만점 Check-Up ★★

1 괄호 안에서 어법상 알맞은 것을 고르시오.

(1) There is a growing belief (what / that) meditation can greatly reduce stress.
(2) Someone spread the rumor (which / that) he set the house on fire.
(3) Scientists say that they still have no proof (that / for) life exists on Mars.

2 빈칸에 들어갈 말을 〈보기〉에서 골라 쓰시오.

〈보기〉 idea　concerns　hope

(1) There are _____ that the new medicine may cause serious side effects.
(2) Various studies support the _____ that deep sleep boosts productivity.

[서술형 대비]
3 우리말과 같은 뜻이 되도록 괄호 안의 말을 이용하여 문장을 완성하시오.

(1) 그 부부는 출산을 앞두고 있다는 소식을 발표했다. (announce, the news)
　→ The couple _____ they were expecting a baby.
(2) 많은 사람이 채식 식단이 건강에 유익하다는 의견을 공유한다. (share, the opinion)
　→ Many people _____ vegan diets are beneficial to health.
(3) 날씨가 좋지 않다는 사실에도 불구하고 그 행사는 계획대로 열렸다. (despite, the fact)
　→ _____ the weather was bad, the event was held as planned.

[서술형 대비]
4 우리말과 같은 뜻이 되도록 주어진 단어를 배열하여 문장을 완성하시오.

(1) 부모들은 과도한 스마트폰 사용이 시력을 해칠 수 있다는 우려를 표했다. (can / too much / concerns / that / smartphone use)
　→ Parents have voiced _____ harm eyesight.
(2) 많은 교육자들은 유아 교육이 미래의 성공에 영향을 미친다는 믿음을 갖고 있다. (that / early childhood / impacts / the belief / education)
　→ Many educators have _____ future success.
(3) 소셜 미디어가 대중 여론에 영향을 미친다는 생각이 더욱 더 많이 받아들여지고 있다. (public opinion / social media / that / influences / the idea)
　→ _____ is becoming more accepted.
(4) 단 몇 시간 만에 새 제품이 품절됐다는 사실은 그 팀을 놀라게 했다. (product / the fact / sold out / that / the new)
　→ _____ in just a few hours amazed the team.

An Opinion Essay

Study the Sample

아래의 견해 에세이를 읽으시오.

로봇이 인간을 대체할 것인가?
❶ AI 기술이 진화하면서, 로봇이 인간의 업무를 도맡을 것인가? ❷ 나는 로봇이 인간의 많은 역할을 대체할 수 있을 것이라 생각한다. ❸ 나의 의견에는 두 가지 이유가 있다. ❹ 첫 번째, 로봇은 인간보다 더욱 생산적으로 일할 수 있다. ❺ 이것은 그들이 더 짧은 시간 동안 더 많은 것을 생산할 수 있다는 것을 의미한다. ❻ 두 번째, 로봇은 인간이 닿을 수 없는 위험한 공간에서 일할 수 있다. ❼ 그러므로, 그들은 사고의 위험을 줄일 수 있다. ❽ 이러한 이유들로, 나는 로봇이 미래에 인간 노동자를 대체할 것이라고 생각한다.

[sample]
로봇이 인간을 대체할 것인가?
AI 기술이 진화하면서, 로봇이 인간의 업무를 도맡을 것인가? 나는 로봇이 인간의 많은 역할을 대체할 수 없을 것이라 생각한다. 나의 의견에는 두 가지 이유가 있다. 첫 번째, 인간은 로봇보다 더욱 창의적으로 생각할 수 있다. 이것은 그들이 복잡한 문제에 대해 독창적인 해결책을 생각해 낼 수 있다는 것을 의미한다. 두 번째, 인간은 로봇이 할 수 없는 방식으로 다른 사람들의 감정을 이해할 수 있다. 그러므로, 그들은 다른 사람들에게 위안과 안정감을 줄 수 있다. 이러한 이유들로, 나는 로봇이 미래에 인간 노동자를 대체하지 못할 것이라고 생각한다.

More Expressions
- 복잡한 문제에 대한 독창적인 해결책
- 다른 사람들의 감정을 이해한다
- 다른 사람들에게 위안과 안정감을 준다

교과서 p.93

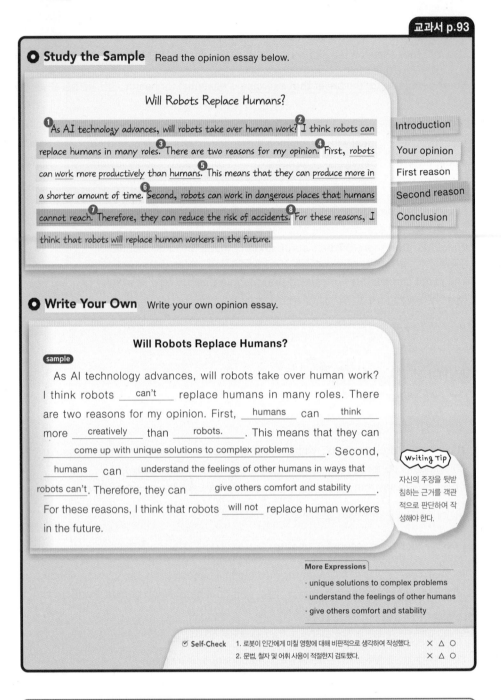

Study the Sample Read the opinion essay below.

Will Robots Replace Humans?

❶ As AI technology advances, will robots take over human work? ❷ I think robots can replace humans in many roles. ❸ There are two reasons for my opinion. ❹ First, robots can work more productively than humans. ❺ This means that they can produce more in a shorter amount of time. ❻ Second, robots can work in dangerous places that humans cannot reach. ❼ Therefore, they can reduce the risk of accidents. ❽ For these reasons, I think that robots will replace human workers in the future.

Introduction
Your opinion
First reason
Second reason
Conclusion

Write Your Own Write your own opinion essay.

Will Robots Replace Humans?

[sample]
As AI technology advances, will robots take over human work? I think robots __can't__ replace humans in many roles. There are two reasons for my opinion. First, __humans__ can __think__ more __creatively__ than __robots.__. This means that they can __come up with unique solutions to complex problems__. Second, __humans__ can __understand the feelings of other humans in ways that robots can't__. Therefore, they can __give others comfort and stability__. For these reasons, I think that robots __will not__ replace human workers in the future.

Writing Tip
자신의 주장을 뒷받침하는 근거를 객관적으로 판단하여 작성해야 한다.

More Expressions
- unique solutions to complex problems
- understand the feelings of other humans
- give others comfort and stability

✅ Self-Check
1. 로봇이 인간에게 미칠 영향에 대해 비판적으로 생각하여 작성했다. X △ O
2. 문법, 철자 및 어휘 사용이 적절한지 검토했다. X △ O

[구문 해설]
❶ **As** AI technology advances, will robots *take over* human work?
➡ as는 '…함에 따라'라는 의미의 접속사이며 take over는 '…을 넘겨받다'라는 의미이다.
❺ This means **that** they can produce *more* in a shorter amount of time.
➡ that 이하는 means의 목적어로 쓰인 명사절이며 more는 '더 많은 양'의 의미인 대명사로 쓰였다.
❻ Second, robots can work in dangerous places **that** humans cannot reach.
➡ that 이하는 선행사 dangerous places를 수식하는 목적격 관계대명사절이다.

advance [동] (기술 등이) 진보하다 **replace** [동] 대신[대체]하다 **reach** [동] …에 이르다[닿다] **risk** [명] 위험

⬤ Write Your Own

견해 에세이를 직접 작성하시오.

1단계 단락을 쓰기 전 다음의 개요를 먼저 작성해 본다.

Example

My Opinion	I think robots (can̲ / cannot) replace humans in many roles in the future.
(Robots̲ / Humans) can work more productively than (robots / humans̲).	(Robots̲ / Humans) can work in dangerous places that humans connot reach.
Supporting Detail They can produce more in a shorter amount of time.	**Supporting Detail** They can reduce the risk of accidents.

Your Own

My Opinion	I think robots (can / cannot) replace humans in many roles in the future.
(Robots / Humans) can _____ more _____ than (robots / humans).	(Robots / Humans) can _____ _____ .
Supporting Detail They can _____ .	**Supporting Detail** They can _____ .

유용한 표현   be operated easily (쉽게 작동된다)   do various tasks at once (한 번에 다양한 일을 한다)

2단계 작성한 개요를 바탕으로 단락을 완성한다.

Will Robots Replace Humans?

As AI technology advances, will robots take over human work? I think robots **ⓐ**_____ replace humans in many roles. There are two reasons for my opinion. First, **ⓑ**_____ can **ⓒ**_____ more **ⓓ**_____ than **ⓔ**_____ . This means that they can **ⓕ**_____ . Second, **ⓖ**_____ can **ⓗ**_____ . Therefore, they can **ⓘ**_____ . For these reasons, I think that robots **ⓙ**_____ replace human workers in the future.

⊕ 추가 예시 답안

Will Robots Replace Humans?
As AI technology advances, will robots take over human work? I think robots can replace humans in many roles. There are two reasons for my opinion. First, robots can be more accurate than humans. This means that they can perform tasks with high accuracy in calculations, timing, and processes. Second, robots can work without getting tired. Therefore, they can work for longer hours than humans can. For these reasons, I think that robots can replace human workers in the future.

로봇이 인간을 대체할 것인가?
AI 기술이 진화하면서, 로봇이 인간의 업무를 도맡을 것인가? 나는 로봇이 인간의 많은 역할을 대체할 수 있을 것이라 생각한다. 나의 의견에는 두 가지 이유가 있다. 첫 번째, 로봇은 인간보다 더 정확할 수 있다. 이것은 그들이 계산, 타이밍, 프로세스에서 높은 정확도로 작업을 수행할 수 있다는 것을 의미한다. 두 번째, 로봇은 지치지 않고 일할 수 있다. 그러므로, 그들은 사람이 할 수 있는 것보다 더 긴 시간 동안 일할 수 있다. 이러한 이유들로, 나는 로봇이 미래에 인간 노동자를 대체할 수 있을 것이라고 생각한다.

쓰기 수행평가 TIP 각 빈칸 작성 요령

각 빈칸에 다음과 같은 내용을 작성한다.
ⓐ 로봇이 인간을 대체할 수 있는지/없는지 의견
   문법TIP 대체 여부를 조동사 can/can't 또는 will/won't 등을 넣어 작성한다.
ⓑ~ⓔ 로봇이 인간을 대체할 수 있는/없는 이유 ①
   문법TIP 조동사 앞에는 주어, 뒤에는 동사원형, more 다음에는 형용사 또는 부사, than 뒤에는 비교 대상인 명사가 오도록 작성한다.
ⓕ 첫 번째 이유에 대한 부연 설명
   문법TIP 조동사 다음이므로 동사원형으로 시작하는 동사구가 오도록 작성한다.
ⓖ~ⓗ 로봇이 인간을 대체할 수 있는/없는 이유 ②
   문법TIP 조동사 앞에는 주어, 뒤에는 동사원형으로 시작하는 동사구가 오도록 작성한다.
ⓘ 두 번째 이유에 대한 부연 설명
   문법TIP 조동사 다음이므로 동사원형으로 시작하는 동사구가 오도록 작성한다.
ⓙ 주장 재강조
   문법TIP that절의 주어 다음이자 동사원형의 앞이므로 로봇이 인간을 대체할 수 있는지 여부를 조동사를 넣어 작성한다.

Culture

영화 속의 기술

Step 1 각 영화의 줄거리를 읽고 그 영화에서 어떻게 기술이 묘사되는지 생각해 보시오.

〈프리 가이〉 (2021)

❶ 이 영화는 Guy라는 이름의 남자의 이야기이다. ❷ 그는 Free City라는 비디오 게임에 있는 비플레이어 캐릭터(NPC)이다. ❸ 어느 날 Guy는 인간 플레이어에 의해 조종되는 다른 캐릭터인 Molotov Girl에게 영감을 받는다. ❹ 그는 Free City를 모험하기로 결정하고 그의 프로그램화된 본성을 극복함으로써 독립적인 판단을 내린다.

〈서치〉 (2018)

❺ 영화는 전적으로 컴퓨터와 스마트폰 화면상에서 일어난다. ❻ 영화에서, David Kim이라는 남자는 그의 실종된 딸 Margot를 찾으려 애쓴다. ❼ 단서를 찾기 위해, David는 Margot의 소셜 미디어 페이지, 이메일, 그리고 메시지들을 조사한다. ❽ 이 디지털 탐사가 이루어지는 동안, 그는 Margot의 생활의 복잡하고 숨겨진 면을 밝혀내면서 많은 비밀을 발견한다.

〈아바타〉 (2009)

❾ 영화 〈아바타〉는 판도라라는 행성을 배경으로 하는데, 이곳은 나비(Na'vi)족이 사는 곳이다. ❿ 주요 등장인물인 Jake Sully는 아바타 프로그램에 참여한다. ⓫ 그 프로그램은 인간이 나비(Na'vi)족들을 닮은 아바타를 원격으로 조종할 수 있게 해 준다. ⓬ 아바타들의 임무는 판도라 행성에서 귀한 광물을 찾아내는 것이다. ⓭ 그러나 Jake는 판도라를 보호해야 할 필요성을 느끼고 나비(Na'vi)족과 함께하기로 결심한다.

교과서 p.94

Technology in Movies

Step 1 Read the plot of each movie and think about how technology is depicted in it.

Free Guy (2021)

❶ This movie is the story of a man named Guy. ❷ He is a non-player character (NPC) in a video game called Free City. ❸ One day Guy is inspired by another character, Molotov Girl, who is controlled by a human player. ❹ He decides to go on an adventure through Free City and makes independent choices by overcoming his programmed nature.

❺ The movie takes place entirely on computer and smartphone screens. ❻ In the movie, a man named David Kim is trying to find his missing daughter, Margot. ❼ To find clues, David examines Margot's social media pages, emails, and messages. ❽ During this digital exploration, he discovers various secrets, revealing a complex and hidden side of Margot's life.

Searching (2018)

Avatar (2009)

❾ The movie *Avatar* is set on a planet named Pandora, where the Na'vi live. ❿ The main character, Jake Sully, takes part in the Avatar Program. ⓫ The program allows humans to remotely control avatars resembling the Na'vi. ⓬ The mission of the avatars is to find valuable minerals on Pandora. ⓭ However, Jake feels the need to protect Pandora and decides to join the Na'vi.

구문해설 ⓫ The program **allows** humans **to** remotely **control** avatars *resembling* the Na'vi.
➡ 「allow+목적어+목적격 보어(to-v)」 구조를 취하고 있으며, resembling 이하는 avatars를 수식하는 분사구이다.

내신 Check-Up

괄호 안에서 어법상 알맞은 것을 고르시오.

1 Guy is inspired by another character, Molotov Girl, (that / who) is controlled by a human player.
2 During this digital exploration, he discovers various secrets, (revealing / revealed) a complex and hidden side of Margot's life.
3 The movie *Avatar* is (setting / set) on a planet named Pandora, where the Na'vi live.

교과서 p.95

Step 2 Choose a movie from Step 1 you'd like to watch. Explain why to your partner.

[Example]

I'd like to watch the movie *Free Guy*. I like to play video games, and it would be really amazing if an NPC could make its own decisions.

[Your Idea]

[sample]
I'd like to watch the movie *Searching*. Looking for clues on someone's social media pages or in their emails sounds interesting.

Step 3 Find more movies that depict technology in a unique or imaginative way. Then present your thoughts on the movie to the class.

movies that depict technology in a unique way

[Example]

My Review
I really liked WALL·E and EVE. Even though they are robots, they found life on Earth and saved the humans.

[Your Idea]

My Review

Peer Review

Peer Review	1. 나의 짝은 기술을 다룬 영화에 대한 자신의 생각을 논리적으로 설명했다.	1	2	3	4	5
	2. 나의 짝은 올바른 어휘와 철자, 문법을 사용했다.	1	2	3	4	5
	3. 나는 짝과의 대화를 통해 기술 발전에 대한 여러 의견을 존중해야 함을 배웠다.	1	2	3	4	5

Step 2 Step 1의 영화 중 보고 싶은 영화를 선정하시오. 짝에게 그 이유를 설명하시오.

[Example]
나는 영화 〈프리 가이〉를 보고 싶어. 나는 비디오 게임 하는 것을 좋아하고, NPC(비디오 게임의 비플레이어 캐릭터)가 자신의 결정을 내릴 수 있다면 정말 놀라울 거야.

[sample]
나는 영화 〈서치〉를 보고 싶어. 누군가의 소셜 미디어 페이지나 그들의 이메일에서 단서를 찾는 것은 재미있을 것 같아.

+ 추가 예시 답안

- I'd like to watch the movie *Avatar*. I enjoy science fiction movies, and I'm really curious about what happens to the Na'vi in the story. (나는 영화 〈아바타〉를 보고 싶어. 나는 공상 과학 영화를 즐기는데, 이 이야기에서 나비(Na'vi)족에게 무슨 일이 생기는지 몹시 궁금해.)

Step 3 기술을 독창적이거나 상상력이 풍부한 방식으로 묘사하는 영화를 더 찾아보시오. 그러고 나서 그 영화에 대한 생각을 학급에 발표하시오.

[Example]
〈월-E〉(2008) / 나의 영화 평
나는 월-E와 이브가 매우 마음에 들었어. 그들은 로봇이었지만, 지구에서 생명체를 찾았고 인간을 구해 주었어.

+ 추가 예시 답안

A.I. Artificial Intelligence (2001)
It was interesting to see how an AI child interacted with a human family. This movie showed some of the dangers of artificial intelligence.

〈에이아이〉(2001) / 나의 영화 평
AI(인공 지능을 가진 인조인간)인 아이가 어떻게 인간 가족과 상호 교류하는지를 보는 것이 재미있었어. 이 영화는 인공 지능의 위험성의 일부분을 보여 주었어.

Step 1 depict [동] 묘사하다 independent [형] 독립적인 examine [동] 조사하다 reveal [동] 드러내다 resemble [동] 닮다

Lesson Review

A 대화를 들으시오. 대화에 나온 적절한 단어를 사용하여 문장을 완성하시오.

문제 해설

여자는 웹 사이트에 자신의 사진을 공유하였고 인공 지능 프로그램이 자신의 사진을 그림으로 바꾸어 주었다고 이야기하였으므로, 빈칸에는 '공유했다'를 뜻하는 shared와 '바꾸었다'를 뜻하는 changed가 들어가야 한다.

B 상자 안의 문장으로 대화를 완성하시오. 그러고 나서 짝과 함께 역할 연기를 하시오.

> A 이 인공 지능 챗봇은 정말 놀라워! 그것이 내 보고서 작성을 훨씬 더 쉽게 만들어 줬어.
> B 그거 사용할 때 조심해, Sally. 챗봇은 때때로 잘못된 정보를 주기도 해.
> A 무슨 뜻인지 설명해 줄 수 있니?
> B 음, 그들은 한정된 데이터베이스를 가지고 있어. 그래서 몇몇 정보는 틀릴 수 있어.
> A 그건 몰랐어. 충격받았어!
> B 반드시 전체 보고서를 주의 깊게 확인해 봐.

문제 해설

A와 B는 인공 지능 챗봇 사용에 대해 이야기하고 있다. 첫 번째 빈칸에는 조심해서 사용해야 하는 근거를 제시해야 하기 때문에 챗봇이 때때로 잘못된 정보를 주기도 한다는 b가 적절하고, 이에 대해 부연 설명을 요청하는 c가 두 번째 빈칸에 적절하다. 마지막에는 보고서 확인의 필요성을 말하는 a가 적절하다.

교과서 p.96

A Listen to the conversation. Complete the sentence with the correct words from the conversation.

> The girl s <u>hared</u>   her photo with a website and an AI program c <u>hanged</u>   it into a painting.

B Complete the conversation with the sentences in the box. Then act it out with your partner.

> A This AI chatbot is so amazing! ❶ It made writing my report so much easier.
> B Be careful about using that, Sally. _____ b _____
> A _____ c _____
> B Well, they have a limited database. So some of the information can be wrong.
> A I didn't know that. I'm shocked!
> B _____ a _____

> ❷
> a Just make sure you check the entire report carefully.
> b Chatbots sometimes give wrong information.
> c Could you explain what you mean?

C Read the paragraph and answer the following questions.

> Some people worry that AI will ① <u>replace</u> humans in more and more areas. There are also concerns _____(A)_____ AI may imitate the styles of human artists without their consent. On the other hand, others think that AI cannot ② <u>exceed</u> human imagination and that it is still dependent on human assistance. This is because the data _____(B)_____ AI uses can have flaws or limitations. A dependence on ③ <u>perfect</u> data with little diversity eventually limits the output of AI programs.

> **1** Choose the inappropriate word among ①~③ based on the context. ③

> **2** Write the proper word for the blanks (A) and (B) in common.
> _____ that _____

C 단락을 읽고 다음 질문에 답하시오.

1 주어진 맥락에 근거하여 ①~③ 중 부적절한 단어를 고르시오.

문제 해설

③이 포함된 바로 앞 문장에서 인공 지능이 사용하는 데이터가 결점이나 한계를 가질 수 있다고 설명하고 있다. 따라서 ③은 perfect가 아니라 imperfect가 되어야 적절하다.

2 빈칸 (A), (B)에 공통으로 들어갈 적절한 단어를 쓰시오.

문제 해설

(A) 앞에는 명사 concerns가 있고 뒤에는 이를 부연 설명하는 절이 이어지므로, 동격의 접속사 that이 적절하다. (B) 뒤에는 uses의 목적어가 없는 불완전한 절이 이어지고 있으며 빈칸 앞의 the data가 목적어 역할을 하므로, 빈칸에는 목적격 관계대명사 that 또는 which가 적절하다. 따라서 (A), (B)에 공통으로 들어갈 말은 that이다.

C inappropriate 혱 부적절한   context 몡 맥락, 문맥   proper 혱 적절한

A

B Miju, is this a portrait of you?

G Yes, it is!
    = a portrait

B ❶ I didn't know [you were good at painting].
             be good at: ···을 잘하다
       (that) 명사절(know의 목적어)

G Well, actually, an AI program painted this.
        문장 전체 수식

B AI did this? How is that possible?
   대동사(= painted)

G I just shared my picture with this website.
         share A with B: A를 B와 공유하다

B ❷ And then the AI program changed it into a painting?
     그 후에   change A into B: A를 B로 바꾸다

G That's right. I'm looking forward to trying other photos tonight.
 (That) 주어 생략   look forward to+v-ing: ···하기를 기대한다

B Sounds fun. I want to try that website too!
   sound+형용사: ···하게 들리다

구문 해설

❶ I didn't know you **were good at painting**.
➜ know 뒤에 명사절을 이끄는 접속사 that이 생략되었으며 be good at은 '···을 잘하다'라는 의미로 전치사 at의 목적어 자리에 동명사가 쓰였다.

❷ And then *the AI program* **changed** it **into** a painting?
➜ change A into B는 'A를 B로 바꾸다'라는 의미이다.
➜ 「주어+동사」 어순의 평서문 형태이지만 물음표를 붙여 끝을 올려 말하면 질문을 나타낼 수 있으며 주로 의아함이나 놀람을 표현할 때 이런 형태로 쓴다.

해석 **남** 미주야, 이게 네 초상화야?
        여 응, 맞아!
        남 네가 그림을 잘 그리는 줄 몰랐어.
        여 음, 사실, 이거 인공 지능 프로그램이 그린 거야.
        남 인공 지능이 이것을 그렸다고? 그게 어떻게 가능해?
        여 나는 단지 내 사진을 이 웹 사이트에 공유하기만 했어.
        남 그러고 나서 인공 지능 프로그램이 그것을 그림으로 바꿔 주었다는 거야?
        여 맞아. 오늘 밤에 다른 사진들도 시도해 볼 것을 기대하고 있어.
        남 재미있겠다. 나도 그 웹 사이트를 써 보고 싶어!

B

구문 해설

❶ It **made writing my report** so much **easier**.
➜ 「make+목적어+형용사(목적격 보어)」 구조로, '···를 ～하게 만들다'라는 의미이다. 목적어로 동명사구 writing my report가 오고 목적격 보어로는 형용사의 비교급 easier가 왔다.

❷ Just **make sure** you check the entire report carefully.
➜ 「make sure+주어+동사」는 '···가 반드시 (～하도록) 하다'라는 의미이다.

Script portrait 몡 초상화

Lesson Review

교과서 p.97

D 다음 주제에 관하여 견해 에세이를 쓰시오.

[sample]

온라인 학습과 오프라인 학습, 어떤 것이 더 나을까?

온라인 학습이 오프라인 학습보다 몇 가지 측면에서 더 낫다. 먼저, 온라인 학습은 더 개별화된 학습 경험을 가능하게 한다. 학생들은 개인 맞춤형 조언을 얻을 수 있어서, 그들의 학습 목표를 더욱 빨리 성취할 수 있다. 두 번째, 온라인 학습 환경에서 학생들은 고를 수 있는 더 많은 선택지를 가진다. 이것은 학생 본인이 관심 있는 것과 일치하는 과정을 찾을 수 있다는 것을 의미한다.

⊕ 추가 예시 답안

Which Is Better, Online Learning or Offline Learning?

Offline learning is better than online learning in a few ways. First, offline learning allows for face-to-face interaction. Students can have a more engaging experience, so they can understand things better. Second, in an offline-learning environment, students have real-time group discussions. This means students can learn social skills that lead to better cooperation.

온라인 학습과 오프라인 학습, 어떤 것이 더 나을까?

오프라인 학습이 온라인 학습보다 몇 가지 측면에서 더 낫다. 먼저, 오프라인 학습은 대면 상호 작용을 가능하게 한다. 학생들은 보다 몰입하는 경험을 할 수 있어서, 그들은 더 잘 이해할 수 있다. 두 번째, 오프라인 학습 환경에서 학생들은 실시간 모둠 토론을 한다. 이것은 학생들이 더 나은 협력으로 이어지는 사회적 기술을 배울 수 있다는 것을 의미한다.

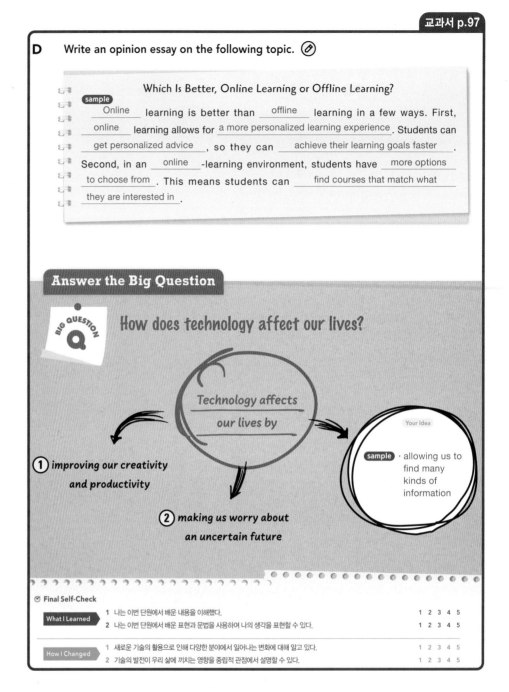

D Write an opinion essay on the following topic.

Which Is Better, Online Learning or Offline Learning?

[sample] Online learning is better than offline learning in a few ways. First, online learning allows for a more personalized learning experience. Students can get personalized advice, so they can achieve their learning goals faster. Second, in an online-learning environment, students have more options to choose from. This means students can find courses that match what they are interested in.

Answer the Big Question

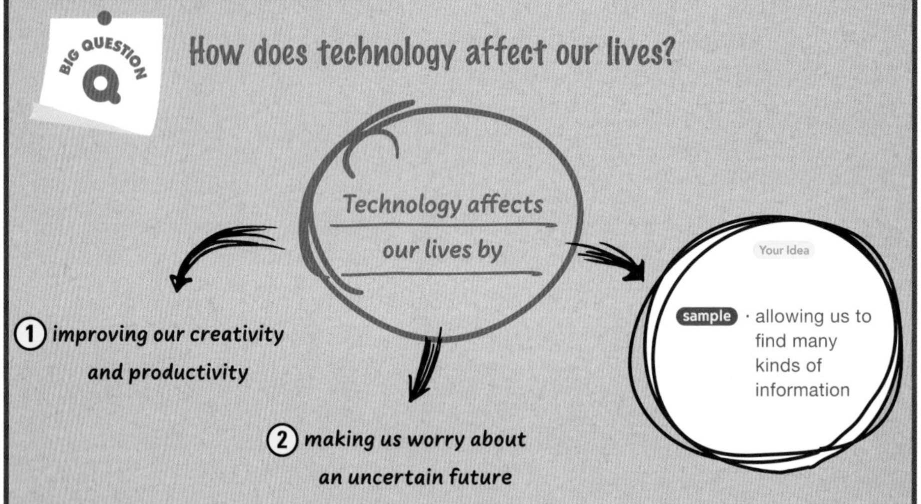

BIG QUESTION Q
How does technology affect our lives?
Technology affects our lives by
① improving our creativity and productivity
② making us worry about an uncertain future
Your Idea
sample · allowing us to find many kinds of information

Final Self-Check

What I Learned	1 나는 이번 단원에서 배운 내용을 이해했다.	1 2 3 4 5
	2 나는 이번 단원에서 배운 표현과 문법을 사용하여 나의 생각을 표현할 수 있다.	1 2 3 4 5
How I Changed	1 새로운 기술의 활용으로 인해 다양한 분야에서 일어나는 변화에 대해 알고 있다.	1 2 3 4 5
	2 기술의 발전이 우리 삶에 끼치는 영향을 중립적 관점에서 설명할 수 있다.	1 2 3 4 5

Answer the Big Question

BIG QUESTION 기술은 우리의 삶에 어떻게 영향을 줄까요?

기술은 … 함으로써 우리의 삶에 영향을 준다

① 우리의 창의성과 생산성을 향상시킴 ② 불확실한 미래에 대해서 걱정하게 만듦

[sample] · 우리로 하여금 많은 종류의 정보를 찾을 수 있게 함

⊕ 추가 예시 답안

· reducing the amount of privacy we have (우리가 지닌 사생활 범위를 줄임)

Big Question 답안 작성 TIP

두 가지 상반된 관점에서 기술이 우리 삶에 어떤 영향을 주는지 고민해 본다. 각종 전자 제품의 발명으로 더욱 편리해진 생활, 지식에 대한 접근성과 교육 기회의 증가 등의 장점과 전자 폐기물 증가로 인한 환경 파괴, 일자리 축소, 개인 정보 유출로 인한 피해 등의 단점을 골고루 생각해 볼 수 있다.

affect [동] …에 영향을 미치다 **productivity** [명] 생산성 **uncertain** [형] 불확실한

다음 네모 안에서 옳은 어법·어휘를 고르시오.

01 Some people complained that the artist simply provided / replaced the system with basic instructions and let it do all the work.

02 However, there were also people who / whose were excited by the potential of AI.

03 Today, there are numerous AI programs that can create various forms of art include / including images, songs, and novels.

04 They do this by copying other images that have / were created by humans.

05 The generators have the ability to analyze millions of images and their corresponding / contrasting descriptions.

06 This allows them to create works of art in a short time based on the provided / providing instructions.

07 These two images have a few / a little differences.

08 However, the overall design, the eyes, and the scarf around the head is / are clearly based on Vermeer's painting.

09 AI programs may lead to changes not / not only in the art world but also in the music industry.

10 Once you've entered the information, the program will produce a song that you can edit or use that / as it is.

11 Virtual influencers with extremely realistic faces, bodies, and voices have / were already released several songs.

12 These types of virtual musicians are able to speak and moving / move realistically with the help of their human creators.

13 Many AI programs are open to the public, that / which means they can be used freely and conveniently.

14 However, these programs have sparked a debate over their impact / cause on humans.

15 Since AI has the potential to learn / learning skills and perform them better than humans, some people view it as a threat.

16 They worry about / that AI will replace humans in more and more areas.

17 There are also concerns that / which AI may imitate the styles of human artists without their consent.

18 A dependence on imperfect data with little / much diversity eventually limits the output of AI programs.

19 Will more people use AI programs to limit / boost their creativity and productivity?

20 What we need to do is figure out how using / to use AI tools ethically and think about how humans and AI can collaborate.

01 다음 대화의 내용과 일치하는 것은?

B Hi, Emma. What are you doing on your phone?

G Oh hi, Mark. I'm chatting with General Yi Sunsin.

B General Yi Sunsin? How is that possible?

G I installed a chatbot application. I can talk to any historical figure with it.

B That sounds amazing!

G Yes, it is amazing! I'm looking forward to asking the general about the Battle of Noryang.

① Emma는 컴퓨터를 하고 있다.
② Emma는 역사적 인물이 직접 되어볼 수 있는 앱을 설치했다.
③ Mark는 이순신 장군과 채팅하고 싶어 한다.
④ Mark는 챗봇 앱에 불만족한다.
⑤ Emma는 채팅 상대에게 노량 해전에 대해 물어볼 것이다.

서술형

02 밑줄 친 우리말과 같은 뜻이 되도록 주어진 단어를 이용하여 문장을 완성하시오. (필요시 형태를 바꿀 것)

B Hey, Grace, I heard there is going to be a fire drill today.

G That's right. But I'm a bit worried. I hurt my leg during our last fire drill.

B Oh, don't worry! This time, we are going to have a VR fire drill.

G A VR fire drill? What's that?

B We will be trained using virtual reality technology.

G Oh! 그게 어떻게 작동하는지 알려줄 수 있니?

B Sure. Everyone will use VR equipment and experience what a fire is really like.

→ Could you _____?
(explain, work, how, it)

03 밑줄 친 ①~⑤ 중, 어법상 틀린 것은?

Space technology may not seem ① useful to the average person. But did you know ② that many of the items we use every day come from space technology? For example, the image sensors in modern cameras were originally ③ developing to be used in space. However, they were easy ④ to produce and didn't require much power, so companies started ⑤ using them in commercial products.

04 주어진 글 다음에 이어질 글의 순서로 가장 적절한 것은?

Recently, an artist used an artificial intelligence (AI) system to create the image above for an art contest. The image won first place in the digital arts category.

(A) They felt this wasn't fair to the rest of the artists in the contest. However, there were also people who were excited by the potential of AI.

(B) Today, there are numerous AI programs that can create various forms of art including images, songs, and novels.

(C) This led to a controversy in the art community. Some people complained that the artist simply provided the system with basic instructions and let it do all the work.

① (A) – (C) – (B)　　② (B) – (A) – (C)
③ (B) – (C) – (A)　　④ (C) – (A) – (B)
⑤ (C) – (B) – (A)

[5-7] 다음 글을 읽고, 물음에 답하시오.

AI image generators create images based on our text requests. They do this by copying other images that were created by humans. The generators have the ability to analyze millions of images and their corresponding descriptions. (①) This allows them to create works of art in a short time based on the provided instructions. (②) Moreover, AI programs can mix the styles of existing images upon request. (③) For example, you can blend a photograph of a cat with Johannes Vermeer's *Girl with a Pearl Earring*. (④) However, the overall design, the eyes, and the scarf around the head are clearly based on Vermeer's painting. (⑤) A simple request was enough to create this complex and detailed image.

05 글의 주제로 가장 적절한 것은?

① the evolution of AI technology
② how AI programs create images
③ the impact of AI on traditional art forms
④ the history of Johannes Vermeer's artworks
⑤ the techniques of copying different art styles

06 글의 흐름으로 보아, 주어진 문장이 들어가기에 가장 적절한 곳은?

These two images have a few differences.

07 다음 영영 뜻풀이에 해당하는 단어를 윗글에서 찾아 쓰시오.

being currently present or in use now

[8-10] 다음 글을 읽고, 물음에 답하시오.

AI programs may lead to changes not only in the art world but also in the music industry. These programs are already able to compose songs, and ⓐ they give you many options. For example, you can choose the style and key, such as C major or A minor. You can also set how long the song will be. Once you've entered the information, the program will produce a song that you can edit or use as it is. Furthermore, computer-generated imagery (commonly known as CGI) has opened up new possibilities in the music industry. Virtual influencers with extremely realistic faces, bodies, and voices have already released several songs. Some of ⓑ them have many followers on social media, just like human singers. These types of virtual musicians _____ with the help of their human creators.

08 밑줄 친 ⓐ, ⓑ가 각각 가리키는 것으로 적절한 것은?

	ⓐ		ⓑ
①	songs	⋯⋯	followers
②	songs	⋯⋯	virtual influencers
③	AI programs	⋯⋯	followers
④	AI programs	⋯⋯	virtual influencers
⑤	AI programs	⋯⋯	human singers

09 빈칸에 들어갈 말로 가장 적절한 것은?

① can read music scores
② are capable of going to a concert
③ are able to speak and move realistically
④ have the right to participate in elections
⑤ can actually breathe and survive

10 윗글에서 알맞은 말을 찾아 다음 질문에 대한 대답을 완성하시오.

Q: What options do AI programs provide when they compose songs?

→ They allow you to pick the _____, _____, and length of the songs.

[11-12] 다음 글을 읽고, 물음에 답하시오.

Many AI programs are open to the public, which means they can be used freely and conveniently. However, these programs have sparked a debate over their impact on humans. _____ AI has the potential to learn skills and perform them better than humans, some people view it as a threat. They worry that AI will replace humans in more and more areas. There are also 인공 지능이 인간 예술가의 동의 없이 그들의 화풍을 모방할지도 모른다는 염려.

11 빈칸에 들어갈 말로 가장 적절한 것은?

① Whether   ② Although

③ While   ④ Unless

⑤ Since

서술형

12 윗글의 밑줄 친 우리말과 같은 뜻이 되도록 아래 괄호 안의 단어를 알맞게 배열하시오.

(may / the styles / without / concerns / imitate / AI / their consent / human artists / that / of)

13 문맥상 단어의 쓰임이 적절하지 <u>않은</u> 것은?

Some people think that AI cannot ① exceed human imagination and that it is still dependent on human assistance. This is because the data that AI uses can have ② flaws or limitations. A dependence on imperfect data with little ③ diversity eventually limits the output of AI programs. Human imagination, on the other hand, has no limits or ④ opportunities. What kind of future do you think ⑤ lies ahead of us?

[14-15] 다음 글을 읽고, 물음에 답하시오.

As AI technology advances, will robots take over human work? I think robots can replace humans in many roles. There are two reasons for my opinion. First, robots can work more productively than humans. This means that they can _____(A)_____. Second, robots can work in dangerous places that humans cannot reach. Therefore, they can _____(B)_____. For these reasons, I think that robots will replace human workers in the future.

14 글의 요지로 가장 적절한 것은?

① 인공 지능 기술의 발달에는 부작용이 있다.

② 로봇은 인간의 많은 역할을 대신할 수 있다.

③ 로봇은 인간의 생산성을 뛰어넘을 수 없다.

④ 인공 지능 기술은 위험한 작업 환경을 개선시켰다.

⑤ 미래에 인간 노동자들의 일자리가 늘어날 것이다.

15 윗글의 빈칸 (A), (B)에 들어갈 가장 적절한 말을 〈보기〉에서 골라 쓰시오.

〈보기〉

• do everything that humans do

• cost a lot to operate

• reduce the risk of accidents

• become authors of great artistic works

• produce more in a shorter amount of time

(A) _____

(B) _____

SPECIAL LESSON 2

Musical Review

Ready to Be Wicked

★☆ 단원 핵심 어휘 및 표현

알고 있는 단어에 v 표시하고 뜻을 써 보시오.

☐ wicked		☐ admire	
☐ witch		☐ determination	
☐ theme		☐ entire	
☐ form		☐ clap	
☐ appearance		☐ enthusiastically	
☐ personality		☐ path	
☐ get along		☐ accompany	
☐ exceptional		☐ costume	
☐ continuously		☐ incredible	
☐ relate to		☐ wig	
☐ deserve		☐ trick	
☐ gravity		☐ device	
☐ unforgettable			

wicked [형] 못된, 사악한 **witch** [명] 마녀 **theme** [명] 주제 **form** [동] 구성하다, 형성하다 **appearance** [명] (겉)모습, 외모 **personality** [명] 성격 **get along** 잘 지내다, 어울리다 **exceptional** [형] 특별한 **continuously** [부] 연달아, 계속해서 **relate to** …와 관련 짓다, …에 공감하다 **deserve** [동] …를 받을 만하다[누릴 자격이 있다] **gravity** [명] 중력 **unforgettable** [형] 잊지 못할 **admire** [동] 존경하다 **determination** [명] 투지, 결심 **entire** [형] 전체의 **clap** [동] 박수를 치다 **enthusiastically** [부] 열광적으로 **path** [명] 길, (행동) 계획 **accompany** [동] 동반하다 **costume** [명] (연극, 영화 등에서) 의상[분장] **incredible** [형] 믿을 수 없는 **wig** [명] 가발 **trick** [명] (연극, 영화 등의) 기교, 트릭 **device** [명] 장치

Before You Read

A Topic Preview

Look at the pictures and write the word that comes to mind in the blank.

"
I would rather walk with a(n) ___friend___ *in the dark,*
than alone in the light.

– *Helen Keller*
"

B Vocabulary Preview

Look at the pictures and fill in the blanks with the words in the box.

gravity	admire	theme	unforgettable	costume	personality

The ___theme___ of today's party is space travel.

The boy is wearing the same ___costume___ as his dad.

Without ___gravity___, things would float in the air.

The person I ___admire___ the most is my grandfather.

Traveling in Iceland was ___unforgettable___.

A Topic Preview

사진을 보고 빈칸에 떠오르는 단어를 써 보시오.

"나는 밝은 곳에서 혼자 걷기 보다는 어둠 속에서 <u>친구</u>와 함께 걸을 것이다."

– Helen Keller

B Vocabulary Preview

사진을 보고 상자 안에 있는 단어들로 빈칸을 채우시오.

· gravity 중력
· admire 존경하다
· theme 주제
· unforgettable 잊지 못할
· costume 의상[분장]
· personality 성격

1 오늘 파티의 <u>주제</u>는 우주 여행이다.
2 소년은 그의 아빠와 똑같은 <u>의상</u>을 입고 있다.
3 <u>중력</u>이 없다면, 물체들은 공중에 떠 있을 것이다.
4 내가 가장 <u>존경하는</u> 사람은 나의 할아버지이다.
5 아이슬란드를 여행한 것은 <u>잊을 수 없었다</u>.

영영 뜻풀이

· **gravity** ⓝ the force that attracts objects to one another
· **admire** ⓥ to respect someone's actions or qualities
· **theme** ⓝ the subject, topic, or main idea of a talk, book, movie, etc.
· **unforgettable** ⓐ memorable; so impressive that it cannot be forgotten
· **costume** ⓝ an outfit worn to look like a different person
· **personality** ⓝ the traits and characteristics that make a person unique

---

B float 동 (물 위나 공중에) 뜨다

교과서 p.100

A Journey into a Magical World

Reading Strategy

Determining a writer's purpose 감상문은 작품이나 작가에 대한 객관적 사실과 글쓴이의 주관적 감상이 함께 서술된 글이다. 따라서 줄거리와 글쓴이의 견해를 구분하고, 등장인물의 말이나 행동, 사건에 대해 글쓴이가 전달하고 싶은 감정을 생각하며 읽는다.

① I had been wanting to see the musical *Wicked* for a long time.
과거완료 진행   오랫동안
② It opened in 2003 on Broadway and got great reviews. Everyone
└─────────④──────┘ 병렬 연결
recommends it. I finally got to see it last weekend. **⑤** The musical is based
be based on: …를 기반으로 하다
on an imaginative story ⎣of two characters ⎣from the book *The Wizard*
전치사구   전치사구
of Oz: Elphaba, the wicked witch, and Glinda, the good witch. **⑥** It tells   5
└─동격─┘   └─동격─┘
their background story and explains ⎣how they became known as wicked
병렬 연결 ⑦   간접의문문(explains의 목적어) 수동태
and good. ⎣What impressed me the most⎦ was the theme of the musical.
선행사를 포함한 관계대명사절(주어 역할)   주제
⑧ It is about ⎣forming friendships⎦, ⎣getting to know oneself⎦, and ⎣accepting
동명사구1(전치사 about의 목적어) 동명사구2   동명사구3
differences⎦.

Word Formation

imagin(e) + -ative
→ imaginative

e.g. compar(e) + -ative
→ comparative

(**Answer While Reading**)

Q1 What is *Wicked* based on? It is based on an imaginative story of two characters from the book *The Wizard of Oz*: Elphaba, the wicked witch, and Glinda, the good witch.

Q2 What is the theme of *Wicked*?
It is about forming friendships, getting to know oneself, and accepting differences.

Over to You **1** Do you have a favorite character from a musical, book, or movie? Explain why you like the character.

sample • I like Olaf from *Frozen* because he is always positive and takes good care of his friends.

Check the words that you know the meaning of.

☐ wicked 혱 못된, 사악한   ☐ witch 몡 마녀   ☐ theme 몡 주제   ☐ form 동 구성[형성]하다

마법 세계로의 여정

❶ 나는 오랫동안 뮤지컬 〈위키드〉를 보고 싶어 했다. ❷ 그것은 2003년에 브로드웨이에서 시작되었고 훌륭한 평가를 받았다. ❸ 모든 사람들이 그것을 추천한다. ❹ 나는 마침내 지난주 그것을 보게 되었다. ❺ 그 뮤지컬은 책 〈오즈의 마법사〉에 나오는 두 명의 등장인물인 사악한 마녀 Elphaba와 착한 마녀 Glinda에 관한 창작 이야기를 기반으로 한다. ❻ 그것은 그들의 배경 이야기를 말해 주고 그들이 어떻게 사악하고 착한 것으로 알려지게 되었는지를 설명한다. ❼ 나에게 가장 감명을 준 것은 뮤지컬의 주제였다. ❽ 그것은 우정을 형성하는 것, 스스로를 알아가는 것, 차이를 받아들이는 것에 대한 것이다.

Answer While Reading

Q1 〈위키드〉는 무슨 작품에 기반하는가? → 그것은 〈오즈의 마법사〉라는 책에 나오는 두 명의 등장인물인 사악한 마녀 Elphaba와 착한 마녀 Glinda에 관한 상상의 이야기에 기반한다.

Q2 〈위키드〉의 주제는 무엇인가? → 그것은 우정을 형성하고, 스스로에 대해 알아가며, 차이를 받아들이는 것에 대한 내용이다.

Over to You ❶ 당신은 뮤지컬, 책, 영화에서 가장 좋아하는 캐릭터가 있는가? 왜 그 캐릭터를 좋아하는지 설명하시오.
sample · 나는 〈겨울왕국〉의 Olaf를 좋아하는데, 왜냐하면 그는 항상 긍정적이고 자신의 친구들을 잘 돌보아 주기 때문이다.

➕ 추가 예시 답안

· Yes, my favorite movie character is Moana. I like her because she is brave and is willing to do anything to save her island and her people. (응, 내가 가장 좋아하는 영화 캐릭터는 Moana야. 그녀는 용감하고 그녀의 섬과 그녀의 사람들(부족)을 구하기 위해 어떤 일이라도 기꺼이 하기 때문에 나는 그녀를 좋아해.)

구문 해설

❶ I **had been wanting** to see the musical *Wicked* for a long time.
➡ 특정 과거 시점(작품을 감상한 시점)보다 이전에 시작하여 그 과거 시점까지도 진행 중인 일을 나타내는 과거완료 진행형 had been wanting이 쓰였다.

❻ It tells their background story and explains **how they became** known as wicked and good.
➡ how 이하는 동사 explains의 목적어 역할을 하는 간접의문문(의문사절)으로 「의문사+주어+동사」의 어순이다.

❼ **What impressed me the most** was the theme of the musical.
➡ What impressed me the most는 선행사를 포함하는 관계대명사 what이 이끄는 관계대명사절로 문장의 주어 역할을 한다.

❽ It is about **forming friendships**, **getting to know oneself**, and **accepting differences**.
➡ forming friendships, getting to know oneself, accepting differences는 전치사 about의 목적어 역할을 하는 동명사구이며, 접속사 and로 병렬 연결되어 있다.

Reading Strategy 문제 풀이로 이어지는 읽기 전략 TIP

Determining a writer's purpose 작가의 의도 파악하기는 소설, 영화, 연극 등의 감상문을 읽을 때 특히 유용한 전략이다. 감상문에는 작품과 관련한 객관적인 사실과 함께 글쓴이의 감상과 의견이 담겨 있다. 따라서 사실과 감상을 구분하여 읽으며, 감상문에 담긴 작가의 의도를 파악해야 한다. 사실적 요소는 주로 작품의 줄거리, 배경, 작가에 대한 설명 등의 정보적 성격을 띠며, 감상적 요소는 감정, 느낌, 가치 판단과 관련된 표현으로 나타난다. 사실적 요소를 통해 작품에 관한 정보를 파악할 수 있고, 감상적 요소를 통해 글쓴이가 작품을 어떻게 감상했는지, 작품을 추천하는지 혹은 비판적인지 알 수 있다.

 내신 Check-Up ⭐⭐

1 본문의 내용과 일치하지 <u>않는</u> 것은?

① Both Elphaba and Glinda are witches.
② The writer saw the musical on Broadway in 2003.
③ The musical *Wicked* is based on the book *The Wizard of Oz*.

2 본문을 읽고 뮤지컬 〈위키드〉에 대해 대답할 수 <u>없는</u> 것은?

① When was it first performed?
② Who wrote the book *The Wizard of Oz*?
③ What are the names of the main characters?

3 서술형 What impressed the writer the most?

_____

4. 문법 괄호 안에서 어법상 알맞은 것을 고르시오.

(1) The musical is based (for / on) an imaginative story of two characters from the book *The Wizard of Oz*.
(2) It opened in 2003 on Broadway and (had gotten / got) great reviews.

A Fascinating Storyline

❶The story begins in a magical place, the Land of Oz(동격). ❷In the musical, Elphaba and Glinda first meet at university. ❸Elphaba was born with green skin and usually stays away(거리를 두다) from others(다른 사람들). ❹Because of(… 때문에) her unusual appearance(외모) and cold personality, she has very few friends(few+셀 수 있는 명사의 복수형: 거의 없는 …). ❺Meanwhile(한편), Glinda has a very kind personality, which(계속적 용법의 주격 관계대명사절) makes her quite popular. ❻At first, Elphaba and Glinda do not get along(잘 지내다). ❼However, as(접속사(…함에 따라)) they get to know and learn about each other(서로), they become close friends. ❽Elphaba has exceptional(특별한) magical powers, and some other characters try to take advantage of(…를 이용하다) this. ❾Glinda and Elphaba's friendship is continuously challenged(수동태) in the story. ❿Nevertheless(그럼에도 불구하고), in the end(결국), their friendship wins. ⓫Every relationship has its ups and downs(기복), so I could easily relate to(…에 공감하다) the main characters.

Culture +

뮤지컬 〈위키드〉의 원작 소설
뮤지컬 〈위키드〉의 원작은 1995년 그레고리 맥과이어가 발표한 소설 〈위키드: 사악한 서쪽 마녀의 삶과 시간들〉이다. 이 소설은 도로시가 오즈의 마법사를 찾아 떠나는 여정을 그린 프랭크 바움의 소설 〈오즈의 마법사〉를 패러디한 작품으로, 이와 같은 세계관을 공유한다. 이 소설에서는 〈오즈의 마법사〉에 등장하는 악한 서쪽 마녀에게 엘파바라는 이름을 부여하며 그녀가 서쪽 마녀가 되어 가는 과정을 중심으로 내용이 전개된다.

Q3 Why do some other characters try to take advantage of Elphaba?
Because she has exceptional magical powers.

Over to You ❷ What magical power would you like to have?

[sample] • I would like to have the ability to read people's minds.

- appearance [명] (겉)모습, 외모
- personality [명] 성격
- get along 잘 지내다, 어울리다
- exceptional [형] 특별한
- continuously [부] 연달아, 계속해서
- relate to …와 관련 짓다, …에 공감하다

해석

매력적인 줄거리

❶ 이야기는 오즈의 나라인 마법의 장소에서 시작한다. ❷ 뮤지컬에서, Elphaba와 Glinda는 대학에서 처음 만난다. ❸ Elphaba는 초록색 피부를 갖고 태어났으며 대체로 다른 이들로부터 거리를 둔다. ❹ 그녀의 특이한 외모와 냉정한 성격 때문에 그녀에게는 친구가 거의 없다. ❺ 한편 Glinda는 친절한 성격을 갖고 있는데, 이것은 그녀를 꽤나 인기 있게 만든다. ❻ 처음에 Elphaba와 Glinda는 잘 지내지 않는다. ❼ 그러나 그들이 서로를 알아가고 배워가면서 그들은 친한 친구가 된다. ❽ Elphaba에게는 특별한 마력이 있어서 몇몇 다른 등장인물들이 이것을 이용하려고 한다. ❾ Glinda와 Elphaba의 우정은 이야기 속에서 계속해서 도전을 받는다. ❿ 그럼에도 불구하고 결국에는 그들의 우정이 승리한다. ⓫ 모든 관계에는 우여곡절이 있으므로 나는 쉽게 주요 등장인물들에게 공감할 수 있었다.

> Answer While Reading

Q3 왜 일부 다른 캐릭터들이 Elphaba를 이용하려고 노력하는가?
ㄴ 그녀가 특별한 마법의 힘을 가지고 있기 때문이다.

Over to You ② 당신은 어떤 마법의 힘을 갖고 싶은가?
sample · 나는 사람들의 마음을 읽는 능력을 갖고 싶다.

> **➕ 추가 예시 답안**
> · I would like to have the magical power to go invisible. (나는 투명해지는 마력을 갖고 싶다.)

구문 해설

❶ The story begins in **a magical place**, **the Land of Oz**.
➡ a magical place와 the Land of Oz는 동격이다.

❹ **Because of** her unusual appearance and cold personality, she has very *few* friends.
➡ because of 다음에는 명사(구)가 나와서 '… 때문에'라는 의미를 나타낸다.
➡ few는 '거의 없는 …'라는 부정의 의미를 가지며 뒤에 셀 수 있는 명사의 복수형을 쓴다.

❺ Meanwhile, Glinda has a very kind personality, **which** *makes her quite popular*.
➡ which 이하는 a very kind personality를 선행사로 하여 이를 부연 설명하는 계속적 용법의 주격 관계대명사절이다.
➡ makes her quite popular는 「make+목적어+목적격 보어」의 5형식 구조이며, 목적격 보어로 형용사 popular가 쓰였다. quite은 '꽤, 상당히'라는 의미의 부사로 형용사 popular를 수식한다.

❼ However, **as** they *get* to know and *learn* about each other, they become close friends.
➡ 접속사 as는 '…함에 따라'라는 의미이고, 동사 get과 learn은 접속사 and로 병렬되어 있다.

⓫ **Every** relationship has its ups and downs, **so** I could easily *relate to* the main characters.
➡ every는 단수 명사와 함께 쓰이므로 뒤에 단수 명사 relationship이 쓰였고, 주어로 쓸 때 단수 취급하므로 동사도 단수형인 has가 쓰였다.
➡ 접속사 so는 '그래서'라는 의미로 앞 내용에 대한 결과 내용이 이어진다. relate to는 '…에 공감하다'라는 의미로 to 다음에는 명사(구)가 이어진다.

1 본문의 내용과 일치하는 것은?

① Glinda has an unusual appearance and a cold personality.
② Elphaba and Glinda become close friends when they first meet each other.
③ Other characters try to take advantage of Elphaba's magical powers.

2 본문의 주제로 가장 적절한 것은?

① why relationships have ups and downs
② how magical abilities come about
③ how the story begins and develops

3 서술형 What is a unique feature of Elphaba's appearance?

_____

4 문법 괄호 안에서 어법상 알맞은 것을 고르시오.

(1) She has a very kind personality, (that / which) makes her quite popular.
(2) As they get to know and (learned / learn) about each other, they become close friends.

①So if you care to find me
접속사(…한다면) care to-v: 애쓰다, …하길 원하다
Look to the western sky
서쪽의
②As someone told me lately
접속사(…처럼)
"Everyone deserves
…를 받을 만하다
the chance to fly"
to부정사의 형용사적 용법
③I'm defying* gravity
중력
④And you won't bring me down
bring down: 파멸시키다, 쓰러뜨리다
Bring me down

*defy 거스르다

The Unforgettable Songs

⑤Of course, I cannot review a musical without talking about the songs.
동명사구(전치사 without의 목적어)

⑥Wicked has many great songs, but there are two that I especially like.
목적격 관계대명사절

⑦"Defying Gravity" is the most famous song in the musical. ⑧It comes at a
최상급(가장 유명한)

key turning point in the story. ⑨Elphaba used to admire a wizard, but one
핵심적인 전환점   used to-v: …하곤 했다   등장하다

day she finds out that he has an evil plan and can't be trusted anymore.
명사절(finds out의 목적어)   (he)

⑩She sings about her determination to fight against him. ⑪She shows her true
명사절(finds out의 목적어) to부정사의 형용사적 용법 접속사를 생략하지 않은 분사구문(때) ⑫

powers and rises into the air on her broom while singing this song. She
(she)   빗자루

sings that she will not let people bring her down anymore. ⑬Her powerful
명사절(sings의 목적어) ⑭ let(사역동사)+목적어+동사원형: …가 ~하게 하다

voice fascinated me. When the song ended, the entire audience clapped
매혹시키다   접속사(…때)

enthusiastically.

Q4 What does Elphaba find out about the wizard she used to admire?
She finds out that he has an evil plan and can't be trusted anymore.

Over to You ③ Why do you think musicals have songs?

sample • I think songs are more expressive than just words and can be better at delivering characters'
emotions.

동 …를 받을 만하다
□ deserve [누릴 자격이 있다]□ gravity 명 중력   □ unforgettable 형 잊지 못할   □ admire 동 존경하다   □ determination 명 투지, 결심
□ entire 형 전체의   □ clap 동 박수를 치다   □ enthusiastically 부 열광적으로

176   Special Lesson 2   Ready to Be Wicked

❶ 그러니 나를 찾으려고 한다면

서쪽 하늘을 봐

❷ 누군가 최근 나에게 말한 것처럼

"모두가 날아오를 기회를 받을 자격이 있어"

❸ 나는 중력을 거스르고 있어

❹ 너는 나를 끌어내릴 수 없을 거야

끌어내릴 수 없을 거야

잊을 수 없는 노래들

❺ 물론 노래에 관해 이야기하지 않고는 뮤지컬을 평가할 수 없다. ❻ 〈위키드〉에는 많은 훌륭한 노래들이 있지만 내가 특히 좋아하는 두 개의 노래가 있다. ❼ "Defying Gravity(중력을 거슬러)"는 뮤지컬에서 가장 유명한 노래이다. ❽ 그것은 이야기의 주요 전환점에 나온다. ❾ Elphaba는 한 마법사를 존경했지만, 어느 날 그에게 사악한 계획이 있으며 그가 더 이상 신뢰받을 수 없다는 것을 깨닫는다. ❿ 그녀는 그에게 맞서 싸우려는 그녀의 결심에 관해 노래한다. ⓫ 그녀는 이 노래를 부르면서 자신의 진정한 힘을 보여 주고 빗자루를 타고 공중으로 올라간다. ⓬ 그녀는 사람들이 더 이상 그녀를 끌어내리지 못하게 할 것이라고 노래한다. ⓭ 그녀의 강력한 목소리는 나를 매료시켰다. ⓮ 노래가 끝났을 때, 전체 관중이 열광적으로 박수를 쳤다.

문해력UP!
사람의 마음을 사로잡음

Answer While Reading

Q4 Elphaba는 그녀가 존경했던 마법사에 대해 무엇을 알게 되는가?
↳ 그녀는 그가 사악한 계획을 지니고 있으며 더 이상 믿을 수 없다는 것을 알게 된다.

Over to You ❸ 뮤지컬에는 왜 노래가 있다고 생각하는가?
sample · 내 생각에는 그냥 말로 하는 것보다 노래가 더 표현력이 있으며 캐릭터의 감정을 더 잘 전달할 수 있기 때문이다.

➕ 추가예시답안 ·I think the songs help people remember the story better, and they make the play more entertaining. (내 생각에는 노래들이 사람들로 하여금 이야기를 더 잘 기억하도록 도움을 주고, 그것들(노래들)이 극을 더 재미나게 해 준다.)

구문해설

❺ Of course, I **cannot** review a musical **without talking** about the songs.
➡ 「not[never] ~ without v-ing」는 '…하지 않고는 ~않는다'라는 의미이다.

❻ *Wicked* has many great songs, but there are two **that** I especially like.
➡ that 이하는 two를 선행사로 하는 목적격 관계대명사절이다.

❾ Elphaba **used to admire** a wizard, but one day she finds out *that* he has an evil plan and can't be trusted anymore.
➡ 「used to-v」는 '(과거에) …하곤 했다'라는 의미이다. that 이하는 동사 finds out의 목적어 역할을 하는 명사절이다.

❿ She sings about her determination **to fight** against him.
➡ to fight 이하는 her determination을 수식하는 형용사적 용법의 to부정사구이다.

⓫ She shows her true powers and rises into the air on her broom **while singing this song**.
➡ while 이하는 때를 나타내는 분사구문으로, 의미를 분명히 하기 위해 접속사를 생략하지 않은 형태이다.

⓬ She sings **that** she will not *let* people *bring* her down anymore.
➡ that 이하는 동사 sings의 목적어 역할을 하는 명사절이다. 사역동사(let)의 목적격 보어로 동사원형(bring)이 쓰였다.

내신 Check-Up ⭐⭐

1 본문의 내용과 일치하지 <u>않는</u> 것은?

① Elphaba still admires the wizard.
② Elphaba's voice fascinated the writer.
③ The audience clapped when "Defying Gravity" ended.

2 서술형 What does Elphaba do while she sings "Defying Gravity"?

_____

3 문법 괄호 안에서 어법상 알맞은 것을 고르시오.

(1) *Wicked* has many great songs, but there are two (what / that) I especially like.
(2) She sings that she will not let people (to bring / bring) her down anymore.

Read

교과서 p.103

(1) The second song that had a great impact on me was "For Good." (2) At the end of the musical, the two friends have to choose different paths and say goodbye to each other. (3) Elphaba decides to leave her home and asks Glinda to protect the people of Oz. (4) At this moment, they start to sing to each other. (5) The song moved me because Glinda and Elphaba explain that meeting each other has changed them for the better. (6) It is a truly touching moment that shows their strong friendship.

have an impact on: …에 영향을 주다 / 동사 / 주어 / 주격 관계대명사절 / have to-v: …해야 한다 / 병렬 연결 / 길 / (have to) / 서로 / decide to-v: …하기로 결정하다 / ask+목적어+to-v: …에게 ~하도록 부탁하다 / 바로 이때 / = start singing / 동명사구(that절의 주어 역할) / 감동시키다 / 접속사(… 때문에) / 명사절(explain의 목적어) / 현재완료(완료) / 더 나은 쪽으로 / 주격 관계대명사절

Q5 What does Elphaba ask Glinda to do?
Elphaba asks Glinda to protect the people of Oz.

Over to You (4) What is your favorite song about friendship?

sample • My favorite song about friendship is "Best Friend" by Jason Mraz.

(7) I do believe I have been changed
for the better
(8) And because I knew you
Because I knew you
Because I knew you
I have been changed
For good

동사(believe) 강조 / 현재완료 수동태 / 현재완료 수동태 / 영원히

Source https://www.artshub.com.au (123쪽 참고)

□ path [명] 길, (행동) 계획

❶ 나에게 큰 영향을 준 두 번째 노래는 "For Good(영원히)"이었다. ❷ 뮤지컬의 마지막에, 두 친구는 다른 길을 선택해야 하고 서로에게 작별 인사를 해야 한다. ❸ Elphaba는 그녀의 고향을 떠나기로 결정하고 Glinda에게 오즈의 사람들을 보호해 달라고 부탁한다. ❹ 바로 이때, 그들은 서로에게 노래를 부르기 시작한다. ❺ 그 노래는 나를 감동시켰는데, Glinda와 Elphaba가 서로 만난 것이 그들을 더 나은 쪽으로 바꿨다고 설명하기 때문이다. ❻ 그것은 그들의 강한 우정을 보여 주는 진정으로 감동적인 순간이다.

❼ 나는 내가 더 나은 쪽으로 변화되어 왔다고 정말 믿어
❽ 그리고 내가 너를 알았기 때문에
내가 너를 알았기 때문에
내가 너를 알았기 때문에
나는 변화되어 왔어
영원히

Answer While Reading

Q5 Elphaba는 Glinda에게 무엇을 해 달라고 요청하는가?
↳ Elphaba는 Glinda에게 오즈의 사람들을 보호해 달라고 요청한다.

Over to You ④ 당신이 가장 좋아하는 우정에 관한 노래는 무엇인가?
sample · 내가 가장 좋아하는 우정에 관한 노래는 Jason Mraz의 "Best Friend"이다.

➕ 추가 예시 답안
· My favorite song about friendship is "Count on Me" by Bruno Mars.
(내가 가장 좋아하는 우정에 관한 노래는 Bruno Mars가 부른 "Count on Me"이다.)

❶ The second song **that had a great impact on me** was "For Good."
➡ that ... me는 The second song을 선행사로 하는 주격 관계대명사절이다.

❸ Elphaba **decides to leave her home** and *asks* Glinda *to protect the people of Oz*.
➡ to leave her home은 동사 decides의 목적어 역할을 하는 명사적 용법의 to부정사구이다.
➡ to protect the people of Oz는 동사 asks의 목적격 보어로 쓰인 to부정사구이다.

❺ ... because Glinda and Elphaba explain **that** *meeting each other* has changed them for the better.
➡ that 이하는 because절의 동사인 explain의 목적어 역할을 하는 명사절로, 동명사구 meeting each other가 that절의 주어이다.

❻ It is a truly touching moment **that** shows their strong friendship.
➡ that 이하는 a truly touching moment를 선행사로 하는 주격 관계대명사절이다.

내신 Check-Up ★★

1 본문의 내용과 일치하는 것은?

① Glinda and Elphaba leave Oz together.
② The two friends sing "For Good" at the end of the musical.
③ Elphaba decides to stay in Oz to protect the people.

2 밑줄 친 말과 바꾸어 쓸 수 있는 것은?

The song <u>moved</u> me so much that I cried.

① pointed   ② touched   ③ built

3 서술형 What do Elphaba and Glinda say about their relationship in the song?

_____

4 문법 다음 밑줄 친 부분 중 생략할 수 있는 것은?

The two friends have to ① <u>choose</u> different paths ② <u>and</u> ③ <u>have to</u> say goodbye to each other.

The Eye-Catching Visuals

① The exciting story and beautiful songs of *Wicked* are accompanied by beautiful visuals. **②** First,
the costumes were incredible. **③** In one scene, we see the people of Oz wearing unique clothes.
④ I couldn't believe the detail and beauty of the masks, wigs, and dresses. **⑤** Furthermore, all kinds
of tricks invited me into the magical world. I really enjoyed noticing the symbols used in the
performance. **⑦** For example, a huge dragon-shaped device was hanging above the stage. **⑧** It
seemed to move whenever Elphaba or Glinda made a choice. **⑨** I think using these visual effects
made the musical more exciting.

⑩ In my opinion, the musical *Wicked* is an incredible work. **⑪** It has great music and is visually
impressive. **⑫** It also has a strong plot that kept me engaged from beginning to end. **⑬** I highly
recommend this show to anyone interested in musicals. **⑭** You will be able to explore the themes
of friendship and personal change in a magical setting.

→ Source https://thecosmiccircus.com 외 (122쪽 참고)

We will be able to explore the themes of
friendship and personal change in a magical
setting.

Q6 According to the writer, what can we
explore by watching *Wicked*?

Over to You ⑤ If you were the director of
Wicked, what kinds of visual or
sound effects would you use?

sample · I would use the sound of the wind to show
that something dangerous is coming.

♀ **Your Own Topic Sentence**

Wicked, a musical about 1) _**sample** friendship_ and finding
one's identity, fascinates audiences with its unforgettable
2) _**sample** songs_ and 3) _**sample** visual_ effects.

☐ accompany ⑧ 동반하다   ☐ costume ⑨ (연극·영화 등에서) ☐ incredible ⑱ 믿을 수 없는   ☐ wig ⑨ 가발   ☐ trick
☐ device ⑨ 장치   의상[분장]   ⑨ (연극·영화 등의)
                                                                                                              기교, 트릭

눈길을 사로잡는 시각 정보들

❶ 〈위키드〉의 흥미로운 이야기와 아름다운 노래는 아름다운 시각 정보와 동반된다. ❷ 첫째로 의상이 훌륭했다. ❸ 한 장면에서 우리는 오즈의 사람들이 독특한 옷을 입고 있는 것을 본다. ❹ 나는 가면, 가발, 옷의 세부 사항과 아름다움을 믿을 수 없었다. ❺ 게다가, 모든 기교들이 나를 마법의 세계로 초대했다. ❻ 나는 공연에 사용된 상징을 알아채는 것을 정말 즐겼다. ❼ 예를 들어 거대한 용 모양의 장치가 무대 위에 걸려 있었다. ❽ 그것은 Elphaba나 Glinda가 선택을 내릴 때마다 움직이는 것처럼 보였다. ❾ 나는 이러한 시각적 효과들을 사용하는 것이 뮤지컬을 더 흥미롭게 만들었다고 생각한다.

❿ 내 생각에 뮤지컬 〈위키드〉는 훌륭한 작품이다. ⓫ 그것은 멋진 음악을 갖고 있으며 시각적으로 인상적이다. ⓬ 그것은 또한 시작부터 끝까지 나를 사로잡았던 강력한 줄거리 구성을 갖고 있다. ⓭ 나는 뮤지컬에 관심이 있는 누구에게나 이 공연을 매우 추천한다. ⓮ 당신은 황홀한 배경에서 우정과 개인의 변화라는 주제를 탐험할 수 있을 것이다.

(Answer While Reading)

Q6 글쓴이에 따르면, 〈위키드〉를 봄으로써 우리는 무엇을 탐구할 수 있는가?
↳ 마법 같은 환경에서 우정과 개인의 변화라는 주제를 탐구할 수 있을 것이다.

Over to You 5 당신이 〈위키드〉의 감독이라면, 어떤 종류의 시각적 또는 청각적 효과를 사용할 것인가?
sample · 나는 바람의 소리를 사용하여 위험한 것이 다가오고 있음을 보여 줄 것이다.

➕ 추가 예시 답안 · I would use flashing lights and a variety of different sounds to make the magic spells look and sound real. (나는 마법 주문을 실제처럼 보이고 들리도록 하기 위해 깜박이는 불빛과 다양한 소리를 사용하겠다.)

📍 **Your Own Topic Sentence**
〈위키드〉는, 1)우정과 자신의 정체성을 찾는 것에 관한 뮤지컬인데, 잊을 수 없는 2)노래들과 3)시각적 효과로 관객들을 매료시킨다.

작성 TIP 뮤지컬 〈위키드〉에서는 서로 다른 성격의 두 주인공들이 자신의 개성과 자아를 찾음과 동시에 우정을 쌓게 된다. 글쓴이는 인상 깊었던 노래들과 무대 장치 및 효과에 대해 설명하면서 〈위키드〉를 소개하고 있으므로 이러한 주요 요소들이 포함되도록 주제문을 작성한다.

❸ In one scene, we **see** the people of Oz **wearing** unique clothes.
➡ 지각동사(see)의 목적격 보어로 현재분사(wearing)가 쓰였다.

❻ I really enjoyed noticing the symbols **used in the performance**.
➡ used 이하는 the symbols를 수식하는 과거분사구이다.

❾ I think **using these visual effects** made the musical more exciting.
➡ 동사 think 뒤에 목적어로 쓰인 명사절을 이끄는 접속사 that이 생략되었다. using ... effects는 that절의 주어 역할을 하는 동명사구이다.

⓬ It also has a strong plot **that** kept me engaged from beginning to end.
➡ that 이하는 a strong plot을 선행사로 하는 주격 관계대명사절이다.

⓭ I highly recommend this show to anyone **interested in musicals**.
➡ interested in musicals는 anyone을 수식하는 과거분사구이다.

내신 Check-Up

1 본문의 내용과 일치하지 <u>않는</u> 것은?

① The musical *Wicked* is accompanied by beautiful visuals.
② The writer didn't like the masks, wigs, and dresses.
③ The writer recommends *Wicked* to anyone interested in musicals.

2 본문에서 글쓴이가 언급한 뮤지컬 〈위키드〉의 요소가 <u>아닌</u> 것은?

① tricks and symbols   ② unique clothes   ③ realistic sound effects

3 서술형 Where was the dragon-shaped device located in the musical?

_____

4 문법 괄호 안에서 어법상 알맞은 것을 고르시오.

(1) I really enjoyed (to notice / noticing) the symbols used in the performance.
(2) It also has a strong plot that kept me (engaged / engaging) from beginning to end.

After You Read

A Organize on You Own

상자 안에 있는 단어를 이용하여 그래픽 오거나이저를 완성하시오.

- determination 결심
- better 더 나은 것
- witches 마녀들
- costumes 의상들
- symbols 상징들

줄거리
- 오즈의 나라에 살고 있는 두 1)마녀의 이야기
- 그들은 어떻게 진정한 친구가 되었는가

노래
- "중력을 거슬러": 마법사와 싸우겠다는 Elphaba의 2)결심
- "영원히": 어떻게 Elphaba와 Glinda가 서로를 3)더 좋게 바꾸었는가

시각 정보들
- 가면, 가발, 그리고 옷을 포함한 세부적이고(세세하고) 아름다운 4)의상들
- 공연에 사용된 용 모양 장치와 같은 5)상징들

B Think Critically

책을 기반으로 하는 다른 뮤지컬을 검색하고 반 친구들에게 그것을 소개하시오.

교과서 p.105

A Organize on Your Own

Complete the graphic organizer with the words in the box.

determination better witches costumes symbols

Storyline
- The story of two 1) witches living in the Land of Oz
- How they became true friends

Songs
- "Defying Gravity": Elphaba's 2) determination to fight against the wizard
- "For Good": How Elphaba and Glinda changed each other for the 3) better

Visuals
- Detailed and beautiful 4) costumes, including masks, wigs, and dresses
- 5) Symbols, like a dragon-shaped device, used in the performance

B Think Critically

[APPLY] Search for another musical based on a book and introduce it to the class.

[Example]

- **Message:** Embrace your uniqueness and recognize your true abilities.
- **The role I want to perform:** The teacher, Miss Honey

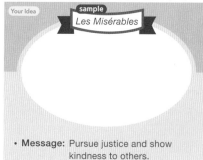

[Your Idea]

[sample] *Les Misérables*

- **Message:** Pursue justice and show kindness to others.
- **The role I want to perform:** Jean Valjean

[Example]
- 〈마틸다〉
- 메시지: 당신의 독특함을 포용하고 당신의 진실된 능력을 인식해라.
- 내가 맡고 싶은 역할: 교사 Miss Honey

[sample]
- 〈레미제라블〉
- 메시지: 정의를 추구하고 타인에게 친절을 보여라.
- 내가 맡고 싶은 역할: Jean Valjean

⊕ 추가 예시 답안
- Title: *A Christmas Carol*
- Message: It is important to have compassion for others.
- The role I want to perform: Bob Cratchit
- 제목: 〈크리스마스 캐롤〉
- 메시지: 다른 사람들에 대한 연민을 갖는 것이 중요하다.
- 내가 맡고 싶은 역할: Bob Cratchit

B embrace [동] 포용하다

내신 Check-Up ⊕

본문의 내용과 일치하면 T, 일치하지 않으면 F에 표시하시오.

	T	F
1 The writer didn't know anything about the musical *Wicked* before watching it.	☐	☐
2 The story is set in the magical Land of Oz, where Elphaba and Glinda first meet at university.	☐	☐
3 Initially, Elphaba and Glinda get along, but they eventually stop being friends with each other.	☐	☐

❶ 관계대명사 **what**

what 관계대명사절

본문 속 문장 다시 보기 **What impressed me the most** was the theme of the musical.

교과서 p. 100 7행

관계대명사 what은 선행사를 포함하는 관계대명사로 '…(라는) 것'이라는 의미를 가진다. the thing(s) that[which]으로 바꾸어 쓸 수 있다. 관계대명사 what절은 명사처럼 문장 속에서 주어, 목적어, 보어의 역할을 할 수 있다. 선행사를 포함하고 있으므로 앞에 선행사가 있을 때는 쓸 수 없다.

- 주어   What you said really hurt her feelings. (네가 말한 것이 그녀의 감정을 정말 상하게 했다.)
- 목적어   She always gets what she wants. (그녀는 항상 그녀가 원하는 것을 얻는다.)
- 보어   The truth is what really matters in this situation. (진실이 이 상황에서 정말 중요한 것이다.)

➕ 추가예문
· **What he needs** is more time to finish the project. (그가 필요한 것은 프로젝트를 끝낼 더 많은 시간이다.)
· He forgot **what he was supposed to bring**. (그는 그가 가져오기로 했던 것을 잊어버렸다.)
· Her dream is **what inspires her to keep going**. (그녀의 꿈은 그녀가 계속 나아가도록 영감을 주는 것이다.)

문법 만점 Check-Up

1 다음 문장에서 밑줄 친 부분을 우리말로 해석하고, 문장에서 주어, 목적어, 보어 중에서 어떤 역할을 하는지 쓰시오.
(1) This problem was what we feared the most.
(2) What I want is a simple and peaceful life.
(3) They gave him what he needed for the project.

서술형 대비
2 다음 문장을 관계대명사 what을 포함한 문장으로 고쳐 쓰시오.
(1) I don't know the thing that you're talking about right now.
   → _____
(2) This is the thing which I truly want in life.
   → _____
(3) The thing which you did is completely unacceptable.
   → _____

서술형 대비
3 우리말과 일치하도록 괄호 안에 주어진 단어들을 바르게 배열하여 문장을 완성하시오.
(1) 그녀가 제안한 것은 행사를 위한 훌륭한 아이디어였다. (suggested / she / what)
   → _____ was a brilliant idea for the event.
(2) 당신의 친절함은 제가 당신에 대해 가장 존경하는 것입니다. (I / admire / what)
   → Your kindness is _____ most about you.
(3) 당신의 생일 선물로 당신이 원하는 것을 제게 말해 보세요. (you / tell / what / want / me)
   → _____ for your birthday gift.

183

본문 속 문장 다시 보기   ┌─ 목적격 보어로 쓰인 현재분사 ─┐
In one scene, we see the people of Oz **wearing** unique clothes.   교과서 p. 104 3행

It also has a strong plot that kept me **engaged** from beginning to end.   교과서 p. 104 10행
    └─ 목적격 보어로 쓰인 과거분사 ─┘

• 목적격 보어로 현재분사가 쓰일 때는 목적어와 목적격 보어가 서로 능동의 관계로 '…가 ~하고 있는'이라는 의미가 된다.

I saw <u>him</u> <u>running</u> in the park this morning. (나는 그가 오늘 아침 공원에서 뛰고 있는 것을 보았다.)
　　 목적어　목적격 보어(현재분사)

They heard <u>the children</u> <u>laughing</u> joyfully at the party. (그들은 아이들이 파티에서 기쁘게 웃고 있는 소리를 들었다.)
　　　　　목적어　　　목적격 보어(현재분사)

➕ 지각동사의 목적어와 목적격 보어가 의미상 능동의 관계일 때 목적격 보어로 동사원형을 쓰기도 한다. 사역동사의 목적어와 목적격 보어가 의미상 능동의 관계일 때는 목적격 보어로 동사원형만 쓸 수 있다.

• 목적격 보어로 과거분사가 쓰일 때는 목적어와 목적격 보어가 서로 수동의 관계로 '…가 ~되는' 혹은 '…가 ~해진'이라는 의미가 된다.

I had <u>the homework</u> <u>finished</u> before the deadline. (나는 마감 전에 숙제가 완료되도록 하였다.)
　　　 목적어　　　목적격 보어(과거분사)

They kept <u>the door</u> <u>locked</u> while they were away. (그들은 떠나가 있는 동안 그 문이 잠겨져 있게 했다.)
　　　　 목적어　목적격 보어(과거분사)

➕ 추가 예문
· She found him **playing** games in the living room. (그녀는 그가 거실에서 게임을 하고 있는 것을 발견했다.)
· He kept his bags **packed** so that he could leave quickly. (그는 빠르게 떠날 수 있도록 그의 가방들을 싸 두었다.)
· When she went to the garden, she found the boy **covered** in mud. (그녀가 정원에 갔을 때, 그녀는 소년이 진흙에 뒤덮인 것을 발견했다.)

문법 만점 Check-Up

1 괄호 안에서 어법상 알맞은 것을 고르시오.

(1) I had the car (washing / washed) before our trip.

(2) We saw the artist (creating / created) a sculpture in his garage.

(3) I heard my neighbor (practicing / practiced) the piano late last night.

(4) They noticed the kids (playing / played) in the backyard.

2 다음 문장에서 틀린 부분을 찾아 바르게 고치시오.

(1) They found the treasure burying under the sand.

(2) She caught her dog dug in the garden.

(3) I saw him danced at the party last night.

(4) She got her phone fixing at the repair shop.

서술형 대비

3 우리말과 같은 뜻이 되도록 주어진 단어를 배열하여 문장을 완성하시오.

(1) 우리는 그 강아지가 소파 위에서 자고 있는 것을 발견하였다. (the dog / on / sleeping / the couch / found)

→ We _____.

(2) 그는 인터뷰 전에 그의 머리를 자르기를 원한다. (hair / before / wants / his / the interview / cut)

→ He _____.

(3) 나는 그 아기가 옆 방에서 울고 있는 소리를 들었다. (the next / the baby / crying / in / heard / room)

→ I _____.

(4) 그들은 그 빌딩이 폭풍으로 파괴된 것을 보았다. (by / saw / destroyed / the storm / the building)

→ They _____.

다음 네모 안에서 옳은 어법·어휘를 고르시오.

01 It opened in 2003 on Broadway and got great | reviews / neglect |.

02 The musical is based on a(n) | imaginary / realistic | story of two characters from the book *The Wizard of Oz*.

03 It tells their background story and explains how they became | knowing / known | as wicked and good.

04 It is about forming friendships, getting to know oneself, and | accepting / to accept | differences.

05 Elphaba was born with green skin and usually | stays away from / gets close to | others.

06 | Because of / In spite of | her unusual appearance and cold personality, she has very few friends.

07 Meanwhile, Glinda has a very kind personality, which | make / makes | her quite popular.

08 Every relationship has its ups and downs, so I could easily | detach from / relate to | the main characters.

09 Of course, I cannot review a musical without | talking / talked | about the songs.

10 Elphaba used to admire a wizard, but one day she finds out | that / what | he has an evil plan and can't be trusted anymore.

11 The second song that had a great impact | on / into | me was "For Good."

12 At the end of the musical, the two friends have to choose different paths and | say / said | goodbye to each other.

13 Elphaba decides | to leave / leaving | her home and asks Glinda to protect the people of Oz.

14 The song moved me because Glinda and Elphaba explain that meeting each other | has / have | changed them for the better.

15 It is a truly touching moment | when / that | shows their strong friendship.

16 The exciting story and beautiful songs of *Wicked* are | abandoned / accompanied | by beautiful visuals.

17 In one scene, we see the people of Oz | worn / wearing | unique clothes.

18 Furthermore, all kinds of tricks | inviting / invited | me into the magical world.

19 I think | used / using | these visual effects made the musical more exciting.

20 It has great music and is | visually / visual | impressive.

[1-3] 다음 글을 읽고, 물음에 답하시오.

The story begins in a magical place, the Land of Oz. In the musical, Elphaba and Glinda first meet at university. Elphaba was born with green skin and usually stays away from others. Because of her unusual appearance and cold personality, she ⓐ has very few friends. Meanwhile, Glinda has a very kind personality, which ⓑ makes her quite popular. At first, Elphaba and Glinda do not get along. However, as they get to know and learn about each other, they become close friends. Elphaba has exceptional magical powers, and some other characters try to take advantage of this. Glinda and Elphaba's friendship is continuously challenged in the story. Nevertheless, in the end, their friendship wins. Every relationship has its ups and downs, so I could easily relate to the main characters.

01 윗글의 내용과 일치하는 것은?

① Elphaba는 다른 이들과 항상 가깝게 지낸다.
② Glinda는 Elphaba와 달리 차가운 성격을 가졌다.
③ Glinda가 가진 특별한 마력을 다른 인물들이 이용하려고 한다.
④ Glinda와 Elphaba의 관계는 줄곧 평화롭게 유지된다.
⑤ 글쓴이는 두 캐릭터의 이야기에 쉽게 공감한다.

서술형

02 밑줄 친 ⓐ와 ⓑ의 원인을 찾아 우리말로 쓰시오.
(1) ⓐ _____
(2) ⓑ _____

03 다음 영영 뜻풀이에 해당하는 단어를 윗글에서 찾아 쓰시오.

the way something or someone looks

[4-6] 다음 글을 읽고, 물음에 답하시오.

I had been wanting to see the musical *Wicked* for a long time. It opened in 2003 on Broadway and got great reviews. Everyone _____ it. I finally got to see it last weekend. The musical is based on an imaginative story of two characters from the book *The Wizard of Oz*: Elphaba, the wicked witch, and Glinda, the good witch. It tells their background story and explains how they became known as wicked and good. What impressed me the most was the theme of the musical. It is about forming friendships, getting to know oneself, and accepting differences.

04 윗글의 빈칸에 들어갈 말로 가장 적절한 것은?

① regrets ② imagines ③ ignores
④ recommends ⑤ observes

05 윗글을 읽고 답할 수 없는 것은?

① Who are the main characters in *Wicked*?
② Which character is known as the good witch?
③ Who played the roles of Elphaba and Glinda?
④ Where did *Wicked* open for the first time?
⑤ What did the writer like most about the musical?

서술형

06 밑줄 친 the theme의 내용을 글에서 찾아 우리말로 쓰시오.

_____

Of course, I cannot review a musical without talking about the songs. *Wicked* has many great songs, but there are two that I especially like. "Defying Gravity" is the most famous song in the musical. It comes at a key turning point in the story. Elphaba used to admire a wizard, but one day she finds out that he has an evil plan and _____.
She sings about her determination to fight against him. She shows her true powers and rises into the air on her broom while singing this song. She sings that 그녀는 사람들이 더 이상 그녀를 끌어내리지 못하게 할 것이다. Her powerful voice fascinated me. When the song ended, the entire audience clapped enthusiastically.

07 빈칸에 들어갈 말로 가장 적절한 것은?
① can't be trusted anymore
② can't use his magic anymore
③ can't sing many songs anymore
④ decides to help him
⑤ will be a good partner for her in the future

서술형

08 밑줄 친 우리말과 같은 뜻이 되도록 아래 주어진 단어들을 바르게 배열하시오.

down / not / she / bring / will / anymore / her / let / people

09 (A), (B), (C)의 각 네모 안에서 어법상 맞는 표현으로 가장 적절한 것은?

So if you care (A) of finding / to find me
Look to the western sky
(B) As / If someone told me lately
"Everyone deserves
the chance (C) flying / to fly "
I'm defying* gravity
And you won't bring me down
Bring me down

*defy 거스르다

	(A)	(B)	(C)
①	to find	As	flying
②	of finding	If	to fly
③	to find	If	to fly
④	of finding	If	flying
⑤	to find	As	to fly

[10-12] 다음 글을 읽고, 물음에 답하시오.

The second song that had a great impact on me was "For Good." (①) At the end of the musical, the two friends have to choose different paths and say goodbye to each other. (②) Elphaba decides to leave her home and asks Glinda to protect the people of Oz. (③) The song moved me because Glinda and Elphaba explain that meeting each other has changed them for the better. (④) It is a truly touching moment that shows their strong friendship. (⑤)

10 글의 흐름으로 보아, 주어진 문장이 들어가기에 가장 적절한 곳은?

At this moment, they start to sing to each other.

11 "For Good"에 대한 감상을 나타낸 말로 적절하지 <u>않은</u> 것은?

① heartwarming   ② emotional

③ detached   ④ memorable

⑤ impressive

12 윗글의 내용을 한 문장으로 요약할 때, 빈칸 (A), (B)에 들어갈 말을 글에서 찾아 쓰시오.

> The song "For Good" highlights Glinda and Elphaba's deep (A) _____ and how they changed each other for the (B) _____.

(A) _____ (1단어)

(B) _____ (1단어)

[13-15] 다음 글을 읽고, 물음에 답하시오.

> The exciting story and beautiful songs of *Wicked* are accompanied by beautiful visuals. First, the costumes were incredible.

> (A) Furthermore, ⓐ <u>all kinds of tricks</u> invited me into the magical world. I really enjoyed noticing ⓑ <u>the symbols used in the performance</u>.
>
> (B) In one scene, we see the people of Oz wearing ⓒ <u>unique clothes</u>. I couldn't believe the detail and beauty of ⓓ <u>the masks, wigs, and dresses</u>.
>
> (C) For example, ⓔ <u>a huge dragon-shaped device</u> was hanging above the stage. It seemed to move whenever Elphaba or Glinda made a choice. I think (use) these visual effects made the musical more exciting.

13 주어진 글 다음에 이어질 글의 순서로 가장 적절한 것은?

① (A)–(B)–(C)   ② (B)–(A)–(C)

③ (B)–(C)–(A)   ④ (C)–(A)–(B)

⑤ (C)–(B)–(A)

14 밑줄 ⓐ~ⓔ를 대표하여 나타내는 말을 본문에서 찾아 두 단어로 쓰시오. (복수형으로 쓸 것)

_____ _____

15 윗글의 괄호 안의 단어를 어법상 알맞은 형태로 바꾼 것은?

① used   ② to be used   ③ using

④ of using   ⑤ useful

16 밑줄 친 부분 중, 어법상 <u>틀린</u> 것은?

> In my opinion, the musical *Wicked* ① <u>is</u> an incredible work. ② <u>It</u> has great music and is visually impressive. It also has a strong plot that kept me ③ <u>engaged</u> from beginning to end. I highly recommend this show to anyone ④ <u>interesting</u> in musicals. You will be able ⑤ <u>to explore</u> the themes of friendship and personal change in a magical setting.

정답 및 해설

Lesson 1 Getting to Know Yourself

1 ②   2 ③   3 a part that is responsible   4 (1) who you are (2) intensifies

해설

1 청소년기의 신체는 호르몬으로 넘쳐나고 있고, 이것이 기분에 상당히 영향을 준다고 했으므로 ②가 알맞다.

2 청소년기에 뇌 속에서 일어나는 변화는 independence, social engagement, creativity로 이어진다고 하였다.

3 '…를 담당하는 부분'이라는 의미를 나타내기 위해 a part를 선행사로 하는 주격 관계대명사 that절을 완성한다.

4 (1) 전치사 about의 목적어 자리로 명사절인 간접 의문문이 이어져야 하므로 「의문사+주어+동사」의 어순이 되어야 한다.
(2) of these factors는 주어를 수식하는 전치사구로 문장의 진짜 주어는 The combination이다. 주어가 단수이므로 단수 동사 intensifies가 적절하다.

1 ③   2 manage your anger, leading to aggressive
3 (1) something wrong (2) to understand

해설

1 화가 날 때는 자신의 성난 감정에 대해 질문을 던져 화를 더 잘 이해해야 한다고 하였으므로, 자신의 감정에 대해 생각하길 멈춰야 한다는 것은 내용과 일치하지 않는다.

2 주어진 문장의 의미가 '화가 공격적인 행동으로 이어지는 것을 방지하기 위해 화를 조절하도록 노력해야 한다'가 되도록 빈칸을 완성한다. 두 번째 빈칸 앞에는 전치사 from이 있으므로 leading to로 고쳐 써야 한다.

3 (1) -thing, -one, -body의 대명사들은 형용사가 뒤에서 수식한다.
(2) help의 목적격 보어로는 to부정사와 동사원형이 올 수 있으므로 to understand가 적절하다.

1 ②   2 flushed   3 생각을 정리하기 위해 휴식 취하기, 대화가 (너무) 격해지기 전에 중단하기   4 (1) to deal (2) It

해설

1 화의 신체적 징후는 미리 알아차릴 수 있다고 했다.

2 '주로 병이나 강한 감정으로 인해 빨갛거나 뜨거워진'이라는 뜻을 가진 단어는 flushed(상기된)이다.

3 단락의 마지막 문장에 화를 줄이기 위해 할 수 있는 조치의 두 가지 예시가 나타나 있다.

4 (1) 「how+to-v」는 '…하는 방법'이라는 의미로 how 뒤에는 to부정사가 오는 것이 적절하다.
(2) to recognize 이하가 진주어이며 괄호에는 가주어 It이 와야 한다.

1 ③   2 to discover what is best   3 (1) to become → becoming (2) what → that[which]

해설

1 화를 적절하게 다룸으로써 감정의 주도권을 가질 수 있고, 이는 진정한 자아를 찾는 데 있어 중요한 단계라고 언급하고 있다.

2 '무엇이 당신에게 가장 좋은지 찾기 위해 다양한 전략을 탐구해라'의 의미가 되도록 to discover가 먼저 오고 그 뒤에 간접 의문문 what is best가 오도록 배열한다.

3 (1) 「find+목적어+v-ing」는 '…가 ~하는 것을 발견하다'라는 의미로 목적격 보어 자리의 to become을 becoming으로 고쳐야 한다.
(2) an emotion이 선행사이고, 뒤에는 목적어가 없는 불완전한 절이 왔으므로 what 대신에 목적격 관계대명사 that 또는 which가 와야 한다.

1 T   2 F   3 T   4 T

해설

2 화가 나는 것은 자연스러운 일이라고 하였으며, 화 자체를 내지 않도록 노력해야 한다는 것은 글의 내용과 일치하지 않는다.

1 (1) that[who] (2) that[which] (3) that[who]   2 (1) I know a man that[who] can communicate with animals. (2) The teacher that[who] taught us English was Canadian. (3) He made me the bike that[which] had golden wheels.   3 (1) I forgot to bring the camera that[which] was produced in Korea. (2) He is a famous singer that[who] has a lot of fans around the world. (3) I read an interesting novel that[which] was written by O. Henry.

해설

1 (1) 선행사가 the man이고 빈칸 뒤에 주어가 없는 불완전한 절이 이어지므로 주격 관계대명사 that 또는 who를 써야 한다.
(2) 선행사가 the book이고 빈칸 뒤에 주어가 없는 불완전한 절이 이어지므로 주격 관계대명사 that 또는 which를 써야 한다.
(3) 선행사가 visitors이고 빈칸 뒤에 주어가 없는 불완전한 절이 이어지므로 주격 관계대명사 that 또는 who를 써야 한다.

2 (1) 선행사가 a man으로 사람이므로 which를 주격 관계대명사 that 또는 who로 고쳐 써야 한다.
(2) 선행사가 The teacher로 사람이고 관계대명사 뒤에 주어가 없는 불완전한 절이 이어지므로 whose를 주격 관계대명사 that 또는 who로 고쳐 써야 한다.
(3) 선행사가 the bike로 사물이므로 who를 주격 관계대명사 that 또는 which로 고쳐 써야 한다.

3 (1) the camera를 선행사로 하는 주격 관계대명사 that 또는 which를 사용한다.
(2) a famous singer를 선행사로 하는 주격 관계대명사 that 또는

who를 사용한다.
(3) an interesting novel을 선행사로 하는 주격 관계대명사 that 또는 which를 사용한다.

1 (1) natural to make (2) my dream to have (3) easy for her to play 2 ② 3 (1) It is exciting to see the progress of the new plan. (2) It is important to follow the guidelines. (3) It was lucky for her to get the tickets. (4) It was easy for them to find the solution to the problem. (5) It was surprising for him to win the contest so easily.

해설

1 (1) 「it ~ to-v」의 가주어-진주어 구문이 되도록 '당연한'이라는 의미의 형용사 natural 뒤에 진주어인 to부정사구를 이끄는 to make를 쓴다.
(2) 주어진 단어 dream을 이용해 '나의 꿈'을 my dream으로 쓰고, 이어서 진주어인 to부정사구를 이끄는 to have를 쓴다.
(3) 형용사 easy 뒤에 to부정사의 의미상의 주어인 for her를 쓰고, 진주어인 to부정사구를 이끄는 to play를 쓴다.
2 「it ~ to-v」의 가주어-진주어 구문이 되도록 빈칸에는 가주어 It과 진주어인 to부정사구를 이끄는 to solve가 적절하다.
3 「it ~ to-v」의 가주어-진주어 구문이 되도록 가주어 It 뒤에 be동사와 형용사를 쓰고 이어서 진주어인 to부정사구를 쓴다. 의미상의 주어가 있을 경우 「for+목적격」을 to부정사 앞에 쓴다.

01 slamming 02 responsible 03 lead 04 confused 05 intensifies 06 to feel 07 so that 08 that 09 yourself 10 feel 11 deal with 12 recognizing 13 happen 14 intense 15 mentioned 16 Without 17 what 18 compare 19 properly 20 finding

해설

01 앞에 you're가 있으므로 현재분사 slamming이 와서 「be동사+v-ing」 형태의 현재진행형이 되어야 한다. 뒤에 rolling과 접속사 or로 병렬 연결되어 있는 것을 통해서도 알 수 있다.
02 문맥상 '…을 담당하는[책임지는]'의 의미가 되어야 하므로 responsible이 적절하다. (irresponsible: 무책임한)
03 주어가 복수 The changes이므로 복수형 동사 lead가 적절하다.
04 주어가 you로 감정을 '느끼는' 주체이므로 과거분사 confused가 적절하다.
05 주어가 단수 The combination이므로 단수형 동사 intensifies가 적절하다.
06 문장 앞에 가주어 It이 있으므로 진주어 to부정사구가 와야 한다.
07 뒤에 주어, 동사가 있는 완전한 절이 이어지므로 접속사 so that(…하도록)이 적절하다. in order to(…하기 위해) 뒤에는 동사원형이 온다.
08 동사 mean의 목적어로 쓰인 명사절을 이끄는 접속사 that이 적절하다. what은 의문사(무엇) 또는 관계대명사(…것)로, what 뒤에는 주어나 목적어 등의 문장 성분이 빠진 불완전한 절이 나온다.
09 명령문이므로 문장의 주어가 you이고, 목적어도 주어와 동일하므로 재귀대명사 yourself가 적절하다. 재귀대명사는 문장의 주어와 목적어가 동일하여 동사의 행위가 주어 자신에게 가해지는 경우 쓴다.

10 사역동사 make의 목적격 보어 자리이므로 동사원형 feel이 적절하다.
11 deal with는 '…를 다루다'라는 뜻이고 depend on은 '…에 의존하다'라는 뜻이므로 문맥상 deal with가 적절하다.
12 화의 신체적 징후를 인식하는 것이 첫 단계라는 내용이 자연스러우므로 recognizing이 적절하다. (ignore: 무시하다)
13 동사 happen은 자동사이므로 수동태로 쓸 수 없다.
14 화를 줄이기 위해서 대화가 너무 격해지기 전에 끝내는 것을 시도하라는 것이 자연스러우므로 intense(격렬한)가 적절하다. (peaceful: 평화로운)
15 앞의 명사 the strategies를 수식하는 분사 자리이다. 전략들이 '언급되는' 것으로 수동의 관계에 있으므로 과거분사 mentioned가 적절하다.
16 문맥상 올바른 대처 기술이 없으면 언어적으로 또는 신체적으로 공격적이 될 수 있다는 것이 자연스러우므로 Without이 적절하다.
17 discover의 목적어로 의문사 what이 이끄는 간접 의문문이 오는 것이 적절하다.
18 앞에 try to가 생략되어 있으며 find와 병렬 연결되어야 하므로 동사원형 compare가 적절하다.
19 화를 적절하게 다룸으로써 감정의 주도권을 가질 수 있다는 내용이 자연스러우므로 properly가 적절하다. (roughly: 거칠게)
20 앞의 전치사 in의 목적어 자리이므로 동명사 finding이 적절하다.

01 ④ 02 ④ 03 ③ 04 ⑤ 05 stress 06 that is responsible for solving problems 07 ④ 08 ② 09 is natural to feel angry 10 ③ 11 ① 12 ② 13 ⑤ 14 ③ 15 화를 적절하게 다룸으로써 감정의 주도권을 가지는 것

해설

01 여자가 다음 대사에서 머물 곳을 찾겠다고 한 것으로 보아 남자는 머물 곳보다 식당 찾는 것을 더 선호한다고 말했음을 추론할 수 있다. 따라서 첫 번째 빈칸에는 '선호하다'는 뜻의 prefer가, 두 번째 빈칸에는 '…보다'의 뜻인 전치사 to가 들어가는 것이 적절하다.
02 특정한 직업보다는 어떤 행동을 할지를 꿈꿔야 한다는 내용이 ③에 나오고, 그 예시가 ⑤에 이어지고 있다. ④ '좋은 작가가 되기 위해서는 영감을 찾는 것이 중요하다'는 글의 흐름과 무관하다.
03 첫 문장에서 나를 특별하게 만드는 것이 몇 가지가 있다고 언급한 뒤, 취미, 습관, 특별한 재능에 대해 하나씩 소개하고 있으므로 ③ '나를 특별하게 만드는 특성들'이 적절하다.
    해석 ① 음악은 보편적인 관심사이다
         ② 너의 흥미를 찾아봐!
         ④ 스트레스를 줄이는 것의 중요성
         ⑤ 당신의 재능은 무엇인가?
04 화를 내거나 과격한 행동들이 단순히 스트레스에서 오는 것이 아님을 나타내고자 하는 첫 문장으로, 앞 문장과 역접의 관계를 보여줄 수 있는 However가 적절하다.
05 **해석** 일상이나 업무 등의 문제로 인해 유발되는 정신적 긴장과 걱정하는 상태
06 a part를 선행사로 하는 주격 관계대명사 that이 먼저 오고, '…를 담당하는'의 뜻인 be responsible for에서 be동사를 선행사에 맞춰 단수형 동사 is로 변형한다. 전치사 for 뒤에는 동명사가 오도록 solving으로 바꿔 쓴다.
07 (A) 복수형 동사 lead가 이어지므로 주어는 복수인 The changes가 되어야 한다.

(B) about의 목적어로 간접 의문문이 쓰인 경우로, 간접 의문문은 「의문사+주어+동사」의 어순을 따라야 한다.

(C) 동사를 수식하므로 부사인 significantly가 적절하다.

08 ② 첫 문장에서 뇌의 변화가 당신을 창의성으로 이끈다고 하였으므로 '뇌의 변화가 당신을 창의성으로 이끄는가?'에 대해 '그렇다'고 답할 수 있다.

> **해석** ① 무엇이 당신의 뇌의 변화를 유발하는가?
> ③ 불공정하게 대우를 받았을 때 무엇을 해야 하는가?
> ④ 당신의 몸에는 어떤 호르몬이 흐르는가?
> ⑤ 어떻게 당신의 강한 감정을 완화할 수 있는가?

09 가주어 It 뒤에 be동사와 형용사 natural을 쓴 다음, '때때로 화가 나는 것'을 의미하는 진주어인 to부정사를 이어서 쓴다.

10 ③ 폭력적인 행동으로 바뀌지 않도록 화를 강화하는 것이 아니라 조절해야 한다고 하는 것이 문맥상 자연스러우므로 manage와 같은 단어로 바꿔 써야 한다.

11 자신의 화난 감정에 대해 스스로에게 질문을 하라고 했으므로 ① '내가 다른 사람들의 화를 어떻게 조절할 수 있을까?'는 적절하지 않다.

> **해석** 당신의 화난 감정에 대해 스스로에게 몇 가지 질문을 해라. 이는 당신의 화를 더 잘 이해하는 데 도움이 될 수 있다.
> ② 화가 날 때 나는 내 감정을 조절할 수 있는가?
> ③ 나는 해결책보다는 내 화의 원인에 초점을 두는가?
> ④ 화가 날 때 나는 어떻게 반응하고 행동하는가?
> ⑤ 어떤 상황이 나에게 가장 극심한 화를 느끼게 하는가?

12 밑줄 친 deal with는 '다루다, 다스리다'라는 의미이므로 '증가시키다'라는 뜻의 increase로는 바꿔 쓸 수 없다.

13 사회적으로 적절한 방식으로 화를 다스리는 방법을 배워야 한다는 주어진 내용 다음에, 그 방법의 첫 단계가 화의 신체적 징후를 알아차리는 것이라고 말하는 (C)가 이어져야 하고, 화의 신체적 징후를 열거하는 (B), 이런 화의 징후가 발생할 때 조치를 취하라는 (A) 순서로 이어지는 것이 자연스럽다.

14 화에 대처하기 위한 기술의 예시로 산책하기, 그림 그리기, 마음에 떠오르는 것 쓰기, 해결책을 찾아 장단점 비교하기를 제시했다. ③ '인내심 기르기'는 언급되지 않았다.

15 해당 문장에서 This는 진정한 자아를 찾고 당신의 삶을 장악하는 데 중요한 단계라고 하였는데, 이것이 가리키는 것은 앞 문장의 내용인 '화를 적절하게 다룸으로써 감정의 주도권을 가지는 것'이다.

Lesson 2 Caring Hearts

내신 Check-Up
p.53

1 ② **2** They sell their jam every weekend. **3** (1) stared (2) to collect

해설

1 조부모님 집 뒤쪽에 온실을 지을 빈 들판이 있으므로 ②가 일치하지 않는다.

2 주말마다 지역 시장에서 맛있는 유기농 잼을 판매한다고 했으므로 They sell their jam every weekend.가 알맞다.

3 (1) 앞의 동사구 sat by the window와 and에 의해 병렬 연결된 동사구의 동사 자리로 과거시제의 동사 stared가 적절하다.

(2) '모으기 위해'라는 의미의 목적을 나타내는 부사적 용법의 to부정사 자리로 to collect가 적절하다.

내신 Check-Up
p.55

1 ③ **2** ② **3** They felt[were] thrilled. **4** (1) to plan (2) deciding

해설

1 잠재적인 투자자들이 명확한 일정을 보고 싶어 할 것이라고 했으므로, 명확한 일정이 없으면 잠재적인 투자자들이 만족하지 않을 것이라고 한 ③이 알맞은 추측이다.

2 reward는 명사와 동사로 모두 쓰이며 첫 번째 문장은 '보상한다'라는 뜻의 3인칭 단수 동사인 rewards가 적절하고, 두 번째 문장은 medals와 trophies를 포함하는 '보상들'이라는 뜻의 복수 명사 rewards가 적절하므로 ②가 알맞다.

3 글쓴이가 자신의 생각을 조부모님께 말씀드렸을 때 아주 기뻐하셨다고 했으므로 They felt[were] thrilled.가 알맞다. 기쁘다는 의미로 thrilled 대신 excited, overjoyed 등을 쓸 수도 있다.

4 (1) '반드시 …해라'라는 의미로 「be sure to-v」의 구조가 되어야 알맞으므로 to plan이 적절하다.

(2) 전치사 before 뒤에는 목적어로 동명사(구)가 와야 하므로 deciding이 적절하다. before을 접속사로 볼 수도 있는데, 그럴 경우에도 분사가 이어져야 하므로 deciding이 적절하다.

내신 Check-Up
p.57

1 ③ **2** ① **3** They will be able to track the progress of the campaign. **4** (1) I was really excited when I filled out the form to launch the campaign. (2) It is important to send investors updates every week.

해설

1 펀딩 지원 마감일은 언급되지 않았으므로 ③은 알 수 없다.

2 start는 '시작하다'라는 의미이고 launch는 '시작[개시]하다'라는 의미이므로 ①이 알맞다.

3 최신 정보를 통해 투자자들은 캠페인의 진행 상황을 따라갈 수 있을 것이라고 했으므로 They will be able to track the progress of the campaign.이 알맞다.

4 (1) 접속사 when이 있는 것으로 보아 시간의 부사절이 쓰여야 하므로, 「when+주어+동사 ~」 어순으로 단어들을 배열한다. '캠페인을 시작하기 위해'라는 의미를 나타내는 부사적 용법의 to부정사구를 마지막에 쓴다.

(2) 가주어 it과 진주어 to부정사구를 쓰는 「it ~ to-v」 구문으로 it뒤에 be동사와 보어인 형용사 important를 쓰고, to부정사구를 이어 쓴다. send는 수여동사이므로 뒤에 간접 목적어(investors)와 직접 목적어(updates)를 차례로 쓴다.

내신 Check-Up
p.59

1 ③ **2** ② **3** The writer posted the video on many social media sites. **4** (1) the strawberries were (2) supporting

해설

1 재정 목표를 캠페인 마감일 전에 달성했다는 내용은 언급되지 않았으므로 ③이 일치하지 않는다.

2 본문 5번째, 6번째 문장에서 조부모님이 잼을 만드는 모습과 새 온실을 어디에 지을 것인지가 영상에 포함되었다고 하였다. 첫 투자자를 위한 특별한 보상은 영상에 포함되지 않았다.

3 글쓴이가 영상을 여러 소셜 미디어 사이트에 게시했다고 했으므로 She

posted the video on many social media sites.가 알맞다.

4 (1) 동사 highlighted의 목적어 역할을 하는 간접 의문문이 되어야 하므로 「의문사+주어+동사」의 어순이 되도록 were strawberries를 strawberries were로 고쳐야 한다.
(2) 전치사 to 뒤에는 동명사가 와야 하므로 support를 supporting으로 고쳐야 한다.

내신 Check-Up ⊕   p.60

1 T **2** T **3** F

해설

3 캠페인 운영은 3개월 동안 한다고 하였다.

문법만점 Check-Up   p.63

1 (1) fixing (2) being (3) gathering **2** (1) preparing
(2) giving (3) creating **3** ① **4** (1) finding where the
treasure was hidden (2) for watering the plants
while we were away (3) After finding a solution to the
problem (4) were punished for breaking the school
rules

해설

1 (1) 전치사 at 뒤에는 동명사가 와야 하므로 동명사 fixing으로 고쳐야 한다.
(2) 전치사 for 뒤에는 동명사가 와야 하므로 동명사 being으로 고쳐야 한다.
(3) 전치사 by 뒤에는 동명사가 와야 하므로 동명사 gathering으로 고쳐야 한다.

2 (1) 전치사 of 뒤에는 동명사가 와야 하므로 동명사 preparing이 알맞다. be capable of는 '…할 수 있다'의 의미이다.
(2) 전치사 about 뒤에는 동명사가 와야 하므로 동명사 giving이 알맞다.
(3) 전치사 for 뒤에는 동명사가 와야 하므로 동명사 creating이 알맞다. be known for은 '…로 알려져 있다'의 의미이다.

3 첫 번째 빈칸 앞에는 전치사 in이 있으므로 동명사 completing이 알맞고 두 번째 빈칸 뒤에는 동명사구가 나오므로 앞에는 전치사 despite가 알맞다.

4 (1) 전치사 about 뒤에 동명사 finding을 이어 쓰고 동명사의 목적어인 간접 의문문은 「의문사+주어+동사」의 어순으로 쓴다.
(2) 고마워하는 이유를 나타내는 전치사구로 전치사 for와 동명사구 watering the plants를 쓰고 부사절 while we were away를 쓴다.
(3) 전치사 After와 동명사구 finding a solution을 쓰고 전치사구 to the problem을 이어서 쓴다.
(4) 동사의 수동태 were punished를 쓰고 전치사 for와 동명사구 breaking the school rules를 쓴다.

문법만점 Check-Up   p.65

1 (1) to excel (2) to track (3) to take **2** (1) to volunteer
(2) to postpone (3) to bring **3** ①, help → to help
4 (1) told the children to be quiet during the movie
(2) advised the travelers to book their tickets early
(3) allow me to spend time with my friends
(4) expects the actors to memorize their lines

해설

1 (1) want는 목적격 보어로 to부정사를 취하므로 to excel이 알맞다.
(2) enable은 목적격 보어로 to부정사를 취하므로 to track이 알맞다.
(3) remind는 목적격 보어로 to부정사를 취하므로 to take가 알맞다.

2 (1) encourage는 목적격 보어로 to부정사를 취하므로 to volunteer가 알맞다.
(2) cause는 목적격 보어로 to부정사를 취하므로 to postpone이 알맞다.
(3) tell은 목적격 보어로 to부정사를 취하므로 to bring이 알맞다.

3 ask는 목적격 보어로 to부정사를 취하므로 ① help를 to help로 고쳐야 한다.

4 (1) 동사 told 뒤에 목적어 the children과 목적격 보어인 to부정사구 to be quiet during the movie를 이어 쓴다.
(2) 동사 advised 뒤에 목적어 the travelers와 목적격 보어인 to부정사구 to book their tickets early를 이어 쓴다.
(3) 동사 allow 뒤에 목적어 me와 목적격 보어인 to부정사구 to spend time with my friends를 이어 쓴다.
(4) 동사 expects 뒤에 목적어 the actors와 목적격 보어인 to부정사구 to memorize their lines를 이어 쓴다.

내신 Check-Up   p.68

1 sustainable **2** has been **3** to support

해설

1 a basic human right를 선행사로 하는 관계대명사절에서 동사 makes의 목적격 보어이므로 형용사 sustainable이 적절하다.

2 2012년부터 현재까지 계속 진행된 것이므로 현재완료 진행형으로 만드는 has been이 적절하다.

3 「encourage+목적어+to-v」가 되어야 하므로 to support가 적절하다.

내신 만점 본문 Check   pp.73-74

01 to make **02** to collect **03** advantageous **04** grow
05 reward **06** deciding **07** Once **08** cover **09** filled
10 accepted **11** promoting **12** making **13** to get
14 how **15** include **16** To achieve **17** were grown
18 where **19** for **20** supporting

해설

01 enough strawberries를 수식하고 있으므로 형용사적 용법의 to부정사 to make가 적절하다.

02 '모금하기 위해'라는 의미의 목적을 나타내는 부사적 용법의 to부정사 자리로 to collect가 적절하다.

03 크라우드펀딩은 큰 투자를 끌어들일 수 없는 개인이나 작은 회사에 유리하다는 내용으로 advantageous가 적절하다. (harmful: 해로운)

04 조동사 could 뒤 동사 build와 접속사 and로 병렬 연결되어 있는 구조이므로 동사원형 grow가 적절하다.

05 투자자들에게 유기농 잼 병을 보냄으로써 그들의 도움에 대해 보상할 수 있을 것이라는 내용으로 reward가 적절하다. (attract: 끌어들이다)

06 전치사 before 뒤에는 목적어로 동명사(구)가 와야 하므로 deciding이 적절하다.

07 문맥상 온실이 지어지고 나면 일어날 수 있는 일을 나타내므로 '…하면'을 의미하는 접속사 Once가 적절하다. (While: …하는 동안에, …인 반면에)

08 '모든 비용을 감당하기 위해'라는 의미가 적절하므로 목적을 나타내는 부

사전 용법의 to부정사가 쓰여야 하므로 cover가 적절하다.

09 문맥상 '작성하다'라는 의미의 fill out이 쓰여야 하므로 filled가 적절하다. (figure out: 생각해 내다; (양·비용을) 계산하다)

10 지원서가 받아들여지고 펀딩이 시작되었다고 이어지는 것이 자연스러우므로 accepted가 적절하다. (install: 설치하다)

11 동사 is 앞에 나와서 주어 역할을 해야 하면서 동시에 it을 목적어로 취하는 동사의 성격을 갖춰야 하는 자리이므로 동명사 promoting이 적절하다. promoting it이 주어로 쓰인 동명사구이다.

12 consider는 동명사를 목적어로 취하는 동사이므로 동명사 making이 적절하다.

13 allow는 목적격 보어로 to부정사를 취하는 동사이므로 to get이 적절하다.

14 express의 목적어인 간접 의문문에서 형용사 important와 함께 쓰여 '얼마나 중요한지'를 나타내는 how가 적절하다.

15 지원에 대한 직접적인 요청을 포함하는 것을 잊지 말라는 내용으로 include가 적절하다. (edit: 편집하다)

16 '성취하기 위해'라는 의미의 목적을 나타내는 부사적 용법의 to부정사 자리로 To achieve가 적절하다.

17 주어 the strawberries가 재배되는 대상이므로 동사는 수동태 were grown이 적절하다.

18 explained의 목적어인 간접 의문문에서 '새 온실을 어디에 짓고 싶은지'를 설명했다는 내용이 되어야 하므로 의문사 where가 적절하다.

19 to부정사의 의미상의 주어인 word of our campaign 앞에 for을 쓰는 것이 적절하다.

20 전치사 to 뒤에는 목적어로 동명사(구)가 와야 하므로 supporting이 적절하다.

단원평가

pp.75-77

01 (B) – (D) – (C) – (A) **02** ④ **03** ① **04** ② **05** ④ **06** ③ **07** ③ **08** ④ **09** would take a few weeks to turn the strawberries into delicious jam **10** harvest **11** This allows investors to get to know you and learn about your product **12** ② **13** 우리의 투자자들에게 좋은 첫인상을 남기는 것 **14** ③ **15** for

해설

01 휴대 전화를 잃어버린 여성이 남성의 휴대 전화를 빌려 본인의 휴대 전화로 전화를 걸었을 때 아무도 받지 않자, 남성이 분실물 센터를 가보는 것을 제안하고, 그 말에 동의하며 그 위치를 묻고 알려 주는 순서가 자연스럽다.

02 ④ 여학생의 말에 남학생이 '아이들을 가르치는 거 재미있을 것 같아.'라고 대답하고 이에 여학생이 '나와 함께 봉사하는 거 어때?'라고 묻고 있으므로 주민센터에서 '아이들을 가르칠 자원봉사자를 모집하고 있다'는 말이 들어가는 것이 적절하다.

[해석] ① 새로운 직원을 고용하고 싶어 한다
② 새로운 도서관을 보수하는 동안 문을 닫는다
③ 주민들에게 튜터링 프로그램을 제공한다
⑤ 아이들 프로그램의 새로운 후원자를 찾고 있다

03 (A) 글쓴이는 주말마다 지역 시장에서 잼을 파는 조부모님을 도우러 갔지만, 이미 잼을 모두 다 판 상태라 도와드릴 것이 없는 상황이었으므로 앞 문장과 역접의 관계를 드러낼 수 있는 However(그러나)가 들어가는 것이 적절하다.
(B) 글쓴이는 저녁에 조부모님 댁의 빈 들판을 바라보다가 문득 그 들판이 더 많은 딸기를 키울 수 있는 큰 온실을 위한 완벽한 장소가 될 것이라

는 생각을 떠올렸으므로 Suddenly(갑자기)가 들어가는 것이 적절하다.

04 ② 글쓴이는 지난 주말에 조부모님이 잼을 판매하는 것을 도와드리러 갔지만, 이미 모든 잼을 다 판매한 상황이라 도와드릴 것이 없었던 상황이므로 내용과 일치하지 않는다.

05 ④ 전치사 by 뒤의 동사는 동명사 형태로 써야 하므로 send를 sending으로 고쳐야 한다. 「by+v-ing」는 '…함으로써'라는 의미를 나타낸다.

[오답 풀이] ① individuals or small companies 뒤로 이어지는 절에 주어가 없는 것으로 보아, individuals or small companies를 선행사로 하는 주격 관계대명사절이며 이때 주격 관계대명사로 쓰인 that은 적절하다.
② 명사 rewards를 수식하는 형용사 direct는 적절하다.
③ '훨씬'이라는 뜻으로 비교급 more를 강조하는 a lot은 적절하다.
⑤ 문장의 보어로 쓰인 명사적 용법의 to부정사인 to figure은 적절하다.

06 ③ 빈칸 다음 문장에 '투자자들의 도움으로 큰 온실을 짓고 훨씬 더 많은 딸기를 재배할 수 있을 것이었다.'는 내용이 나오므로, 조부모님은 더 많은 딸기를 재배하고 잼을 생산할 수 있는 것에 아주 기뻐했을 것이다. 따라서 'thrilled(기쁜)'가 적절하다.

[해석] ① 지루해 하는
② 속상한
④ 짜증이 난
⑤ 좌절감을 느끼는

07 ③ 윗글은 캠페인을 시작하기 전 세부적인 생산 계획과 재정 목표를 설정하는 것의 중요성에 대해 언급하고 있다. 따라서 '세부 계획 수립과 재정 목표 설정의 중요성'이 주제로 적절하다.

[해석] ① 더 낮은 비용으로 제품을 만드는 법
② 보상이 투자자들에게 어떻게 영향을 미치는가
④ 목표를 설정하는 것이 어려운 이유들
⑤ 경영 성과에 영향을 주는 요인들

08 ④ 주어진 문장은 계획이 완료되면 그 다음으로 재정 목표를 세우라는 내용이므로, 글에서 투자자들에게 명확한 일정을 제시하기 위해 선행되어야 하는 캠페인 세부 계획과 관련한 설명을 마친 다음, 재정 목표를 세우기 위해 고려할 요소로서 비용과 투자자들에 대한 보상을 언급하기 시작하는 문장 앞인 ④에 들어가야 한다. ④ 바로 다음에 이어지는 문장의 주어인 It이 주어진 문장의 your funding goal을 가리킨다.

09 '…하는 데 (시간이) 걸리다'라는 의미로 「it takes+시간+to-v」의 어순이 되도록 배열한다. 조동사가 있으므로 it 뒤에 would take를 쓰고, 시간에 해당하는 a few weeks를 이어 쓴다. 'A를 B로 바꾸다'라는 의미의 turn A into B 표현에 맞게 to부정사구를 이어 쓴다.

10 [해석] 익은 농작물들을 거두어들이는 행위

11 5형식 구문에서 목적격 보어로 to부정사를 쓰는 「allow+목적어+to-v」의 구조가 되도록 답안을 작성한다. 목적격 보어 자리에 to부정사가 and로 병렬 연결되어 있고, and 뒤에 연결된 to부정사의 to는 생략된 형태임에 유의한다.

12 ② (A)와 (B)를 매주 받음으로써 투자자들이 캠페인의 진행 상황을 따라갈 수 있게 되므로 빈칸에 공통으로 들어갈 말은 캠페인의 진행 상황을 나타내는 '최신 정보'인 update가 적절하다.

[해석] ① 선물
③ 요청
④ 보상
⑤ 광고

13 밑줄 친 this가 가리키는 것은 앞 문장의 'make a good first impression with our investors'이다.

14 투자자들에게 좋은 첫인상을 남기고 싶어서 조부모님과 그들의 잼에 관한 영상을 만들었다는 주어진 글 뒤에 영상에서 딸기가 어떻게 화학 약품

없이 재배되는지를 강조했다는 내용의 (B)가 이어지고, 영상에 대한 추가 설명으로 조부모님이 모두 천연으로 된 재료로 잼을 만들고 계시는 짧은 영상도 포함시켰다는 내용의 (C), 마지막으로, 온실을 지을 위치를 설명하고 투자자들에게 지원을 요청한 후, 여러 소셜 미디어 사이트에 영상을 게시했다는 (A)가 이어지는 것이 자연스럽다.

15 '…하는 데 (시간)이 걸리다'라는 의미로 「it takes+시간+to-v」의 구조로 쓰였다. to부정사 앞에 나오는 words of our campaign은 to부정사의 의미상의 주어이므로 앞에 for을 써야 한다. for words of our campaign은 '우리 캠페인에 대한 소식이'라는 뜻이 된다.
(B) jump for는 '…때문에 뛰어오르다'라는 의미이다.

Special Lesson 1
The True Treasure

내신 Check-Up

p.81

> **1** ① **2** ① **3** He saw a house with windows of gold and diamond. **4** (1) stood a house (2) because

해설

1 ① 문장①에 따르면, 소년은 하루 일이 끝나는 일몰에 언덕 꼭대기로 올라가곤 했다.
② 문장②에 따르면, 집이 아니라 창문이 금과 다이아몬드로 만들어졌다고 했다.
③ 문장④에 따르면, 소년이 그렇게 추측했다(supposed)고 했다.

2 engaging은 '매력적인'이라는 의미로 fascinating의 유의어로 쓰일 수 있다. (luxurious: 호화로운 / ordinary: 평범한)

3 소년이 다른 쪽 언덕에 올라 보았던 것은 문장①에서 알 수 있다.

4 (1) 부사구 On this far hill이 강조를 위해 문장 앞에 있으므로 「동사+주어」의 어순이 적절하다.
(2) 「because(접속사)+주어+동사」, 「because of(전치사)+명사(구)」

내신 Check-Up

p.83

> **1** ② **2** ② **3** The boy's father wanted the boy to try to learn something important. **4** (1) hungry (2) went

해설

1 ① 문장②~③에 따르면, 소년은 아버지로부터 휴가를 얻어 집을 나섰다는 것을 알 수 있다.
② 문장⑤에 따르면, 소년은 맨발이었다.
③ 문장⑧에 따르면, 소년은 배가 고팠다.

2 ② 'James는 그의 친구들과 함께 있음을 즐겼다'라는 의미로 company는 '함께 있음'이라는 의미이며, 나머지는 '회사'라는 의미이다.

3 소년의 아버지가 소년이 쉬는 날 그가 하기를 바랐던 것은 문장②에 잘 나타나 있다.

4 (1) 「feel+형용사」는 '…하게 느끼다'의 의미로, 부사를 쓰지 않는다.
(2) 새들에게 빵 조각들을 흩뿌린 후 가던 길을 계속 갔다는 내용이므로 시제의 일치가 유지되어야 하므로 went가 적절하다.

내신 Check-Up

p.85

> **1** ① **2** She is a farmer. **3** (1) It seemed that the shutters were closed (2) are not likely to have windows **4** (1) was (2) to find

해설

1 문장⑦과 ⑧을 보면 여자는 소년에게 웃으며 설명해 준 것을 알 수 있다.

2 문장⑧에서 본인들은 농사짓는 사람이라고 했으므로, 직업은 농부(farmer)가 알맞다.

3 (1) 「it seemed that+주어+동사」는 '…인 것 같았다'라는 뜻으로 it은 가주어, that이하는 진주어인데, that 뒤에 주어 the shutters와 수동태 동사 were closed를 차례로 쓴다.
(2) 「be likely to-v」는 '…할 것 같다'라는 뜻으로 부정은 be동사 뒤에 not을 붙인다.

4 (1) 주어는 셀 수 없는 명사 no gold이므로 단수 동사 was가 적절하다.
(2) 문맥상 감정(disappointed)의 이유를 나타내야 하므로 to부정사가 적절하다.

내신 Check-Up

p.87

> **1** ② **2** ③ **3** 소녀가 생각한[보여 준] 금과 다이아몬드로 된 창문이 있는 집 **4** (1) Feeling (2) which

해설

1 문장③에서 소년의 송아지는 밤과 같이 붉은색이라고 했다.

2 소녀가 금으로 된 창문이 있는 집을 보여 주겠다고 하자 소년이 한 말이므로, thrilled(아주 신난)이 적절하다. (jealous: 질투하는, nervous: 긴장되는)

3 문장④~⑪에 따르면, 소년이 금으로 된 창문이 있는 집을 찾으러 왔다는 것에 대해 말했고, 소녀도 그 집을 알며, 그 집은 자신의 집이 아니라 다른 곳에 있다고 하며 소년을 언덕 위로 데려가서 보여준 것이 it이다.

4 (1) 쉼표(,) 뒤 the boy 이하가 문장의 주절이므로, ( )가 이끄는 절은 접속사로 시작하는 부사절이거나 분사로 시작하는 분사구문이어야 한다. Feeling … friends는 이유를 나타내는 분사구문이다.
(2) mistaken 뒤로 목적어인 간접 의문문이 나와야 하는데, 뒤에 명사 house가 있으므로 이를 꾸밀 수 있는 의문사 which가 적절하다. which house는 '어느 집'이라는 뜻이다.

내신 Check-Up

p.89

> **1** (1) T (2) F **2** ③ **3** His house has windows of gold and diamond. **4** (1) to come (2) him

해설

1 (1) 문장①에서 소년은 조약돌을 주고, 소녀는 마로니에 열매를 주었다는 것을 알 수 있다.
(2) 문장⑥에서 그의 어머니는 그가 좋은 하루를 보냈는지 물었다.

2 〈보기〉와 ①, ②는 각각 명암, 때, 거리를 나타내는 비인칭 주어이고, ③은 가주어 it이다. 비인칭 주어는 그 외 계절이나 온도, 날씨 등을 나타내기도 한다.

3 그가 배운 것은 문장⑩에 잘 드러나 있다.

4 (1) 「promise to-v」는 '…하기로 약속하다'는 뜻으로, promise는 목적어로 to부정사를 취한다.
(2) 지각동사 watch와 목적격 보어인 동사원형 사이에 들어가는 목적어가 필요하므로 him이 적절하다.

195

내신 Check-Up ⊕   p.90

1 T 2 F 3 T 4 F 5 T

해설

2 소년은 혼자 떠났고, 길동무나 같이 가는 사람은 없었다. 교과서 53쪽에는 그의 발자국이 길동무 같았다고 했다.

4 교과서 55쪽에서 소녀는 소년이 찾고 있는 집을 안다며 같이 가서 보여 주었다.

문법 만점 Check-Up   p.91

1 (1) have never eaten (2) has lost (3) have gone
2 (1) has, eaten (2) has lived (3) have known (4) has, arrived 3 (1) I have watched the movie Spider-Man
(2) Lucy has forgotten her PIN number (3) Steve has lived in LA

해설

1 (1) 현재완료 시제에서 부정어 not, never 등은 조동사 have 뒤에 온다.
(2) 주어가 3인칭 단수일 때 조동사 have는 has로 써야 한다.
(3) have been to는 '…에 가 본 적이 있다(경험)'과 '…에 다녀왔다(완료)'를 뜻하며 이 문장에서는 완료를 나타낸다.

2 (1) already는 완료를 나타내는 현재완료에 자주 쓰인다.
(2) 「for+기간」은 계속을 나타내는 현재완료에 자주 쓰인다.
(3) 「since+시점」은 계속을 나타내는 현재완료에 자주 쓰인다.
(4) just는 완료를 나타내는 현재완료에 자주 쓰인다.

3 〈보기〉 Kate has lost her laptop.은 '잃어버려서 현재 가지고 있지 않다'는 뜻을 포함하므로, 결과를 나타내는 현재완료이다.
(1) 빈도(얼마나 자주)를 나타내는 표현은 경험을 나타내는 현재완료에 자주 쓰인다. (twice: 두번)
(2) Lucy는 개인 식별 번호를 잊어버렸고 아직도 모른다고 했으므로 결과를 나타내는 현재완료 has forgotten을 쓴다.
(3) Steve는 LA에서 태어나 길러져서 현재도 살고 있다고 했으므로 has lived in LA로 '태어나서 지금까지 살아 왔다'를 표현한다.

문법 만점 Check-Up   p.92

1 (1) could we understand (2) did she realize (3) flowed a wide river 2 (1) does a peaceful temple rest → rests a peaceful temple (2) got → get (3) opportunities like this are → are opportunities like this 3 (1) On the top shelf she found a dusty old book. (2) Behind the curtains was the cat, quietly watching the birds outside. (3) Not only will he attend, but he will also speak.

해설

1 (1) only는 부정어 취급하므로, 문장 앞에 있을 때 주어와 동사를 도치한다. 조동사가 있을 때는 「조동사+주어+동사원형」 순으로 쓴다.
(2) 부정어구가 문장 앞에 있고, 일반동사가 쓰였으므로 「do[does/did]+주어+동사원형」 순으로 쓴다.
(3) 장소를 나타내는 부사(Under the bridge)를 강조하기 위해 문장 앞에 둘 때, 일반동사/be동사/조동사 모두 주어와 자리를 서로 바꾼다.

2 (1) 장소를 나타내는 부사구(At the top of the mountain)를 강조하기 위해 문장 앞에 둘 때, 주어와 동사는 도치한다. 일반동사라도

do[does/did]를 사용하지 않고 주어와 동사 자리를 서로 바꾼다.
(2) 부정어(구)를 강조하기 위해 문장 앞에 둘 때, 일반동사는 「do[does/did]+주어+동사원형」 순으로 쓴다.
(3) seldom은 '좀처럼 …하지 않는'의 뜻으로 부정어에 속하므로 주어와 be동사의 자리를 서로 바꾼다. like this는 '이와 같은'의 뜻으로 opportunities를 수식한다.

3 (1) 장소를 나타내는 부사구가 문장 앞에 와도 주어가 대명사이면 도치하지 않는다.
(2) 장소를 나타내는 부사구가 문장 앞에 오면 주어와 be동사 자리를 서로 바꾼다.
(3) 부정어구 not only가 문장 앞에 오면 「조동사+주어+동사원형」 순으로 쓴다.

내신 만점 본문 Check   pp.93-94

01 stood a house 02 fascinating 03 have been
04 to find 05 company 06 drink 07 had taught
08 that 09 that 10 what 11 to sit 12 modest 13 was
14 as if 15 which 16 for 17 just as 18 to come 19 go
20 when

해설

01 장소를 나타내는 부사구 On this far hill이 문장 앞에 왔으므로, 주어와 동사의 위치가 서로 바뀌는 도치가 일어난다.

02 light는 '매혹당하는' 대상이 아니라 '매혹적인' 주체이므로 fascinating이 알맞다.

03 과거의 특정 시점 이전이 아닌 소년이 과거부터 현재까지 계속해서 착한 행동을 해와서 휴일을 얻었다는 내용이므로 '계속'을 나타내는 현재완료 시제가 되어야 한다.

04 '찾기 위해'라는 의미의 목적을 나타내는 부사적 용법의 to부정사 자리로 to find가 적절하다. and가 이끄는 등위절에는 이미 동사 left가 있기 때문에, 해당 위치에 found를 쓸 수 없다.

05 그가 뒤를 돌아보았을 때 그의 발자국이 그를 뒤따르면서 길동무가 된 것 같다는 내용이 문맥상 자연스러우므로, '…의 곁에 있어 주다'라는 의미의 keep … company가 적절하다. (compassion: 동정심)

06 목적을 나타내는 부사적 용법의 to부정사구 to eat과 접속사 and로 병렬 연결되어 있으므로, to가 생략된 drink가 적절하다.

07 그의 어머니가 가르친 것이 그가 실제로 흩뿌리기(scattered) 더 이전에 일어난 사건이므로 대과거(과거 이전의 과거)를 나타내는 과거완료가 와야 한다.

08 「it ~ that」의 가주어-진주어 구문으로 진주어인 that절을 이끄는 that이 적절하다. 「it seemed that」은 '…인 것 같았다'는 뜻으로, 숙어처럼 자주 쓰인다.

09 find는 목적어를 필요로 하는 타동사이므로 뒤에는 목적어가 와야 한다. the windows 이하가 완전한 문장이므로 명사절을 이끄는 접속사 that이 적절하다. what은 선행사를 포함한 관계대명사로 뒤에 불완전한 문장이 온다.

10 동사 asked의 직접 목적어(…을)가 와야 한다. he wanted가 불완전한 문장이므로 간접 의문문을 이끄는 what이 적절하다. 관계대명사 that은 선행사를 필요로 하고, 접속사 that은 뒤에 완전한 문장이 와야 한다.

11 tell은 목적격 보어로 to부정사를 취하므로 to sit이 적절하다. (「tell+A+to-v」; A에게 …하라고 말하다)

12 although는 '비록 …지만'의 뜻으로 주절과 상반되는 내용이 와야 한다. 주절이 그녀의 머리카락은 금빛이었고, 눈은 하늘처럼 파란색이었

다는 내용이므로 문맥상 소녀의 옷이 수수했다는 것이 자연스러우므로 modest가 적절하다. (gorgeous: 아주 멋진)

13 주어진 네모는 계속적 용법의 관계대명사절의 동사로서, 선행사가 his own calf이므로 주격 관계대명사 which 뒤의 동사는 단수 동사 was가 적절하다.

14 '마치 그들은 친구인 것처럼 느껴서 소년이 그녀에게 금으로 된 창문에 대해 물었다'는 의미가 문맥상 자연스러우므로 '마치 …처럼'의 의미인 접속사 as if가 적절하다. (so that: …하기 위해)

15 동사 had mistaken의 목적어로 간접 의문문을 이끄는 의문사 which(어느 …)가 적절하다. who는 뒤에 오는 house를 수식할 수 없다.

16 for oneself는 '스스로, 직접'이라는 뜻으로, '직접 보게 될 거야'라는 뜻이 되지만, to yourself를 쓰면 '네 자신에게 보게 될 거야'라는 뜻이 되어 어색하다.

17 just as는 '꼭 …처럼'의 뜻으로 접속사처럼 쓰이고, as for는 '…에 관해 말하자면'이라는 뜻으로 전치사처럼 쓰인다. 뒤에 주어(the boy)와 동사(has seen)이 있고, 문맥상으로도 just as가 자연스럽다.

18 「promise to-v」는 '…하기로 약속하다'라는 뜻이다. promise는 목적어로 to부정사를 취한다.

19 watch는 목적격 보어로 동사원형 또는 분사를 취하므로 동사원형 go가 적절하다. (「watch+A+동사원형」: A가 …하는 것을 보다)

20 It was dark의 It은 명암을 나타내는 비인칭 주어로 완전한 문장이 성립한다. 뒤에 the boy finally returned home 역시 완전한 문장이므로, that이 오면 명사절이 되고, when이 오면 '…할 때'라는 부사절이 되는데, It was dark와 이어지려면 부사절이 와야 한다. 명사절은 문장에서 주어나 목적어로 쓰여야 한다.

단원평가

01 ④ **02** 저녁 식사 시간이어서 집 안의 사람들이 덧문을 닫았기 때문이다. **03** ③ **04** ③ **05** (1) to eat (2) to do **06** 그의 어머니가 그렇게 하라고 가르쳤기 때문에 **07** asked him what he wanted **08** ④ **09** ① **10** ① **11** (1) her black calf (2) the golden windows **12** 다만 그가 어떤 집이 그것들을 가지고 있는지를 착각했다 **13** (1) had carried (2) what **14** ① **15** ① **16** "I have learned that our house has windows of gold and diamond."

해설

01 ④ '나는 파티에 가고자 했지만, 나는 피곤함을 느끼고 있다.'라는 의미로 여기서 would는 화자의 의지·의도를 나타낸다. 나머지는 모두 '…하곤 했다'라는 의미로 과거의 반복된 동작을 나타낸다.

<details>
<summary>해석</summary>

① 그녀는 항상 회사에 점심을 챙겨오곤 했다.
② 그는 자주 잠에 들기 전 책을 읽곤 했다.
③ 매년 여름, 우리는 강으로 캠핑을 가곤 했다.
⑤ 그들은 주말마다 그들의 조부모님을 뵈러 가곤 했다.
</details>

02 (A) 뒤에 나오는 문장의 supposed는 '추측하다'라는 뜻으로, '매혹적인 빛이 사라진' 이유에 대한 소년의 생각을 알 수 있다.

03 ③ something은 형용사가 뒤에서 수식한다. -thing, -body, -one으로 끝나는 말은 형용사가 뒤에서 수식한다.

<details>
<summary>오답 풀이</summary>

① call over은 '…를 부르다'로, call him over은 '그를 부르다'라는 뜻이기에 over은 적절하다.
② 앞의 You have been a good boy는 '착한 소년이어 왔다'라는 뜻으로 계속을 나타내는 현재완료 문장이다. 문맥상 '그래서 휴가를 얻게 되었다'라고 해석되므로 완료를 나타내는
</details>

현재완료 have earned는 적절하다. 현재완료는 과거의 일이 현재까지 영향을 미칠 때 쓰는 시제이다.
④ 앞에 접속사 and가 있는 것으로 보아 문장의 다른 동사 thanked와 병렬 연결되어 있는 것을 알 수 있다. 따라서, 시제를 일치시킨 동사 kissed는 적절하다.
⑤ 동사 left 뒤에 길을 떠나는 목적이 언급되므로 '금으로 된 창문이 있는 집을 찾기 위해'라는 뜻을 가진 부사적 용법의 to부정사 to find는 적절하다.

04 ③ 빈칸 앞에서 그의 맨발이 하얀 모래 위에 자국을 남겼고, 빈칸 뒤에서는 '그의 길동무가 된 것 같다.'고 말한다. 따라서 그가 맨발로 모래 위를 걷다가 뒤를 보았을 때 그에게 보였던 것은 '그를 뒤따르는 것처럼 보이는 발자국'이 적절하다.

<details>
<summary>해석</summary>

① 그의 친구들은 그의 이름을 부르고 있었다
② 몇몇 춤추는 사람들이 그를 쫓고 있었다
④ 그는 그의 뒤로 멀리 작은 집들을 보았다
⑤ 몇몇 새들이 그를 빠르게 지나쳐 날아갔다
</details>

05 ⓐ '빵을 먹고 깨끗한 물을 마시기 위해'라는 뜻이 되어야 하므로 부사적 용법의 to부정사가 되도록 to eat으로 고쳐야 한다.
ⓑ 「teach+A+to-v」는 'A가 …하도록 가르치다'라는 뜻으로, teach는 목적격 보어로 to부정사를 취한다.

06 빵을 흩뿌렸다는 내용 뒤에 나오는 as는 '…한 대로'의 뜻의 접속사로 어머니의 가르침대로 빵을 뿌렸다는 것을 알 수 있다.

07 「ask A B」는 'A에게 B를 물어보다'는 뜻이다. 문장의 다른 동사 came, looked와 '물었다'를 참고하여 ask도 과거 시제로 작성하고, A에 해당하는 him을 뒤에 쓴다. '그가 무엇을 원하는지'는 「의문사+주어+동사」의 간접 의문문을 사용함으로써 나타낼 수 있으므로 asked him what he wanted로 쓸 수 있다.

08 '소녀와 소녀의 언니가 한때 같은 학교에 다녔다'는 의미의 ④는 글의 흐름과 관련이 없다.

09 ① 소년을 친절하게 바라보며 말을 건넨 사람은 소녀가 아니라 소녀의 엄마이다.

10 (A) 소녀를 만난 과거 시점보다 더 이전에 창문을 보았으므로 대과거(과거 이전의 과거)를 나타내는 과거완료가 적절하다.
(B) 쉼표(,)로 보아 her black calf를 선행사로 하고 그것을 보충 설명하는 계속적 용법의 관계대명사가 which가 적절하다.
(C) '마치 그들은 친구인 것처럼 느껴서'라는 해석이 되어야 하므로 '마치 …처럼'의 의미를 가진 as if가 적절하다.

<details>
<summary>오답 풀이</summary>

(A) 전체적으로 과거시제로 작성된 맥락에서 그 이전 일을 나타낼 때 현재완료는 어울리지 않는다.
(B) that은 관계대명사의 계속적 용법으로 쓸 수 없다.
(C) such as는 '예를 들어', '…와 같은'의 뜻이고, 뒤에 명사나 명사처럼 쓰이는 말이 온다.
</details>

11 ⓐ 쉼표(,) 이하는 her black calf에 대해 보충 설명하므로 its는 선행사 her black calf를 받는다.
ⓑ 대명사 them은 앞 문장의 명사나 명사구를 대체하므로, 가리키는 것은 앞 문장에 나오는 the golden windows이다.
*대명사가 가리키는 것을 찾을 때는, 문맥상 흐름을 먼저 파악한 후 성별, 사물, 단수, 복수 등을 따져 본다.

12 only는 '다만'이라는 뜻의 접속사이고, which는 '어느 …'의 뜻의 의문사로 which 이하는 간접 의문문이므로 '어느 …가 ~하는지'로 그 의미를 살려 해석한다.

13 (1) 소년이 소녀에게 준 조약돌은 그가 1년 전부터 가지고 다녔던 것이므로 과거 시제 gave보다 더 앞선 시점(대과거)을 나타내는 과거완료 had carried로 고친다.
(2) tell의 간접 목적어인 her 다음 직접 목적어가 나와야 하는데, 뒤에 이어지는 he had learned가 불완전한 문장이므로 had learned의 목적어 역할을 하면서 선행사를 포함하는 관계대명사인 what으로 고쳐

야 한다.

14 ① 어머니가 좋은 하루를 보냈는지 묻고, 아주 좋은 날을 보냈다는 문구로 이어지고, 아버지의 뭐라도 배웠냐는 물음에 소년이 대답하고, 그 구체적인 내용을 설명하는 전체의 흐름은 주어진 문장 '그의 가족은 그를 따뜻하게 맞이했다.'에 대한 설명에 해당하므로 주어진 문장은 ①에 들어가는 것이 적절하다.

15 ① 소년이 집에 돌아올 때 어두웠다고 했으므로 '일몰 전에 소년이 집에 돌아왔다'는 것은 사실이 아니다.

해석 ② 그 소년의 집은 빛으로 밝게 빛났다.
③ 그 소년의 가족은 소년이 집에 돌아왔을 때 소년에게 몇 가지 질문을 했다.
④ 그 소년은 그의 여정 동안 무엇을 배웠는지 가족들에게 말했다.
⑤ 그 소년은 그 자신의 집에 금과 다이아몬드로 된 창문이 있다는 것을 깨달았다.

16 그의 아버지가 배운 것이 있냐고 물어봤을 때 소년은 '본인의 집이 금과 다이아몬드로 된 창문을 가지고 있다'는 것을 깨달았다고 마지막 문장에서 말하고 있다.

Lesson 3 How Our Body Works

내신 Check-Up
p.109

1 ① **2** Blood moves to our muscles in order to supply them with the oxygen and nutrients they require.
3 (1) that (2) absorb

해설

1 진행자는 지난달 어느 날 저녁을 먹은 후에 바로 운동을 했고 복통을 느꼈다고 했으므로 ①이 알맞다.

2 운동하기 시작하면 혈액이 근육으로 이동하는 이유는 문장 ⑪에서 알 수 있다.

3 (1) 주어(The problem)와 동사(is)가 있으므로 보어 자리의 명사절을 이끄는 접속사가 와야 한다. 뒤에 완전한 문장이 이어지고 있으므로 that이 적절하다.
(2) help 뒤에 쓰인 동사원형 break와 and에 의해 병렬 연결되어 있으므로 동사원형인 absorb가 적절하다.

내신 Check-Up
p.111

1 ③ **2** ③ **3** Glycogen provides the body with energy for exercise. **4** (1) are (2) suffering

해설

1 탄수화물은 글루코스라고 불리는 일종의 당분으로 분해되고 이 글루코스가 신체의 일부에 저장되면 그것이 글리코겐이라고 했으므로 ③이 일치하지 않는다.

2 빈속에 운동하면 에너지 부족, 피로, 구역감, 두통을 느끼거나 실신하기도 한다고 했으므로 ③이 증상에 해당되지 않는다.

3 문장 ⑥~⑦에서 신체가 운동하기 위해서는 에너지가 필요하고 이 에너지를 제공하는 연료는 글리코겐이라고 했으므로 Glycogen provides the body with energy for exercise.가 알맞다.

4 (1) 전치사구 in the food we eat의 수식을 받는 Carbohydrates

가 주어이므로 복수 동사 are가 적절하다. we eat은 the food를 수식하는 목적격 관계대명사절이다.
(2) '결국 …하다'라는 의미의 「end up v-ing」 구문으로 suffering이 적절하다.

내신 Check-Up
p.113

1 ③ **2** We can replace it by eating food containing carbohydrates within thirty minutes after working out. **3** ③ **4** (1) that (2) (should) eat

해설

1 체중 1kg당 필요한 탄수화물을 계산하는 방법을 예로 들고 있으며 잃어버린 근육 글리코겐을 계산하는 방법은 언급되지 않았으므로 ③을 알 수 없다.

2 문장 ④에서 당신이 잃어버린 글리코겐을 대체하는 것이 This라고 했는데, 이는 앞 문장을 지칭한다. '…함으로써, …하는 것에 의해'라는 뜻의 「by v-ing」를 써서 앞 문장의 내용을 서술한다.

3 문장 ⑦~⑧에 따르면, 60~90g의 탄수화물을 섭취해야 하는데, 표에 의하면 흰 쌀밥 두 그릇은 124g, 바나나 2개는 46g, 흰 빵 5조각은 70g의 탄수화물을 함유한다.

4 (1) 「it is[was] ~ that」 강조 구문으로 what을 that으로 고쳐야 한다.
(2) 제안을 나타내는 recommend의 목적어로 쓰이는 that절의 동사는 「(should+)동사원형」의 형태가 되어야 하므로 (should) eat으로 고쳐야 한다. should는 생략 가능하다.

내신 Check-Up
p.115

1 ② **2** We should wait between one and a half and three hours. **3** (1) how long we should wait (2) The best time to eat before you exercise varies

해설

1 ①은 문장 ⑥~⑦을 근거로, ③은 문장 ⑩을 근거로 답할 수 있다. 건강을 유지하기 위해 섭취해야 할 음식의 종류는 언급되지 않았으므로 ②에 답할 수 없다.

2 식사 후 사이클링을 가기 위해 기다려야 하는 시간은 문장 ⑨에서 알 수 있다.

3 (1) 간접 의문문은 「의문사+주어+동사」의 순이고, should는 조동사이므로 뒤에 동사원형이 와야 한다.
(2) 주어인 '가장 좋은 시간'은 The best time이고, 이를 '운동 전에 식사할'이 꾸며 주고 있으므로, to부정사구를 뒤에 쓴다. 주어 뒤에는 동사가 와야 하므로 그 뒤에는 varies를 쓴다.

내신 Check-Up ⊕
p.116

1 T **2** F **3** F

해설

2 교과서 p.65에, 먹을 때 혈액은 음식을 분해하고 영양분을 흡수하기 위해 소화 기관으로 움직이고, 운동할 때 근육에 산소와 영양분을 공급하기 위해 근육으로 이동한다고 하였다.

3 교과서 p.68에, 매우 활동적인 운동의 경우 식사 후 1시간 반에서 3시간을 기다려야 한다고 했다.

1 (1) be returned (2) wear (3) meet 2 ② 3 (1) (should) practice (2) (should) attend (3) (should) protect 4 (1) requested that the company give him a full refund (2) ordered that the crew change the course (3) advised that we read additional materials (4) suggested that the patient rest for a week

해설

1 요청을 나타내는 동사 request, 요구를 나타내는 동사 require, 제안을 나타내는 동사 propose 뒤에 that절이 목적어로 올 경우, that절의 동사는 「(should+)동사원형」을 쓰므로, 각각 동사원형인 be returned, wear, meet이 적절하다.

2 제안을 나타내는 동사 뒤에 that절이 목적어로 올 경우 that절의 동사는 「(should+)동사원형」이어야 하고 that절에 오는 should는 생략 가능하다. suggested는 문장의 동사이고, to는 improve를 to부정사로 만들어 주어 목적을 나타내는 부사적 용법으로 쓰이게 하므로 생략할 수 없다.

3 요구를 나타내는 동사 demand, 주장을 나타내는 동사 insist, 제안을 나타내는 동사 suggest 뒤에 that절이 목적어로 올 경우, that절의 동사는 「(should+)동사원형」을 쓰므로, 각각 (should) practice, (should) attend, (should) protect로 고쳐야 한다.

4 각 문장의 주어가 제시되어 있으므로, 뒤에 동사를 쓰고, 목적절을 이끄는 that을 쓴다. that절은 우리말로 '…이/가 ~한다고'에 해당하므로, 주어와 동사, 목적어를 찾아 순서대로 쓴다.

1 (1) why (2) where (3) who 2 (1) what this symbol means (2) why the store is closed (3) where they should go 3 (1) Could you tell me when the last train departs from the station? (2) We don't know why the package hasn't arrived yet. (3) Do you remember where we met for the first time? 4 (1) why the meeting was postponed (2) how they built such a tall building (3) how many times they visited a doctor (4) what time the restaurant will open

해설

1 (1) 문맥상 '그 기계가 왜 이상한 소리를 내는지'라는 의미가 자연스럽고 의문사 자리이므로 why가 적절하다.
(2) 문맥상 '가장 가까운 병원은 어디에 있는지'라는 의미가 자연스러우므로 where가 적절하다.
(3) 문맥상 '누가 올해의 최우수 선수가 될지'라는 의미가 자연스럽고 의문사 자리이므로 who가 적절하다.

2 주절에 각각 동사 explain, know, decide가 있으므로 목적어로 쓰일 명사절이 필요하므로 간접 의문문으로 고친다. 간접 의문문은 「의문사+주어+동사」의 순이다.
(1) does는 의문문을 만들 때 일반동사 대신 앞으로 나온 것이므로 간접 의문문에서는 does를 빼고 본동사 mean을 주어(this symbol)의 수(단수)와 시제(현재형)에 맞춰 means로 수정한다.
(2) 수동태(be p.p.)가 의문문으로 쓰일 때 be동사만 앞으로 나오므로 원래대로 is closed의 형태로 수정한다.
(3) should는 조동사이므로 주어와 순서를 바꾸고 뒤에 go를 이어 쓴다.

3 (1) 두 번째 문장에 does가 있으므로 동사 depart를 3인칭 단수 현재시제로 고치고 「의문사+주어+동사」의 어순으로 바꾼다.
(2) 두 번째 문장을 「의문사+주어+동사」 형태로 어순을 바꾼다.

(3) 두 번째 문장에 did가 있으므로 동사 meet을 과거시제로 고치고 「의문사+주어+동사」의 어순으로 바꾼다.

4 간접 의문문은 「의문사+주어+동사」의 순으로 쓴다.
(1) 간접 의문문에서 주어인 the meeting은 연기되는 대상이므로 수동태 was postponed으로 쓴다.
(2) 간접 의문문에서 목적어인 '그렇게 높은 건물'을 동사 built 뒤에 써야 하는데, 주어진 such a tall이 '그렇게 높은'에 해당하는 형용사구이므로 뒤에 명사 building을 쓴다.
(3) '몇 번'에 해당하는 의문사는 how many times이므로 먼저 쓰고, '병원 진료를 보다'는 visit a doctor로 표현할 수 있다.
(4) '몇 시'에 해당하는 의문사는 what time이므로 먼저 쓰고, 조동사 will 뒤에 동사원형 open을 쓴다.

01 worked **02** that **03** break **04** they **05** is paused **06** going **07** that **08** are broken **09** stored **10** lack **11** suffering **12** uses up **13** that **14** containing **15** and **16** how **17** varies **18** well **19** wait **20** waiting

해설

01 figure out은 '이해하다', work out은 '운동하다'라는 의미이므로 문맥상 worked가 적절하다.

02 The problem is는 각각 문장의 주어와 동사로 '문제는 …이다'로 해석할 수 있으므로 is 뒤에는 보어가 와야 한다. you exercise 이하가 완전한 문장이므로 명사절을 이끄는 접속사 that이 적절하다. what은 선행사를 포함한 관계대명사로 뒤에 불완전한 문장이 온다.

03 help 뒤에는 동사원형이나 to부정사가 와서 '…하는 것을 돕다'라는 뜻을 나타낸다. 뒤의 동사원형 absorb와 접속사 and로 병렬 연결되어 있는 것을 통해서도 알 수 있다.

04 your muscles를 지칭하는 대명사로 they가 적절하다. they require는 앞의 the oxygen and nutrients를 수식하는 목적격 관계대명사절로, 앞에 관계대명사 which[that]가 생략되었다.

05 주어 the digestion process가 동작의 대상이므로 수동태 is paused가 적절하다.

06 앞에 나온 현재분사구 lifting weights와 접속사 or로 병렬 연결되어 있으므로 현재분사 going이 적절하다.

07 문장의 주어는 The fuel이고 동사는 is이므로, … this energy까지가 선행사 The fuel을 수식한다. provides 앞에 관계사절의 주어가 없으므로 주격 관계대명사 that이 적절하다. where는 관계부사로 주어 자리에 올 수 없다.

08 Carbohydrates ... we eat까지가 문장의 주어이고 동사가 없으므로 are broken이 적절하다. we eat은 the food를 수식한다.

09 glycogen을 수식하는 분사구의 분사로 glycogen은 '저장되는' 것이므로 수동을 나타내는 과거분사 stored가 적절하다.

10 빈속에 운동을 하면 에너지가 부족하고 유난히 피곤하게 느낄 것이라는 내용이 자연스러우므로 문맥상 lack이 적절하다. (gain: 얻다)

11 「end up v-ing」는 '결국 …하다'라는 의미로 suffering이 적절하다.

12 use up은 '다 써 버리다'라는 뜻이고, build up은 '만들어 내다, 높이다'라는 뜻이므로 문맥상 uses up이 적절하다.

13 「it is[was] ... that」 강조 구문('~한 것은 바로 …이다')의 의문문이므로 that이 적절하다. 주어를 강조하는 경우 강조 구문은 it, is[was], that을 빼면 완전한 문장이 되므로 The loss of glycogen causes us to have low levels of energy.로 정답인지 점검할 수 있다.

14 food를 수식하는 분사구의 부사로 food가 '함유하는' 주체이므로 능동을 나타내는 현재분사 containing이 적절하다.

15 「between A and B」는 'A와 B 사이에'라는 뜻으로, 해당 위치에 to를 쓸 수 없다.

16 explain의 목적어로 쓰이는 명사절을 이끌어야 하고, 형용사 long과 합쳐져서 의미를 가져야 하므로 의문사 how가 적절하다. how long 이하는 간접 의문문으로 「의문사＋주어＋동사」의 어순이다.

17 주어 The best time이 단수이므로 단수 동사 varies가 적절하다. to eat before you exercise는 주어를 수식하는 형용사적 용법의 to부정사구이다.

18 'B뿐만 아니라 A'라는 의미의 「A as well as B」 구문으로 well이 적절하다. (as good as: ~나 다름없는, 마찬가지인)

19 제안을 나타내는 동사 suggest 뒤에 that절이 목적어로 올 때 that절의 동사는 「(should＋)동사원형」을 쓰므로 wait이 적절하다.

20 for ... golfing은 문장 전체를 수식하는 전치사구이고, 뒤에 should be가 동사이다. for one hour after a meal도 전치사구로 주어가 될 수 없으므로, 문장의 주어로 동명사 waiting이 와야 적절하다.

단원평가
pp.131-133

01 ④ **02** (C) – (B) – (D) – (A) **03** ② **04** ④ **05** ④ **06** 운동을 시작하면 혈액이 소화 기관에서 근육으로 이동하는 것 **07** ③ **08** ③ **09** ⑤ **10** ③ ④ **11** ① **12** how long we should wait after eating **13** ⑤ **14** ① **15** matter

해설

01 ④ 여학생의 질문에 남성은 백신은 바이러스의 약한 버전으로, 우리 몸이 바이러스와 싸우는 연습을 할 수 있게 해준다고 설명하고 있으므로, 빈칸에는 '백신이 일부 질병을 예방하는 데 어떻게 도움을 주는지' 궁금해하는 내용이 들어가는 것이 적절하다.

해석 ① 병중에 어떤 일이 일어나는지
② 백신을 만드는 과정이 무엇인지
③ 왜 열이 날 때 우리가 추위를 느끼는지
⑤ 약을 복용하기 가장 좋은 때가 언제인지

02 잠을 자지 못하고 가끔 어지러움을 느낀다는 말에 대해 카페인이 함유된 에너지 음료를 너무 많이 마셔서 그럴 것이라 추측하고, 카페인 하루 권장량을 알고 있는지 묻는 질문 뒤에 잘 모른다는 답변과, 몸무게 대비 하루 카페인 권장량을 알려주는 흐름이 자연스럽다.

03 ② 주어진 문장이 '그 이름에도 불구하고'로 시작하므로, 글에서 다루고 있는 'muscle memory'가 언급된 이후에 나와야 한다. 또한 주어진 문장에 나온 대로, 이름이 근육 기억이지만 '근육이 기술을 기억하는 것을 의미하는 것이 아니다'라는 말 다음에는 그것이 근육이 아니라 주로 뇌의 일이라는 설명이 이어지는 흐름이 적절하다. 따라서 근육 기억이 소개된 다음이자, 뇌의 활동을 언급하기 전인 ②가 적절하다.

04 ④ 화자는 식사 후 바로 운동을 했을 때 복통을 겪었던 본인의 경험을 이야기하며 Victoria Hill 박사에게 그 이유를 묻고 있으므로, '화자의 최근 경험에 관한 질문에 대한 Hill 박사의 대답'이 이어지는 것이 적절하다.

해석 ① 건강한 식단에 대한 Victoria Hill 박사의 경험
② 건강을 유지하기 위한 화자의 조언
③ 병중 운동하는 방법
⑤ 운동의 효과를 높여 주는 음식들

05 ④ 식사 후 운동을 시작하면 혈액은 소화 기관에서 음식을 분해하고 영양분을 흡수하는 과정을 돕던 것을 중단하고 근육으로 이동하며, 다시 혈액이 돌아오기 전까지 소화 과정은 중단된다고 말했으므로 운동 중에도 소

화 과정은 멈추지 않고 계속된다는 것은 본문의 내용과 일치하지 않는다.

06 This는 앞 문장의 내용인 '운동을 시작하면 혈액이 소화 기관에서 근육으로 이동하는 것'을 의미하고, This를 주어로 하는 문장에서 이러한 혈액의 이동이 일어나는 목적을 설명하고 있다.

07 ③ (A) The fuel을 선행사로 하는 주격 관계대명사절의 동사 자리로, 단수 명사 The fuel에 수 일치시켜야 하므로 단수 동사 provides가 적절하다.

(B) 앞의 a kind of sugar를 뒤에서 수식하는 분사구로, a kind of sugar는 glucose라고 불리는 수동의 관계에 있으므로 과거분사 called가 적절하다. 문장의 동사 are broken이 앞에 있으므로 is called는 올 수 없다.

(C) 「such a/an＋(형용사＋)명사」의 구조일 때 such는 '그렇게나, 너무나'라는 뜻으로 정도를 강조할 때 쓰인다. 뒤에 바로 명사 a challenge가 나오므로 such가 적절하며 합쳐서 '그렇게나 힘든 일'이라는 뜻이 된다. so는 이렇게 강조하는 의미로 쓰일 경우에 「so＋형용사＋a/an＋명사」의 구조로 so 뒤에 바로 형용사가 쓰인다.

08 ③ 해당 문장에서 challenge는 '힘든 일, 도전적인 일'을 의미한다. 유사한 의미의 단어는 difficulty(어려움, 어려운 일)이다.

해석 ① 방법
② 과업, 일
④ 비극
⑤ 차이(점)

09 ⑤ (A) 빈속에 운동을 하면 에너지가 부족하고 피곤하게 느낄 것이라는 내용이 자연스러우므로 문맥상 lack(부족하다)이 적절하다.

(B) 다음 문장에서 어떤 사람들은 구역감과 두통을 겪고, 어떤 사람들은 실신하기도 한다는 내용이 이어지므로 문맥상 serious(심각한)가 적절하다.

(C) 강도 높은 운동이 근육의 글리코겐을 다 써 버려서 일부 사람들이 구역감이나 두통을 경험하고, 실신하기도 한다는 내용이 자연스러우므로 intense(강렬한)가 적절하다.

10 권유를 나타내는 동사 recommended 뒤에 '…해야 한다'라는 의미의 당위성을 가진 that절이 목적어로 온 구조이므로 that절의 동사는 「(should＋)동사원형」의 형태로 써야 한다.

11 ① Hill 박사는 의사들이 운동 후 30분 이내에 탄수화물을 함유하고 있는 음식을 먹기를 권장한다고 말하고, 이것이 손실된 글리코겐을 대체한다고 하였으므로 글리코겐 손실이 회복될 수 없다는 설명은 글에서 추론할 수 있는 내용과 다르다.

오답 풀이 ② 운동으로 잃어버린 글리코겐을 회복하는 것에 관해 설명하고 있으므로 운동은 글리코겐을 손실시키는 활동이라고 할 수 있다.
③ 글리코겐 손실로 인한 에너지 저하를 탄수화물 섭취로 해결한다고 설명하고 있으므로 탄수화물이 에너지 수준에 영향을 준다고 추론할 수 있다.
④ 체중에 따라 필요한 탄수화물 섭취량 계산법을 설명하고 있으므로 체중이 다르면 필요한 탄수화물 섭취량이 다를 것으로 추론할 수 있다.
⑤ 예시로 든 체중 60kg인 사람에게 필요한 탄수화물의 양이 흰 쌀밥 한 그릇 또는 바나나 세 개라고 하였으므로 두 가지로 제시된 음식의 탄수화물 양은 비슷할 것이다.

12 조건에서 간접 의문문을 활용하라고 하였으므로 「의문사＋주어＋동사」의 어순으로 써야 한다. '얼마나 오래'라는 의미로 의문사 자리에 how long을 쓰고, 주어인 we와 '기다려야 한다'의 의미가 되는 동사 should wait을 쓴 후, '식사 후에'라는 의미로 after eating을 마지막에 덧붙인다.

13 ⑤ 운동 전 식사하기 가장 좋은 시간은 음식의 양과 종류, 체구, 나이, 성별 같은 여러 요소에 의해 결정된다고 말하고 있으며, 질환에 대해서는 언급하고 있지 않다.

14 ① 빈칸 앞에서 사이클링과 같은 활동적인 운동의 경우 1시간 30분에서

3시간 사이를 기다려야 하고, 반면 사이클링보다 덜 활동적인 골프 치기와 같은 것들은 1시간을 기다리는 것으로 충분하다고 이야기하고 있으므로 빈칸에는 casual(일상적인)이 들어가는 것이 적절하다.

해석 ② 중요한
③ 강한
④ 전문적인
⑤ 활력 있는, 민첩한

15 해석 중요성이나 중대성을 가지다

Lesson 4 The Future Ahead of Us

내신 Check-Up
p.145

1 ② **2** fair **3** AI programs can produce various forms of art including images, songs, and novels. **4** (1) do (2) were

해설

1 ① 화가는 인공 지능에게 기본적인 지시 사항을 제공한 뒤 그림을 그리게 하였다고 했다.
③ 소설 내용을 바탕으로 그려졌다는 것은 언급되지 않았다.

2 '모든 사람들을 같은 방식으로 대하는'의 의미를 가진 단어는 fair(공정한)이다.

3 단락 마지막 문장에서 오늘날 그림, 노래, 소설을 포함하여 다양한 형태의 예술을 만들어 낼 수 있는 많은 인공 지능 프로그램들이 있다고 하였다.

4 (1) 사역동사 let의 목적격 보어 자리이므로 동사원형인 do로 고쳐야 한다.
(2) 주격 관계대명사절의 동사는 선행사의 수에 일치시켜야 하므로 people에 맞춰 복수형 were로 고쳐야 한다.

내신 Check-Up
p.147

1 ③ **2** ② **3** 전체적인 디자인, 눈, 머리 주위의 스카프 **4** (1) to create (2) to create

해설

1 인공 지능 그림 생성기는 주어진 텍스트 요청에 기반하여 짧은 시간 안에 이미지를 만들 수 있고, 요청에 따라 현존하는 그림의 화풍을 혼합할 수 있다고 하였다. ③ '그림을 분석하여 진품인지 판단하기'는 언급되지 않았다.

2 인공 지능 그림 생성기는 새 그림을 생성하기 위해 인간에 의해 만들어진 그림들을 '모방한다'고 하는 것이 적절하다.

3 두 그림에는 몇 가지 차이점이 있지만 전체적인 디자인, 눈, 머리 주위의 스카프는 〈진주 귀걸이를 한 소녀〉 그림에 기반하고 있다고 하였다.

4 (1) 동사 allow는 목적어로 to부정사를 취하므로 to create가 적절하다.
(2) 「enough to-v」 구문으로 to부정사인 to create가 적절하다.

내신 Check-Up
p.149

1 ③ **2** ② **3** set how long the song will be **4** (1) but (2) that

해설

1 ③ 인공 지능 프로그램이 제작한 노래는 편집하거나 그대로 사용할 수 있다

고 하였다.

2 ② 가상 인플루언서가 팬의 요청을 기반으로 노래를 만들 수 있다고는 하지 않았다.

3 동사 set 뒤에 「의문사+주어+동사」의 어순으로 간접 의문문을 완성한다.

4 (1) 'A뿐만 아니라 B도'라는 의미의 「not only A but also B」 구문으로 but이 적절하다.
(2) 선행사 a song을 수식하는 목적격 관계대명사절의 관계사 자리로 that이 적절하다.

내신 Check-Up
p.151

1 ① **2** (1) limits (2) What

해설

1 '어떤 사람들은 인공 지능을 위협으로 보지만, 다른 사람들은 인공 지능 프로그램들이 여전히 인간 도움에 의존하기 때문에 (그 의견에) 반대한다.'라고 하는 것이 적절하다.

2 (1) 주어를 수식하는 전치사구 전체에 해당하는 on imperfect data with little diversity를 제외하면 문장의 진짜 주어는 A dependence가 되므로 동사는 주어의 수에 맞춰 단수 동사 limits가 적절하다.
(2) 앞에 선행사가 없으므로 선행사를 포함하는 관계대명사 What이 적절하다.

내신 Check-Up ⊕
p.152

1 F **2** T **3** F

해설

1 인공 지능 그림 생성기는 기존의 화풍을 혼합하여 새로운 그림을 만들 수도 있다고 했으므로 독특한 그림을 만들기 위해 기존의 화풍을 사용하는 것을 꺼린다는 것은 내용과 일치하지 않는다.

3 AI가 사용하는 정보에는 한계나 결함이 있을 수 있고 이로 인해 결과물이 제한적일 수 있다고 하였다.

문법 만점 Check-Up
p.155

1 (1) rainy (2) take (3) hiking **2** (1) to Rome (2) confidently (3) buying **3** (1) but (also) on the field (2) not only during holidays (3) not only because it is free **4** (1) not only shared online but also included (2) not only local residents but also tourists (3) famous not only for its delicious food but also

해설

1 (1) not only 뒤에 형용사 cold가 왔으므로 but also 뒤에도 형용사 rainy가 와야 한다.
(2) not only 뒤에 동사원형 visit이 왔으므로 but also 뒤에도 동사원형 take가 와야 한다.
(3) not only 뒤에 명사 swimming이 왔으므로 but also 뒤에도 동명사 hiking이 와야 한다.

2 (1) 「not only A but also B」 구문에서 A와 B는 문법적으로 대등한 성격이어야 하므로 not only 뒤의 전치사구와 대등한 형태인 to Rome으로 고쳐야 한다.
(2) 「not only A but also B」 구문에서 A와 B는 문법적으로 대등한 성격이어야 하므로 not only 뒤의 부사와 대등한 형태인 부사 confidently로 고쳐야 한다.
(3) 「not only A but also B」 구문에서 A와 B는 문법적으로 대등한 성

격이어야 하므로 not only 뒤의 동명사와 대등한 형태인 동명사 buying 으로 고쳐야 한다.

3 (1) not only 뒤의 전치사구와 병렬 연결되도록 but also 뒤에 전치사 구를 써서 '운동장에서도'라는 의미를 나타낸다.
(2) but also 뒤의 전치사구와 병렬 연결되도록 not only 뒤에 전치사 구를 써서 '휴가철에뿐만 아니라'라는 의미를 나타낸다.
(3) but also 뒤의 because절과 병렬 연결되도록 not only 뒤에 because절을 써서 '무료이기 때문뿐만 아니라'라는 의미를 나타낸다.

4 (1) 「not only A but also B」 구문에서 A와 B에 앞의 was와 연결되 는 수동태의 과거분사 shared와 included가 오도록 배열한다.
(2) attracted의 두 목적어를 「not only A but also B」 구문을 이용 해 연결한다.
(3) '…로 유명하다'는 be famous for로 나타내고, 빈칸에 들어갈 마지 막 말인 but also 뒤에 for가 있으므로 not only 뒤에도 for가 오도록 배열한다.

문법 만점 *Check-Up* p.157

1 (1) that (2) that (3) that **2** (1) concerns (2) idea
3 (1) announced the news that (2) share the opinion that (3) Despite the fact that **4** (1) concerns that too much smartphone use can (2) the belief that early childhood education impacts (3) The idea that social media influences public opinion (4) The fact that the new product sold out

해설

1 (1) 괄호 뒤의 절이 a growing belief의 내용을 부연 설명하므로 동격의 접속사 that이 적절하다.
(2) 괄호 뒤의 절이 the rumor의 내용을 부연 설명하므로 동격의 접속사 that이 적절하다.
(3) 괄호 뒤의 절이 proof의 내용을 부연 설명하므로 동격의 접속사 that 이 적절하다.

2 (1) that 이하는 빈칸에 들어갈 명사를 부연 설명하는 동격절로 신약이 심 각한 부작용을 일으킬 수 있다는 부정적인 의미를 나타내며 빈칸 앞에 복수 형 동사 are가 있으므로 복수 명사 concerns가 알맞다.
(2) that 이하는 빈칸에 들어갈 명사를 부연 설명하는 동격절로 여러 연구 가 깊은 수면이 생산성을 높인다는 '생각'을 뒷받침한다고 하는 것이 문맥상 적절하므로 idea가 알맞다.

3 (1) 동사 announced를 쓰고 그 뒤에 목적어인 명사 the news와 동격 의 절을 이끄는 접속사 that을 써서 완성한다.
(2) 동사 share를 쓰고 그 뒤에 목적어인 명사 the opinion과 동격의 절을 이끄는 접속사 that을 써서 완성한다.
(3) 전치사 Despite을 쓰고 전치사의 목적어인 명사 the fact와 동격의 절을 이끄는 접속사 that을 써서 완성한다.

4 (1) 동사 뒤에 목적어 concerns를 쓰고, 이와 동격인 that절을 이어 써 서 문장을 완성한다.
(2) 동사 뒤에 목적어 the belief를 쓰고 이와 동격인 that절을 이어 써서 문장을 완성한다.
(3) 주어 The idea를 쓰고 이와 동격인 that절을 이어 써서 문장을 완성 한다.
(4) 주어 The fact를 쓰고 이와 동격인 that절을 이어 써서 문장을 완성 한다.

내신 *Check-Up* p.160

1 who **2** revealing **3** set

해설

1 another character와 Molotov Girl은 동격을 나타내며, 사람을 나 타내는 Molotov Girl을 선행사로 하는 계속적 용법의 관계대명사 자리 이므로 who가 적절하다. that은 계속적 용법으로 쓸 수 없다.

2 동시 동작을 나타내는 분사구문으로, 주절의 주어이자 분사구문의 생략된 주어인 he가 동사 reveal과 능동 관계이므로 현재분사 revealing이 적 절하다.

3 '배경으로 설정되다'라는 의미로 주어 The movie *Avatar*와는 수동 관 계여야 하므로 과거분사 set이 적절하다.

내신 만점 본문 *Check* pp.165-166

01 provided **02** who **03** including **04** were
05 corresponding **06** provided **07** a few **08** are
09 not only **10** as **11** have **12** move **13** which
14 impact **15** to learn **16** that **17** that **18** little
19 boost **20** to use

해설

01 시스템에 기본적인 지시만을 제공했다는 의미가 되는 것이 자연스러우므 로 문맥상 provided(제공했다)가 적절하다. (「replace A with B」: A를 B로 대체하다)

02 선행사 people이 관계사절에서 주어 역할을 하므로 주격 관계대명사 who가 적절하다.

03 that절에 can create라는 동사가 이미 있으므로 '…를 포함하여'라는 의미의 전치사 including이 오는 것이 적절하다.

04 선행사인 other images를 수식하는 주격 관계대명사절의 동사로, other images가 '생성되는' 것이므로 수동태 were (created)가 알 맞다.

05 생성기가 수백만 개의 그림과 그에 상응하는 설명을 분석할 능력을 가졌 다는 것이 자연스러우므로 문맥상 corresponding(상응하는, 해당하 는)이 적절하다. (contrasting: 대조적인)

06 instructions를 수식하는 분사로, instructions는 '주어진' 것이므 로 수동을 나타내는 과거분사 provided가 알맞다.

07 a few와 a little은 둘 다 '약간의, 몇몇'이라는 의미이지만 셀 수 있는 명사의 복수형 differences 앞에는 a few가 와야 한다. a little 뒤에 는 셀 수 없는 명사가 온다.

08 the overall design, the eyes, and the scarf around the head가 and로 병렬 연결되어 주어가 복수이므로 are가 적절하다.

09 뒤에 but also가 나온 것으로 보아 'A뿐만 아니라 B도'라는 뜻의 「not only A but also B」가 되어야 하므로 not only가 적절하다.

10 편집하거나 그대로 쓸 수 있는 노래라는 의미가 되어야 자연스러우므로 '있는 그대로'를 뜻하는 표현인 as it is의 as가 와야 한다.

11 가상의 인플루언서들이 이미 여러 노래를 발표했다는 완료의 의미가 되 어야 하고 주어와 동작 release가 능동 관계에 있으므로 현재완료형 have released가 적절하다. 뒤에 목적어 several songs가 이어 지므로 수동태 were released는 쓸 수 없다.

12 앞의 speak와 접속사 and로 병렬 연결되어야 하므로 move가 적절 하다. move 앞에 to가 생략된 형태이다.

13 앞에 쉼표가 있고 means의 주어가 없으므로 앞 절 전체를 선행사로 하 여 부연 설명하는 계속적 용법의 주격 관계대명사 which가 오는 것이

적절하다. that은 계속적 용법으로 쓸 수 없다.

14 인간에게 미치는 그들의 영향력이라는 의미가 되는 것이 자연스러우므로 문맥상 impact(영향)가 적절하다. (cause: 원인, 이유)

15 명사 the potential을 수식하는 형용사적 용법의 to부정사 to learn이 적절하다.

16 worry의 목적어로 쓰이는 명사절을 이끌어야 하므로 접속사 that이 적절하다. about은 전치사로 뒤에 명사(구)가 온다.

17 concerns를 부연 설명하는 완전한 절이 이어지므로 동격절을 이끄는 접속사 that이 적절하다.

18 인공 지능이 다양성이 거의 없는 불완전한 데이터에 의존하기 때문에 결과물이 제한된다고 하는 것이 자연스러우므로 문맥상 little(거의 없는)이 적절하다. (much: 많은)

19 더 많은 사람들이 창의력과 생산성을 증진하기 위해 AI 프로그램을 사용할 것인가라는 내용이 되어야 자연스러우므로 문맥상 boost(증진하다, 북돋우다)가 적절하다. (limit: 제한하다)

20 figure out의 목적어로, '어떻게 …할 지'의 의미인 「how+to부정사(구)」가 되어야 적절하다.

단원평가

01 ⑤ **02** explain how it works **03** ③ **04** ④ **05** ②
06 ④ **07** existing **08** ④ **09** ③ **10** style, key **11** ⑤
12 concerns that AI may imitate the styles of human artists without their consent **13** ④ **14** ②
15 (A) produce more in a shorter amount of time (B) reduce the risk of accidents

해설

01 여자의 마지막 말에서 채팅 상대인 이순신 장군에게 노량 해전에 대해 물어볼 예정임을 알 수 있다.

　오답 풀이 ① Emma는 휴대폰으로 채팅을 하고 있다.
　② Emma는 역사적 인물과 대화할 수 있는 앱을 설치했다.
　③ Mark가 이순신 장군과 채팅하고 싶어 한다는 것은 언급되지 않았다.
　④ Mark는 Emma가 앱에 관해 설명하자 놀람을 표하며 긍정적인 반응을 보였으며 챗봇 앱에 불만족한다고는 언급되지 않았다.

02 동사 explain을 쓰고 목적어 역할을 하는 간접 의문문을 「의문사+주어+동사」 어순으로 작성한다. 이때 주어 it이 3인칭 단수이므로 work를 단수 동사 works로 바꿔 쓴다.

03 ③ 주어인 the image sensors가 우주에서 사용되기 위해 개발되었다는 수동의 의미가 되어야 하므로, 수동태인 「be동사+p.p.」 구조에 따라 developing을 developed로 고쳐야 한다.

　오답 풀이 ① 동사 seem 뒤에 주격 보어로 형용사 useful은 적절하다.
　② 동사 know의 목적어로 쓰인 명사절을 이끄는 접속사 that은 적절하다.
　④ 형용사 easy를 수식하여 '생산하기에 쉬운'이라는 의미를 나타내는 to부정사의 부사적 용법인 to produce는 적절하다.
　⑤ 동사 start는 목적어로 동명사(구)를 취해 '…하는 것을 시작하다'라는 의미로 사용될 수 있으므로 동명사 using은 적절하다.

04 주어진 글은 인공 지능 시스템을 사용해 만든 작품이 미술 대회에서 1등을 했다는 내용으로, 이것이 논란을 일으켰으며 몇몇 사람들이 불평한다는 내용의 (C)가 오고 그들은 그것이 나머지 화가들에게 불공평하다고 느

껐다는 내용과 반면에 인공 지능의 잠재력에 긍정적인 사람들도 있었다는 내용이 함께 언급된 (A)가 온 뒤, 오늘날에는 여러 형태의 예술을 만들어 낼 수 있는 인공 지능 프로그램이 존재한다고 언급하는 (B)로 이어지는 흐름이 자연스럽다.

05 이 글은 인공 지능 그림 생성기가 기존의 이미지를 모방하고 분석하거나 여러 화풍을 혼합하여 우리의 요청에 맞는 새로운 이미지를 만들어 낼 수 있다는 내용이므로 ② '인공 지능 프로그램이 이미지를 생성하는 방법'이 글의 주제로 적절하다.

　해석 ① 인공 지능 기술의 발전
　③ 전통적 예술 형태에 대한 인공 지능의 영향
　④ Johannes Vermeer의 예술 작품의 역사
　⑤ 다른 예술 양식들을 모방하는 기술

06 주어진 문장은 '이 두 그림에는 몇 가지 차이점이 있다'는 뜻이므로 앞에 두 개의 이미지(고양이의 사진과 〈진주 귀걸이를 한 소녀〉 그림)가 언급된 이후이자, 역접의 부사 However 이후 두 그림의 공통점을 언급하는 문장 앞 ④에 들어가는 것이 가장 적절하다.

07 **해석** 현재 존재하거나 지금 사용 중인

08 ⓐ 밑줄 친 they가 여러 선택 사항을 준다고 하였으므로, 그것들은 앞 절의 These programs이자 노래를 작곡하는 AI programs를 가리킴을 알 수 있다.
　ⓑ 밑줄 친 them의 일부가 인간 가수처럼 많은 팔로워를 보유하고 있다고 하였으므로, 앞 문장의 virtual influencers를 가리킴을 알 수 있다.

09 ③ 빈칸에는 가상 음악가들의 특징이나 속성을 드러내는 말이 들어가야 하며, 앞부분에서 이들이 사실적인 외모를 가졌고 노래를 발매하였으며 많은 팔로워를 보유하고 있다고 하였으므로 그들이 '사실적으로 말하고 움직일 수 있다'고 하는 것이 적절하다.

　해석 ① 악보를 읽을 수 있다
　② 콘서트에 가는 것이 가능하다
　④ 선거에 참여할 권리를 가진다
　⑤ 실제로 숨을 쉬고 생존할 수 있다

10 글의 세 번째 문장과 네 번째 문장에서 인공 지능 프로그램이 노래를 작곡할 때 우리가 장르와 조성(style and key)을 선택할 수 있고 곡이 얼마나 길어질지도 설정할 수 있다고 하였다.

　해석 질문: 인공 지능 프로그램은 노래를 작곡할 때 어떠한 선택지를 제공하는가?
　→ 그것들은 당신이 노래의 장르, 조성 그리고 길이를 선택할 수 있게 해 준다.

11 ⑤ 인공 지능이 인간보다 기술을 더 잘 배우고 수행할 능력이 있기 때문에 몇몇 사람들이 그것을 위험으로 본다고 하는 것이 자연스러우므로 빈칸에는 이유를 나타내는 접속사 Since(…때문에)가 들어가는 것이 적절하다.

　오답 풀이 ① Whether은 '…인지 (아닌지)'를 뜻하는 접속사이다.
　② Although는 '(비록) …이지만'을 뜻하는 접속사이다.
　③ While은 '…하는 동안', '…하는 반면에'를 뜻하는 접속사이다.
　④ Unless는 '…하지 않는 한'을 뜻하는 접속사이다.

12 명사 concerns 뒤에 동격의 that절을 사용하여 concerns를 부연 설명한다. that절의 주어 AI 뒤에 '…일지도 모른다'는 뜻의 조동사 may와 본동사 imitate가 이어지고, 목적어로 the styles of human artists가 온 뒤 전치사구 without their consent가 문장 끝에 오도록 한다.

13 ④ 해당 문장에서는 on the other hand를 통해 앞 문장과 역접의 관계를 드러내고 있는데, 앞에서는 다양성이 거의 없고 불완전한 정보에 의존하는 인공 지능은 결과물이 제한된다고 말하고 있으므로 해당 문장은 이와 반대의 의미를 전달해야 한다. 따라서 인간의 상상력은 한계나 '기회'가 없는 것이 아닌, '경계'가 없다는 등의 의미가 되어야 적절하므로 opportunities를 boundaries와 같은 어휘로 고쳐야 한다.

오답 풀이 ① and 뒤에서 인공 지능이 여전히 인간의 도움에 의존한다고 했으므로 인간을 '뛰어넘을' 수 없다는 것은 적절하다.

② 인공 지능이 사용하는 데이터의 부정적인 요소를 드러내는 말로 '결점'을 사용하는 것은 적절하다.

③ 인공 지능의 결과물을 제한하는 요인으로 '다양성'이 거의 없는 불완전한 데이터라고 하는 것은 적절하다.

⑤ 미래가 우리 앞에 '놓여 있다'는 표현은 적절하다.

14 ② 필자는 인공 지능 기술이 발전함에 따라 로봇이 인간의 많은 역할을 대체할 것이라고 생각하며 그 근거로 로봇이 인간보다 더 잘할 수 있는 것들에 대해 말하고 있다.

오답 풀이 ① 인공 지능 기술의 발달에 따른 부작용에 대해서는 언급되지 않았다.

③ 로봇은 인간보다 더 생산적으로 일할 수 있다고 하였다.

④ 인공 지능 기술은 인간이 닿을 수 없는 위험한 공간에서 일할 수 있다고 했을 뿐, 작업 환경을 개선시켰다고는 하지 않았다.

⑤ 인간 노동자의 일자리 증가에 대해서는 언급되지 않았다.

15 (A) 로봇이 인간보다 더욱 생산적으로 일할 수 있다는 것은 짧은 시간 동안 더 많은 것을 생산할 수 있다는 것을 의미하므로 빈칸에는 produce more in a shorter amount of time이 적절하다.

(B) 로봇이 위험한 곳에서 일하게 될 경우 인간 노동자들이 겪을 수 있는 사고의 위험을 줄일 수 있다는 내용이 이어져야 하므로, 빈칸에는 reduce the risk of accidents가 알맞다.

해석 • 인간이 하는 모든 것들을 한다
• 작동시키는 데 비용이 많이 든다
• 사고의 위험을 줄일 수 있다
• 훌륭한 미술품의 작가가 될 수 있다
• 짧은 시간 안에 더 많이 생산할 수 있다

Special Lesson 2
Ready to Be Wicked

내신 Check-Up
p.173

1 ② **2** ② **3** What impressed the writer the most was the theme of the musical. **4** (1) on (2) got

해설

1 2003년에 브로드웨이에서 이 뮤지컬이 시작되었고, 글쓴이는 지난주에 봤다고 했다.

2 책 〈오즈의 마법사〉의 작가가 누구인지는 언급되지 않았다.

3 본문 6행에 '나에게 가장 감명을 준 것은 뮤지컬의 주제였다.'라는 내용이 나온다.

4 (1) be based on: …를 기반으로 하다
(2) 앞의 opened와 병렬 연결되므로 시제를 일치시켜 got이 되어야 한다. 과거완료 시제인 had gotten을 쓸 경우 opened보다 이전 시점에 시작된 일을 나타내게 되는데, 평가(reviews)를 얻게 되는 것은 뮤지컬이 시작된 시점 이후에 일어나는 일이므로 적절하지 않다.

내신 Check-Up
p.175

1 ③ **2** ③ **3** She was born with green skin. **4** (1) which (2) learn

해설

1 특이한 외모와 냉정한 성격을 가진 인물은 Elphaba이고, Elphaba와 Glinda는 처음 만났을 때는 친하지 않았다.

2 주어진 본문은 이야기의 내용이 어떻게 시작되고 전개되는지를 설명하고 있다.

3 Elphaba는 초록색 피부를 갖고 태어났다고 했다.

4 (1) 선행사가 a very kind personality인 계속적 용법의 주격 관계대명사 which가 와야 한다. that은 계속적 용법으로 쓸 수 없다.
(2) 앞의 동사 get과 병렬 관계이므로 learn이 적절하다.

내신 Check-Up
p.177

1 ① **2** She shows her true powers and rises into the air on her broom. **3** (1) that (2) bring

해설

1 Elphaba는 존경하던 마법사의 사악한 계획을 알게 되고 더 이상 그를 신뢰할 수 없으며 맞서 싸우겠다고 노래한다.

2 문장 ⑪에서 Elphaba는 노래를 부르면서 진정한 힘을 보여 주고 빗자루를 타고 공중으로 올라간다고 했다.

3 (1) 선행사 two를 수식하는 목적격 관계대명사절을 이끄는 관계대명사가 들어가야 하므로 that이 적절하다. what은 선행사를 포함하는 관계대명사로 쓰이는데, 주어진 문장에는 선행사가 있으므로 what을 쓸 수 없다.
(2) 목적격 보어로 동사원형이 쓰인 「let(사역동사)+목적어+동사원형」의 구조이므로 bring이 적절하다. to부정사는 사역동사의 목적격 보어로 쓸 수 없다.

내신 Check-Up
p.179

1 ② **2** ② **3** They explain that meeting each other has changed them for the better. **4** ③

해설

1 "For Good(영원히)"은 두 친구가 뮤지컬의 마지막에 부르는 노래이다. Elphaba가 고향을 떠나기로 결심한다고 했고, Elphaba가 Glinda에게 오즈 사람들을 지켜달라고 요청한다.

2 move는 '감동시키다'라는 의미의 동사로 사용되었으며 같은 의미로 touch를 쓸 수 있다.

3 노래에 감동한 이유를 언급한 문장 ⑤에서, 그 노래 속에서 두 친구가 서로를 만난 것이 그들을 더 나은 쪽으로 바꾸었다고 설명한다는 내용이 나와 있다.

4 앞의 have to choose와 뒤에 나오는 have to say는 병렬 관계이므로 say 앞의 반복되는 have to는 생략해도 된다.

내신 Check-Up
p.181

1 ② **2** ③ **3** It[The dragon-shaped device] was hanging above the stage. **4** (1) noticing (2) engaged

해설

1 가면, 가발, 옷의 세부 사항과 아름다움이 믿을 수 없을 만큼 좋았다고 했다.

2 글쓴이는 뮤지컬 〈위키드〉의 공연에 사용된 기교들과 상징, 그리고 가면과 가발 등의 의상이 주는 시각적 효과에 대해 언급하였고, 사실적인 음향 효과에 대한 언급은 하지 않았다.

3 문장 ⑦에서 거대한 용 모양의 장치는 무대 위에 걸려 있었다고 했다.

4 (1) 동사 enjoy는 동명사를 목적어로 취하므로 noticing이 적절하다.

(2) 동사 kept의 목적어 me와 목적격 보어의 관계가 '…로 하여금 계속 ~되게 하다'라는 수동이 되어야 하므로 과거분사 engaged가 적절하다.

p.182

내신 Check-Up ⊕

1 F 2 T 3 F

해설

1 글쓴이는 오랫동안 뮤지컬 〈위키드〉를 보고 싶어 했으므로 보기 전부터 작품을 알고 있었다.

3 Elphaba와 Glinda는 처음부터 친하진 않았지만, 결국에는 우정을 서로 확인하게 되었다.

문법 만점 Check-Up

p.183

1 (1) 우리가 가장 두려워했던 것, 보어 (2) 내가 원하는 것, 주어 (3) 프로젝트를 위해 그가 필요로 했던 것, 목적어 **2** (1) I don't know what you're talking about right now. (2) This is what I truly want in life. (3) What you did is completely unacceptable. **3** (1) What she suggested (2) what I admire (3) Tell me what you want

해설

1 관계대명사 what은 '…하는 것'이라고 해석한다.

2 (1) the thing that은 관계대명사 what으로 바꾸어 쓸 수 있다.
  (2), (3) the thing which는 관계대명사 what으로 바꾸어 쓸 수 있다.

3 (1) 관계대명사 what이 이끄는 절이 문장의 주어 역할을 하도록 쓴다.
  (2) 관계대명사 what이 이끄는 절이 문장의 보어 역할을 하도록 쓴다.
  (3) '제게 말해 보세요'에 해당하는 Tell me를 먼저 쓴 후, 관계대명사 what이 이끄는 절이 직접 목적어 역할을 하도록 이어서 쓴다.

문법 만점 Check-Up

p.184

1 (1) washed (2) creating (3) practicing (4) playing **2** (1) burying → buried (2) dug → digging (3) danced → dancing[dance] (4) fixing → fixed **3** (1) found the dog sleeping on the couch (2) wants his hair cut before the interview (3) heard the baby crying in the next room (4) saw the building destroyed by the storm

해설

1 (1) 목적어 the car와 수동 관계여야 하므로 washed가 적절하다.
  (2) 목적어 the artist와 능동 관계여야 하므로 creating이 적절하다.
  (3) 목적어 my neighbor와 능동 관계여야 하므로 practicing이 적절하다.
  (4) 목적어 the kids와 능동 관계여야 하므로 playing이 적절하다.

2 (1) 목적어 the treasure와 수동 관계여야 하므로 buried가 적절하다.
  (2) 목적어 her dog와 능동 관계여야 하므로 digging이 적절하다.
  (3) 목적어 him과 능동 관계여야 하므로 dancing이 적절하다. saw가 지각동사이므로 동사원형 dance도 가능하다.
  (4) 목적어 her phone과 수동 관계여야 하므로 fixed가 적절하다.

3 (1) the dog가 목적어, 현재분사 sleeping이 목적격 보어로 오도록 배열한다.
  (2) his hair가 목적어, 과거분사 cut이 목적격 보어로 오도록 배열한다.
  (3) the baby가 목적어, 현재분사 crying이 목적격 보어로 오도록 배열한다.

(4) the building이 목적어, 과거분사 destroyed가 목적격 보어로 오도록 배열한다.

내신 만점 본문 Check

pp.185-186

01 reviews **02** imaginary **03** known **04** accepting **05** stays away from **06** Because of **07** makes **08** relate to **09** talking **10** that **11** on **12** say **13** to leave **14** has **15** that **16** accompanied **17** wearing **18** invited **19** using **20** visually

해설

01 훌륭한 평가를 받았다는 내용이 자연스러우므로 문맥상 reviews가 적절하다. (neglect: 무시)

02 책에 나오는 두 명의 캐릭터에 관한 창작 이야기를 기반으로 한다는 내용이 자연스러우므로 문맥상 imaginary가 적절하다. (realistic: 현실적인)

03 「be[become] known as」는 '…로 알려지다'라는 의미의 수동태 표현이므로, known이 적절하다.

04 전치사 about 뒤에 목적어로 동명사 forming, getting과 접속사 and로 병렬 연결되어 있으므로 동명사 accepting이 적절하다.

05 다른 이들로부터 거리를 둔다는 내용이 자연스러우므로 문맥상 stays away from이 적절하다. (get close to: …와 가까워지다[친해지다])

06 그녀의 특이한 외모와 냉정한 성격 때문에 친구가 거의 없다는 내용이 문맥상 자연스러우므로 Because of가 적절하다. (in spite of: …에도 불구하고)

07 a very kind personality를 부연 설명하는 계속적 용법의 주격 관계대명사절로, 선행사 a very kind personality가 단수이므로 makes가 적절하다.

08 주인공들에게 쉽게 공감할 수 있었다는 흐름이 자연스러우므로 relate to가 적절하다. (detach from: …에서 떼어내다[분리하다])

09 전치사 without의 목적어 역할을 하는 자리이므로 동명사 talking이 적절하다.

10 동사 finds out의 목적어 역할을 하는 명사절을 이끌어야 하고 뒤에 완전한 절이 오므로 접속사 that이 적절하다.

11 「have an impact on」는 '…에 영향을 주다'라는 뜻이다.

12 have to choose와 and로 병렬 연결되었고 두 번째 중복된 have to가 생략된 형태이므로 동사원형 say가 적절하다.

13 decide는 to부정사를 목적어로 취하고, 「decide to-v」는 '…하기로 결정하다'라는 의미를 나타내므로 to부정사 to leave가 적절하다.

14 explain의 목적어로 쓰이는 명사절의 주어는 meeting each other로 동명사구이다. 동명사구 주어는 단수 취급하므로 동사는 has가 알맞다.

15 shows 이하는 주어가 없는 불완전한 절이므로, a truly touching moment를 수식하는 주격 관계대명사 that을 써서 관계사절을 이끄는 것이 적절하다. when은 관계부사로 주어 자리에 올 수 없다.

16 흥미로운 이야기와 아름다운 노래는 아름다운 시각 정보와 동반된다는 내용이 자연스러우므로 문맥상 accompanied가 적절하다. (abandon: 버리다)

17 오즈의 사람들이 독특한 옷을 입고 있는 것을 보는 것이므로 능동을 나타내는 현재분사 wearing이 적절하다. 「see(지각동사)+목적어+현재분사」는 '…가 ~하는 것을 보다'라는 의미이다.

18 주어인 all kinds of tricks 다음 동사 자리이므로 과거형 동사 invited가 적절하다.

19 I think 뒤로 목적어 역할을 하는 명사절이 이어지는 구조에서 접속사 that이 생략된 형태이다. 명사절의 동사가 made이고 그 앞이 명사절의 주어에 해당되므로 주어 역할을 하는 동명사구가 되도록 동명사 using이 오는 것이 적절하다.

20 주격 보어로 쓰인 형용사 impressive를 수식하는 부사 visually를 써서 '시각적으로 인상적이다'의 뜻이 되도록 하는 것이 적절하다.

단원평가

01 ⑤ **02** (1) 초록색 피부를 가지고 있는 특이한 외모와 차가운 성격 탓에 다른 이들로부터 거리를 두기 때문이다. (2) 친절한 성격을 가지고 있기 때문이다. **03** appearance **04** ④ **05** ③ **06** 뮤지컬의 주제는 우정을 형성하는 것, 스스로를 알아 가는 것, 차이를 받아들이는 것에 대한 것이다. **07** ① **08** she will not let people bring her down anymore **09** ⑤ **10** ③ **11** ③ **12** (A) friendship (B) better **13** ② **14** visual effects[beautiful visuals] **15** ③ **16** ④

해설

01 ⑤ 글쓴이는 마지막에 모든 관계에는 우여곡절이 있으므로 주요 등장인물들에게 쉽게 공감할 수 있다고 말했다.
> **오답 풀이** ① Elphaba는 초록색 피부를 가지고 태어나서 다른 이들로부터 거리를 두며 지낸다.
> ② Glinda는 Elphaba와 달리 친절한 성격을 가졌다.
> ③ 특별한 마력을 가진 인물은 Glinda가 아니라 Elphaba이다.
> ④ Glinda와 Elphaba의 우정은 이야기 속에서 계속해서 도전을 받는다고 하므로 줄곧 평화롭게 유지된 것은 아니다.

02 (1) ⓐ Elphaba는 초록색 피부를 가지고 있고 차가운 성격 탓에 다른 이들로부터 거리를 두기 때문에 친구가 거의 없다.
(2) ⓑ Glinda는 친절한 성격을 가지고 있고, 그것이 그녀를 인기 있게 만든다.

03 **해석** 사물이나 사람이 겉으로 보이는 방식

04 ④ 뮤지컬이 시작하고 훌륭한 평가를 많이 받았다는 내용 뒤로 이어지므로 모두가 '추천한다'라는 흐름이 자연스럽다.
> **해석** ① 후회하다 ② 상상하다 ③ 무시하다 ⑤ 관찰하다

05 ③ Elphaba와 Glinda의 역할을 누가 연기했는지는 나오지 않았다.
> **해석** ① 〈위키드〉의 주요 등장인물들은 누구인가?
> ② 어떤 등장인물이 착한 마녀로 알려져 있는가?
> ④ 〈위키드〉는 어디에서 처음으로 시작되었는가?
> ⑤ 글쓴이가 뮤지컬에서 가장 좋아했던 점은 무엇인가?

06 다음 문장에서 뮤지컬의 주제(the theme)에 관하여 언급한 것을 보면, 〈위키드〉는 우정을 형성하고 스스로를 알아가며 차이를 받아들이는 것에 관한 이야기이다.

07 ① 빈칸 앞에서 Elphaba는 한 마법사를 존경했지만 그에게 사악한 계획이 있다는 것을 깨닫고, 빈칸 뒤에서는 그와 맞서 싸우려는 결심에 관해 노래한다고 했으므로 Elphaba가 그 마법사에게 실망하거나 낙심했다는 맥락으로 '(그 마법사가) 더 이상 신뢰받을 수 없다'는 말이 들어가는 것이 가장 적절하다.
> **해석** ② 그의 마법을 더 이상 사용할 수 없다
> ③ 더 이상 많은 노래를 부를 수 없다
> ④ 그를 돕기로 결정한다
> ⑤ 미래에 그녀의 좋은 파트너가 될 것이다

08 「let(사역동사)+목적어+동사원형」의 구조로 '…가 ~하게 하다'라는 뜻이 되도록 배열한다. 동사 will not let의 목적어로 '사람들이'에 해당하는 people을 쓰고, '그녀를 끌어내리다'는 bring her down의 어순으로 목적어 뒤에 배열한다. '더 이상'에 해당하는 부사 anymore은 맨 마지막에 쓴다.

09 (A) 「care to-v」는 '…하기를 애쓰다'라는 의미이다.
(B) 접속사 뒤에 이어지는 someone told me lately가 과거의 일을 나타내고 있으므로 '…처럼'이라는 의미의 접속사 As를 써서 '누군가 최근에 내게 말한 것처럼'의 뜻이 되도록 하는 것이 적절하다.
(C) the chance를 수식하는 형용사적 용법의 to부정사가 적절하므로 to fly가 되어야 한다.

10 ③ 주어진 문장이 '바로 이때'로 시작하므로 결정적인 순간이 언급된 곳 다음이어야 하고, '노래를 부르기 시작한다'고 하므로 그 노래의 구체적인 내용과 감상이 나오기 전에 들어가야 한다. 따라서 Elphaba가 떠나기로 결심하는 내용과, 그 노래(The song)가 글쓴이를 감동시킨 이유가 나온 문장 사이인 ③이 적절하다.

11 ③ "For Good(영원히)"은 둘의 강력한 우정을 보여 주는 노래이므로 무심하다는(detached) 감상은 적절하지 않다.
> **해석** ① 마음이 따뜻해지는
> ② 감성적인
> ④ 기억에 남는
> ⑤ 인상적인

12 "For Good(영원히)"은 두 인물이 서로 만난 것이 서로를 더 나은 쪽으로 바꾸었다고 내용의 노래로, 그들의 강한 우정을 보여 주는 노래라는 것이 글의 핵심 내용이다.
> **해석** 노래 "For Good(영원히)"은 Glinda와 Elphaba의 깊은 우정과 그들이 서로를 어떻게 더 나은 쪽으로 바꾸었는지를 강조한다.

13 ② 주어진 글은 뮤지컬 〈위키드〉에 아름다운 시각 정보가 동반되어 있다는 것으로 시작된다. 그 첫 번째로 의상을 얘기하고 있으므로 훌륭한 의상의 예시를 보여 주는 (B)가 이어진 뒤, 무대 의상 외 다른 기교와 상징들도 사용됨을 언급하는 (A)가 나온 후, 공연에 사용된 상징들에 대한 구체적인 예시와 설명을 포함하는 (C)가 이어지는 것이 자연스럽다.

14 ⓐ~ⓔ는 공연에서 사용된 시각적 효과의 예시에 해당하므로, visual effects(시각적 효과) 또는 beautiful visuals(아름다운 시각 정보)로 나타낼 수 있다.

15 ③ think 다음에 명사절이 목적어로 나오고 명사절을 이끄는 접속사 that이 생략된 형태이다. that절의 동사는 made이고 그 앞까지가 that절의 주어가 되어야 하므로 '이러한 시각적 효과들을 사용하는 것'으로 해석되는 동명사구 주어가 되도록 using으로 고쳐야 한다.

16 ④ 앞의 명사 anyone을 수식하는 분사로, 수식을 받는 anyone이 기분이나 감정을 느끼는 주체이므로 과거분사 interested로 고쳐야 적절하다.
> **오답 풀이** ① 단수 명사 the musical *Wicked*가 주어이고 뒤에 보어가 이어지므로 단수인 be동사 is는 적절하다.
> ② 대명사 It은 앞에 나온 단수 명사 the musical *Wicked*를 가리키므로 적절하다.
> ③ 「keep+목적어+p.p.」는 '…로 하여금 계속 ~되게 하다'라는 의미이므로 kept me engaged는 '내가 강력한 줄거리에 계속 사로잡힌 상태였다'는 의미가 되어 적절하다.
> ⑤ 「be able to-v」는 '…할 수 있다'는 의미로 to explore는 적절하다.

206 정답 및 해설

Memo

Memo

빠른 독해를 위한
바른 선택

빠바 시리즈
400
만부 돌파!

빠른독해 바른독해

이상엽 박세광 권은숙 류해원
NE능률 영어교육연구소
신유승 이지윤 손원희

구문독해

MP3/단어장

NE능률

교재구성
미리
보기

시리즈 구성

기초세우기

구문독해

유형독해

수능실전

1 최신 수능 경향 반영
최신 수능 경향에 맞춘 독해 지문 교체와
수능 기출 문장 중심으로 구성 된 구문 훈련

2 실전 대비 기능 강화
실제 사용에 기반한 사례별 구문 학습과 최신 수능 경향을 반영한
수능 독해 Mini Test로 수능 유형 훈련

3 서술형 주관식 문제
내신 및 수능 출제 경향에 맞춘 서술형 및 주관식 문제 재정비

지은이

민 병 천	現 서울대학교 영어교육과 부교수	주 용 균	現 과천여자고등학교 교사	김 민 준	現 운정고등학교 교사
이 지 현	現 인창중학교 교사	고 경 욱	現 신성고등학교 교사	조 은 영	現 ㈜NE능률 교과서개발연구소
송 민 아	前 ㈜NE능률 교과서개발연구소				

High School
Common English 1 자습서

펴 낸 날	2025년 3월 1일 (초판 1쇄)
펴 낸 이	주민홍
펴 낸 곳	(주)NE능률

개 발 책 임	김지현
개　　발	조은영, 박효빈, 이희진, 서경화
영 문 교 열	Curtis Thompson, Parker Courtenay Nicole
디자인책임	오영숙
디 자 인	안훈정, 오솔길
제 작 책 임	한성일

| 등 록 번 호 | 제1-68호 |
| I S B N | 979-11-253-4932-7 |

대 표 전 화	02 2014 7114
홈 페 이 지	www.neungyule.com
주　　소	서울시 마포구 월드컵북로 396(상암동) 누리꿈스퀘어 비즈니스타워 10층